대승기신론의 세계

대승기신론의 세계

대승이란 중생심이다

계환 지음

운주사

책이 나오게 된 인연

우리는 늘 미지未知의 세계에 대한 동경을 품고 있다. 사람과의 새로운 만남은 물론이고, 새로 발간되는 책을 접하면, 독자는 그 내용에 대한 기대감과 함께 지은이에 대한 호기심을 갖기 마련이다. 지은이 역시 독자와의 대면을 앞둔 설렘과 긴장을 놓치지 않을 것이다. 이때 독자와 지은이 모두, 서로에 대한 기대를 최소화하고 아울러 서로에 대한 이해의 노력을 극대화한다면, 충분히 좋은 결과를 예상할 수 있을 것이다.

대학에서 강의를 시작한 지 어언 15년, 대학원 교재로써 『대승기신론』을 강의한 지도 햇수로 8년이 되었다. 그런데 언제부터인가 마음 한구석에 작은 아쉬움이 자리 잡기 시작하였다. 대학 교재로도 가능하고 일반불자들에게도 부담 없이 다가갈 수 있는 『대승기신론』의 소개서가 필요한 것이 아닌가 하는 생각이 바로 그것이었다. 그러나 그 생각을 속히 실천으로 옮기지 못한 것은 무엇보다도 필자의 부족한 실력을 스스로 알고 있었기 때문이다. 지금에 와서 부족한 실력이 향상되었다고 생각하지는 않는다. 단지 더 이상 미룰 수 없다는 절박함이 이렇게 용기를 내게 하였다.

현재 시중의 서점에는 불교에 관한 서적은 말할 것도 없고, 『대승기신론』 하나에 관련된 서적들만 하여도 다양하게 선보이고 있다. 말하자면 같은 사물도 보는 사람의 시각에 따라 다르게 보이듯이, 책을 선택하는 사람들의 구미도 다양하게 형성되어 있다는 얘기일 것이다. 여기에서 부처님께서 팔만사천법문을 대기설법하신 이유를 다시 한번 생각해 보지 않을 수 없다.

그러나 어떤 책은 고유한 불교용어들이 많고 너무나 전문적이어서 접근하기 어렵고, 어떤 책은 지나치게 일반적이어서 그 수준에 미치지 못하는 경우도 있다. 어느 한 쪽에 치우치지 않고 양쪽 모두를 포용하는 입장으로『대승기신론』을 다룰 수 있는 방법이 없을까 하는 고민이 이 책을 내는 동기가 되었다.

사실 필자 자신이 그 동안 참고한 많은 불교서적들이 지나치게 현학적이거나 어렵게 쓰여져 불교를 전공한 나 자신도 이해하기 힘들 때가 많았다. 하물며 비전공자나 일반 불자들의 경우에는 그 답답함을 어떻게 해소할 수 있었겠는가. 그러나 아무리 어려운 교리라 하더라도 당사자가 확실하게 이해하고 있다면 얼마든지 쉬운 용어로 써 내려갈 수 있을 것이다. 바로 이 점이 이 책의 장점이 되어, 누구나 각자의 입장에서『대승기신론』의 궁금증을 해결할 수 있을 것으로 기대한다.

물론 이 책이 그 모든 문제점들을 일시에 해결해 준다는 것은 아니다. 다만 이러한 문제점들을 익히 파악하고 있던 필자이기에, 다양한 수준의 독자들이 가능한 한 쉽게 접근할 수 있도록 노력하였다는 점을 밝혀두고 싶을 따름이다.

이 책의 제1부에서는 대승이 바로 중생심인 이유와 믿음을 일으키지 않으면 안 되는 이유를 포괄적으로 살펴보았고, 제2부에서는 그야말로 완전한 현대어로 해석한 『대승기신론』을 접할 수 있게 하였다. 이것은 곧 일반 불자들을 위한 배려가 될 것이다. 그리고 제3부에서는 원문과 그에 따른 직역에 이어, 내용의 이해를 위한 자세한 해설이 뒤따르고 있다. 이것은 연구자들을 위한 것이기 때문에 각주 처리를 하였고, 따라서 공부하는 이들에게 도움이 될 것으로 믿는다.

현재까지 『대승기신론』에 관한 수백 편의 주석서와 연구서가 쓰여졌다는 사실은 이 논의 중요성이나 평가 때문이기도 하겠지만, 상당한 부분은 그 자체의 해석상의 어려움 때문이었다고 볼 수도 있다.

필자 역시 집필하는 기간 동안 실은 여러 면에서 고민하였다. 원문의 내용을 해설하는 과정에서 좀더 쉬운 이해를 위해 선학先學들의 저술을 참고하면서, 필자가 생각하고 쓰고자 의도한 이상의 좋은 비유와 해석들을 이곳저곳에서 찾아낼 수 있었기 때문이다. 자기만의 해설을 고집한 나머지 독자들의 이해를 어렵게 할 것인가, 아니면 선학들의 연구성과를 참조하여 독자들의 이해를 좀더 쉽게 할 것인가 하는 문제에 부딪쳤던 것이다.

그때마다 망설임을 거듭하였고 결국에는 후자를 선택하였다. 그 이유는 이 책이 필자의 연구논문이 아닌, 보다 많은 사람들에게 '대승의 마음'을 알리고자 하는 목적에서 집필되는 것으로서, 선학들의 관점을 빌려서라도 이해하기 쉽게 써 가는 것이 보다 더 중요하다고 판단되었기 때문이다. 아울러 참조한 선학들의 저술은 참고자료에 하나하나 소개함으로써 학문적 고마움을 대신하고자 한다.

그러므로 『대승기신론』을 처음 접하는 독자들에게는 현대어로 풀어 놓은 제2부를 먼저 읽도록 하고, 좀더 깊이 있게 알고자 할 때는 제3부를 읽어보도록 권하고 싶다. 아울러 하나하나의 용어가 일반적으로 어떻게 정의되고 있는가 하는 문제보다는, 그 용어의 상징적 의의를 그것이 사용된 문장의 맥락 속에서 이해하려는 노력을 수반할 것도 말해두고 싶다. 그때에는 필자가 붙인 해설과 각주가 도움이 될 것이다. 물론 제1부는 '해제'에 가까운 것이므로 어느 쪽 입장에서도 참고하여야 할 것이다.

오랜 동안 많은 사람들을 매료시켜 온 『대승기신론』의 매력은 무엇인가.

『대승기신론』은 "대승불교의 핵심사상을 포괄적으로 요약한 것으로써, 복잡한 내용을 종합 정리하는 일에 참으로 비상한 능력을 지닌 사람이 아니고서는 도저히 쓸 수 없는 논서"로 평가되고 있듯이, 극도로 간결한 문체에 명쾌한 문장으로 이루어져 있다. 또한 일반적인 경전에서 보이는 반복적인 문체를 피하고 있어, 마치 다라니처럼 짧은 글에 많은 내용을 요약해 놓은 포괄적인 설명을 좋아하는 사람들의 기호를 충족시킨다고 하겠다.

그렇다고 하여 마음의 형이상학을 설명한 것은 아니며, 어디까지나 인간의 경험에 의거하여 우리들 마음의 현실적 모습을 설명하고 있기 때문에 생생한 감동을 준다. 그 현실적 모습이란 바로 울기도 하고 웃기도 하며, 슬퍼하거나 기뻐하기도 하는 우리들의 마음이다. 동시에 이렇듯 미혹한 우리들 중생심이 깨달음을 향해 나아가는 마음이기도 하다는 점을 중시하고 있다.

왜냐하면 우리들 마음의 본질이 얼마나 크고 넓으며, 그 내용은 얼마나 풍부한 것이며, 또한 그 작용의 뛰어남이 얼마나 크고 위대한 것인가를 알게 되면, 우리들의 인생이나 자연을 보는 눈이 완전히 달라지기 때문이다. 즉 태양의 빛남이 훌륭하기는 하나 그에 못지않은 큰 광명이 우리들의 마음속에 빛나고 있다는 것은, 우리 중생의 마음이 얼마나 훌륭한 것인가를 여실히 증명하는 것이라 하겠다.

우리들의 마음은 이렇듯 훌륭한 내용과 작용을 지니고 있기 때문에, 대승의 가르침을 설명하려면 먼저 중생심의 비밀을 밝히지 않을 수 없다. 이 중생심이야말로 미혹의 세계도 만들고, 깨달음의 세계도 만들기 때문이다.

우리들 중생심에 중점을 두고, 이처럼 체계적으로 설명한 불교입문서는 일찍이 없었다고 해도 과언이 아니다. 이 논이 시대와 종파를 초월하여 널리 읽혀졌던 것도 이와 같은 대승불교의 교리와 실천이 조직적으로 설명되어 있기 때문이다.

그러므로 "대승기신론은 대승불교에 들어가는 관문"이라 평가받고 있듯이, 대승불교의 입문서이자 개론서로서 최적最適의 논이라는 찬사가 결코 지나치지 않다고 생각된다.

마지막으로 작은 책이지만 이 책을 내면서 감사드려야 할 분을 떠올려야 하겠다.

우선 이 책의 출판을 선뜻 허락해 주신 도서출판 운주사에 깊은 감사를 드린다. 그리고 이 책을 내용적으로 풍요롭게 해준 분들 가운데 조언과 격려를 아끼지 않은 진기 스님과 김용남 박사, 그리고 고상숙 선생에게도 감사의 마음을 전한다.

아울러 이 책의 집필과정에서부터 나오기까지 교정을 보고 도표를 그리는 등 온갖 정성을 아끼지 않은 박사과정의 장미란, 김상정, 강성진 군, 그리고 색인 작업 등 여러 가지를 도와준 석사과정의 김현주, 이석환, 오명지, 김효진 양에게도 그 동안 말 못한 고마움을 전하고자 한다.

끝으로 본 연구는 2003년도 동국대학교 저서연구비의 지원으로 이루어졌음을 밝힌다.

  이렇게 많은 분들의 도움에 힘입어 나온 책인 만큼, '대승의 마음'을 이해하고자 하는 사람들에게 좋은 안내서가 될 수 있다면 더 이상의 기쁨은 없을 것이다. 끝으로 부족한 부분에 대한 매서운 질타는 필자의 몫으로 겸허히 받아들일 각오가 되어 있음도 아울러 밝힌다.

불기 2538년(2004) 섣달 좋은 날
동악의 연구실(圓敎之室)에서
계환 합장

개정판을 내면서

심입천출深入淺出, 깊이 들어가 얕게 나온다는 말이다.
그래서 고수들의 말은 어렵지가 않다.
머리에 쏙쏙 들어온다.
하수들의 말은 현란하고 어렵다.
한참을 들어도 무슨 말인지 알 수가 없다.
모르는 것을 감추려니까 말을 현란하게 할 수밖에 없다.
자기 자신도 모르니까 말이 더 어려워진다.
두려움이 앞서는 이유이다.

기신론강의를 책으로 낸 지도 벌써 8년이나 지났다.
그동안 수업을 진행하면서 마음에 걸렸던 부분들을 수정하고 보완하였다.
그러나 단번에 핵심을 꿰뚫는 안목,
행간을 남김없이 읽어내는 눈은 갖추지 못했다.
역시 미진한 대목이 많을 것이다.
강호제현의 준엄한 질책을 기다린다.
두려움이 앞서는 이유이다.

이번에도 역시 도서출판 운주사 김시열 사장님의 열정과 소신에 감사드리며, 또한 교정과 색인작업을 도와준 동국대학교 장미란 초빙교수와 박사과정의 이석환 군에게도 고마움을 전하고 싶다.

불기 2556년(2012) 백중을 앞둔 좋은 날
동악의 연구실(圓敎之室)에서
계환 합장

책이 나오게 된 인연 • 5
개정판을 내면서 • 12

제1부 대승기신론에 대한 이해 • 19
1. 대승大乘이란 무엇인가 • 21
2. 기신起信이란 무엇인가 • 27
3. 마명보살과 진위 문제 • 31
4. 진제삼장과 진위 문제 • 39
5. 『대승기신론』의 구성 • 43
6. 『대승기신론』의 주석서 개관 • 50

제2부 대승의 믿음을 일으키게 하는 논을 풀이하다 • 61
서분 • 63
정종분 • 63
유통분 • 115

제3부 대승이란 중생심이다 • 117
귀의합니다(歸敬偈) • 119
I. 논을 지은 이유(因緣分) • 125
II. 논의 주제(立義分) • 134
  1. 대승의 근거(法) • 135
  2. 대승의 의의(義) • 140
III. 주제에 대한 증명(解釋分) • 144
  1. 대승에 대한 올바른 의미를 밝히다(顯示正義) • 145
    1) 마음의 진실한 모습(心眞如門) • 147
      (1) 진실은 말로써 표현할 수 없다(離言眞如) • 147

(2) 말을 빌려서 진실을 표현하다(依言眞如) • 153
　2) 마음의 현상적 모습(心生滅門) • 158
　　(1) 대승이라 불리는 중생심(法) • 159
　　　①번뇌와 지혜의 마음이 생멸하는 상태(染淨生滅) • 159
　　　　(가) 마음의 생멸(心生滅) • 159
　　　　　Ⓐ깨달음(覺) • 164
　　　　　　ⓐ수행에 의한 깨달음(始覺) • 166
　　　　　　ⓑ본래부터 있던 깨달음(本覺) • 174
　　　　　Ⓑ불각不覺 • 183
　　　　　　ⓐ근본적 무지(根本不覺) • 184
　　　　　　ⓑ지말적 무지(枝末不覺) • 187
　　　　　　ⓒ깨달음과 무지의 같고 다름(覺不覺同異) • 194
　　　　(나) 생멸심이 일어나는 인연(生滅因緣) • 199
　　　　　Ⓐ오의五意 • 199
　　　　　Ⓑ현상세계는 마음이 만든 것 • 204
　　　　　Ⓒ여섯 가지 번뇌(六染) • 211
　　　　(다) 연기의 모습(生滅相) • 220
　　　②번뇌와 지혜의 마음이 협력하는 상태(染淨相資) • 226
　　　　(가) 유전현실의 과정(染法熏習) • 231
　　　　(나) 환멸연기의 과정(淨法熏習) • 235
　　(2) 중생심이 대승이라 불리는 이유(義) • 255
　　　①진여의 본체(體大)와 현상(相大)의 공덕 • 256
　　　②진여의 작용(用大) • 265

2. 잘못된 견해를 수정하다(對治邪執) • 279
　1) 자신의 본성에 대한 잘못된 견해(人我見) • 281
　　(1) 공空에 대한 집착 • 281
　　(2) 유有에 대한 집착 • 284
　2) 만법이 그대로 실재라고 집착하는 견해(法我見) • 289

3. 불도에 나아가는 실천과정을 분별하여 밝히다
　(分別發趣道相) • 293
　　1) 본성이 진여임을 믿는 단계의 발심(信成就發心) • 295
　　2) 올바른 이해와 수행이 진전된 단계의 발심(解行發心) • 310
　　3) 무분별지를 얻은 단계의 발심(證發心) • 314

IV. 주제의 실천(修行信心分) • 326
　1. 신심을 다지게 하는 네 가지 믿음 • 328
　2. 믿음을 이루게 하는 다섯 가지 수행 • 331
　3. 수승한 선교방편으로써의 염불 • 360

V. 논의 효용(勸修利益分) • 364
　1. 올바른 믿음을 권하다 • 364
　2. 비방하지 않고 수행할 것을 권하다 • 368
　회향합니다(廻向偈) • 371

참고자료 • 373
찾아보기 • 377

일러두기

I. 저본으로는 『고려대장경』을 위주로 하고, 그 외 『대정신수대장경』과 몇 가지 간본(刊本) 및 『대승기신론소회기본』 등을 참조하였다.
I. 내용의 순서는 전체적 조감을 위한 1부, 현대어로 풀이한 2부, 그리고 3부는 요지·원문(현토 포함)·직역(각주 포함)·해설의 순이다.
I. 원본의 현토는 월운스님의 『대승기신론강화』를 참고하였으나 고친 부분도 있다.
I. 목차는 『현수의기』에 근거하고 그 뜻을 한글로 풀이하여 같이 실었다.
I. 직역 부분은 충실한 직역이 되도록 하기 위하여 고루한 표현을 굳이 그대로 살리고자 하였다.
I. 원문 단락과 직역 단락을 서로 대조하기 편하도록 단락 구분을 맞추어 나누었다.
I. 원문을 제외한 모든 한문은 전부 괄호 처리를 하여 보기 쉽도록 배려하였다.
I. 해설 부분은 그야말로 내용에 대한 이해를 도모한 것이기 때문에 현대어로 통일하였으며, 특히 중요하다고 생각되는 용어는 적은 따옴표('0')를 사용하였고, 원문에 대한 인용문의 경우에는 큰 따옴표("0")를 사용하였다.
I. 각주는 일반적인 불교용어, 예를 들면 보리菩提·열반涅槃·육진六塵·삼계三界 등 사전辭典적이고 법수法數적인 용어는 전부 생략하였고, 그 대신 같은 용어라 하더라도 『대승기신론』 특유의 해석일 경우에는 예외로 하여 각주를 달았다.
I. 『대승기신론』의 독특한 용어일 경우에도 해설에 그 용어에 대한 설명이 나올 때는 각주를 생략하였다.

제1부 대승기신론에 대한 이해

1. 대승大乘이란 무엇인가

대승불교는 어떠한 세계인가? 대승불교가 꽃핀 세계이다. 대승적인 사고와 대승적인 행동, 나아가서는 대승적인 마음가짐을 가진 사람들이 모여 사는 공동체의 세계이다. 여기에서는 모두가 '홀로 있을 때는 지혜를 닦고, 더불어는 이웃을 돕는다(上求菩提 下化衆生)'는 자세로 살아가야 할 것이다.

평소 우리들의 마음이 좁을 때에는 바늘 하나 꽂을 자리가 없다. 반면 넓을 때에는 온 우주를 두루 받아들이고도 남음이 있다. 바다가 넓다지만 더 넓은 것은 하늘이고, 하늘보다 더 넓은 것이 바로 우리들 인간의 마음이기 때문이다.

그런데 여기에서 말하고자 하는 '대승'의 의미는 소위 대승불교에서 말하는 대승, 즉 소승의 상대적인 의미로서의 대승이 아니다. 우리들의 마음, 즉 중생심이 바로 대승이라는 것이다. 왜냐하면 우리 중생들의 마음보다 더 큰 것을 발견할 수 없기 때문이다.

우리들 중생의 마음은 대승의 가르침을 만들어내는 에너지라 할 수 있다. 그러나 중생의 마음은 세속에 물들어 있고 번뇌로 더럽혀져 있다. 그럼에도 불구하고 이러한 중생의 마음이야말로 대승 그 자체라고 『대승기신론』은 역설하고 있지 않은가.

『대승기신론』에서는 이 중생심이 세간법과 출세간법을 모두 포섭하고 있다고 설명한다. 세世는 시간, 간間은 공간을 의미하므로 세간법이란 시간과 공간의 제약을 받는 현상세계를 말하고, 출세간법이란 시간과 공간을 초월한 불멸의 세계를 말한다. 그러므로 중생심 안에는 눈에 보이는 현상은 물론 눈에 보이지 않는 세계까지 다 들어 있다고 한다.
　이것은 엄청난 사상이다. 이 작은 마음속에 일체의 모든 현상이 들어 있다고 한다. 실천적인 입장에서 세간법을 어리석음의 세계라 하고 출세간법을 깨달음의 세계라고 한다면, 어리석음도 깨달음도 웃음도 울음도 모두 이 마음 안에 있다는 것이다. 이러한 중생심을 어떻게 하찮은 것이라 하겠는가. 중생심은 한없이 크고 한없이 넓다. 우주의 모든 것, 즉 삼라만상은 물론 정토도 지옥도 모두 우리 마음의 현상이고, 우리 마음의 투영이므로 우리 마음을 떠나 존재하는 것은 아무것도 없다는 것이다.
　우리의 마음은 한순간 현혹되어 나락에 빠지는 일이 있다. 중생심은 악마의 마음도 만들어내고 부처의 마음도 만들어낸다. 도대체 이 마음이란 어떠한 것인가. 자신이 가지고 있는 악마의 마음을 물리치는 것이 깨달음의 세계에 들어가는 길이고, 열반으로 가는 구원의 길이다. 하지만 중생심은 중생이 가지고 있는 마음이지 결코 부처님의 마음이 아니다. 그렇다면, 어떤 이유에서 중생심을 '대승'이라 하는 것일까? 이에 대해 구체적으로 살펴보기로 한다.
　먼저 대승에서 '대大'의 의미를 살펴보면, 우리들의 마음의 본질과 그 내용과 작용이 너무나 크기 때문에 '대大'인 것이다. 본질의 관점에서 우리들의 마음을 볼 때, 악마도 신도 부처도 인간도 동물도 자연도 모두 우리 마음 밖에서 존재하는 것이 아니기 때문에 위대하다는 것이다. 우리가 울다가도 웃고, 기뻐하다가도 슬퍼하는 것들은 모두 마음의 본질을 떠나 있는 것이 아니다.

더구나 우리의 마음은 무량하고 무수한 덕상德相을 구비하고 있기 때문에 그 내용이 더욱 크다고 하지 않을 수 없다. 또한 작용의 측면에서 보더라도 우리의 마음은 존재하는 모든 사물을 움직이고 있기 때문에 이 역시 크다고 할 수 있다.

이와 같이 우리들 마음의 본질이 얼마나 크고 넓으며, 그 내용은 얼마나 풍부한 것이며, 또한 그 작용의 뛰어남이 얼마나 크고 위대한 것인가를 알게 되면 인생이나 자연을 보는 눈이 완전히 달라지게 된다. 말하자면 자연이나 인생의 영묘한 힘이 보이기 시작하고, 영성계가 보이기 시작하며, 법계의 모습이 보이기 시작하는 것이다.

우리 중생이 지닌 마음이라는 것은 본질의 측면에서 보면 증가하지도 감소하지도 않는 진여이고, 공간적으로도 무한히 크고 넓음을 가지고 있다. 더구나 깨달았든지 어리석든지 이 진여의 본체는 증가하지도 감소하지도 않는다. 마치 거울에 더러운 것을 비추든지 아름다운 것을 비추든지 간에 거울 자체는 결코 더럽혀지거나 아름다워지지 않는 것과 같다. 거울 자체는 투명하고 맑은 것이어서 증가하거나 감소하는 것이 아니기 때문이다. 우리의 마음속에는 이와 같이 진실한 모습이 잠재해 있다.

그리고 마음의 내용 또한 훌륭하다. 그것은 부처님의 큰 지혜와 큰 광명을 지니고 있기 때문이다. 그 광명으로 빛나는 우리의 마음은 훌륭하지만 본래 지니고 있는 그 광명을 미혹한 우리들이 알지 못하고 있을 뿐이다. 이 큰 광명의 빛을 받을 때 우리는 부처가 되고자 하는 불도에 눈뜰 수 있는 것이다. 큰 광명의 빛을 받는다는 것은 구체적으로 부처님과 만나는 것이다. 부처의 본체는 눈에 보이지 않지만 때로는 관음보살의 모습으로, 때로는 아미타불의 모습으로 우리 앞에 나타난다. 중생이 가진 바로 이 마음으로 열심히 염원하면 그 모습이 보인다. 염원한다는 것은 일심으로 골똘히 생각한다는 것이다. 생각하는 것, 염원하는 것은 결국 실현되어 간다. 우리의 마음에는 이와 같은 영묘한 작용이 있다. 그러므로 이 중생의 마음을 대승 그 자체라고 말할 수 있는 것이다.

다시 말하면 우리들의 마음은 이와 같은 훌륭한 내용과 작용을 지니고 있기 때문에 대승의 가르침을 설명하려면 이 중생심의 비밀을 밝히면 되는 것이다. 중생심이야말로 미혹의 세계도 만들고 깨달음의 세계도 만든다. 이 중생심을 맑게 하면 마침내 부처가 될 수 있다. 부처님도 보살도 이 중생심을 응시하고 이 마음을 정화시켜 마침내 깨달음을 얻었던 것이다. 이 중생심을 버리고 깨달음에 이르는 길은 없다.

『대승기신론』은 지금 현재 당신이 가지고 있는 마음 그 자체가 가장 중요한 것이라고 하였다. 나쁜 마음, 몰인정한 마음, 도무지 어떻게 할 수 없는 마음, 나도 모르는 내 마음이라고 하여 단념해서는 안 된다고 하였다. 이 마음이야말로 너무나도 큰 본질과 내용과 작용을 가지고 있는 것이라 단언하고 있다.

예를 들어 부처님과 같이 청정한 마음을 지닐 수도 있고, 지옥의 마귀와 같은 기분을 지닐 수도 있다. 이 마음속에는 부처의 세계도 범부의 경계도 모두 들어 있다. 더욱이 이 마음은 깨끗하지도 않고 더럽지도 않다. 시간적으로 무한한 과거와 영원한 미래가 들어 있고,

보는 자신과 보이는 자연계도 들어 있다. 인간과 자연을 둘로 구분하기 이전의 상태인 것이다.

그러나 우리 중생의 마음은 항상 움직이고 있다. 즉 화를 내고 울고 아우성치고 웃고 슬퍼한다. 아침부터 밤까지 작용한다. 이것은 인간이 생존해 있다는 증거이다.

태양의 빛남이 훌륭하기는 하나, 그에 못지않은 큰 광명이 우리의 마음속에 빛나고 있는 것은 중생의 마음이 얼마나 훌륭한 것인가를 잘 말해 준다. 따라서 대大라고 이름 붙일 만한 것은 인간의 마음 이외에는 없다고 할 수 있다.

요컨대 어떠한 측면에서 살펴보더라도 우리들의 마음이 너무나 훌륭하다는 것을 증명한 것이 바로 대승에서의 '대'의 의미라 하겠다.

그러나 우리들 마음의 본성이 그렇다고 할 지라도 현실에서는 미혹하다. 탐욕과 성냄과 질투와 자만심 등의 번뇌에 물들어 추한 것이 된다. 대승의 본래 의미가 잘 드러나지 않는다. 그러나 바로 그 추한 마음이 깨닫는 것이다. 이 마음 이외에 깨닫는 주체가 따로 있는 것이 아니다. 즉 중생심 속에 미혹에서 깨달음으로 나아가는 힘이 갖추어져 있는 것이다. 이 힘을 '승乘'이라고 한다. 여기서 '승'이란 타는 것, 운반하는 힘을 말한다. 우리 마음에는 미혹에서 깨달음으로 나아가게 하는 힘이 있다. 대승의 '승'이 바로 그것이다.

이와 같이 종교에는 작용이라는 힘이 없으면 안 된다. 우리들 본성의 작용은 부처와 보살을 위시하여 산천초목의 대자연과 모든 인간에 이르기까지 두루 영향을 미치고 있다. 이들 자연계와 인간계의 일체 모든 것이 한없이 우리에게 작용하여 온다. 그 작용의 힘을 체득하기 위해서는 참선을 하는 것도 좋고, 염불을 하는 것도 좋으며, 간경看經이나 기도를 하는 것도 좋다. 오직 그것을 체득할 수 있는 수행을 하면 되는 것이다.

이에 마명보살이 가장 큰 문제로 삼았던 것은 고뇌하는 중생이었으며, 그 중생을 어리석음으로부터 눈뜨게 하여 깨달음으로 향하게 하는 것에 한없는 정열을 쏟았던 것이다.

2. 기신起信이란 무엇인가

불교에서는 깨달음에 못지않게 믿음도 중요시하고 있다. 이는 신신·해解·행行·증證이라는 순서에서도 알 수 있듯이, 부처님의 가르침을 믿는 것에서부터 출발하여, 이해하고 수행하여 깨닫는 것을 전통적인 불도의 과정으로 보기 때문이다.

그래서 대승불교의 꽃이라는 『화엄경』에서는 "믿음은 도道의 근원이요, 공덕功德의 어머니이며, 일체의 선근을 성장, 증대시켜 일체의 의혹을 소멸하고 무상도를 시현하여 계발한다"고 하였고, 『대지도론』에서는 "불법의 대해大海는 믿음(信)으로써 능입能入을 삼고, 지혜(智)를 능도能度로 한다"고 하였으며, 대승의 입장에서 아비달마를 정리한 『대승아비달마집론』에서도 "믿음이란 무엇인가? 유체有體, 유덕有德, 유능有能, 믿음(信)을 인정하는 것, 청정한 것, 희망의 체體가 되는 것, 낙욕樂欲의 소의所依가 되는 작용"이라 정의하고 있다.

그리고 '기신삼소起信三疏'의 '기신起信'에 관한 설명을 살펴보면, 먼저 『정영소淨影疏』에서는 "기起란 성립을 뜻하고, 신信이란 결정을 뜻한다"고 서술하고 있으며, 『해동소海東疏』에서는 "기신이란, 이 논에 의하면 중생들이 믿음을 일으키게끔 하는 것을 말하며, 믿음(信)이란 결정적으로 그렇다고 여기는 것이며, 참된 이치가 있다거나, 닦으면 그렇게 된다거나, 닦아서 그렇게 되었을 때는 무궁무진한 공덕이 다 갖추어진다고 믿는 것을 말한다"고 설명되어 있고, 또한 『현수의기賢首義記』에서는 "대승은 소신所信의 대상이며, 기신은 능신能信의 마음이고, 믿음[信]이란 징정澄淨의 성성性이다"고 설명한다. 말하자면, 신신은 굳게 믿는다고 하는 결정의 힘을 가지고 있지만, 동시에 마음을 정화하는 힘도 가지고 있다. 불타를 믿고 법을 믿는 것에 의해 우리들 마음이 부처님이나 법에 동화되고 청정하게 되어간다. 그 마음을 씻는 역할을 가진 것이 믿음이기 때문에, 믿음은 '맑고 청정함을 본성으로 한다'고 설명하고 있다.

물론 믿는 것도 깨닫는 것도 넓게 보면 모두 마음에 있지만, 좁게 보면 깨달음이란 마음속의 지혜[慧]이고, 믿는다는 것은 신신이다. 믿음이 마음을 이끌어 불교에 들어가게 하고 불교에 대한 이해를 더욱 심화시킨다. 따라서 일반적인 믿음을 생각해도 아무런 지장이 없지만, 위의 여러 예에서 보듯이 마음을 정화하고, 공덕을 믿고, 선근을 키우는 등의 입장에서 보면, 불교에서의 신신을 보다 깊이 천착하여 설명하고 있음을 알 수 있다.

그런 의미에서 『대승기신론』의 '기신'을 어떻게 읽을 것인가가 문제이다. 이것을 보통 줄여서 『기신론』이라 부르는 그 감각으로 말하면, 주제는 '기신起信', 즉 '믿음을 일으키다'에 있다고 생각할 수 있다. 즉 '대승'은 수식어가 되고, '기신'에 한층 더 중점을 두게 된다.

이때 앞의 '대승'을, 먼저 '대승에게'라고 해석할 수도 있고, '대승의'로 해석할 수도 있으며, 마지막으로 '대승이'라고도 해석할 수 있다. 그 어느 쪽이든 '기신'이 '믿음을 일으키게 하는'이라는 해석은 달라지지 않는다는 것에 중요한 의미가 있다고 하겠다. 그래서 '대승기신'이란

'대승의 기신', '대승적인 믿음의 모습', '대승적인 믿음을 일으키는 방법'을 설한 것이라는 해석이 가능하다. 즉 수많은 대승경론 가운데서 특히 '기신'에 중점을 둔 논서라는 인상을 강하게 한다는 뜻이다.

그러면 '기신起信'이라 할 때의 믿음이란 어떤 믿음이며, 무엇을 믿는 것인가에 대해 살펴보자. 즉 '기신'이란 무엇인가? 믿음을 일으킨다는 것은 어떠한 것인가?

먼저 결론부터 말하면, 불교의 근본을 바르게 이해하고 불·법·승의 삼보三寶에 대한 바른 이해를 확립하는 것이 『대승기신론』에 있어서의 '기신起信'의 의미이다.

다시 말하면 믿음의 대상으로서 네 가지를 들고 있다. 우선 진여라는 근본도리와 그 체현자로서의 부처님, 그 부처님이 설하신 가르침, 그리고 그 가르침의 실천자로서의 승가僧伽가 그것이다. 여기에서 불법승 삼보를 귀의의 대상으로서 확정하고 있다. 여기에 더하여 진여를 귀의, 신심의 대상으로 세운 것은 독자적 발상이라 할 수 있다.

좀더 구체적으로 살펴보면, '근본을 믿는다'는 것의 근본이란 '진여법'을 말한다. 진여는 모든 행위의 근원이기 때문에 근본이라고 설명될 수 있다. 자기의 본성이 진여라고 믿는 것은 신심의 제1순위이다.

다음으로 '부처님에게 무량한 공덕이 있다'고 믿는 것이다. 부처님이 모든 공덕을 갖추고 있다고 믿는 것은 불보佛寶를 믿는다는 의미이다. 또한 삼보 중의 하나인 '법보法寶는 바로 선善을 실천할 수 있는 힘, 진리를 깨닫는 힘'임을 믿는 것이다. 마지막으로 '승가僧伽는 자리自利와 이타利他를 바르게 수행한다'고 믿는다. 이것은 승가에 대한 귀의인데, 자리이타를 아울러 수행하는 대승보살의 승가에 귀의한다는 뜻이다.

다시 말해 일심一心·이문二門·삼대三大의 가르침을 알게 되면, 만유의 근원이고 우주의 생명이며 대자연의 실상인 진여에 대해 저절로 합장 경배하게 되며, 동시에 불법승 삼보에 귀의하게 되는 것이다. 그저 아무것도 모르면서 귀의하는 것이 아니라 일심·이문·삼대의 가르침을 이해하면 저절로 귀의하게 되고, 이에 비로소 신앙심이 생겨나게 된다는 것이다.

그리고 이 네 가지 믿음은 다섯 가지 실천〔五行〕에 의해 완전히 확고한 것이 된다고 설명하고 있다. 오행五行이란, 보시·지계·인욕·정진·지관을 수행하는 것인데, 믿음이 생기면 이 오행은 불도를 완성하기 위한 수행방법이 된다. 신앙은 실천수행에 의하여 깊어지고 실천수행은 신앙의 힘으로 지탱된다. 더구나 자력에 의한 수행뿐만 아니라, 서방극락세계의 아미타불을 염송하면 극락왕생할 수 있다는 타력신앙도 설하고 있는데, 참선도 염불도 『대승기신론』에서 보면 모두 다 똑같은 실천수행 방법이기 때문이다.

요컨대 우리들이 발심하기 위해 필요한 행行, 말하자면 예비적인 행行, 준비하는 행行이 된다는 것이다. 이는 논의 직접적인 과제로, 아직 발심하지 않은 중생의 교화와 지도를 행하는 것임을 의미한다. 그리하여 '대승'이 보살론의 본보기였다면, 실천의 입문서는 바로 '기신'이라는 부분에 있다고 하겠다.

3. 마명보살과 진위 문제

『대승기신론』은 누가 저작한 것인가라는 문제는 학계에서도 아직 해결을 보지 못하고 있는 문제 중의 하나이다.

현재 『대승기신론』은 한역본만 있을 뿐, 산스크리트 원전原典도 티베트 역본譯本도 존재하지 않는다. 더구나 인도불교에서도 『대승기신론』을 인용하고 있는 논서가 보이지 않는다. 이는 무엇을 말해 주는가? 자연히 저자에 대한 진위眞僞를 의심하는 근거가 되고 있다.

『대승기신론』의 저자를 마명이라고 하는 전승은 『대승기신론』이 중국에 전래된 직후부터 일반적으로 인정된 듯하다. 그리고 현존하고 있는 두 종류의 한역, 즉 진제 번역과 실차난타 번역에서도 마명보살을 저자로 하고 있기 때문이다.

그래서 먼저 마명馬鳴에 대해 살펴보고자 한다.

마명은 인도 말로 아슈바고샤Aśvaghoṣa, 번역하면 '말 울음소리'이다. 전기에 의하면 그는 쿠샨왕조의 카니슈카Kaniṣka왕 시대, 기원후 2세기 중엽에 중인도中印度에서 활동한 인물이었다. 원래는 바라문 출신으로 교양과 학식 그리고 변설에 뛰어났으며, 후에 불교에 귀의하여 두각을 나타내었고, 불교를 선양한 불교시인이라는 점과 카니슈카 왕(대략 132~152년 재위)과 동시대 인물이라는 점에는 이론異論이 없다. 그 당시 카니슈카왕이 중인도를 공격해 들어갔을 때, 많은 학자와 문인들을 자기네 나라로 데려 갔는데 그 중에 한 사람이 마명이라고 한다.

그는 인도불교가 낳은 최대의 불교시인이다. 그의 대표적인 작품으로는 오늘날까지 전해지고 있는 『붓다챠리타Buddhacarita』(한역은 『불소행찬佛所行讚』)가 있다. 이것은 산스크리트어로 쓰여진, 불타의 행적을 찬탄한 아름다운 시詩로서 문학사상文學史上에서도 대표적 작품으로 꼽힌다. 이외의 작품으로는 이복동생인 난다가 그의 부인에게 애착을 가지고 있었지만 부처님의 지도에 의해 출가하여 마침내 수행을 완성하게 되기까지의 과정을 그린 대서사시 『단정한 난다(Saundarananda)』가 있다.

그런데 마명은 유부有部라고 하는 소승부파에 소속되어서 그런지, 그의 작품을 볼 때 특별히 대승적이라 할 수 있는 색채가 없다. 바로 이 점이 저자에 대한 의문을 품게 한다. 또한 2세기 무렵 출현한 마명이 지은 것으로 보기에는 『대승기신론』의 사상 내용이 너무 이른 감이 있기도 하다.

더구나 가장 기본 자료로 구마라집이 번역한 『마명보살전馬鳴菩薩傳』을 비롯한 여러 전기와, 후대의 것이지만 단편적인 기사를 전하고 있는 『대당서역기大唐西域記』나 『남해기귀전南海寄歸傳』에서는 『대승기신론』에 관한 언급이 전혀 없다는 점과, 아울러 주목되는 것은 『대승기신론』을 번역한 진제眞諦삼장의 여러 번역서에서도 『대승기신론』을 마명의 저작이라고 명시한 서술이 없다는 점이다.

그렇다면 『대승기신론』의 저작성을 어떻게 이해해야 하는가? 그가 아니라면 누가 그에게 가탁하였는가? 그리고 번역자인 진제삼장의 입장은 어떠한가? 해명되어야 할 문제점들이 겹겹이 쌓이게 된다.

먼저 진제삼장이 『대승기신론』의 저자에 대해 전혀 의식하지 않았든가, 아니면 불전문학의 대가인 마명으로는 인정하지 않지만 단순히 그때까지의 전승에 따랐을 것이라는 추측도 가능하다. 그러나 이 역시 진제삼장이 『대승기신론』을 번역했다고 인정했을 때만 가능한 일이다.

그러므로 현재 우리들이 이용할 수 있는 연구 성과의 범위 내에서는 명확한 결론을 얻을 수 없다.

다음으로 『대승기신론』을 마명보살에게로 가탁한 것이 인도에서인가 아니면 중국에서인가 하는 문제가 다시 제기된다. 『대승기신론』의 저작자로서 마명을 언급한 직접적인 자료가 중국불교 자료에서만 보인다는 사실도 이런 의문을 뒷받침해주고 있다.

그러나 우리는 옛날 인도 사람들의 경전에 대한 태도에 주목할 필요가 있다. 예를 들면 초기에 편찬된 율장은 물론 석존 입멸 후 수백 년이 지난 뒤에 편찬된 대승불전들이 한결 같이 석존이 직접 설하신 것으로 기록되어 있지 않는가. 이는 책임회피라든가 사칭이 아닌, 오히려 경건함의 발로에서 출발하고 있다. 우리들이 시시한 글 한 편을 지어 놓고도 인정받고 싶어 아우성치는 데 반하여, 고대 불교인들은 자신의 존재를 지워버림으로써 종교의 영광을 더욱 드높이려고 했기 때문이다.

그런 의미에서 마명이라는 이름이 이 논에 붙여진 것은 분명히 그 마명이라는 인물의 명성 때문이었을 것이다. 마명(말 울음소리), 이 이름은 그의 시가 매우 감동적이라 그 시를 읊는 소리를 듣고 말조차 감동하여 울었다는 데서 붙여진 것이라고 한다. 시인이자 종교가로서 마명은 사람들로부터 극진한 사랑과 존경을 받았고 나중에 '보살' 칭호까지 받았기 때문에, 어떤 필자가 그와 동일한 이름을 가지고 있다는 것을 자랑스럽게 생각하여, 자신이 쓴 글에 그의 이름을 붙였다고 해도 전혀 놀라울 것이 없다는 지적도 납득이 가는 부분이다.

더구나 『고려대장경高麗大藏經』과 『대정신수대장경大正新脩大藏經』 모두 '마명보살이 짓고, 진제삼장이 번역'한 것으로 되어 있다. 그리고 『대승기신론』의 주석가들, 담연曇延이나 혜원慧遠, 원효元曉와 법장法藏 등도 그러한 입장에서 주석하고 있다.

그러다 보니 결국 인도찬술설과 중국찬술설이 대두하게 된 것이다. 먼저 중국찬술설의 입장을 살펴본다. 왜냐하면, 중국찬술설의 주장이 대두되기 전까지는 당연히 전승傳承에 의하고 있었으나, 중국찬술설이 나오자 거기에 반론을 제기하는 입장에서 인도찬술설이 나오며 논쟁이 시작되었기 때문이다. 이를 주장한 사람들의 인명은 참고자료에 그들의 저서가 소개되어 있고 번거로움을 피하기 위하여 생략하기로 한다.

중국찬술설을 주장하는 측의 근거로는 제일 먼저 『대승기신론』을 언급한 문헌 자료에 근거하고 있다. 즉 비장방費長房이 597년에 편찬한 『역대삼보기歷代三寶紀』에서 "태청太淸 4년(550) 부춘富春의 지방 장관인 육원철陸元哲의 집에서 진제眞諦가 번역하였다"는 기술이 바로 그것이다.

그러나 『역대삼보기』보다 3년 앞서 편찬된(594) 『법경록法經錄』은 『대승기신론』을 기록한 최초의 경록으로, 『대승기신론』의 성립에 대한 의문을 후대에 불러일으킨 가장 오래된 자료이다. 여기에서 "『대승기신론』 1권을 사람들은 진제 번역이라고 하나 『진제록眞諦錄』에는 이 논서가 들어 있지 않다. 그래서 진위가 의심스러운 경론〔衆論疑惑部〕 속에 넣는다"고 기술되어 있다. 이로써 알 수 있는 것은 『법경록』의

편찬자가 '실역失譯'부라든가 '위망僞妄'부에 넣지 않고 '의혹'부에 넣은 것은 당시 일반적으로 이미 진제 번역을 인정하고 있었던 점을 감안한 듯하다.

그러나 문제는 8년 후에 편찬된『인수록仁壽錄』은 다시 진제 역출을 인정하고 있다는 점이다. 이와 같이 여러 자료의 내용이 한결같지 않은 것으로 미루어 볼 때, 수나라 초에 벌써『대승기신론』의 진제 번역을 인정하기에는 자료적으로 부족한 상황이었음을 알 수 있다. 즉 중국찬술을 주장하는 학자들은『법경록』과『역대삼보기』의 견해가 서로 다른 점에 착안하여 양 목록을 세밀하게 검토한 후,『법경록』쪽이 훨씬 더 신뢰할 만한 경록經錄이라는 것을 입증하였다. 그리하여 이를 토대로『대승기신론』의 '마명 작, 진제 역'의 전통적인 견해를 모두 부정하였던 것이다.

더구나 진제 번역에 실려 있는 서문이 지개智愷의 위작이므로 거기에 서술된 역출 기사도 근거가 없다는 것이며, 또한『대승기신론』에서는 진제의 다른 역출 경론에 보이는 용어와 어긋나는 용례가 있다는 것이다. 예를 들면『섭대승론』과『불성론』등에서 법신法身, 응신應身, 화신化身의 삼신설三身說, 혹은 법신, 수용신受用身, 변화신變化身의 삼신설, 그 어느 쪽에서도 제3신을 응신應身이라 하지 않는다. 반면에 『대승기신론』에서는 법신·보신·응신의 삼신설로 설명하고 있다. 이것은 오히려 북지의 보리유지菩提流支 번역어에 해당된다.

그리고 중국찬술의 위경僞經으로 인정되는『인왕경仁王經』과『보살영락본업경菩薩瓔珞本業經』을 인용하는 등 그 내용상의 문제점도 지적된다.

또한 마명에 대해 거론한 어떠한 전기에도『대승기신론』을 저술했다는 기록이 보이지 않고, 아울러 용수龍樹·무착無著·세친世親의 저술을 비롯하여 인도 성립의 여러 경론에서도 『대승기신론』을 전혀 인용하고 있지 않은 점도 지적된다.

이외에도 여러 가지 점이 제시되고 있으나, 결론적으로는 남북조시대의 지론地論학자, 혹은 섭론攝論학자들에 의해 563~592년 사이에 찬술되었다는 주장이다.

이에 대한 비판적인 입장에서 반론을 제기한 '인도찬술설'의 근거는 다소 복잡하지만 다음과 같이 몇 가지로 간추릴 수 있다.

첫째, 6세기의 중국불교계 학식으로는 도저히 『대승기신론』과 같은 뛰어난 논서를 저술할 정도로 불교적 소양이 성숙되지 못한 점.

둘째, 『대승기신론』을 중국찬술이라고 단정할 수 있는 확고한 단서가 없는 한, 인도찬술이라는 전승을 따르는 것이 자연스러운 점.

셋째, 『법경록』이 말하는 『진제록』이 어떠한 것인지 명확하지 않은 입장에서 진제 번역을 의심하는 것은 부당하다는 점.

넷째, 진제의 번역어 문제는 다른 사람이 지었을 수도 있는 것으로 진제 번역어와 비교하는 것은 선결문제가 아니라는 점.

다섯째, 내용이 『능가경楞伽經』 혹은 『보성론寶性論』과 관련이 많은 점. 특히 『보성론』에서 간략히 언급하고 있는 삼취(正定, 不定, 邪定)가 『대승기신론』에서는 자세히 설명되어 있는 점 등이다.

따라서 인도찬술설을 주장하는 측은 대체로 진제 번역을 인정하는 입장이지만, 그 중에는 '마명 지음, 진제 번역'은 부정하면서도 인도찬술설을 주장하는 경우가 있다. 즉 인도찬술설을 주장하면서도 『불소행찬佛所行讚』을 지은 마명이 아닌, 훨씬 후대의 사람, 즉 진제삼장이 중국에 오기(546년) 이전의 사람으로 대개 400~500년경의 사람으로 간주하는 것이다.

한편 『대승기신론』의 주석서로서 성립 문제에 관해서는, 위찬僞撰으로 간주되는 『석마하연론釋摩訶衍論』에 여섯 명의 마명을 거론하고 있지만 신빙성이 없다. 마명보살의 저작에는 문학작품이 많고 여래장사상이 나오지 않음은 물론 동시대의 용수보살 저술에도 아직 여래장사상은 없기 때문이다. 물론 용수 이전의 대승경전에서 '자성청정심'이라든가 '여래장'의 용어가 보이지만, '여래장'이란 단어는 『여래장경如來藏經』과 『승만경勝鬘經』에서 처음 보이고 있다.

특히 진여眞如의 경우 진眞과 여如를 나누어서 해석하는 점은, 도저히 인도불교에서는 있을 수 없기 때문에 의문점이 제기되고 있지만, 진제 정도의 삼장이라면 번역시에 첨가할 수도 있다는 견해도 있다. 따라서 『보성론』이나 『능가경』보다 조금 후대의 인도에서 성립된 것으로 보고 있다.

결국 인도찬술설과 중국찬술설을 종합한 입장에서 정리를 해보면, 먼저 현존 자료와 연구 성과를 통하여 판단할 경우 『대승기신론』을 기원 1세기 또는 2세기의 마명보살에게 돌리기는 불합리하다. 그래서 『대승기신론』의 성립에 대한 문제는 두 가지 입장이 있을 수 있다.

만약 인도에서라면 마명보살과 동명同名 인물의 저작이든지, 아니면 단순히 이름을 마명보살에게 가탁했을 가능성이 있다. 반면에 중국에서라면, 성립과 동시에 마명의 이름으로 가탁된 것이다. 만약 가탁했을 경우에 한한다면 인도찬술일 가능성이 더 높다고 하겠다.

반대로 인도찬술이면서 진제 번역이 확실하다면, 오히려 마명에게 가탁한 것은 중국에서일 것이다. 그것은 진제 번역의 『바수반두법사전婆藪槃豆法師傳』, 즉 『세친전世親傳』에 나오는 마명의 전기에서 『대승기신론』이 거론되지 않았고, 진제 번역의 다른 경론에서도 『대승기신론』의 저자로서의 마명을 말하는 듯한 서술이 전혀 없기 때문이고, 또한 마명의 저술이라면 번역이 너무 늦은 감이 있다고 할 수 있기 때문이다. 이러한 정황을 고려하여 옛날 사람이 아닌 좀더 후대의 사람으로 보고 있다.

이렇게 일본학계가 '인도찬술설'과 '중국찬술설'로 나뉘어 아직 명확한 결론을 내지 못하는 것과는 달리, 중국학계는 당연히 중국찬술설을 절대적으로 지지하고 있다.

4. 진제삼장과 진위 문제

『대승기신론』은 앞에서 언급하였듯이, 현재 두 가지 한역본이 있다. 하나는 양梁나라 때 진제(眞諦, 499~569)삼장이 태청太淸 4년(550)에 역출하였다고 전해지는 1권 본과, 또 하나는 실차난타實叉難陀가 측천무후시대(695~700)에 역출한 경전 속에 포함된 『대승기신론』 2권 본이다. 일반적으로 이것을 신역新譯이라고 한다. 그러나 여러 주석서가 인용하고 있는 것은 진제가 한역한 구역舊譯이다.

『대승기신론』의 번역자에 대한 진위 문제는 이미 앞에서 어느 정도 설명이 되었기 때문에 여기서는 간략히 정리하여 마무리하도록 하겠다. 먼저 『대승기신론』을 '중국찬술'이라고 주장하는 입장의 경우, 번역자가 있다는 것은 좀 이상한 일이다. 그렇다고 진제 번역이 아니라고 단언하기에도 논거가 충분하지 않다. 그래서 일단 진제삼장이라는 인물에 대해 살펴보기로 한다. 전기에 의하면, 그는 서인도西印度의 우선니(優禪尼, Ujiayani)국의 바라문 출신으로 본명은 구라나타 Kulanatha, 별명은 파라마르타Paramartha라고 하는데, 후자를 번역하여 진제眞諦로 부른다. 인도의 여러 곳을 다니며 수학하다가 부남국扶南國까지 오게 되었다. 마침 양무제가 고승 초청을 의뢰하였던 때인지라, 그 추천을 받아들여 대동大同 2년(546)에 남해에 도착하였다. 그가 중국에 와서 도읍인 건강建康, 지금의 남경南京에서 양무제와 만나게 된 것이 549년 진제의 나이 51세 때였다. 양무제는 진제에게 역경사업을 대대적으로 해줄 것을 당부하고 절대적인 지원을 아끼지 않을 것도 아울러 약속하였다.

그러나 유감스럽게도 진제가 역경에 착수하려는 그 해 9월에 내란이 일어났기 때문에 동란을 피해 절강성折江省으로 부득이 도피하게 되었다.

그런 의미에서 역경삼장으로서의 진제는 매우 불우한 일생을 보냈다고 할 수 있다. 역경삼장이라 하면, 보통은 왕실이 극진하게 예우를 하고 역경장도 정비되어 있으며 수백 명의 사람들이 종사하여 역경이 행해진다. 가령 후진後秦의 요흥姚興이 세워준 번역도량에서 수백 명에 이르는 학자들의 도움을 받으며 번역에 종사했던 구마라집鳩摩羅什이나, 당나라 태종의 절대적인 지원을 받으며 대자은사大慈恩寺에서 역경에 종사했던 현장玄奘삼장과 같은 이들이 그 대표적인 예라 할 수 있다. 진제 또한 그와 같은 역경사업을 꿈꾸고 중국으로 건너왔던 것이다. 그러나 진제의 경우, 최후까지 유랑생활을 하며 역경장도 없이 지방의 영주를 후원자로 하여 그를 따르는 몇 사람만으로 간신히 역경을 지속하였던 것이다.

후경의 난으로 인해 양무제가 유폐된 후, 유랑생활을 하던 진제는 새 집권자인 후경의 요청을 받고 다시 건강建康으로 돌아오지만, 그 해 다시 후경이 살해되는 것을 목격하게 된다. 또다시 유랑의 길에 올라 항주 가까이의 부춘에서『대승기신론』을 번역(550년)하였다고 기록되어 있다.

그는 발길 닿는 곳에서 한두 권을 번역하는 역경생활을 하다가 문득 고국으로 돌아가려는 결심을 하게 된다. 그러나 배는 얼마 못가고 태풍을 만나 또다시 광주廣州로 떠밀려 되돌아오기를 세 번, 할 수 없이 그곳을 인연처라 생각하고 광주에서 자사刺史의 배려를 받으며 역경생활을 이어가자, 여기저기서 진제의 소문을 듣고 각 지방으로부터 제자들이 모여들어 역경은 점차 활기를 띠게 되었다.

진제삼장의 주요한 번역으로『섭대승론』이 있다. 무착의 저서에 세친이 주석을 붙인 것으로 유식설에 기초를 둔 대승불교의 중요한 논서인데, 그는 이 논의 전파를 사명으로 하여 중국에 왔다고 할 수 있을 정도로 중요한 전적이다. 그렇기 때문에 심혈을 기울여 번역을 끝내고 몇 차례나『섭대승론』을 강설하기도 하였다. 이리하여 그의 명성이 건강建康에까지 알려지고 새로운 유식교설을 듣기 위해 많은 사람들이 몰려오게 되자, 제자들은 스승을 도움으로 모시고 널리 유식교설을 펴려는 뜻을 세운다. 그러나 당시 건강에서는『열반경』에 기초한 열반종의 '여래상주如來常住'의 가르침이 성행하던 상황이었다. 그들은 유식설의 유식무경唯識無境이 객관적인 사물의 존재를 부정하는 위험한 사상이라는 주장으로 진제의 상경을 차단하였다. 진제는 결국 자신의 뜻을 다 펴지도 못한 채, 그의 삶을 71세(569년)로 마감하고 입적하였다. 그의 역경은 출전에 따라 다소의 차이가 있지만 현존하는 것은 29부 80여 권이다.

그런데 가장 오래된 주석서인 담연(曇延: 516~588)의『대승기신론의소大乘起信論義疏』에서는 원저자가 마명이며, 진제가 그 역자라는 것을 당연한 것으로 받아들이고 있다. 물론 이후의 주석서를 지은 혜원·원효·법장도 마찬가지이다. 그러나『법경록』이후 의혹을 받게 된 우여곡절은 앞서 언급한 그대로이다.

그리하여 새로운 주장이 제기된 이후, 갑론을박이 진행되면서『대승기신론』의 저자 및 역자에 관해 크게 네 가지 학설이 형성되었다.

첫째는 '마명 작, 진제 역'을 모두 부정하는 입장이고, 둘째는 '마명 작'은 부정하나 '진제 역'은 긍정하는 입장이며, 셋째는 '마명 작'은 긍정하나 '진제 역'은 부정하는 입장이며, 넷째는 '마명 작, 진제 역'을 모두 긍정하는 입장이다.

요컨대 동아시아 불교계에서 사상적인 영향이 지대한 만큼, 『대승기신론』을 둘러싼 논의는 길고도 치열하며, 20세기 초엽 이후 아직까지도 끝을 보지 못한 채 계속 이어지고 있다. 우리나라 학자들의 견해가 이 장구한 논의 속에 하나도 인용되고 있지 못한 것은 크나큰 아쉬움이 아닐 수 없다.

그러나 보다 중요한 것은, 이와 같이 저자와 번역자의 문제가 설사 미해결이라 하더라도, 대승불교를 대표하는 최고 논서로서의 『대승기신론』의 위상에는 결코 금이 가지 않는다는 사실일 것이다.

5. 『대승기신론』의 구성

『대승기신론』은 「인연분因緣分」「입의분立義經」「해석분解釋分」「수행신심분修行信心分」「권수이익분勸修利益分」 등의 다섯 장으로 구성되어 있다. 이것의 앞뒤로 두 개의 게송이 있다. 앞의 게송은 삼보의 보살핌 속에서 이 논을 저술하는 각오를 서약한 것이다. 뒤의 게송은 이 논서의 보급을 기원하는 내용이자, 이 논을 작성한 의의가 널리 인정받을 수 있도록 바라는 것이다. 일반적으로 앞의 것을 '귀경게歸敬偈'라 하고, 뒤의 것을 '회향게廻向偈'라고 부른다.

예로부터 중국의 석도안이 시작했다고 전해지는 「서분序分」「정종분正宗分」「유통분流通分」의 삼분과설三分科說에 비추어 배분해 본다면, 「서분」은 '귀경게', 「정종분」은 다섯 단락 전체, 「유통분」은 '회향게'에 배대하는 것이 일반적이다.

그리고 정종분의 경우는 『대승기신론』 자체에서 그 내용을 다섯 단락으로 구분지어 서술하고 있다. 이는 이 논의 목차에 해당한다.

우선 「인연분因緣分」은 『대승기신론』의 실질적인 「서분」에 해당하는 것으로, 여기서 '인연'의 의미는 '유래'로서, 무엇 때문에 이 논서를 지었는가, 즉 이 논서를 짓게 된 동기와 취지, 목적을 밝히고 있다.

두 번째 「입의분立義分」은 이 논서의 근본적인 입장을 제시한 것이다.

다시 말해 이 논서가 무엇을 말하고자 하는가라는, 주제에 대해 설명하고 있는 단락이다. 즉 『대승기신론』의 '대승'―여기서는 '마하연'이라고 되어 있는데, 이 '대승'에 해당하는 범어 'mahāyāna'를 음역音譯한 것―이란 무엇인가를 설하는 대목이다.

세 번째 「해석분解釋分」은 이 논의 주제인 '대승'의 내용을 여러 주제에 따라 정리하고 체계화한 것이다. 이를 일심一心·이문二門·삼대三大로 자세하게 설명하고 있다.

먼저 일심一心이란 사물과 마음, 자기와 세계, 일체의 모든 것을 포함하는 것으로서 중생심이라고도 부른다. 이 중생심이야말로 대승 그 자체라고 한다. 일심을 중생심이라고 부르는 점에 이 논의 큰 특징이 있다.

이문二門이란 진여문과 생멸문을 말한다. 일심 그 자체가 번뇌나 무명에 의해 조금도 더럽혀지지 않고 깊은 물처럼 고요하고 맑은 상태를 유지하는 것이 진여문이고, 번뇌나 무명에 의해 일어나고 유전해 가는 것이 생멸문이다. 일심의 두 가지 입장이 바로 이 이문인 것이다.

삼대三大란 체대體大·상대相大·용대用大를 말하며, 일심을 체·상·용의 세 관점에서 본 것이다. '대大'라고 하는 것은 체와 상과 용이 너무나 큰 모습과 작용을 가지기 때문에 '대'라고 한 것이다. 체의 관점에서 일심을 보면 악마도 신도 부처도 인간도 동물도 자연도 모두 이 일심 밖에 존재하는 것이 아니므로 체는 위대하다. 그러므로 체대體大라 부른다. 울다가도 웃고, 기뻐하다가도 슬퍼하는 것도 이 체體에서 떠나 있는 것이 아니다. 더구나 이 일심에는 무량하고 무수한 덕상德相이 구비되어 있기 때문에 상대相大라고 하며, 작용의 측면에서 보면 존재하는 모든 사물을 움직이고 있기 때문에 용대用大라고 한다. 이와 같이 체대·상대·용대를 알게 되면 인생이나 자연을 보는 눈이 완전히 달라진다. 말하자면 자연이나 인생의 영묘한 작용이 보이기 시작하고, 법계의 모습이 보이기 시작하는 것이다.

이것이 논서의 중심부분으로 실질적인 본론이며, 즉 정종분이다. 전체의 4분의 3에 해당하는 분량을 차지한다. 여기에서는 '대승기신' 중의 '대승'을 주로 밝히고 있다. 그 내용은 다시 세 부분으로 나뉘어 설명된다.

우선, 대승의 가르침의 올바른 의미인 '정의正義'를 명확히 한다. 이것이 바로 '현시정의顯示正義'의 단락이다. 그래서 「해석분」의 3분의 2 가량을 여기에 할애하고 있다. 따라서 본론 전체의 반이 '현시정의'에 대한 설명이다. 언제나 생멸 변화하는 현상세계에 휘둘리고 있는 우리들이지만 인간의 본래적 모습을 잊지 않고, 자신의 진실한 모습을 지키면서 생활할 수 있어야 한다는 것이 논자의 일관된 주장이며, 이 중차대한 문제를 우선 사람들 마음의 진실한 모습을 규명하는 데서 찾고 있다. 엄연히 있는 것은 변하지 않는 마음(一心)뿐이며, 미혹이나 깨달음과는 무관하게 이 진실한 모습(眞如)은 변하지 않고 청정한 작용을 한다는 것이다. 사람들의 심진여상은 미망한 마음의 움직임(망념)에 의해 변화하여 각자의 현상세계를 나타내기 때문에, 미망한 마음의 움직임으로부터 벗어나면 이들 현상세계는 구름이 흩어지듯 사라질 것이 분명하다. 다만, 염려스러운 것은 결국 마음의 미혹으로부터 현상세계가 생겨난다는 사실이다. 그러므로 이러한 '심생멸'은 '가명假名'이며, '허위'의 세계이다.

그래서 심생멸문을 법法과 의義로 나누고, 법法의 해석은 심성설心性說의 입장에서 염정이법染淨二法의 작용을 논하여 성불의 가능성을 나타내고 있다. 즉 '염정생멸染淨生滅'과 '염정훈습染淨熏習'으로 나누고, 염정생멸을 다시 현실에 있어 생멸심의 구조를 마음의 본성에 비추어 살펴본 '심생멸'과, 현실에서의 미혹한 생존을 생멸심의 구조에서 바라본 '생멸인연'과, 생멸심의 모습을 나타내는 '생멸상'으로 설명하고 있다.

이어서 염정훈습에서는 생멸 유전하는 현실의 모습을 진여와 무명의 상호작용이 어떻게 행해지는가를 나타내는 소위 훈습론을 설한다. 이 이문二門은 방법은 다르지만 동일한 중생심의 양면이기 때문에 목적은 같으며, 어느 쪽이든 마음 전체를 파악하는 것이다.

그리고 의義의 해석에서는 불신佛身에 대한 고찰로써 삼대三大를 설명한다.

이러한 올바른 의미를 잘 터득하여 잘못된 견해, 즉 '사집邪執'을 퇴치해 나가게 되는데, 이것이 바로 '대치사집對治邪執'이다. 여기에서는 인아견과 법아견으로 나누어 '여래장'과 '아我'를 혼돈해서는 안 된다고 밝히고 있다. 불교는 진리를 설하면서, 동시에 그것에 따르는 잘못된 생각을 배제시킴으로써 올바른 가르침으로 인도해간다. 그리하여 올바른 가르침을 실천하도록 하는 것을 그 목적으로 하고, 그것을 성취하기 위해 노력하는 실천론이기 때문에 단순히 올바른 의의를 밝히는 것만으로 그치기에는 부족하다. 그래서 설명하는 것이 이 올바른 견해에 따라 실천해 가는 모습, 즉 '분별발취도상分別發趣道相'이다. 도道에 분발해 나아간다는 것은 '발심'을 뜻한다. 여기에서는 믿음을 성취하고 난 후 일으키는 발심과, 수행하는 입장에서의 발심, 깨달음의 입장에서의 발심 등 세 종류의 발심을 밝히고 있다. 이와 같이 「해석분」 가운데 '분별발취도상'은 일종의 실천론인데, 그 실천의 내용에 따라 설명한 것이 또한「수행신심분」이다.

　네 번째「수행신심분修行信心分」은 이론적인 교리를 어떻게 실천하고 수행해 갈 것인가를 설명한 것이다. 이 부분은 '대승기신' 중에서 '기신起信'을 설명하는 부분이다.

　여기에서는 신심信心에 네 종류가 있고, 수행에 다섯 가지가 있다고 하며, 이 사신四信과 오행五行에 의해 수행과 신심을 설명하고 있다. '수행신심'은 신심을 수행한다고도, 혹은 수행과 신심이라고도 할 수 있는데, 내용상으로 보면 사신四信과 오행五行, 즉 신심과 수행을 설한 것이다. 그리고 오행은 이 네 종류의 신심을 '능히 성취할 수 있도록' 하게 하는 것으로, 이는 일으킨 신심을 완성시키기 위해 오문五門의 수행이 요구되는 것이다. 사신四信은 근본, 즉 진여를 믿고, 불·법·승 삼보를 믿는 것이다. 다시 말해 일심一心, 이문二門, 삼대三大의 가르침을 알게 되면 만유의 근원이고 우주의 생명이며 대자연의 실상인 진여에 대해 저절로 합장 경배하게 되는데, 이것은 동시에 불·법·승 삼보에 귀의하는 것이기도 하다. 단지 아무것도 모르면서 귀의하는 것이 아니라 일심, 이문, 삼대의 가르침을 이해하면 저절로 귀의하게 되고, 비로소 종교적 신앙심이 생겨나게 되는 것이다.

　오행五行은 소위 육바라밀행인데, 선정과 반야를 합하여 지관문止觀門으로 정리하고 있다. 오행이란 보시·지계·인욕·정진·지관을 수행하는 것이다. 종교심이 생겨나게 되면 이 오행은 불도를 완성하기 위한 방법이 된다. 신앙은 실천수행에 의해 깊어지고 실천수행은 신앙의 힘으로 지탱된다. 더구나 자력에 의한 수행뿐만 아니라, 서방 극락세계의 아미타불을 염송하면 극락왕생할 수 있다는 타력에 의한 신앙도 설한다. 좌선도 염불도『대승기신론』의 취지에서 보면 완전히 동일한 실천수행 방법인 것이다. 따라서 오행을 수행함은 어려울 것이라고 하여 물러서는 사람을 위해 '염불만을 오로지 할 것'을 권하고, 마음이 약한 이가 행할 신심의 방법으로써 아미타불에 대한 신앙을 권하고 있다.

다섯 번째 「권수이익분勸修利益分」은 이 논에서 설명한 대로 실천하는 것에 대한 이익과 효과를 말하여, 이 논서에 대한 가르침을 사람들에게 널리 권해 줄 것을 바라고 있다. 말하자면 '대승'과 '기신'의 결론이다. 올바른 믿음을 권하고 비방을 경계하며 수학修學을 권하고 있다. 이것은 사실상 「유통분」에 해당한다.

마지막에 있는 '회향게'는 이 논의 광대무변한 공덕을 회향하여 널리 일체중생에게 이익되게 할 것을 바란다는 논자의 포부와 신념을 표명하고 있는 게송이다.

굳이 삼분과三分科로 정리할 필요성은 없으므로 논의 「서분」은 「인연분」에 해당하고 「유통분」은 「권수이익분」에 해당하며, 따라서 논의 「정종분」은 「입의분」, 「해석분」, 「수행신심분」에 해당한다고 봐도 좋을 것이다. 어디까지나 삼분과三分科를 고집하고자 한다면 '귀경게'는 논의 저술 전체에 걸치는 총서總序에, 「인연분」은 저술 의도를 명시하는 별서別序에 해당한다고 이해하면 될 것이다. 또한 논의 「유통분」은 내용적으로 봐도 「권수이익분」에 해당하므로, '회향게'는 끝맺으면서 총원總願과 같은 의미로 읽으면 좋을 것이다.

〈도표 1〉은 『대승기신론』의 전체 구성을 도식화하여 한 눈에 볼 수 있게 한 것이다.

제1부 대승기신론에 대한 이해 **49**

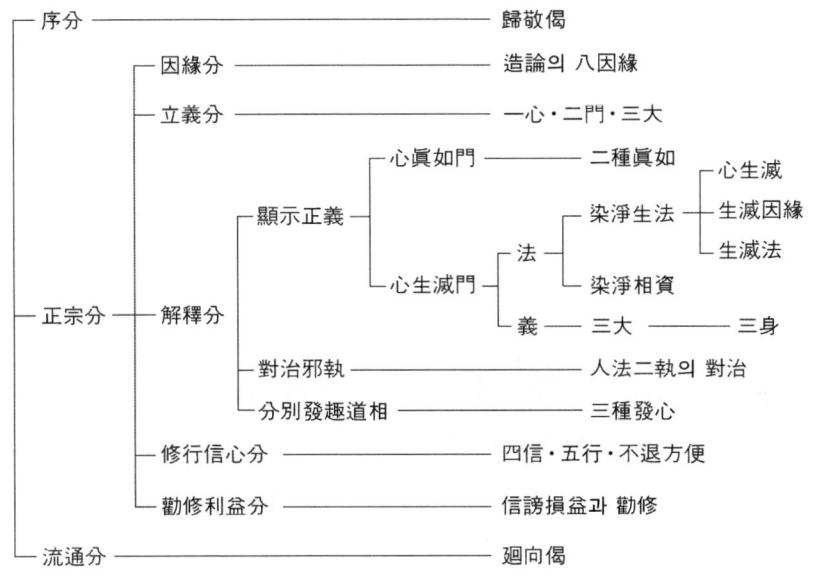

도표 1

6. 『대승기신론』의 주석서 개관

『대승기신론』은 그간의 우여곡절이 어찌되었든, 일단 세상에 나오자마자 빠르고 넓게 퍼져 나갔다. 지금까지 『대승기신론』이 어떻게 연구되어 왔는지 주석서를 중심으로 개관하여, 이후 기신론 연구의 이정표로 삼고자 한다.

1. 『석마하연론釋摩訶衍論』 10권, 용수보살龍樹菩薩 조조, 요진삼장姚秦三藏 벌제마다筏提摩多 역譯

본서는 『속장경續藏經』 71권에 수록되어 있으며, 성립문제에 관하여는 일찍부터 위찬설僞撰說이 제기되어 있다. 주로 '중국위찬설'과 '신라위찬설'인데, 먼저 중국위찬설을 주장하는 사람들은 무주시대武周時代, 즉 측천무후 때 중국에서 성립한 것이라고 한다. 그 이유로는 내용에 측천문자則天文字와 비슷한 것이 보이고, 또한 그 시대 사본寫本이 있는 점 등에서 유추하는 입장이다. 또한 『현수의기賢首義記』의 설을 의용依用하고 종래의 여러 설을 의식한 해석이 보이기 때문이다.

그리고 신라위찬설의 경우, 우선 『고려대장경』에 입장入藏되어 있고, 내용에 있어서도 수많은 경론을 인용하면서 불교의 여러 설은 결코 모순되지 않는다고 하여 회통하고 있는 점, 특히 『금강삼매경』과

『금강삼매경론』의 사상을 많이 인용하고 있는 점 등을 고려하여, 원효나 그의 영향을 받은 신라 승려가 『대승기신론』을 둘러싸고 분분한 여러 학설에 대해 회통을 주된 목적으로 하고, 위의 두 경론에 근거하여 자신의 견해를 보태어 자유분망하게 지은 것이라는 주장이다.

그리하여 중국에서는 종밀(宗密: 780~841)이 『원각경략소초圓覺經略疏鈔』에 처음 인용한 이후, 송대宋代 학자들의 주석이 이루어졌다. 일본에서는 진언밀교의 개산조인 공해(空海: 774~835)가 논論에 보이는 밀교적密教的인 교리에 주목하고, 이를 활용하여 교판을 세우고, 밀교와 현교의 차이를 논한 이후, 상당한 비중을 차지하는 논서가 되었다.

2. 『대승기신론의소大乘起信論義疏』 상권上卷, 담연(曇延: 516~ 588)

본서는 『담연소曇延疏』로 약칭되기도 한다. 상권만 전해지지만, 여러 면으로 보아 581년에서 587년 사이에 쓰여진 것이 거의 확실시되는, 현존하는 가장 오래된 주석서이다. 비록 정법훈습淨法熏習을 해석한 부분까지의 주석에 불과하지만, 이후의 『대승기신론』 해석에 무시하지 못할 영향을 끼친 소박하면서도 주석의 원초적인 형태를 제시하고 있다. 다시 말하면 주석 상태는 매우 간결하면서도 골자를 얻고, 그 뒤에 여러 주석서에서 보이는 것처럼 종의宗義가 강조되어 있지 않다는 점이다. 다른 경론經論과 관련을 갖는 것은 극히 드물고, 다만 『섭대승론석攝大乘論釋』에 보이는 유식설의 영향이 약간 나타나는 정도이다. 현재 『속장경』 71권에 실려 있으며, 후대 혜원慧遠·원효元曉·법장法藏의 소위 '기신삼소起信三疏'의 주석 연구에도 영향을 미친 최초의 주석서로서 그 권위를 인정받고 있다. 다만, 『속고승전』에서 담연이 주석한 『승만경』, 『인왕경』, 『보성론』 등에 대해서는 언급하면서도 『대승기신론소』에 관한 언급이 없는 관계로 한때 위찬설이 제기되기도 하였으나, 도선道宣의 『속고승전』 자체의 자료수집과 개인적인 유대관계 등을 고려하여 아직 유보되고 있는 상태이다. 그리고 총체적으로 평가하는 별도의 언급이 없이 오로지 수문해석隨文解釋에 충실한 점이 특징이라 할 수 있다.

3. 『대승기신론의소大乘起信論義疏』 2권, 정영사사문淨影寺沙門 혜원 (慧遠: 523~592)

본서는 혜원이 지론종地論宗의 학자로 정영사에 오래 있었기 때문에 『정영소淨影疏』라고 약칭되며, 『대정장大正藏』 44권에 수록되어 있다. 일본의 보적普寂은 "혜법사遠法師 왈曰 운운…"이라는 문장이 있는 것으로 미루어, 이 소疏가 혜원慧遠의 진찬眞撰이 아니라고 하여 혜원진찬설 慧遠眞撰說을 부정하였지만, 오진사悟眞寺 인정因靜과 서교사西敎寺 조음潮音, 일련원一蓮院 수존秀存 등이 반론反論하였다. 즉 혜원이 일찍부터 『대승기신론』을 높이 평가하였음을 지적하고, 그의 『대승의장大乘義章』이나 『십지경론의기十地經論義記』, 『열반경의기涅槃經義記』 등에 광범위하게 『대승기신론』을 인용하는 예나 해석의 방식은 『정영소』와 잘 부합하는 것으로 혜원의 진찬眞撰으로 간주한다. 다만 표현이 어색한 부분도 보이므로 어쩌면 『대승의장』 성립 이전의 이른 시기에 쓰여져 충분히 추고推敲가 되지 않았거나, 혹은 제자의 필수筆受에 의해 성립한 것이라고도 추측된다.

특히 『능가경』과 『대승기신론』의 유사성에 주목하여 『능가경』을 『대승기신론』의 소의경전으로 간주하고, 또한 『승만경』과의 관계도 중시하는 입장에서 해석하고 있다. 이러한 점은 이후의 기신론사상 연구에 새로운 장을 여는 데 기여했다고 평가받고 있다.

4. 『대승기신론소大乘起信論疏』 2권, 해동사문海東沙門 석원효(釋元曉: 617~686)

본서는 일반적으로 『해동소海東疏』로 더 유명하며, 신라뿐만 아니라 중국·일본에서 더 높은 평가를 받고 있다. 역시 『대정장』 44권에 수록되어 있으며, 『정영소淨影疏』의 설을 이으면서도 『섭대승론』과 관련하여 해석하고 있는 점이 주목된다. 이것은 후대 법장法藏교학의 특징인 성상융회性相融會의 교리를 생겨나게 한 선구적인 사상이라고 말해진다. 특히 분과(分科=단락)의 방법이나 어구語句의 해석법 등은 전면적으로 법장의 『대승기신론의기大乘起信論義記』에 인용되고 있기 때문에 모태적인 역할을 한 것이다.

원효에 의해 『대승기신론』에서 설하는 대승의 의미가, 소승에 대립하는 대승이 아니라 모든 것을 포함하는 의미로 확립되었다고 할 정도로 큰 비중을 차지하고 있다. 말하자면 어떤 학파나 종파의식, 경전의 구별과 계율 등 그 모든 것을 초월한 무언가를 필사적인 몸부림으로 추구하고 있던 원효에게 큰 충격을 준 것이 바로 『대승기신론』이었다. 물론 원효는 불필요한 대립과 다툼을 화해시키고 회통과 대립을 지양하는 화쟁사상으로 일관하였지만, 그 중심원리로 작용하고 있는 사상체계에 분명 『대승기신론』이 자리하고 있었음은 여러 학자들의 견해가 일치하고 있다.

5. 『대승기신론의기大乘起信論義記』 3권, 현수법장(賢首法藏: 643~712)

본서는 『현수의기賢首義記』 또는 『의기義記』로도 약칭된다. 고래로부터 『대승기신론』은 법장의 『의기』에 의지하여 읽어야 한다고 할 정도로 본서의 성립 이후, 기신론연구의 주도적 역할을 함은 물론,

『대승기신론』의 위치를 부동의 입장으로 만들었다. 그러나 앞서 언급했듯이, 이와 같은 권위를 부여받고 있음에도 불구하고 『현수의기』는 주석상의 많은 부분을 『해동소』에 근거하고 있다는 제약에서 자유로울 수 없었다. 그러나 『해동소』를 인용 답습하면서도 종파적인 의식이 반영된 교판론에서 이후의 기신론사상 연구에 결정적인 영향을 미치게 된다.

다시 말하면 원효가 특정한 종파의식이나 교학적인 편견에 사로잡히지 않고 자유롭고 객관적으로 『대승기신론』을 파악하고 있다면, 법장은 다분히 화엄종의 입장을 내세운 종파적인 개념을 지니고 『대승기신론』의 해석을 시도하고 있다는 점이 지적되고 있다. 특히 유식의 법상종을 의식하여 화엄종의 우위를 확보하고 이를 천명하려는 노력이 엿보이고 있다. 단지 이전의 혜원과 원효가 기신론사상을 유식사상으로부터 독립시키지 않고 유식설에 입각하여 그 연장선상에서 이해한 반면, 법장은 기신론사상을 '여래장연기종如來藏緣起宗'이라 판석判釋하여 유식으로부터 독립성과 우월성을 부여하려는 태도를 견지해 왔다는 점이 독자적이다.

기신론사상 전개의 자취는 화엄학계만으로 그치는 것이 아니라 천태종·진언종·선종·정토종 등 여러 종파에 걸쳐서 광범위하며, 또한 그 영향은 깊다. 법상종과 삼론종도 『대승기신론』을 직접 인용하는 예는 비록 적다 하더라도, 그 영향력을 무시할 수는 없었다. 하나하나의 연구, 주해에는 각각의 특색이 있지만 『해동소』 이후는 대체로 법장의 『현수의기』에 근거한다.

이상, 『정영소淨影疏』, 『해동소海東疏』, 『현수의기賢首義記』의 삼부三部는 소위 '기신삼소起信三疏'라 불리며 반드시 참고해야 하는 주석서로 오랜 동안 그 권위가 인정되어 왔다.

6. 『대승기신론별기大乘起信論別記』 1권, 해동사문海東沙門 석원효 (釋元曉: 617~686)

본서는 「입의분」과 「해석분」에 대해서만 간략히 해석한 것이다. 원효 스스로가 "간략히 강요綱要를 든다. 내 자신을 위해 기록했을 뿐, 감히 세상에 유통되기를 바라지 않는다."고 인정하는 것으로 보아 소疏를 쓰기 전의 초고草稿로서 쓰여진 것으로 알려져 있다. 그러나 『소疏』에서는 빈번하게 "별기別記에 설한 것과 같다"고 하며 미루는 것으로 볼 때 『별기』가 먼저 저술되었을 가능성도 보이지만, 오히려 『별기』는 『해동소』의 주석注釋과 같은 입장에서 저술한 것이라는 견해도 있다. 왜냐하면 「수행신심분」 이하의 주석이 없고 『대승기신론』 전체에 대한 해석이 아니라, 문제점이 있는 부분만을 집중적으로 주석하고 있으며, 경우에 따라서는 『해동소』보다 상세한 해석이 보이기도 하므로 마치 『해동소』에 대해 주注를 붙인 듯한 역할로 보이기 때문이다.

7. 『대승기신론별기大乘起信論別記』 1권, 현수법장(賢首法藏: 643~712)

본서도 일찍부터 진찬여부에 대한 시비가 제기되고 있다. 『현수의기』에서는 "별기에 설한 것과 같다."고 하고 있으나, 『별기』에는 그에 해당하는 부분이 없기 때문이다. 그러나 『의천록義天錄』이나 『원초록圓超錄』, 가장 신빙성 있는 법장 자료로 평가받고 있는 최치원崔致遠의 『법장화상전法藏和尙傳』에서 "기신론소起信論疏 양권兩卷, 별기別記 일권一卷"이라고 기록하고 있으므로 진찬眞撰이라는 주장도 있다. 하지만 『삼국유사』 제4 「승전촉루조勝詮髑髏條」에는 법장의 서명書名을 거론하는 가운데 "기신론 양권"만을 기록하고 『별기』에 대한 기록이 없다.

그때까지 저술되지 않았을 수도 있지만, 당 말기 이전에 '법장 찬'으로 가탁된 가능성도 배제할 수 없는 것이다.

8.『대승기신론내의략탐기大乘起信論內義略探記』1권, 신라태현(新羅太賢: 742~764 활동시기)

본서는 스스로 청구사문靑丘沙門이라고 칭하는 태현의 저술이다. 대체로 원효의『해동소』와 법장의『현수의기』를 인용하여 팔문八門을 세우고 출처를 밝히기는 했지만, 하나하나 주석한 것이 아니어서 편집한 듯한 모양새가 눈에 띈다. 역시『대정장』44권에 수록되어 있다.

9.『대승기신론동이략집大乘起信論同異略集』2권, 신라견등(新羅見登: 연대미상)

본서도 신라시대 견등見登의 저술로서 원효와 법장의 주석을 참조하며 기신론사상과 유식사상의 동이同異를 논하고 있다. 즉 유식설과 기신론사상은 기본적으로 유사한 사상체계이지만, 그러나『대승기신론』이 지닌 특징과 개성을 선명하게 드러내기 위해서는 양설兩說의 공통점과 차이점을 엄밀히 대조해야 할 필요가 있다는 것이 저술 동기라고 밝히고 있다.『속장경』71권에 수록되어 있다.

10.『대승기신론소大乘起信論疏』4권, 종밀(宗密: 780~841)

본서는『주소註疏』로 약칭된다. 법장의『현수의기』의 요지를 논문의 아래에 주기註記하는 형식이기 때문에『현수의기』의 별본과도 같은 성격으로, 내용적으로도 큰 차이가 없다. 그러나 여러 곳에서 고치거나 첨삭을 함으로써 관행觀行에 중점을 둔 자신의 독자적인『대승기신론』해석을 전개하기도 한다. 특히 법장 이후 화엄종은 선종禪宗과의 접촉이 깊어짐에 따라『대승기신론』의 일심一心을 원교圓敎로 이해하려는 경향이 강하게 나타나고 있다. 이러한 경향 역시『주소註疏』에 반영되었고, 이후부터는 『현수의기』를 대신하여 『주소』가 많이 인용되게 된다. 『축쇄장경縮刷藏經』 논소부論疏部에 실려 있다.

11. 『일심이문대의一心二門大意』 1권, 지개(智愷: 연대미상)

본서는 소부小部의 저작으로서 양나라 지개智愷가 지었다고 하며 『속장경』 71권에 수록되어 있다. 그러나 내용적으로는 『현수의기』의 설과 아주 비슷한 표현이 보이고, 해석도 고정화되어 유형적인 것으로 『현수의기』 이후에 성립한 것으로 추정된다. 8세기 이후 중국의 불교학자가 진제眞諦 문하의 혜개慧愷, 즉 지개智愷에게 가탁假託하여 위작한 책으로 여겨진다.

12. 『기신론소필삭기起信論疏筆削記』 20권, 장수자선(長水子璿: 965~1038)

본서는 종밀宗密의 문인門人인 석벽전오石壁傳奧가 지은 『대승기신론수소기大乘起信論隨疏記』 6권결본을 개작改作한 것(1030)으로 『주소注疏』에 바탕을 두고 『대승기신론』을 해석한 책이다. 또한 『현수의기』의 이해에도 필독서라고 말해지며, 특히 『대승기신론』의 진여수연설眞如隨緣說이 화엄교학의 사사무애법문事事無碍法門의 교리적인 근거라는 높은 평가를 하고 있다.

13. 『천태교와 기신론융회장天台教與起信論融會章』 1편, 지례(知禮: 980~1028)

본서는 자선子璿과 동시대의 지례知禮가 지은 것이다. 천태교학에 있어서 『대승기신론』의 교설을 어떻게 평가하고 어떻게 위치시킬 수 있는가 하는 문제를 바로 정면에서 들고 있어 주목된다. 담연湛然교학에서 처음으로 인용 도입된 『대승기신론』을 천태교학의 입장에서 어떻게 해석하면 좋을 것인가 하는 점을 확실하게 밝힌 획기적인 논문이다.

그는 『대승기신론』이 별교別敎의 교설에 속하지만 읽는 방법에 따라서는 원교圓敎의 입장에서 읽는 것도 가능하다고 말하고 있다.

14. 『대승기신론열망소大乘起信論裂網疏』6권, 우익지욱(蕅益智旭: 1599~1655)

본서는 유일하게 실차난타 번역인 신역新譯에 대한 주석서라는 점에서 이색적異色的인 것이다. 천태교학을 중심으로 하여 중관中觀과 유식唯識을 일체화하여 『대승기신론』을 읽어야만 이해가 가능하다고 하며, 주로 『능가경』의 교설을 의용依用하여 해석하고 있다.

15. 『대승기신론소필삭기회열大乘起信論疏筆削記會閱』10권, 속법(續法: 1641~1728) 편編

본서는 종밀의 『주소注疏』와 자선의 『필삭기筆削記』를 편집한 것이다. 자신의 해석을 보태지 않고, 앞부분에 자선子璿의 『기신론소과문起信論疏科文』 1권을 수록하고 있다.

16. 『기신론본소청집기起信論本疏聽集記』29권, 순고(順高: 1218~?)

본서는 일본 최초最初의 『현수의기』에 대한 주석서이다. 고변高辨의 손제자孫弟子에 해당하는 순고順高가 편집하고 1273~1274년에 재야再冶하여 26권으로 마무리되었으나, 1354년에 원혜圓惠가 재차 교정하고 서사書寫하여 현재의 29권이 되었다. 『현수의기』에 대한 상세한 축어적逐語的 주석이며 한문에 일본가나[仮名]가 섞인 문장으로 쓰여졌다. 현재 『일본불교전서日本佛敎全書』 92·93권에 수록되어 있다.

17. 『대승기신론의기교리초大乘起信論義記教理抄』19권, 담예(湛睿: 1271~1346)

본서는 담예가 1322년에 여러 가지 문제를 제기하여 문답체 형식으로 저술한 것이다. 위의 『청집기聽集記』가 널리 유포되지 않았던 것과 반대로 이『교리초』는『현수의기』에 대한 엄밀한 주석서로서 권위를 인정받고 후세에 커다란 영향을 미쳤다. 담연湛然은 칭명사(稱名寺: 현재 金澤文庫)로 이어지는 고산사高山寺 계통의 화엄교학에 반대하고, 동대사東大寺 계통의 화엄교학을 정통正統으로 하는 입장이었다. 본서에서도 대항적인 태도와 교설이 여러 곳에 보인다. 그리고 전권全卷을 통하여 참조한 것은『필삭기』이며, 이 점에서는『청집기』의 경우와 같다.

18.『기신론의기환호록起信論義記幻虎錄』5권, 봉담(鳳潭: 1654~1738)

본서는 자선子璿이 지은『필삭기』의 주석서이기보다는 비판적인 성격을 가지고 지은(1701) 것이다. 그는 종밀과 자선의『대승기신론』에 대한 해석을 비판하는 입장이다. 이러한 봉담鳳潭의 견해에 대해서 정토종淨土宗의 현혜(顯慧: ?~1703)와 풍산豊山의 주진(主眞: ?~1735) 등이 종밀과 자선의 해석을 지지하는 입장에서 반박하고 있다.

19.『기신론의기환호록해방起信論義記幻虎錄解謗』1권, 봉담(鳳潭: 1654~1738)

본서는 역시 종밀의『주소』와 자선의『필삭기』의 해석에 대해 통렬한 비판을 전개한(1706) 것이다. 그 때문에 이에 호응하듯이, 복고주의적인 기신론연구 동향이 생겨나『현수의기』그 자체의 입장에서 행해지는 주석이 나타나게 되었다.

20.『대승기신론의기요결大乘起信論義記要決』3권, 보적(普寂: 1707~1781)

본서는『현수의기』를 요약하는 입장에서 해석(1776)하면서, 원효,

종밀, 자선 이하 여러 주석자의 설을 취사선택하여 평결評決하고 있다. 그리고 보적은 『대승기신론』을 원교圓敎로 하지 않고 종교終敎로 판석判釋한 봉담의 설을 비판하고 있다.

21. 『대승기신론의기강의大乘起信論義記講義』 3권, 혜징(慧澄: 1780~1862)

본서는 사명지례四明知禮의 천태학계를 이은 혜징慧澄이 『현수의기』의 주석서를 지은 것이다. 그만큼 『현수의기』의 존재가 컸음을 입증해준다 하겠다. 이와 같은 경향은 『현수의기』, 『주소』, 『필삭기』 등에 바탕을 둔 일본의 주석서들이 대부분인 것에서도 알 수 있다.

앞서 언급했듯이, 수백 종에 이르는 주석서 가운데서 일실逸失되었거나 단편斷片이거나 구하기 힘든 것들을 제외하고, 보편적으로 이용되고 있는 가장 중요한 주석서들만 실었다. 그리고 현대에 와서 발간된 많은 연구서들은 일괄하여 참고자료에 미루어둔다.

제2부

대승의 믿음믐을 일으키게 하는 눈을 풀이하다

서분

시방세계의 모든 방면에 두루 미치시며
가장 수승한 업으로써 모든 것을 다 아시고
그 몸은 어떤 방해도 받지 않고 자재로우시며
그 마음의 깊은 대자비심으로 세상을 구하고자 하시는 부처님과
그 모습 그대로, 바다와 같이 넓고도 깊은 진실을 영원히 전하여
마지않는 높은 법과
몸소 불법을 실천하고 있는 불교도인 승가에
진심으로 경애의 마음을 바칩니다.
사람들이 불교에 대한 의심을 없애고 그릇된 가르침을 버림으로써
대승大乘에 대한 올바른 믿음을 확립하고
드높은 불교의 전통이 끊어지지 않게 되기를 바라며
이 논을 짓습니다.

정종분

생각건대, 대승을 올바르게 이해하는 능력이 싹트기 위해서는 그것에 알맞은 근거가 있을 것이므로 여기에서 그 부분을 밝히고자 한다.

제1. 이 논을 지은 이유
제2. 이 논의 주제
제3. 주제에 대한 증명
제4. 주제의 실천
제5. 이 논의 효용

먼저 이 논을 지은 이유부터 밝히겠다.

묻기를, 어떤 이유로 이 논을 지었는가?

답하기를, 그것은 다음과 같은 여덟 가지 이유에서이다.

첫째는, 일반적인 이유이다. 즉 사람들이 모든 고뇌로부터 해방되고, 궁극에 가서는 편안함을 얻게 되기를 바라기 때문이며, 세간의 명예나 이익, 공경을 얻으려는 것이 아니다.

둘째는, 부처님 가르침의 근본과제를 규명함으로써 모든 사람들이 불교를 올바르게 이해하여 오해가 없기를 바라기 때문이다.

셋째는, 지금까지 쌓아온 선근이 성숙한 사람으로 하여금 대승의 가르침을 충분히 익히게 하여, 신심에서 물러나지 않기를 바라기 때문이다.

넷째는, 아직 수행이 익지 않고 선근도 미숙한 사람에게 불교에 대한 올바른 이해가 깊어지기를 바라기 때문이다.

다섯째는, 수행이 미숙한 사람들에게 수행방법(방편)을 제시하여, 그들의 나쁜 행위(악업)가 초래한 수행의 장애물을 없애고, 또한 그 마음을 잘 지켜 무지와 오만한 마음을 멀리 여의고, 그릇된 생각(사견)에서도 벗어나기를 바라기 때문이다.

여섯째는, 지관의 수행법을 가르쳐 줌으로써, 도리를 모르는 사람(범부)이나 이타利他의 실천을 행하고자 하지 않는 사람(성문·연각)이 그러한 생각이 잘못된 것임을 알게 되길 바라기 때문이다.

일곱째는, 오로지 아미타불을 마음으로 염하는 방법을 시현하여, 아미타불의 정토에 왕생하고 결코 물러나는 일이 없이 올바른 신심이 확립되기를 바라기 때문이다.

여덟째는, 이상과 같은 이익들을 나타내 보여줌으로써 사람들에게 수행하도록 권하고 싶기 때문이다.

이상의 여덟 가지 이유로 이 논을 지은 것이다.

묻기를, 이러한 가르침은 이미 여러 경전에서도 자세히 설하고 있는데, 새삼스럽게 또다시 설명할 필요가 있는가?

답하기를, 물론 경전 속에서도 이와 유사한 가르침들이 있기는 하지만 사람들의 능력(근기)과 행위가 다르고, 이해할 수 있는 조건[緣]도 같지 않으므로 이를 새롭게 설명하는 데에 그 의의意義가 있는 것이다. 여래가 살아 계시던 당시에는 사람들의 이해도 빠르고, 설법하는 이도 부처님 자신이었기 때문에 온갖 부류의 사람들이 모두 이해할 수가 있어서 굳이 특별한 논을 지을 필요가 없었다. 그러나 부처님께서 입멸하시고 많은 세월이 흐르자, 여기저기에서 가르침을 배워 자신의 힘으로 이해할 수 있는 사람과, 아주 조금 가르침을 듣고도 혼자서 여러 가지를 이해할 수 있는 사람과, 자신의 힘만으로는 어쩔 수가 없어 상세하게 설명하고 있는 논을 통해서만 이해할 수 있는 사람과, 반대로 해설을 상세하게 읽는 것을 번거롭다고 하여 다라니陀羅尼처럼 짧은 문장이지만 많은 의미를 내포하고 있는 가르침을 잘 이해하는 사람도 있다. 그러한 면에서 본서는 부처님의 광대무변한 깊은 가르침의 의미를 집약하고 정리하여 설명해 보려고 한 것이다.

이것이 이 논을 저술하게 된 이유이다.

이미 이 논을 지은 이유를 밝혔기 때문에 여기에서는 이 논의 주제를 서술하고자 한다.

대승을 정리해 나타내자면, 먼저는 대승의 근거[法]가 문제가 되고, 다음은 대승의 의의[義]가 문제가 된다.

대승의 근거란, 바로 사람들의 마음(중생심)이다. 사람들의 마음은 미혹한 존재인 동시에, 깨닫는 존재라는 양면성을 가지고 있다.

이러한 사람들의 마음을 근거로 하여 대승의 의의가 분명해지는 것이다. 왜냐하면 사람들의 마음은 진실한 있는 그대로의 모습으로 대승의 실체를 제시하기 때문이며, 또한 사람들의 마음은 원인과 조건에 따라 생기기도 하고 없어지기도 하는 모습을 나타내므로 대승 그 자체와 그 모습과 그 작용을 제시하는 것이 가능하기 때문이다.

이러한 이유에서 대승의 의의를 다음 세 가지로 정리할 수가 있다.

첫째는, 사람들의 마음 그 자체가 가지는 보편성이다. 즉 어떠한 존재방식이든지 진실하지 않은 것이 없는데, 진여라는 점에서 차별이 없다는 것이다. 이것은 미혹할 때는 줄어들고 깨달으면 증가하는 그런 것이 아니기 때문이다.

둘째는, 사람들의 마음 상태가 보편적이라는 점이다. 즉 사람들의 마음 상태는 부처님과 같은 특질(여래장)을 가지고 있어 가늠하기 어려울 정도의 훌륭한 공덕(성공덕)을 갖추고 있기 때문이다.

셋째는, 사람들의 마음 작용이 보편적이라는 점이다. 사람들의 마음은 미혹한 세계(세간)와 깨달음의 세계(출세간)에서 모두 바람직한 원인[因]과 결과[果]를 만들어 낼 수 있기 때문이다.

그래서 모든 부처님들도 사람들의 마음에 근거를 두었었고, 또한 일체의 보살들도 사람들의 마음을 근거로 하여 부처님의 경지에 이르게 된 것이다.

앞에서 주제에 대해 서술하였으므로 여기에서는 이 주제가 얼마만큼의 가치를 지녔는가에 대해서 자세히 증명해 보기로 한다.

이에 대해서는 다음과 같이 세 가지 측면에서 살펴보겠다.

먼저 대승의 올바른 의의를 냉철한 판단을 통해 밝히고, 다음으로 이 문제를 둘러싸고 생겨나는 여러 가지 오해를 고치고, 마지막으로 수행과정을 상세하게 나누어 밝히고자 한다.

대승의 의의를 증명하고자 하면, 마찬가지로 사람들의 마음을 근거로 삼아, 다음의 두 가지 설명방식이 가능할 것이다.

하나는 사람들의 마음에 있는 진여(진실한 모습)이며, 또 하나는 사람들 마음의 생멸(미망된 모습)을 말한다.

이 두 가지 모습은 그 어느 쪽에서 보더라도, 그 속에 모든 존재가 포용되어 있음을 알 수 있다. 왜냐하면, 이 두 가지 모습은 서로 떨어지고자 해도 떨어질 수 없는 불가분의 관계이기 때문이다.

사람들 마음의 진실한 모습(심진여)은 절대무차별한 법계의 근본이며 일체만유의 본체이다. 즉 사람들의 마음은 본래 생하거나 멸하거나 하지 않는 것인데, 더욱이 미망도 관련이 없는 것이지만, 모든 존재가 이 미망이라는 잘못된 마음작용으로 여러 가지 다른 현상을 만들어내는 것이다. 그러나 이러한 그릇된 마음작용을 여의고 보면 그렇게 분별하여 만들어낸 대상세계의 모든 현상은 없는 것임을 알게 된다. 그러므로 모든 존재는 본래 말로서 표현된 것과는 관계가 없으며, 지명되어 있는 것이 아니며, 인식되고 있는 대상과 같은 것이 아니며, 필경 똑같은 진실로서 변하거나 파괴되거나 하는 일이 없다. 이러한 변화가 없는 마음을 진실한 모습(진여)이라고 한다.

언어표현들은 모두 임시방편으로 붙인 것이며, 그 실체는 있을 리가 없다. 그릇된 마음의 움직임에 따를 뿐이며, 실체는 지각되지 않는 것이다. 따라서 여기서 진여라는 것도, 이 말에 대응하는 것이 실재한다는 뜻은 아니다. 말은 원래 언어를 사용하여 그릇된 생각을 고쳐줄 뿐이다.

그러나 이 진여라는 말로 표현되어져 있는 그 자체는 결코 부정할 수 없는 것이다. 모든 존재는 다 진실하기 때문이다. 또한 새롭게 설명하지 않으면 안 되는 것도 없다. 모든 존재는 다 그렇게 있기 때문이다.

그러므로 모든 존재를 말로써 표현하는 것도, 마음에 떠올리는 것도 할 수 없는 일이지만, 그러한 모습을 임시로 진여라고 부르는 것이다.

묻기를, 그러한 의미라면, 사람들은 어떻게 진실한 모습을 따르고, 그것을 깨달을 수가 있는가?

답하기를, 모든 가르침은 설명되어 있어도 설하는 사람과 설해진 가르침이 있는 것이 아님을 알고, 마음에 떠올라도 떠오르는 사람과 떠오른 대상이 있는 것이 아님을 아는 것이 진정으로 진실한 모습에 따르는 것이며, 또한 그러한 생각으로부터도 떠나는 것이 진여를 깨닫는 것이다.

또한 진여는 말을 빌려 설명하자면 다음의 두 가지 의미가 있다.

하나는, 있는 그대로 공空이라는 것이다. 공이 궁극적으로 사물의 진실한 모습을 나타내기 때문이다.

둘째는, 있는 그대로 불공不空이라는 것이다. 진실 그 자체가 번뇌에 물들지 않는 훌륭한 공덕을 갖추고 있기 때문이다.

먼저 공이라는 것은, 본래 모든 번뇌는 진여와 일치하지 않는다는 의미이다. 즉 모든 존재는 다른 존재와 무관계한 것으로서, 미혹한 마음작용이 없기 때문이다. 따라서 이렇게 이해할 수 있을 것이다. 진여의 자성 그 자체는 있는 것도 아니고 없는 것도 아니며, 있지 않는 것도 아니고 없지 않는 것도 아니며, 있다고도 할 수 있고 없다고도 할 수 있는 것이 아니다. 같은 것도 아니고 다른 것도 아니며, 같은 것이 아닌 것도 아니고 다른 것이 아닌 것도 아니며, 같은 것이라 할 수도 있고 다른 것이라 할 수 있는 것도 아니다. 이런 이유로 모든 사람들은 그릇된 마음작용이 있기 때문에 한 순간 한 순간에 마음을 움직여서 진여와 일치하지 않으므로 이를 공이라고 말한 것이다. 만약 그릇된 마음작용으로부터 떠나면 그것이 진실한 것이며, 이미 공이라고 해야 할 것은 존재하지 않는다.

다음 불공이라는 것은, 앞에서 이미 진여의 법 그 자체가 공이고, 그릇된 마음작용이 존재하지 않는 것을 분명히 하였는데, 이 진실한 마음은 항상 변하지 않는 청정하고 훌륭한 공덕을 충분히 갖추고 있기 때문에, 이를 불공이라 부른다. 그러나 불공이라 하여 무언가 그렇게 특별한 것이 있는 것은 아니다. 그릇된 마음작용을 여읜 경지가 깨달음에 일치할 뿐이다.

사람들 마음의 미망한 모습(심생멸)에 대해 살펴보면, 이는 여래의 가르침에 비추었을 때 미망한 마음이 있는 것이다. 즉 깨달음의 마음과 미혹의 마음은 통합되어 있어서, 미혹과 깨달음은 같은 것도, 다른 것도 아닌 것이다. 그러한 사람들의 마음을 아리야식(阿黎耶識=아려야식)이라 부른다.

따라서 아리야식에는 깨달음과 미혹이라는 두 가지 의미가 있다. 즉 아리야식은 미혹한 세계와 깨달음의 세계 둘 다에 연관되어 모든 존재를 나타내는 것이다.

여기서 깨달음이란 사람들의 마음이 본래 그릇된 마음작용과는 관계가 없음을 나타낸다. 그릇된 마음작용을 떠난 모습은 허공세계가 널리 미치지 않는 바가 없듯이, 법계와 마찬가지로 그것은 여래의 평등한 법신 그 자체이다. 이는 여래의 법신에 가탁하는 본각(근본 깨달음)을 말하는 것인데, 본각을 미혹에서 깨닫는다(시각)고 말함으로써, 시각이 본각과 같음을 말하고자 하는 것이다.

시각(미혹에서 깨닫는다)의 의미는 본각(근본 깨달음)에 의해 미혹(불각)이 있고, 이 미혹에 의해 미혹으로부터 깨달음이 있음을 말하는 것인데, 또한 마음의 근원을 깨닫는다는 의미에서도 궁극적 깨달음이라 하지만, 마음의 근원을 깨닫지 않는 한 궁극적 깨달음이라 할 수 없다.

이 부분을 조금 더 자세히 설명해야겠다.

보통 사람(범부)은 앞서 일으킨 나쁜 마음이 좋지 않다는 생각이 들면 바로 중지하여 뒤에 나쁜 마음이 일어나지 않도록 하는데, 이것도 일종의 깨달음이지만, 여기서 말하는 깨달음과는 다르다. 이것은 아직 미혹이다.

불제자(성문)나 혹은 혼자서 수행하는 사람(연각)의 경우나, 부처님의 지혜와 자비에 살고자 막 뜻을 세운 사람들(초발심보살)은 순간적으로 변하는 마음작용을 알아차리고, 마음이 그러한 변화에 휘둘리지 않으므로 자신의 판단에 집착하는 조잡한 마음을 버릴 수 있기 때문에 이것은 깨달음과 닮은 깨달음이라 할 수 있다.

부처님의 진실한 모습을 보고 보살들은 순간적으로 변하는 마음이 지속하는 상태를 깨닫고, 지속하는 마음의 상태로부터 자유롭게 되어 자신이 판단한 거친 마음의 상태로부터 멀어질 수가 있다. 이것은 부분적인 깨달음이라 할 수 있다.

보살의 수행이 궁극에 달하면, 모든 수행을 성취하여 일순간에 진실과 합치하고, 마음이 작동하는 원초적 상태를 알고 그 마음에 작동되는 일이 없이 미세한 마음의 움직임으로부터도 연관이 없게 되므로 마음의 근원을 알 수 있으며, 항상 그러한 마음이 지속되기 때문에 이를 궁극적 깨달음이라 한다.

이 점에 관련하여 경전은 "만약 사람들이 그릇된 마음의 작용은 본래부터 없는 것이라 관찰할 수 있다면 부처님의 지혜에 가까워질 수 있다"고 설하고 있다.

또한 그릇된 마음이 일어난다 하더라도 마음이 일어나는 최초의 상태(초상)를 알 수 없는 것이다. 그것을 굳이 마음이 일어나는 최초의 상태를 안다고 한 것은, 미혹한 마음이 작용하지 않는(무념) 바를 나타내고자 하기 때문이다. 따라서 모든 사람들이 깨달았다고 말할 수 없는 셈이다. 왜냐하면 사람들은 계속 쉬지 않고 그릇된 마음작용을 지속시키고 있으며, 아직 이 그릇된 마음의 작용으로부터 떠난 적이 없기 때문이다. 이런 의미에서 언제 시작되었는지 알 수 없다(무시무명)는 표현을 사용한 것이다.

만약 그릇된 마음의 작용으로부터 해방될 수 있다면, 마음이 일어나고 지속하고 변화하고 소멸하는 상태를 알 수가 있다. 그것은 그릇된 마음의 작용으로부터 자유롭게 된 증거이기도 하다. 따라서 사실은 미혹에서 깨닫는다는 것이 분명하다. 왜냐하면 일어나고 지속하고 변화하고 소멸하는 네 가지 마음의 모습은 동시에 나타나는 것이며, 따로따로 나타나는 것이 아니기 때문이다. 차례로 설명한 것은 본래 같은 것이고, 똑같은 깨달음이기 때문이다.

본각을 번뇌와 대조시켜 설명하면, 두 종류의 모습이 있다. 두 종류의 모습은 근본적 깨달음과 항상 관계가 있다. 즉 하나는 지혜가 청정한 모습이다. 또 하나는 상상도 할 수 없을 정도의 작용이 있는 모습이다.

지혜가 청정한 모습이란, 부처님의 가르침을 배우는 힘 그대로 수행하여 깨달음을 완성하면, 깨달음과 미혹을 통합하는 마음의 상태를 깨뜨려 이를 지속하려는 마음의 상태가 멸하게 되고, 법신이 분명하게 나타나 지혜가 실로 청정하게 된다는 것이다. 무슨 말인가 하면, 이런 것이다. 마음이 작용하는 모든 모습은 바로 근본적 무지(無知＝無明)의 모습이지만, 이 근본무명의 모습은 본각의 성질을 여의지 않기 때문에 깨뜨릴 수 있는 것도 아니고, 깨뜨릴 수 없는 것도 아니다. 예를 들면, 큰 바다의 물이 바람에 의해 파도치는 것과 같다. 물의 상태와 바람의 상태는 불가분의 관계이며, 물 자체는 움직이는 성질을 지니지 않아, 바람이 멈추면 물이 움직이는 모습도 없어지지만, 물의 습한 성질은 그대로 남아 있는 것과 같다. 이와 같이 사람이 본래 갖추고 있는 청정한 마음의 본질(자성청정심)은 근본적 무지의 바람에 의해 움직이지만, 마음과 무명도 고정된 형태가 없이, 서로 불가분의 관계에 있다는 것이다. 그러나 움직이는 성질은 마음의 본질이 아니기 때문에 근본적 무명의 움직임이 그치면 지속하는 마음도 그치는 것이고, 따라서 지혜의 성질이 훼손되는 일이 없는 것이다.

다음으로 상상할 수 없는 작용이 있다는 모습이란, 지혜가 청정한 모습에 의해 어떠한 것보다도 수승한 대상세계가 되는 것이다. 즉 헤아릴 수 없는 훌륭한 공덕이 항상 단절되지 않고 나타나 사람들의 능력(근기)에 따라 마음대로 작용할 수 있으며, 여러 가지 형태로 나타나 사람들에게 이익을 주고 있다.

또한 깨달음 그 자체의 모습은 네 가지 큰 의미를 포함한다. 그것은 마치 넓고도 넓은 허공과 같으며, 투명한 거울과도 같다.

첫째는, 문자 그대로 허공과 같이 아무것도 방해할 것이 없고 거울과 같이 투명하다는 의미이다. 주관과 객관으로 나누어지기 전의 모습이며, 그 무엇도 나타내는 일 없고, 지각知覺하거나 비추어 드러내는 작용이 없다.

둘째는, 사람들에게 작용하게끔 하는 청정한 거울과 같은 것이다. 즉 문자 그대로 공허한 것이 아니라 세상의 모든 사물이 투명한 거울 속에 나타나 들어가거나 나오거나 하는 일이 없고, 없어지거나 무너지거나 하는 일도 없이 항상 마음속에 그렇게 작용하고 있다. 모든 존재(일체법)가 바로 진실한 모습인 것이다. 따라서 어떠한 번뇌도 더럽힐 수가 없는 것이며, 지혜 그 자체는 부동不動이면서도 깨달음을 갖추어 사람들에게 훈습하게 한다.

셋째는, 더러움을 털어 깨끗하게 한 거울과 같다는 의미이다. 즉 공空하지 않음을 말하는 것이다. 번뇌와 근본무명의 방해로부터 벗어나며, 깨달음과 미혹이 합쳐져 있는 상태를 떠나 실로 청정하게 맑고 밝아지기 때문이다.

넷째는, 사람들에게 기연機緣이 되어 작용하게 하는 거울과 같다는 의미이다. 근본무지로부터 멀어져 널리 사람들의 마음을 비추어서 좋은 행위(선근)를 닦도록 가르치며 사람들의 생각에 맞추어 여러 가지로 나타내 보이기 때문이다.

그리고 미혹(불각)이라는 의미는, 진여법이 변함이 없다는 것을 모르기 때문에 미혹한 마음이 일어나 움직임이 생기게 되지만, 그 마음작용에는 이것이라는 특정한 모습(자성)이 없으므로 본각을 여의지 않는 것이다. 그것은 마치 사람이 길을 헤맨다는 것은 나아갈 방향이 있으므로 헤매게 되는 것과 같다. 다시 말하면 나아갈 방향이 없다면 헤매는 일도 없는 것이다. 사람도 이와 마찬가지로 깨달음을 목표로 하기 때문에 미혹이 생기는 것이므로, 깨달음을 여의면 미혹도 없는 것이다. 진실을 모르는 미망의 마음이 현재 있으므로 이에 대비한 적절한 말과 의의를 생각하여 진실한 깨달음(진각)을 설명한 것이지만, 미망의 마음을 여의면 진각 그 자체에 대해 특별히 설명해야 할 것도 없다.

그런데 미혹에는 세 가지 모습이 있으며, 미혹한 마음은 이 세 가지 모습에서 벗어나지 않는다.

첫째는, 근본무지의 마음이 움직이는 모습이다. 무지의 마음이 움직이는 것은 진실한 모습을 모르기 때문이며, 진실한 모습을 깨달으면 마음의 움직임은 그친다. 마음이 움직이면 괴로움이 생기지만 괴로움은 근본무지에서 발생하는 것이다.

둘째는, 보는 모습이다. 마음이 움직임으로써 본다는 작용이 일어나지만, 마음이 움직이지 않으면 보는 작용은 일어나지 않는다.

셋째는, 보이는 대상세계의 모습이다. 본다는 작용에 의해 보이는 대상세계가 그릇되게 나타난다. 본다는 것을 여의면 보이는 대상세계는 존재하지 않는다.

보이는 대상세계를 계기로 하여 다시 여섯 가지 마음의 상태가 일어난다.

첫째는, 지각하는 상태이다. 보이는 대상세계에 근거하여 마음이 좋다든가 싫다든가 판단을 하기 때문이다.

둘째는, 지속하는 상태이다. 지각에 의해 즐겁다든가 괴롭다든가 하는 생각을 내고, 이 생각을 잊지 않고 지속시키기 때문이다.

셋째는, 집착하는 상태이다. 지속하는 생각을 대상세계에 투영하여 괴롭다든가 즐겁다든가 하는 생각을 보태어 집착심을 일으키기 때문이다.

넷째는, 말에 의해 생각하는 상태이다. 미망의 집착에 의해 여러 가지 언어를 사용하여 판단하기 때문이다.

다섯째는, 여러 가지 행동을 일으키는 상태이다. 언어에 근거하여 말로써 설명되어진 것을 찾아내어 여러 가지 행동을 일으키기 때문이다.

여섯째는, 자신이 한 행위로 인해 고통에 휩싸이는 상태이다. 행위는 반드시 결과를 수반하므로 그 결과에 얽매여 자유를 잃어버리기 때문이다.

이처럼 근본무지는 모든 미혹의 생존을 산출해 내는 바탕임을 알 수 있다. 모든 미망의 존재는 바로 미혹한 모습인 것이다.

그리고 깨달음과 미혹에는 다음과 같이 두 가지 관계가 있다. 하나는 동일성同一性의 면이고, 또 하나는 차이성差異性의 면이다.

먼저 동일성의 면[同相]을 예로 들자면, 여러 모양의 도자기가 어느 것이든 똑같은 소재의 점토로 만들어지는 것과 같다는 점이다. 이와 같이 번뇌가 없는 깨달음이라든가, 근본무지라든가, 여러 가지 환幻과 같은 미망의 마음작용 등은 모두 똑같은 진여 그 자체의 모습인 것이다. 그러므로 경전에서는 이와 같은 진여에 대해 설하기를 "모든 사람은 본래 항상 변하는 일 없이 깨달음에 들고 있다. 깨달음의 경지는 수행하지 않으면 안 되는 것과 같은 것이 아니며, 필경에 찾아 얻을 수 있는 것과 같은 성질의 것도 아니다"고 하였다. 또한 볼 수 있는 색이나 형상이 있는 것이 아니어서 그것을 보았다는 사람은 미혹한 마음에 의해 그렇게 착각했을 뿐이며, 그것은 깨달음의 경지에서나 갖춰지는 뛰어난 작용의 성질과는 비교할 수도 없는 것이다. 왜냐하면 깨달음이나 지혜의 모습은 그처럼 볼 수 있는 것이 아니기 때문이다.

그 다음 차이성의 면〔異相〕은, 마치 여러 도자기의 모양이 각기 다른 것과 같다. 이와 마찬가지로 번뇌가 없는 깨달음과 근본무지와, 번뇌에 따라 생기는 여섯 가지 거친 미혹과 아울러 근본무지에 수반되는 세 가지 미세한 미혹에는 차이가 있는 것이다.

다음으로 미혹이 생기는 이유는 사람들 각자의 마음에 의意와 의식意識이 작용하기 때문이다. 그것은 아리야식에 근본무지가 있기 때문에 이 근본무지에 의해 미혹이 생겨나 보는 것과 보이는 것이 생기고, 그 대상세계에 집착하여 잘못된 마음을 지속시키게 된다. 이것이 의意라고 불리는 마음이다.

의意라는 마음에는 다음의 다섯 종류가 있다.

첫째는, 근원에서 작용하는 식識이다. 즉 근본무지의 힘이 미혹한 마음을 움직이는 것이다.

둘째는, 움직이는 식이다. 미혹의 마음이 움직이면 보는 작용이 나타나기 때문이다.

셋째는, 나타나는 식이다. 즉 모든 대상세계를 나타내는 것이다. 그것은 마치 맑은 거울이 사물을 비춰내듯이 이 식도 마찬가지로 색과 형상, 소리, 냄새, 맛, 감촉 등 다섯 가지 대상과 서로 마주함과 동시에 그 상을 비추며, 시간적인 전후 없이, 언제 어떠한 때라도 있는 그대로 나타내서 항상 현전現前하게 되는 것이다.

넷째는, 지각하는 식이다. 즉 번뇌에 더러워진 미혹과 번뇌에 더럽혀지지 않는 깨달음을 아는 것이다.

다섯째는, 지속하는 식이다. 마음의 움직임이 끊어지지 않고 지속되기 때문이다. 헤아릴 수 없는 과거의 선악 행위를 지키며 잊어버리지 않도록 하기 때문이다. 또한 현재와 미래에 고락의 과보를 성숙시켜 어긋나는 일이 없기 때문이다. 현재 이미 행한 것을 불시에 상기시키고, 미래의 것을 몽상시키거나 하는 것이 바로 이 식이다.

그렇기 때문에 욕망과 물질과 정신의 세 가지 세계(삼계)는 허위의 것이며, 모두 사람의 마음이 만들어낸 것이라 한다. 이 마음을 여의면 색과 형상, 소리, 냄새, 맛, 감촉, 의미나 개념 등 여섯 가지 대상세계는 어디에도 없는 것이다.

이 의미를 좀 더 설명하면 이런 것이다. 모든 존재(일체법)는 모두 마음에 의해 성립한 것이며, 미망한 마음의 작용에 의해 생기는 것이다. 모든 판단은 자신의 마음을 판단하는 것이며, 마음이 마음을 보지 않으면 파악될 만한 것은 아무것도 없다. 이런 이유로 세상의 모든 대상세계는 모두 사람들의 근본무지에 근거하고 미망한 마음에 의해 지켜지고 있음을 알 수 있다. 그런 의미에서 모든 존재는 거울 속에 비치는 상像처럼 잡을 수 있는 실체는 아무것도 없고, 단지 이 마음의 소행이며 붙잡을 수 있는 것이 없다. 왜냐하면 이 마음이 생길 때 여러 가지 존재가 생기고 이 마음이 멸할 때 여러 가지 존재가 멸하기 때문이다.

그리고 의식意識이라는 것은, 지속하는 의식을 말한다. 도리를 모르는 사람은 대상세계에 대한 집착이 아주 강하여, 이것이 자신(아)이고 이것은 내 것(아소)이라고 생각하며 가지가지로 편집하고, 매사에 집착하여 색과 형상, 소리, 냄새, 맛, 감촉, 의미나 개념 등 여섯 가지 대상세계(육진)를 판단하는 것이다. 이것을 의식이라고 부른다. 또한 개별적으로 아는 의식이라 하기도 하고 대상을 판단하는 의식이라고도 부른다. 이 의식은 지적知的인 번뇌와 정적靜的인 번뇌에 의해 증대되는 의미도 지니고 있다.

　근본무지의 훈습을 받아 생기는 식은 범부에게는 전혀 알 수 없는 것이다. 또한 성문과 연각의 머리로도 알 수 없는 것이다. 보살의 경우, 우선 바르게 이해하고 난 후에 의욕적으로 관찰을 계속하여 법신을 깨달을 수 있다면 이 식에 대해 조금 알 수 있게 되는 것이고, 다시 나아가 이 사람이 목표로 하는 궁극적 경지에 이르렀다 하더라도 이 식에 대해 충분히 알 수는 없다. 완전하게 이 식에 대해 알 수 있는 이는 부처님뿐이다. 왜냐하면 사람들의 마음이 본래 본질적으로 청정한 것인데, 근본무지 때문에 더럽혀져 그와 같은 미망의 마음이 되었지만, 설사 아무리 번뇌로 오염된 마음이라 할지라도 청정한 마음의 본질은 항상 변하지 않기 때문이다. 그러므로 이 의미를 알 수 있는 이는 부처님뿐이라 한 것이다. 즉 마음의 본질은 항상 변하지 않고, 미혹한 마음의 작용과는 관련이 없으므로 변하지 않는다는 것이다. 진실한 법계를 모르기 때문에 마음이 진실한 모습과 상응하지 않고, 언제인지도 모르게 미혹의 마음이 작용하게 되는 것을 근본무지라고 부르는 것이다.

　미혹한 마음에는 다음과 같이 여섯 가지가 있다.

　첫째는, 집착하는 의식과 함께 나타나는 미혹이다. 성문과 연각의 깨달음이나, 보살이 불교를 바르게 이해한 경지에서 벗어날 수가 있는 미혹이다.

　둘째는, 부단하게 지속하는 의식과 함께 나타나는 미혹이다. 불교를 바르게 이해한 경지에서 여러 가지 수행을 통하여 차례로 버릴 수 있으며, 청정한 마음의 경지에 이르렀을 때 완전하게 이 미혹으로부터 벗어날 수 있다.

셋째는, 판단하는 의식과 함께 나타나는 미혹이다. 십지에서 제2지의 계율을 지키는 경지에서 드디어 이 미혹으로부터 벗어날 수 있고, 또한 제7지의 모든 것이 공(空)임을 깨닫는 준비단계의 경지에서 이 미혹으로부터 완전하게 벗어날 수 있다.

넷째는, 대상세계가 잠재적으로 나타나는 미혹이다. 이 미혹은 제8지의 불국토를 정화하는 경지에서 벗어날 수가 있다.

다섯째는, 보는 마음이 잠재적으로 나타나는 미혹이다. 이 미혹은 제9지의 마음을 자유롭게 제어할 수 있는 경지에서 벗어날 수가 있다.

여섯째는, 근본무지가 잠재적으로 나타나는 미혹이다. 이 미혹은 부처님 지혜와 자비로 살아가는 사람이 최종적인 경지에 이르러 부처님 경지로 들어간 시점에서 비로소 벗어날 수 있다.

덧붙여 말하면, '사람들은 진실한 불법의 세계를 깨달을 수가 없다'고 말한 것은, 불교를 바르게 이해하는 경지에서부터 점차 깊숙이 관찰하여 미혹을 단절하게 되면, 청정한 마음을 얻는 경지에 이르기까지 수행의 진행 상황에 따라 미혹에서 벗어나게 되지만, 그것은 아직 충분하다고 말할 수 없으며 최종적으로는 부처님의 경지에 들어가야 비로소 완전하게 미혹으로부터 벗어날 수 있다는 의미이다.

또한 집착하는 식 등과 '함께 나타나는 미혹'이라 말한 것은, 미혹한 마음의 움직임은 그 마음의 대상과 서로 다르기 때문에 미혹과 깨달음이 분명히 다르지만, 보는 것과 보이는 것의 모습은 같다는 의미이다.

그리고 '잠재적으로 나타난다'고 말한 것은, 진실한 마음임에도 헤매고 있으므로 미혹과 깨달음은 다른 것이 아니지만, 보는 것과 보이는 것의 모습이 서로 다르다는 의미이다.

또한 '미혹한 마음'이라는 것은, 이것 역시 '번뇌의 장애'라고도 하듯이, 진실한 모습을 아는 근본 지혜의 작용을 방해한다는 의미이다. '근본무지'라는 것은 이것 역시 '지혜의 장애'라고도 하듯이, 세상에 꾸밈없이 작용하는 부처님의 지혜를 방해한다는 의미이다.

이것은 어떠한 의미인가 하면, 미혹한 마음에 의해 보는 것과 보이는 것이 생겨나고, 멋대로 대상세계에 집착하여 변하지 않는 진실한 모습을 어긋나게 한다는 것이다. 모든 존재는 항상 조용하게 잘 돌아가고 있어 움직이는 일은 없으나, 이 근본무지가 미혹한 마음을 움직여 진실한 모습으로부터 어긋나게 하므로, 눈앞의 현상세계에 휩싸여서 현실을 모르게 한다는 뜻이다.

또한 마음이 미혹해 있는 상태를 설명하자면 다음의 두 가지이다.

먼저, 거친(추) 미혹이다. 상응하는 마음의 움직임이 인식되는 것이다.

다음, 미세한(세) 미혹이다. 상응하는 마음의 움직임이 인식되지 않는 것이다.

가장 거친 미혹은 범부의 경지의 것이고, 그다지 거칠지 않은 미혹에서 비교적 미세한 미혹은 보살의 경지의 것이며, 가장 미세한 미혹은 부처님의 경지에서만 알 수 있는 미혹이다.

이 두 가지 미혹은 근본무명으로 인해 항상 훈습하는 것이다. 그래서 원인으로써 작용하는 미혹과 조건으로써 작용하는 미혹으로 나눌 수가 있다.

원인으로써 작용하는 미혹이란, 근본무명으로 인하여 미혹하다는 의미이다. 조건으로서 작용하는 미혹이란, 함부로 대상세계를 만든다는 의미이다. 원인으로서의 미혹이 없어지면 조건으로서의 미혹도 없어지기 마련이며, 원인으로서의 미혹이 없어지면 잠재적으로 생기는 미혹한 마음도 없어지며, 조건으로서의 미혹이 없어지면 의식과 함께 작용하는 미혹의 마음도 없어진다.

 묻기를, 미혹의 마음이 없어진다면 지속하고 있는 마음은 어떻게 되는 것인가? 지속하고 있는 마음이 있다고 하면 미혹의 마음이 완전하게 없어진다는 것은 있을 수 없는 것이 아닌가?

 답하기를, 없어진다고 말한 것은 단지 미혹한 마음의 모습이 없어진다고 한 것일 뿐, 마음 그 자체가 없어진다는 것은 아니다. 그것은 비유하자면 이런 것이다. 바람이 움직이는 모습은 물위에 나타나지만 물이 없으면 바람은 의지처를 잃어 바람이 움직이는 모습을 나타낼 수 없다. 그러나 물은 없어지지 않으므로 바람이 움직이는 모습을 계속하여 볼 수 있는 것이다. 바람이 그치면 거기에 따라 물이 움직이는 모습도 없어지지만 물 그 자체가 없어지지 않는 것과 같다. 근본무지도 이와 마찬가지로 마음 그 자체에 근거하여 움직이지만 마음 그 자체가 없어져 버리면 인간은 존재의 근거를 잃고 존재할 수가 없게 되므로 마음 그 자체가 없어지는 것이 아닌, 마음은 지속하고 있는 것이며, 단지 미혹의 마음이 없어질 뿐이다. 따라서 미혹한 마음의 모습은 이와 같이 없어져도 지혜의 마음은 없어지는 일이 없다.

 그리고 다음의 네 가지 훈습하는 힘이 있으므로 미혹과 깨달음이 지속하여 일어나게 되는 것이다.

 첫째는, 깨달음이다. 이것은 진실한 모습을 말한다.

 둘째는, 모든 미혹의 원인이다. 이것은 근본무지를 가리킨다.

 셋째는, 미망의 마음이다. 이것은 근본무지의 작용을 가리킨다.

 넷째는, 미망의 대상세계이다. 이것은 여섯 가지 인식의 대상을 가리킨다.

 훈습하는 힘이란, 예를 들어보자. 보통 의복 그 자체에는 향기가 없으나, 향을 가슴에 안으면 의복에 그 향기가 배어드는 것과 같다. 이와 마찬가지로 진실한 모습의 깨달음은 본래 미혹과는 연관이 없는 것이지만, 언제나 근본무지로부터 훈습을 받으면 미혹의 모습이 나타나게 된다. 한편 근본무지의 미혹에는 본래 깨달음의 작용은 없지만, 언제나 진실한 모습으로부터 훈습을 받고 있기 때문에 깨달음의 작용이 나타나게 된다.

훈습하는 힘이 미혹을 일으켜 지속하는 모습은 어떠한 모습인가?

진여법에 근거하여 근본무지가 있는데, 근본무명에 미혹의 원인이 있으니까 진여를 훈습하여 거기에 미혹의 마음이 생기는 것이다. 이 미혹의 마음이 근본무명을 훈습하면, 진여법을 알 수 없기 때문에 미혹한 마음이 일어나 허망한 대상세계가 출현하게 된다. 허망한 대상세계가 미혹의 조건이 되어 미혹의 마음을 훈습하고 다시 격렬히 집착하게 하여 여러 가지 행동을 취하게 하므로, 몸과 마음에 온갖 괴로움을 받게 한다.

허망한 대상세계가 훈습하는 의미는 다음의 두 가지이다.

하나는, 미혹한 마음의 움직임을 증진시키는 훈습이다.

또 하나는, 집착을 증진시키는 훈습이다.

미망한 마음이 훈습하는 의미에도 두 가지가 있다.

첫째는, 근본무지의 마음이 움직이는 근원적인 훈습이다. 아라한(사람들로부터 존경받는 사람)과 벽지불(혼자서 수행하는 사람)이나, 보살(부처님의 지혜와 자비로 살아가는 사람)들은 모두 이 작용에 의해 생존의 괴로움을 받게 된다.

둘째는, 사물을 판단하는 마음을 증진시키는 훈습이다. 범부는 이 작용에 의해 행동하고 괴로움을 받게 된다.

근본무지가 훈습하는 의미는 다음 두 가지이다.

첫째는, 근본적인 훈습이다. 이것에 의해 근본무지의 작용이 성립한다는 의미이다.

둘째는, 거기서 생기는 지적知的, 정적靜的인 번뇌의 훈습이다. 이것에 의해 사물을 판단하는 의식이 성립한다는 의미이다.

훈습하는 힘이 깨달음을 일으켜 지속함은 어떠한 것인가?

진여법이 있기 때문에 이것이 근본무지를 훈습한다. 훈습하는 힘이 원인이 되고 조건이 되어, 미혹한 마음이 괴로움을 싫어하고 깨달음을 추구하게 된다. 미혹한 마음이 괴로움을 싫어하고 깨달음을 구하는 전조가 보이면, 이것이 원인이 되고 조건이 되어 진여를 훈습하여 자신 속의 진실을 믿게 한다. 그리하여 마음이 멋대로 움직이는 것일 뿐으로 눈앞의 대상세계가 없음을 알아 미망의 세계로부터 멀어지는 방법을 실천한다. 즉 눈앞의 대상세계는 실체가 없는 것임을 알기 때문에, 여러 가지 방편으로 진실한 모습에 수순하는 수행에 힘쓰게 되어 대상세계에 집착하지 않고 마음을 움직이지 않아 드디어 오랜 동안 훈습한 힘에 의하여 근본무지가 멸하게 된다. 근본무지가 멸하면 미망한 마음은 일어나지 않고, 미망한 마음이 일어나지 않으므로 대상세계도 따라 멸하는 것이다. 원인도 조건도 함께 멸하므로 미망한 마음의 모습은 모두 없어지고, 이로써 열반을 얻어 부처님에게 갖춰지는 훌륭한 작용을 성취한다는 것이다.

미혹의 마음에 훈습하는 의미는 다음 두 가지이다.

첫째는, 사물을 판단하는 마음을 훈습하는 힘이다. 이 힘에 의하여 범부나 성문과 연각 등이 생사의 괴로움을 싫어하고, 능력에 따라 점차로 위없는 깨달음에 향하게 된다.

둘째는, 근본무지가 움직이는 마음을 훈습하는 힘이다. 이 힘에 의하여 보살은 의욕적이 되고, 용기를 내어 신속하게 깨달음을 향해 나아가는 것이다.

진여훈습이라는 의미에는 두 가지가 있다.

첫째는, 진실한 모습 그 자체에 갖춰진 훈습하는 힘이다.

둘째는, 진실한 모습이 갖춘 기능으로서 훈습하는 힘이다.

진실한 모습 그 자체에 갖춰진 훈습하는 힘이란 언제 시작되었는지 모르지만 지금까지 계속 깨달음을 갖추고 있고, 또한 상상도 할 수 없는 훌륭한 공덕을 갖추어 그 작용대로 대상세계가 출현하는 것이다. 이러한 두 가지 의미가 언제나 변하지 않고 사람들을 훈습하고 있기 때문에, 언젠가 그 힘이 발휘되어 사람들은 생사의 괴로움을 싫어하고 깨달음을 추구하여, 자신에게도 진여법이 갖춰져 있다는 굳은 믿음으로 의욕을 일으켜 수행하게 된다.

묻기를, 만약 그러한 뜻이라면 모든 사람들은 모두 진여를 갖추게 되고 모두 똑같이 훈습의 힘을 받을 것인데, 어찌하여 진여를 바르게 이해할 수 있는 사람과 이해하지 못하는 사람이 있으며, 이해력이 빠른 사람과 느린 사람의 차이가 생기는 것인가? 모두가 동시에 자신에게도 진여가 있음을 알고 수행에 힘써 똑같이 깨달음에 들면 될 것인데, 그렇게 되지 않는 것은 무엇 때문인가?

답하기를, 진여는 본래 하나이지만, 근본무지는 헤아릴 수 없을 만큼 다양하며, 지금까지 계속 두텁거나 엷거나 하는 차이를 보여 왔다. 갠지스Ganges강의 모래수보다 많은 번뇌가 이와 같은 근본무지의 차이로부터 생기는 것이다. 제멋대로의 생각과 같은 지적인 번뇌나, 애착과 같은 정적인 번뇌의 차이가 있는 것은 모두 근본무지의 차이에 기인한다. 이처럼 모든 번뇌는 근본무지에 근거하고 그 생기는 방법도 시간을 전후하여 무량한 차이를 보인다. 그 모습은 부처님만이 알 수가 있는 것이다.

또한 부처님의 가르침에 의하면 모든 현상에는 원인이 있고 조건이 있으며, 그럴 만한 원인과 조건이 갖추어졌을 때 비로소 불도佛道를 이룰 수가 있는 것이다. 예를 들면 나무에는 타는 성질이 있는데, 그것은 태우기 위한 원인이다. 그러나 사람이 그것을 모르고 태우려고 하지 않는 한, 나무가 자연히 타는 일은 없는 것과 같다. 사람들도 이와 마찬가지로 훈습하는 힘이 원인으로 있더라도, 부처님이나 보살들과 같은 좋은 지도자를 만나는 좋은 조건을 만나지 못하는 한, 저절로 번뇌가 없어져 깨닫게 되는 일은 절대로 있을 수 없다. 설사 외부로부터 작용하는 조건을 만난다 할지라도 내부로부터 참된 훈습의 힘을 충분히 갖추지 못한다면, 마지막까지 생사의 괴로움을 싫어하고 깨달음을 추구하는 것은 실현되지 않는다. 원인과 조건이 갖추어졌을 때, 자연히 진여로부터 훈습하는 힘이 갖추어지고, 또한 부처님이나 보살들의 자비한 마음을 받게 되어, 비로소 생사의 괴로움을 싫어하는 마음이 생기고 깨달음이 실현됨을 확신하여 좋은 능력을 익히려고 한다. 그리하여 선근이 완성되어 부처님이나 보살들의 가르침을 만나게 되고, 그 이익을 기뻐하여 적극적으로 열반의 도에 향하여 나아가게 된다.

진실한 모습이 갖춘 기능으로서 훈습하는 힘이란, 사람들의 외적 조건으로서 훈습하는 힘이다. 이러한 외적조건에는 여러 가지 의미가 있으나 정리하면 두 가지로 나눌 수 있다. 하나는 개별조건이고, 또 하나는 공통조건이다.

개별조건이란, 수행하는 사람이 부처님이나 보살들 밑에서 비로소 의욕을 일으켜서 불도에 뜻을 두고자 할 때를 기점으로 하여 마침내 부처님의 깨달음을 얻게 될 때까지의 기간 동안 보거나 듣거나 생각하거나 할 때, 어떤 때는 동료와 부모와 친척 등이 되고, 어떤 때는 고용인이 되거나, 어떤 때는 지인知人과 친구가 되며, 어떤 때는 미운 사람이 되거나, 어떤 때는 베풀거나 위로의 말을 건네거나, 남을 위해 행동하거나, 함께 같은 일을 하는 등 온갖 일을 하여, 일상의 행동 가운데 대비의 마음으로부터 훈습하는 힘을 일으켜 사람들에게 선근을 증진시키도록 하며, 그러한 모습을 보거나 듣게 하거나 하여 이익을 얻게 하는 것이다.

이 개별조건에는 다음의 두 가지 의미가 있다.

첫째는, 깨달음이 가까운 조건이다. 이 조건에 의해 금방 깨달을 수가 있다.

둘째는, 깨달음이 먼 조건이다. 긴 시간이 걸려야 깨달을 수 있기 때문이다.

이 가까운 조건과 먼 조건에는 다시 두 가지 의미가 있다.

첫째는, 수행을 증진시키는 조건이다.

둘째는, 깨달음을 얻게 하는 조건이다.

공통조건이란, 모든 부처님이나 보살은 모든 사람들이 깨달음을 얻게 되도록 원하며, 자연히 이들을 훈습하여 결코 내버리지 않는다는 것이다. 사람들과 공유하고 있는 지혜의 힘에 의해, 보고 싶고 듣고 싶다고 원하는 사람이 있으면 부처님은 그에 따라 작용한다. 즉 누구나 삼매에 의하여 똑같이 부처님과 만날 수가 있는 것이다.

이 진실한 모습 그 자체가 갖춘 작용하는 힘과 진실한 모습이 갖춘 기능으로서 작용하는 힘은 다시 두 가지로 나누어 설명할 수 있다.

첫째는, 아직 진실한 모습과 일치하지 못하는 것(미상응)이다. 즉 범부와 성문과 연각과 초발의보살 등이 의意와 의식意識의 훈습력으로 바르게 이해한 힘에 의지하여 계속 수행하였으나, 판단을 초월하는 지혜의 힘(무분별심)이 아직 진여 그 자체에 일치하는 시점까지 이르지 못한 것이다. 그들이 부처님의 자재한 작용을 얻고자 수행하더라도 아직 진여가 갖춘 기능과 일치하는 데까지 다다르지 못한 때문이다.

둘째는, 이미 진실한 모습과 일치한 것(이상응)이다. 즉 법신보살이 판단을 뛰어넘는 지혜의 마음을 얻어 부처님의 지혜와 그 작용에 일치하여, 오로지 부처님 가르침의 힘에 따라 자연히 수행이 이루어진다. 그러므로 진여를 훈습하여 근본무명을 멸할 수가 있는 것이다.

그리고 미혹이 언제 시작된 지도 모르는 때로부터 계속 훈습해 왔으나, 이윽고 깨달음을 얻었을 때는 거기서 그친다. 그러나 깨달음이 훈습하는 힘은 멈추는 일이 없다. 그 이유는 진여는 항상 훈습하고 있기 때문이며, 미혹의 마음이 멸하면 법신이 자연스럽게 드러나서 이번은 진실한 모습에 갖춘 기능이 훈습하는 힘을 일으키기 때문에 멈추는 일은 없다고 한 것이다.

또한 진여 그 자체와 상태는, 범부나 성문과 연각 그리고 보살이나 모든 부처님에 의하여 늘어나거나 줄어드는 것도 아니고, 어디선가 생겼다가 이내 멸하는 것도 아니며, 궁극적으로 항상 변하지 않는 것이고, 본래부터 본성이 모든 훌륭한 공덕을 충분히 갖추고 있는 것이다.

즉 진여 그 자체에는, 큰 지혜의 광명이라는 의미와 법계를 두루 비춘다고 하는 의미와 진실을 알 수 있다는 의미와 본래 청정한 마음이라는 의미와 항상 즐겁고 변하지 않으며 청정하다는 의미와 청량하며 변하지 않고 자유롭다는 의미가 갖춰져 있다. 갠지스강의 모래수보다 더 많은 이러한 훌륭한 공덕(성공덕)은 여의지 않고 끊어지지 않고 다르지 않고 상상할 수 없을 정도의 불법을 완전하게 갖추고 있다는 의미이기 때문이다. 이것은 부처님의 훌륭한 작용을 갖추고 있다는(여래장) 의미이며, 부처님의 진실한 모습(여래법신)이라는 의미이다.

묻기를, 앞에서 진여 그 자체는 모든 사람에게 평등하여 개별적인 모습과는 관계가 없는 것이라 설명하였다. 그런데도 불구하고 여기서는 어째서 진여 그 자체에 이 같은 여러 가지 훌륭한 공덕을 갖추고 있다고 하는가?

답하기를, 이러한 여러 가지 훌륭한 공덕이 있다고 하더라도 그것이 사람에 따라 다르다고 하는 것은 아니다. 이것은 모든 사람에게 공통하는 똑같은 것이며, 사람에 따라 바뀌는 일이 없는 바로 진여 그 자체이다. 그 이유는 진여는 판단을 초월한 것이며, 판단하는 것과는 관계가 없다는 점에서 모든 사람에게 공통되어 있다[無二]고 한 것이다.

묻기를, 그러면 왜 사람에 따라 차이가 생긴다고 하는가?

답하기를, 근본무지가 작용하는 미혹의 모습에 근거하여 나타나기 때문이다.

묻기를, 그것은 어떻게 나타나는가?

답하기를, 모든 존재는 본래 오직 마음뿐이며 원래 미혹한 마음작용은 없다. 현실에서 미혹한 마음이 되어 진실한 모습을 모르고 망념으로 여러 가지 대상세계를 보게 되므로 근본무명이라 하지만, 진실한 마음은 그러한 일이 없기 때문에 그것을 큰 지혜광명의 의미라 한 것이다. 만약 마음에 주관과 객관이 일어나면 그것은 차별상이 되므로 진여의 실상은 보이지 않게 되지만, 진실한 마음은 바르게 보기 때문에 법계를 두루 비추는 의미라 한 것이다. 더구나 마음이 움직이고 있는 한 진실로 안다고 할 수 없으며, 자성이 없게 되고 항상하지 않고 즐겁지 않고 참된 내가 아니고 청정하지 않으며, 열에 시달려 쇠약하고 자유롭지 못하며, 갠지스강의 모래수보다 많은 미망의 의미가 가득 포함되어 있다. 이에 대해 근본무명만 움직이지 않으면 갠지스강의 모래수보다 많은 맑고도 멋진 공덕의 모습이 나타나게 된다는 것이다.

만약 근본무명이 일어나면 그때는 눈앞에 보고 싶은 것밖에 볼 수 없으니까 부족한 바가 있다고 한 것이다. 이처럼 깨달음의 무량한 멋진 공덕은 모두 이 마음에 갖춰져 있으며 결코 무지한 마음이 움직이는 것은 아니다. 그러므로 이렇게 충분한 것을 법신이라 하고 부처님의 진실한 모습이 감춰져 있다(여래장)고 한 것이다.

그리고 진여의 작용이란, 즉 부처님이 일찍이 수행했을 때, 대자비의 마음을 일으키고 수행의 완성을 목표로 하여 행하고, 사람들을 교화하고 큰 서원을 세워 중생계를 구제하고자 원했던 것이다. 또한 아무리 시간이 걸려도 최후까지 모든 중생계 일을 자신의 일처럼 생각하므로 사람들을 차별하는 일이 없었다.

그러한 이유는, 부처님은 모든 사람과 자신의 몸이 진여에서는 변함이 없고 조금도 다르지 않음을 알았기 때문이다. 이렇게 훌륭한 방편과 지혜가 있으므로 근본무지를 제거하고, 근본 부처님의 법신을 보고, 자연히 상상도 할 수 없는 행위나 여러 가지 작용을 할 수 있으며, 진여에 근거하여 모든 장소에 갈 수 있지만, 그렇다고 해서 이것이라고 말할 수 있는 특별히 작용하는 모습이 있는 것도 아니다. 왜냐하면, 부처님은 바로 법신에 갖춘 지혜 그 자체이며, 궁극적 진실(제일의제)이기 때문이며, 세간적인 진실의 세계(속제)와는 관련이 없으며, 인위적인 행위를 벗어났기 때문이다. 다만 사람들이 보거나 듣거나 하여 이익을 받은 모습에 따라 진여의 작용은 이러하다고 말한 것에 지나지 않는다.

이 진여의 작용에는 다음 두 가지가 있다.

첫째는, 사물을 판단하는 마음에 근거한 것이다. 범부나 성문과 연각의 마음으로 보는 것은 응신(이 세상에 나타난 부처님)의 모습이다. 이러한 사람들은 그것이 본다는 마음의 작용에 따라 보이는 부처님의 모습임을 모르고 부처님은 외부로부터 온다고 생각하며, 그러한 색과 형상을 한 것이라 생각하여 부처님의 진짜 모습은 어떠한지 충분히 알지 못한다.

둘째는, 근본무명이 움직이는 주변의 마음에 근거하는 것이다. 초발의보살(부처님의 지혜와 자비에 살고자 막 뜻을 세운 사람들)에서부터 십지보살(최종적인 단계에 들어간 사람)들의 마음으로 보는 것은 보신(수행의 결과 얻어진 부처님)의 모습이다. 이 부처님은 몸에 무량한 색과 형상의 특징을 갖추고, 그 특징에는 한량없는 바람직한 특색이 있다. 이 부처님이 사는 국토 역시 무량한 가지가지 장식으로 장엄되어 있으며, 이 부처님이 나타나는 장소는 어디든 한결같이 엄숙하여 말할 수 없을 정도로 무궁무진하다. 이 부처님이 나타나는 장소는 항상 잘 보존되어 훼손되거나 없어지거나 하는 일은 없다. 부처님의 이러한 훌륭한 작용은 어느 것이든 완성된 수행에 의해 얻어진 깨달음이 훈습하는 힘과 상상도 못하는 부처님의 멋진 작용이 훈습하는 힘에 의해 이루어지는 것이며, 한량없는 바람직한 모습을 완전하게 체현하고 있으므로 보신이라 한 것이다.

또한 범부가 보는 부처님의 모습은 거친 형상으로 여섯 세계(육도) 가운데 어디에 있는가에 따라 보는 바가 다르며, 여러 가지 차이가 있어 즐거움만을 받는 모습이 아니기 때문에 이를 응신의 모습이라 한다.

그리고 초발의보살이 보는 부처님의 모습은 진여의 가르침을 깊이 이해하고 있기 때문에 조금만 부처님의 모습을 보아도 그 엄숙하게 장엄되어 있는 색과 형상은 어디로부터 와서 어디로 사라져 가는 것이 아니며, 보이고 있는 것이 아니라 다만 마음에 나타난 것일 뿐, 진여를 벗어난 것은 어디에도 없음을 안다. 그러나 이 사람은 아직 이러한 자신의 판단과 분별에 따르기 때문에 부처님의 진짜 모습을 아는 경지에는 이르지 못한 것이다. 진실로 청정한 마음을 얻으면 그때 보는 부처님의 모습은 미묘하고 부처님의 작용도 훨씬 뛰어나며, 이윽고 보살의 경지를 초월하면 보신을 보게 된다. 즉 근본무지의 움직임으로부터 떠나면 이미 보이는 부처님의 모습은 없다. 부처님의 법신은 이런저런 색과 형상을 나타낼 일이 없기 때문이다.

묻기를, 만약 부처님의 법신이 색과 형상을 떠난 것이라면 어떻게 하여 색과 형상을 나타내는가?

답하기를, 부처님의 법신은 색 그 자체이기 때문에 색을 나타낸다고 할 수 있다. 즉 본래 색은 마음과 별개의 것이 아니다. 색 그 자체가 바로 지혜이기 때문에 색 그 자체에 일정한 모습이 없는 것을 바로 지혜의 모습[智身]이라 말한다. 지혜의 본성은 곧바로 색이므로 이를 부처님의 법신은 모든 곳에 두루 미친다고 설한 것이다. 나타난 색이나 형상은 그처럼 일정한 모습이 없으나 마음에 따라 시방세계에 무량한 보살과 무량한 보신과 무량한 장엄을 나타내는 데 각각 차별이 있을지라도 고정적 구별이 있는 것이 아닌, 서로 방해하는 일이 없다. 이것은 마음으로 판단하여 알아지는 것이 아니라, 진여가 자유롭게 작용하고 있는 모습이기 때문이다.

그러면 생멸의 모습으로부터 진여에 들어가는 방법을 설명하겠다.

즉 신체와 지각이나 상상력이나 의지와 의식 등을 통하여 마음에 대해 생각해보면, 색과 형상, 소리, 냄새, 맛, 감촉, 의미나 개념 등의 여섯 가지 대상세계가 필경 미혹한 마음의 움직임과는 관계가 없다. 마음에는 모습과 형태가 없기 때문에 사방, 팔방으로 손을 써서 찾아봐도 끝내 찾아낼 수 없을 것이다. 예를 들면 사람이 동쪽을 서쪽으로 잘못 알았더라도 실제 동쪽은 동쪽이며, 방향이 바뀐 것은 아닌 것과 같다. 사람도 이와 마찬가지로 근본무지에 미혹되므로 그 마음을 미혹의 마음이 움직인다고 하지만, 마음은 그와 같이 움직이는 것이 아니다. 만약 잘 관찰하여 마음은 그렇게 미혹한 것이 아님을 알면, 진여의 가르침에 따라 진여를 깨달을 수 있다.

잘못된 생각을 바르게 한다는 것은, 잘못된 생각은 어느 것이나 편집偏執된 사고방식으로부터 생기기 때문에, 이러한 편집적인 사고를 벗어날 수가 있다면 잘못된 생각은 없어진다는 것이다. 이 편집된 사고방식에는 두 가지가 있다.

첫째는, 부처님에 대한 오해이다.

둘째는, 부처님께서 설하신 가르침에 대한 오해이다.

부처님에 대한 오해는 범부의 사고방식으로 다섯 종류가 있다.

첫째는, 경전에서 "여래의 법신은 필경 적막하여 마치 넓은 하늘과 같다"고 설하신 것을 보고, 이 말씀이 사람의 집착을 깨뜨리기 위하여 설해진 가르침임을 알지 못하고 문자 그대로 이해하여 여래의 본성은 필시 넓은 하늘과 같을 것이라 해석한다. 이러한 오해를 바로잡기 위하여 다음과 같이 이해하면 될 것이다. 넓은 하늘이라는 형상에 집착되는 것은 잘못이며, 넓은 하늘 그 자체는 정해진 모습이 없는 것이다. 색과 형상에 빗대어 나타낸 것을 그렇게 보는 것은 마음을 미혹시키는 근본이다. 색과 형상이 있는 모든 것은 본래부터 마음이기 때문에 실제로 마음 이외에 색과 형상이 있는 것이 아니다. 색과 형상이 있는 것이 아니므로 넓은 하늘이라는 색과 형상이 있는 것도 아니다. 즉 모든 대상세계는 단지 마음을 좇아 일어난 것이며, 미혹한 마음이 작용하면 그와 같이 있는 듯이 생각되지만, 마음의 잘못된 움직임을 벗어나 보면 모든 대상세계는 없어져 버리고, 다만 변하지 않는 진실한 마음 하나가 되어 널리 미치지 않는 곳이 없게 되는 것이다. 이것이 여래 그 자체의 광대한 지혜의 궁극적 의미이다. 따라서 여래법신은 결코 넓은 하늘과 같은 것이 아님을 알 수 있다 하겠다.

둘째는, 경전에서 "세상의 모든 존재는 필경 본체가 공空하며, 내지 열반이라든가 진여법이라 하더라도 필경에는 공한 것이다. 본래 스스로 공하여 일체의 모습과 형상을 벗어난 것"이라 설하신 것을 보고, 이 말씀이 사람의 집착을 깨뜨리기 위하여 설해진 것임을 알지 못하고, 진여와 열반의 본성이 결국 아무것도 없는 것이라고 이해한다. 이러한 오해를 바르게 하기 위해서는, 진여 법신 그 자체는 없는 것이 아니라 거기에는 무량한 멋진 작용이 갖추어져 있음을 밝혀야 할 것이다.

셋째는, 경전에서 "여래장은 늘거나 줄거나 하지 않고, 그 자체에 모든 훌륭한 공덕을 갖추고 있다"고 설하신 것을 보고, 이 말씀의 진의眞意를 알지 못하고, 여래장에는 물질이나 마음에 각각 모습의 차별이 있다는 식으로 이해한다. 이러한 오해를 바르게 하기 위해서는,

다만 진여문의 입장에서 여래장의 성공덕은 상주常住이며 증감이 없음을 설명하기 위한 것으로, 그것을 생멸의 입장에서 읽는 것은 잘못임을 지적한다. 다시 말하면 여래장의 성공덕에 무량한 차별이 있다고 한 것은 바로 생멸문에서 나타낸 것이기 때문에 설명하는 방식이 다름을 알아야 할 것이다.

넷째는, 경전에서 "모든 세상의 현실에서 헤매고 있는 존재는 모두 여래장에 의하여 존재하는 것이며, 모든 존재가 진여를 벗어나는 일은 없다"고 설하신 것을 보고, 이 말씀의 진의를 알지 못하고, 여래장 그 자체가 모든 세상의 현실에서 헤매는 존재를 시인하고 있듯이 해석한다. 이러한 오해를 바르게 하기 위하여 이렇게 생각하는 것이 좋다. 여래장은 본래부터 갠지스강의 모래수보다 더 많은 청정하고 멋진 공덕을 갖고 있어, 진여의 뜻을 여의지도 끊지도 않고, 다르지 않고, 모두 갖추고 있음을 나타내고자 한 것으로 생각한다. 또한 갠지스강의 모래수보다 더 많은 번뇌에 헤매는 존재는 미망한 존재이긴 하지만, 본래 그러한 것이 아니라 언제 시작되었는지 모르는 때부터 시작하여 지금까지 한 번도 여래장과 일치한 적이 없었기 때문임을 가르친다고 생각해야 한다. 왜냐하면 여래장 그 자체에 그러한 망념이 포함되어 있다고 하면, 깨달아 영원히 미혹을 멈추는 것은 불가능하므로 도리에 어긋나기 때문이다.

다섯째는, 경전에서 "여래장에 의하기 때문에 생사의 현실이 있고, 여래장에 의하므로 열반을 얻게 된다"고 설하신 것을 보고, 이 말씀의 진의를 알지 못하고, 사람들의 미혹은 사람이 태어나듯이 언제부턴가 시작된 것이라고 이해하고, 또한 부처님이 얻은 깨달음도 언젠가는 마침이 찾아오고 죽으면 사람들과 마찬가지로 미혹의 존재로 옮겨가는 것이라고 이해하는 것이다. 이러한 오해를 바르게 하기 위하여, 여래장은 언제부터 시작된 것이 아니므로 근본무명의 모습도 그 시원始源을 모르는 것임을 알아야 한다. 욕망과 물질과 정신의 세 가지 세계(삼계) 이외에 별도로 사람이 있어 어느 날 생겨난 것처럼 설명하는 것은 틀림없이 불교 이외 외도의 사상이다. 따라서 여래장에는 끝남이 없으며, 모든 부처님이 얻은 열반도 이와 같기 때문에 끝날 때가 없다고 생각해야 한다.

부처님 가르침에 대한 오해는, 성문이나 연각은 이해 능력이 낮기 때문에 부처님께서 "인간 존재는 실체가 없는 것이다"고 설하신 것을 충분히 이해하지 못하고, 단순하게 몸과 지각과 상상력과 의지와 의식의 다섯 가지가 미혹의 존재라고 이해한다. 그리하여 미혹의 현실을 무서워하는 나머지 현실을 헛되이 버리고 열반을 얻고자 집착한다. 이러한 오해를 바르게 하기 위하여, 이들 다섯 가지가 집합한 존재로 그 자성은 나지도 멸하지도 않고 본래부터 열반인 것이라 생각해야 한다.

이러한 잘못된 가르침으로부터 완전히 벗어나기 위해서는 다음과 같이 알아야 할 것이다.

미혹과 깨달음은 상대적으로 설명되어지는 것이며, 미혹이든 깨달음이든 어떤 모습이 있는 것은 아니다. 그러므로 모든 존재는 본래 색이나 형상이 있지 않고, 마음에 있는 것도 아니며, 알 수 있는 것이 아니며, 인식할 수 있는 것이 아니며, 있지도 없지도 않으며, 필경에 설명할 수 없는 것이다. 그럼에도 불구하고 이렇게 설명하는 것은 부처님의 뛰어난 지도인 것이며, 방편으로 말을 빌려 사람들을 이끌고자 한 것임을 알아야만 한다. 부처님의 의도는 사람들이 미망한 마음의 움직임으로부터 자유롭게 되어 진여로 되돌아가게 하는 데 있다. 왜냐하면 사람들이 마음의 망념을 여의지 못하여 언제까지나 참된 지혜를 얻지 못하기 때문이다.

부처님의 깨달음을 향해 의욕적으로 수행해 가는 모습을 설명하는 것은, 모든 부처님이 증득한 깨달음을 향하여 일체 보살들이 의욕적으로 수행해 나아가는 것에 대한 의의를 밝히는 것이다.

우선 발심의 의욕을 일으키는 것을 정리해보면 다음과 같이 세 가지가 있다.

첫째는, 바른 이해를 할 수 있어 발심의 의욕을 일으키는 것이다.
둘째는, 이해한 것을 실천하여 발심의 의욕을 일으키는 것이다.
셋째는, 깨닫고서도 발심의 의욕을 일으키는 것이다.

바른 이해를 할 수 있어 발심의 의욕을 일으키는 것이란, 어떠한 사람들이 어떠한 수행에 의해 올바른 이해를 확립하여 발심의 의욕을 일으키게 되는가 하는 것이다.

이 문제는 앞으로 어떻게 될지 모르는 사람(부정취중생)을 상대로 설명한 것이다. 이 사람은 내외로부터 훈습하는 힘과 각자의 선근에 의한 행위의 결과로 반드시 영향이 나타난다는 것을 믿고, 열 가지 좋은 행위(십선)를 실천하여 현실적인 생사의 고통을 싫어하고 무상보리를 구한다. 또한 이 사람은 부처님들을 친근히 가까이 모시며 올바르게 이해한 것을 실천에 옮기고, 일만 겁이 지나서야 신심이 성취되므로 그동안 모든 부처님이나 보살들의 가르침을 받아 발심의 의욕을 일으키거나, 혹은 대자비심에 의해 자신이 발심의 의욕을 일으키거나, 혹은 정법이 멸하고자 할 때 정법을 보호한 인연으로 스스로 발심의 의욕을 일으키게도 된다. 그리하여 신심이 성취되어 발심의 의욕을 일으키게 된 사람은 어떠한 일이 있더라도 후퇴하는 일이 없는 정정취의 사람들 속에 들어간다. 그렇게 되면 결코 후퇴하는 일이 없으므로 이 사람은 여래종성에 머물며 부처님의 깨달음에 어울리는 수행〔正因〕을 하는 사람이라 할 수 있다.

그런데 만약 선근이 약하고 긴 기간 동안 번뇌가 매우 깊고 두터운 대로 있었던 사람은 설사 부처님과 만나 공경할 기회가 있다고 하더라도, 인간계와 천상계에 태어나기 위한 종자가 되거나 혹은 불제자나 혼자서 수행하는 사람의 종자가 되거나 한다. 혹은 대승을 구하는 사람이 있더라도 아직 그 능력(근기)이 확실하지 않기 때문에, 때로는 나아가기도 때로는 물러서기도 한다. 또는 부처님들께 공양하는 기회를 얻고 일만 겁이라는 시간이 지나지 않았는데도 도중에 좋은 조건(연)을 만나 의욕을 일으킬 수도 있다. 다시 말하면 부처님의 모습이나 형상을 보고 마음이 계발되었기 때문이다. 혹은 수행승을 공경하여 섬김으로써 마음이 계발될 수도 있고, 혹은 불제자나 혼자서 수행하는 사람의 가르침을 듣고서 발심의 의욕을 일으키는 일도 있으며, 혹은 타인으로부터 배워 발심의 의욕을 일으키는 일도 있다. 이들이 발심의 의욕을 일으키는 예들 중에서 어느 것이 깨달음의 경지에 이를지는 명확하지 않다. 그래서 나쁜 원인(인)과 조건(연)을 만나면 바로 후퇴하게 되어 발심의 의욕을 잃어버리기도 하고, 불제자나 혼자서 수행하는 사람의 경지에 떨어지게 되기도 한다.

그리고 올바르게 이해하고서 발심의 의욕을 일으킨다는 것은, 일으키는 마음에 따라 다음의 세 종류로 정리할 수 있다.

첫째는, 솔직한 마음이다. 진여를 바르게 기억하여 잊지 않기 때문이다.

둘째는, 깊은 마음이다. 기꺼이 모든 선행을 적극적으로 실천하기 때문이다.

셋째는, 대비심이다. 모든 사람들의 괴로움을 없애주고자 원하기 때문이다.

묻기를, 앞에서 "법계는 언제나 변하지 않고 부처님의 본질은 어디까지나 똑같다"고 말하였다. 그런데 여기서는 어찌 진여만을 생각하도록 하지 않고 다시 모든 선행을 닦고 배워야 하는가?

답하기를, 예를 들면 그것은 이런 것이다. 큰 마니보석은 본래 조금도 티가 없는 투명한 보석이지만 이 보석에는 특유의 때가 있기 때문에, 사람이 아무리 그 보석을 소중하게 생각할지라도 여러 가지 방법으로 닦지 않는 한 그 광택을 유지하기 어려운 것과 같다. 이와 마찬가지로 사람들에게 갖추어진 진여의 법도 본래 텅 비어 청정한 것이지만, 한량없는 번뇌의 더러움이나 때가 달라붙기 때문에 아무리 진여를 잊지 않으려 해도 여러 가지로 방법으로 훈습하지 않는 한, 진여가 나타나는 일은 결코 없을 것이다. 왜냐하면 번뇌의 더러움은 무량하여 모든 존재에 고루 퍼져 있기 때문에 모든 선행을 실천함으로써 이에 대치對治하는 것이다. 이와 같이 모든 선행을 실천해 가다 보면 자연히 진여법으로 되돌아올 수가 있기 때문이다.

그 수행방법은 다음의 네 가지로 정리할 수 있다.

첫째는, 수행의 근본에 대한 방법이다. 즉 모든 존재는 본래 자성이 생하는 것이 없음을 관찰하고, 잘못된 견해에서 벗어나 미혹한 현실에 구애받지 않는 것이다. 모든 존재는 원인과 조건이 합쳐져서 존재하는 것이고 행위의 결과가 없어지는 일은 없다고 관찰하며, 대비심을 일으켜 사람들이 행복하게 되는 모든 일을 행하고, 사람들을 교화하여 자신만이 열반에 안주하지 않는다. 이것은 어디까지나 집착한 적이 없는 법성 그 자체에 따르는 방법이다.

둘째는, 악행을 멈추는 방법이다. 즉 자신이 행한 것을 부끄러워하고 과실을 뉘우치며 모든 나쁜 짓을 그쳐서 더 이상 행하지 않도록 하는 방법이다. 그리하여 모든 과실로부터 벗어나 법성 그 자체에 따르는 방법이다.

셋째는, 선한 능력을 계발하여 증진시키는 방법이다. 즉 자진하여 불·법·승 삼보三寶를 공경하고 예배하며, 삼보를 찬탄하고 삼보를 기뻐하며 삼보를 여기에 초대하는 것이다. 삼보를 경애하는 두터운 마음이 있으므로 올바른 이해를 점점 더하고, 그리하여 이 위에 더없는 부처님의 깨달음을 구하게 되는 것이다. 또한 삼보의 힘에 의지하므로 자신이 한 행위가 수행을 방해하는 일이 없고, 선한 능력이 후퇴하게 되는 일도 없다. 어리석은 장애를 여의고 법성 그 자체에 따르는 방법이다.

넷째는, 모든 사람들을 구하고자 하는 큰 원을 가지는 방법이다. 즉 모든 사람들을 마지막까지 교화하고 구제하여 한 사람도 남김없이 모든 사람들에게 완전한 부처님의 깨달음을 실현시키지 않고는 안 된다는 큰 원을 일으키는 것이다. 단절한 적이 없는 법성 그 자체에 따르는 방법이다. 법성 그 자체는 광대하여 모든 사람들에게 두루 미치며 차별을 하지 않고 이것저것 헤매는 일이 없기 때문이다.

보살은 이러한 마음을 일으킴으로써 조금이라도 법신의 모습을 보게 되는 것이다. 법신의 모습을 보게 됨으로써 그 사람이 원하는 힘에 따라 다음의 여덟 가지 모습을 나타내어 사람들을 이익되게 한다. 즉 도솔천으로부터 이 세상에 내려와서 모태에 들어가 모태에서 성장하고, 모태로부터 나와서 출가하고 깨달음을 성취하여 가르침을 설법하고 입적하여 완전한 깨달음에 듦을 말한다. 그러나 보살이 보고자 하는 법신의 모습은 아직 진짜 법신의 참모습은 아니다. 왜냐하면 무량한 과거세로부터 이 세상까지 쌓아온 번뇌의 행위가 아직 완전히 단절되지 않았으므로 태어난 장소에 따라 아주 적은 괴로움을 수반하기 때문이다. 그러나 그것은 범부가 자신의 행위에 얽매여 있는 것과는 물론 다른 괴로움이다. 큰 원에 지탱된 자유로운 힘을 갖추고 있기 때문이다. 예를 들면 경전에서 "나쁜 세계(악취)에 떨어지는 이가 있다"고 설하신 것은 실제로 그렇게 떨어지는 것을 말하고자 하는 것이 아니라, 부처님의 지혜와 자비에 살고자 막 뜻을 세운 사람이 아직 수행도 되지 않았는데 게으름을 부리면 그렇게 된다고 설명함으로써 공포심을 일으켜 용기를 내어 앞으로 나아가도록 격려하기 위한 것이다.

또한 보살이 한번 발심의 의욕을 일으키고 나서는 겁이 없어지고, 두 번 다시 성문이나 연각의 경지에 떨어지는 걱정도 없어진다. 그리하여 헤아릴 수도 없는 아승지겁이라는 무한한 시간 동안 열심히 어려운 수행을 쌓아 비로소 깨달을 수 있다는 말을 듣더라도 기가 꺾이지 않는 것은, 모든 존재는 본래 자성이 열반 그 자체임을 마음으로부터 바르게 이해하기 때문이다.

이해한 것을 실천하며 발심의 의욕을 일으키는 것은 말할 필요도 없이 앞의 단계보다 더 훌륭하다. 그 이유는 보살은 처음 바른 이해를 확립한 그때부터 제일 아승지겁 동안 수행하여 거의 완성되는 시점에 이르렀으므로 진여법에 대해서도 깊은 이해를 하게 되고, 수행이 전혀 고통이 되지 않기 때문이다.

법성 그 자체는 탐하지 않음을 알기 때문에 그대로 보시의 완성을 수행하게 된다. 법성 그 자체는 미혹이 없고, 다섯 가지 욕망의 과실을 벗어났음을 알기 때문에 그대로 지계의 완성을 수행하게 된다. 법성 그 자체는 괴로움도 화도 고민도 없음을 알기 때문에 그대로 인욕의 완성을 수행하게 된다. 법성 그 자체는 몸과 마음에 구애받지 않고 게으름 피우지 않음을 알기 때문에 그대로 정진의 완성을 수행하게 된다. 법성 그 자체는 항상 안정되어 있고 문란하지 않음을 알기 때문에 그대로 선정의 완성을 수행하게 된다. 법성 그 자체는 바로 지혜로서 근본무지로부터 벗어난 것임을 알기 때문에 그대로 지혜의 완성을 수행하게 된다.

깨닫고서도 발심의 의욕을 일으키는 것은 보살이 청정한 마음의 경지로부터 마지막에 도달하는 경지에 해당한다. 어떤 경지인가 하면, 바로 진여 그 자체이다. 본다는 마음의 작용에 근거하여 임시로 경지라고 하지만, 이 깨달음은 경지라는 말까지도 필요 없다. 있는 것은 오직 진여의 지혜뿐이므로 법성이라 하는 것이다.

보살이 이 경지에 이르면, 한순간에 온갖 방향의 모든 세계에 가서 부처님을 모시고 가르침을 설하시도록 원하며, 오로지 사람들을 인도하여 이익되게 하고자 한다. 문자에 의지하지 않으며 도중에 단계를 뛰어넘어 바로 깨달음을 성취하게 하는 것은 용기가 없는 사람들을 격려하기 위한 것이다. 혹은 "나는 아승지겁이 지나도록 수행하여 부처님의 깨달음을 완성한 것이다."고 설하신 것은 게으른 사람을 반성시키기 위한 것이다. 이처럼 헤아릴 수 없고 상상할 수도 없을 만큼의 방법을 나타내 보이지만, 실은 모든 사람의 능력은 태어나면서부터 같으며, 발심의 의욕을 일으키는 일도 깨닫는 일도 모두 똑같으며, 엄청나게 뛰어난 소질이라는 것은 없다. 모든 보살들은 삼아승지겁이 지나도록 수행해야 하는 것이다. 다만 사람들의 세계가 각기 다르고 보는 것이나 듣는 것이 능력과 의욕과 성질에 따라 다르기 때문에,

그것에 따라 수행을 나타내고자 하면 차이가 생기게 될 뿐이다.

또한 보살이 의욕을 일으키는 모습에는 다음과 같이 세 가지 미세한 마음의 차이를 볼 수 있다.

첫째는, 진실한 마음이다. 판단을 뛰어넘기 때문이다.

둘째는, 방편의 마음이다. 진실한 마음은 자연히 사람들을 두루 이익되게 하고자 하기 때문이다.

셋째는, 근본무명이 움직이기 시작하는 마음이다. 미세한 움직임이 나타나서는 사라지기 때문이다.

또한 보살이 이 경지에 이르면 훌륭한 공덕이 가득해져 물질적 세계의 가장 높은 경지에 다다르고, 모든 세계에서 가장 높고 큰 신체를 나타내게 된다. 즉 깨달은 순간에 얻은 지혜에 의해 근본무명이 모두 멸하게 되므로 이를 '모든 종류의 일을 알 수가 있는 지혜(일체종지)'라고 부른다. 이 지혜에는 자연히 상상도 할 수 없는 훌륭한 작용이 갖추어져 있고, 모든 세계에 그 작용이 나타나서 사람들에게 이익을 줄 수가 있다.

묻기를, 허공이 끝이 없듯이 세계도 끝이 없고, 세계가 끝이 없듯이 거기에 사는 사람들도 한이 없고, 사람들이 한이 없듯이 사람들 마음의 움직임도 여러 가지로 다르고 끝이 없다. 이와 같이 대상세계는 한정할 수 없으며, 이해하는 것은 매우 어렵다. 근본무지가 끊어지면 마음의 작용은 없어져야 할 텐데, 어떻게 그처럼 모든 종류를 다 알 수 있는 지혜를 깨달을 수가 있는가?

답하기를, 모든 대상세계는 본래 다만 진실한 마음 하나(일심)이며, 미혹한 마음의 작용과는 연관이 없는 것이다. 사람들이 제멋대로 대상 세계를 보니까 마음에 여러 가지 차이가 나타나는 것이다. 제멋대로 미혹한 마음을 움직여서 진여 그 자체에 일치하지 않기 때문에 바르게 깨달을 수 없는 것이다. 부처님들은 이렇게 보거나 저렇게 생각하거나 하지 않기 때문에 두루 미치지 않는 바가 없고, 마음이 진실하기 때문에 모든 존재의 있는 그대로를 자신의 본성에 나타내어 모든 미망의 존재를 비추고, 큰 지혜의 작용과 무량한 방편을 갖추어 사람들의 이해 정도를 가늠하여 여러 가지 가르침과 의미를 충분하게 개시할 수가 있다. 그런 이유로 '모든 종류의 일을 다 알 수 있는 지혜'라고 말한 것이다.

묻기를, 부처님들이 자연히 갖추게 되는 상상할 수도 없는 훌륭한 작용(자연업)이 모든 곳에 나타나 사람들을 이익되게 한다면, 모든 사람들이 부처님의 모습을 볼 수 있고, 불가사의한 변화의 모습을 볼 수 있으며, 부처님 설법을 들을 수 있을 것이며, 이로움을 받지 못하는 일은 있을 수 없을 것이다. 그런데 어찌하여 세상의 많은 사람들은 부처님 모습을 볼 수가 없는 것인가?

답하기를, 모든 부처님과 여래 법신은 평등하여 모든 장소에 두루 미치고 있어 어떠한 인위적 조치도 없기 때문에 '자연히'라고 한 것이며, 그 작용은 사람들의 마음에 근거하여 나타나는 것이다. 사람들의 마음은 마치 거울과 같아서 거울이 더럽혀져 있으면 색과 형상을 비추지 못하는 것처럼, 사람들의 마음이 더럽혀져 있으면 법신은 나타나지 않는 것이다.

이상으로 주제의 증명을 마치고, 다음은 주제의 실천에 대해 설명하겠다.

여기에서는 특히 아직 수행이 확정되지 않은 사람들을 대상으로 하여, 바르게 이해하는 마음을 어떻게 확립하고 실천해 갈 수 있는가를 밝히고자 한다.

바르게 이해하는 마음은 어떠한 마음인가? 그것을 어떻게 실천해 가는 것일까?

바르게 이해하는 마음은 다음의 네 가지로 정리할 수가 있다.

첫째는, 근본적 모습을 바르게 이해하는 것이다. 즉 진여의 가르침을 결코 잊지 않도록 노력하는 것이다.

둘째는, 부처님은 한량없이 훌륭한 작용을 두루 갖추고 있음을 바르게 이해하는 것이다. 즉 항상 부처님을 생각하고, 가까이 모시며 공경하고, 능력을 제대로 발휘하여 모든 것을 알 수가 있는 지혜를 얻고자 원하는 것이다.

셋째는, 부처님의 가르침에는 큰 이익이 갖추어져 있음을 바르게 이해하는 것이다. 항상 부처님의 가르침을 잊지 않고 여러 종류의 수행을 완성할 수 있도록 실천하는 것이다.

넷째는, 부처님의 가르침을 실천하는 교단이 자신을 위해서나 남을 위해서나 이익되는 방향으로 실천하고 있음을 바르게 이해하는 것이다. 항상 자진하여 보살들과 가까이 하고, 스스로 지혜와 자비의 실천을 구하여 배우고자 하는 것이다.

수행에는 다음의 다섯 가지 방법이 있다. 이 수행을 함으로써 올바른 이해가 확립된다.

첫째, 물질이나 마음을 사람들에게 주는 방법(보시).

둘째, 바른 생활을 지키는 방법(지계).

셋째, 참는 방법(인욕).

넷째, 노력하는 방법(정진).

다섯째, 고요히 관찰하는 방법(지관).

물질이나 마음을 사람에게 주는 방법은 어떻게 실천하면 좋은가? 만약 물질을 구하는 사람이 찾아오면 설사 어떤 사람이라 할지라도 자신이 가지고 있는 재물을 될 수 있는 한 나누어주도록 하고, 인색하거나 탐욕스런 마음을 버리고 그 사람을 기쁘게 해주고자 하는 것이다. 만약 재난을 만나거나 공포에 떨거나 위험에 닥친 사람을 보면, 자신이 할 수 있는 최대한의 도움을 주고 걱정하지 말라고 격려한다. 만약 가르침을 구하는 사람이 왔을 때는 자신이 이해하고 있는 것을 방편으로 설명해준다. 결코 명예나 재물이나 존경을 얻고자 해서는 안 된다. 자신을 위해서도 남을 위해서도 이익이 되는 것만을 생각하고 부처님의 지혜와 자비를 실현하기 위해서만 노력해야 한다.

바른 생활을 지키는 방법은 어떻게 실천하면 좋은가? 죽이지 않고, 훔치지 않고, 불륜을 하지 않고, 이간질하지 않고, 남을 욕하지 않고, 거짓말하지 않고, 의미가 없는 말을 쓰지 않고, 탐하거나 질투하거나 깔보거나 아첨하는 마음을 멀리하고, 화내는 마음과 잘못된 생각을 여의는 것이다.

출가한 사람의 경우는 번뇌를 극복하기 위해 사람이 많이 모이는 장소로부터 멀리 떨어지고, 항상 고요한 장소에 살면서 욕망을 누르고, 만족함을 알고, 번뇌를 털어내기 위해 수행을 실천하고, 어떠한 작은 죄악일지라도 그것을 두려워하고 부끄러워하고 뉘우치며, 부처님이 설하신 가르침을 가볍게 해서는 안 된다. 사람이 비판하거나 싫어하는 일은 하지 않도록 하고, 그것으로 인해 사람들이 죄와 허물을 범하지 않도록 마음 쓰지 않으면 안 된다.

참는 방법은 어떻게 실천하면 좋은가? 남으로부터 괴롭힘을 당하더라도 참고, 언젠가 보복을 해주겠다고 생각하지 않는 것이다. 또한 이익과 손해, 비판과 명성, 칭찬과 비방, 괴로움과 즐거움 등의 어떠한 경우도 참지 않으면 안 된다.

노력하는 방법은 어떻게 실천하면 좋은가? 여러 종류의 좋은 일에 대해 게으름을 피우지 않고, 뜻을 세워 확실한 마음을 강하게 가지고, 꺾일 듯 약한 마음을 이겨내는 것이다. 그러기 위해서는 지금까지 오랜 동안 알아차리지 못한 채로 몸과 마음에 온갖 큰 고통을 받고도 아무런 이익이 없었던 것을 상기한다면 좋을 것이다. 그럼으로써 모든 훌륭한 공덕을 실천하기 위하여 노력하고 자신을 위해서도 남을 위해서도 유익하도록 하며 신속하게 여러 가지 괴로움으로부터 벗어나고자 할 것이다.

또한 어떤 사람이 바르게 이해하는 마음으로 실천하고자 하더라도 지금까지 살아온 죄 많은 행위의 가지가지가 모처럼의 수행을 방해하게 되거나, 악마 등의 여러 가지 삿된 마귀 때문에 괴롭힘을 당하거나, 세상 속의 잡무로 인해 여러 가지로 구속되거나, 혹은 병고에 시달려 적절하지 못한 상황이 생기는 경우도 많다. 이런 때는 용기를 내고 노력하여 하루에 여섯 번씩 부처님께 예배하고 마음으로부터 참회하고 권청勸請하며 수희隨喜하여 부처님의 깨달음에 회향하지 않으면 안 된다. 끊임없이 노력하여 게으르지 않으면 어떠한 방해가 있을지라도 면할 수가 있으며 선한 능력을 증진시킬 수가 있다.

지관의 방법은 어떻게 실천하면 좋은가? 여기서 지止란, 모든 대상세계의 모습을 멈추게 하는 것이며, 사마타에 따른다는 의미이다. 여기서 관觀이란, 원인과 조건에 따라 형성되고 소멸해 가는 모습을 관찰하는 것이며, 위빠사나에 따른다는 의미이다. 그 이유는 이 지와 관의 두 가지 의미를 점차로 닦아 서로 여의지 않도록 노력하면 서로의 작용이 실현되기 때문이다.

　지止를 수행하고자 할 때는 고요한 곳에서 자세를 바르게 하고 앉아 마음을 추스르고 호흡에 구애되지 않고, 형상이나 색에 구애되지 않고, 공에 구애되지 않고, 지·수·화·풍에 집착하지 않고, 나아가서는 보거나 듣거나 지각한 것에도 집착하지 않고, 모든 생각을 생각이 일어날 때마다 모두 버리고, 버린다는 생각까지도 버린다. 모든 존재는 본래 그러한 모습이 아니므로 어떤 생각도 생길 리가 없으며, 어떤 생각도 멸할 리가 없기 때문이다. 또한 마음 바깥에 하나의 대상세계를 떠올려서 떠오른 것에 따라 마음을 버리려고 하는 것도 잘못이다. 마음이 산란한 것을 알아차렸을 때는 즉시 진여를 바르게 상기하여 정리하지 않으면 안 된다. 여기서 '진여를 바르게 상기한다'는 것은 진실한 마음만이 있고 그 외에 대상세계는 존재하지 않음을 아는 것이며, 또한 이 마음은 고유한 형태가 없으므로 어떠한 마음도 취할 수가 없는 것임을 아는 것이다.

　좌선이 끝나면, 가거나 오거나 나아가거나 멈추거나 하는 모든 행동에 주의하고, 온갖 상황에서 항상 관찰하고 오랜 동안 계속해 감으로써 마음은 안정된 장소를 얻게 될 것이다. 마음이 안정되면 점차로 마음의 작용이 깊어지고 드디어는 '진여삼매'라는 경지에 들어갈 수가 있다. 여기까지 오면 번뇌를 깊숙이 제어할 수가 있으며 바르게 이해하는 마음이 더욱 깊어지고, 결코 후퇴할 수 없는 경지가 확립되는 것이다. 다만 부처님의 가르침에 의혹을 가지거나, 바르게 이해할 수 없거나, 부처님의 가르침을 비난하거나, 무거운 업장의 장애가 있거나, '나'라는 의식이 강하여 게으름만 피우는 인간은 예외이며, 이러한 사람은 이 경지에 들어갈 수 없다.

그리고 이와 같은 '진여삼매'를 의지하여 법계는 언제나 변하지 않음을 아는 것이다.

즉 모든 부처님의 법신과 사람들의 모습이 평등하여 다르지 않다는 의미에서 '부처님과 똑같은 모습을 행하는(일행) 삼매'라고도 한다. 이처럼 '진여삼매'는 모든 삼매의 근본이기 때문에, 이 삼매를 행하면 점차 무량한 삼매를 만들 수 있다.

좋은 능력(선근)이 충분하게 축적되지 못한 사람은 악마나 불교 이외의 가르침을 믿는 사람이나, 괴물 등 삿된 악마에게 유혹되어 혼란스러울 수가 있다. 좌선 도중에 이상한 형상을 나타내어 공포심을 일으키게 하거나 혹은 단정한 남녀의 모습을 나타내기도 한다. 그러한 때에 마음의 진여만을 상기하면 그들의 잘못된 현상은 사라져 조금도 시달리지 않게 된다. 어떤 때는 천인天人의 모습이나 보살의 모습을 나타내고, 또한 부처님의 모습으로 멋진 자태를 나타내며, 기억하기 쉬운 짧은 말(다라니)을 설하며, 혹은 보시와 지계와 인욕과 정진과 지혜에 대해 설명하기도 하고, 혹은 진정한 깨달음은 평등이고 공空이며 무상無相이며 무원無願이며 무원無怨이며 무친無親이며 무인無因이며 무과無果이며 필경에는 공적空寂이 열반이라 말하기도 한다. 혹은 과거에 한 적이 있던 일을 상기시키기도 하고, 미래에 일어날 일을 예지시키기도 하고, 타인의 마음을 아는 능력을 얻게 하기도 하고, 어떠한 일도 생각대로 설명할 수 있게 하고, 사람들에게 세상의 명성과 재력을 탐하도록 만들어 버리기도 한다. 한편으로 빈번하게 사람을 화나게 하거나 기쁘게 하기도 하고, 정서를 불안하게 하고, 함부로 애정에 빠지게 하고, 졸리게 하고, 자주 병들게 하고, 마음을 나태하게 한다. 혹은 갑자기 노력하는가 하면 금방 내던져 버리게 만들고, 바른 이해를 할 수 없도록 하기도 하고, 때로는 의심하게 하고 끙끙 고민하게 만든다. 혹은 본래의 수승한 수행을 버리고 원래 하던 잡무에 시달리게 하며, 세간적인 것에 번민하도록 하여 여러 가지로 구속한다. 또한 다소 삼매와 비슷한 체험을 하게도 하지만, 이것들은 모두 불교 이외의 가르침에서 말하는 것이며, 불교에서 가르치는 진여삼매라고 말할 수 없는 것이다. 때로는 1일, 2일, 3일을 지나 일주일 동안 좌선을 계속하게 하여, 그 동안 자연히 향기롭고 맛있는 음료나 음식을 얻게 하고, 신심身心을 쾌적하게 하여 공복을 느끼거나 목마름을 느끼는 일이 없게 하고, 좌선에 애착을 하지 않도록 한다. 혹은 음식의 분량을 알 수 없도록 하고 너무 먹거나 거의 먹지 않거나 하게 하여 안색을 나쁘게 하는 일도 있다.

이렇기 때문에 수행자는 항상 지혜로써 관찰하여 마사魔事의 계획에 빠지지 않도록 주의하지 않으면 안 된다. 진여를 바르게 기억하기 위해 노력하고, 이러한 잡념에 휘말리지 않도록 노력함으로써 이들 불합리한 방해로부터 멀리 벗어날 수가 있는 것이다.

불교 이외의 가르침을 믿고 있는 사람이 실천하는 삼매는 모두 잘못된 견해와 관습화된 번뇌와 자기중심적인 생각과 만심慢心 등으로부터 벗어날 수 없는 삼매임을 알아야 한다. 어디까지나 세간적인 명성과 재력과 사람들로부터 존경받고 싶다는 생각에 빠져 있기 때문이다. 진여삼매는 보는 것에 구애되지 않고 보이는 것에 구애되지 않으며, 또한 선정으로부터 나온 후에도 게으르거나 만심을 일으키지 않고, 모든 번뇌가 점차 엷어져 간다. 따라서 도리를 모르는 사람(범부)은 이 진여삼매의 가르침을 배우지 않는 한, 결코 불가佛家의 사람이 될 수 없다. 이들은 대체로 세상의 여러 삼매를 배우고 오히려 그것에 집착하여 자기중심적인 잘못된 사고에 빠지게 되어, 욕망과 물질과 정신의 세 가지 세계(삼계)에 얽매여 불교 이외의 가르침을 믿고 있는 사람들의 한 패가 되어 버린다. 불가의 훌륭한 지도자(선지식)로부터 가르침을 받지 않는 한, 불교 이외의 가르침을 믿고 있는 사람들과 똑같이 잘못된 생각을 일으키게 되는 것은 틀림이 없다.

그리고 외곬로 노력하여 진여삼매를 배운 사람은 이 세상에서 다음의 열 가지 이익을 얻을 것이다.

첫째는, 언제나 모든 방면의 부처님들과 보살들로부터 보호받을 것이다.

둘째는, 악마나 마귀 때문에 공포심을 일으키는 일이 없다.

셋째는, 95종류의 불교 이외의 가르침에서 말하는 귀신에게 홀리는 일이 없다.

넷째는, 부처님의 가르침을 중상하는 일로부터 멀어지고, 무거운 죄를 부르는 불합리한 행위로부터 점차 멀어져간다.

다섯째는, 모든 의심과 나쁜 지각과 감각이 사라져간다.

여섯째는, 부처님의 경지에 대한 올바른 이해가 점점 깊어진다.

일곱째는, 걱정하거나 후회하는 일로부터 멀어지고, 미혹의 현실 속에 있더라도 용기가 솟아올라 기가 죽는 일이 없다.

여덟째는, 마음이 유연하고 교만하지 않으며 사람들로부터 시달리는 일이 없다.

아홉째는, 아직 진여삼매에는 이르지 않았지만 언제 어떠한 때 어떠한 경우가 있더라도 번뇌를 줄일 수가 있고, 세간적인 것을 즐기지 않게 된다.

열째는, 진여삼매를 얻음으로써 바깥세상의 어떤 소리에도 놀라지 않게 된다.

그리고 지止만 닦고 있으면 마음이 가라앉게 되고, 때로는 나태한 기분이 되어서 스스로 여러 가지 착한 일을 하고자 하는 기분이 엷어져 대비의 마음이 멀어져 버리는 일이 있으므로 이번에는 관觀을 닦는 것이다.

관觀을 닦을 때는 이런 식으로 하면 좋다. 세상 사람들이 하고 있는 모든 일은 영원히 존재하는 것이 하나도 없으며, 순식간에 변하여 허물어져 버린다. 마음의 모든 작용도 한 순간에 태어나서는 사라지는 것이기 때문에 고통이라 관하는 것이다. 따라서 과거에 생각하던 모든 것은 눈 깜빡할 사이에 꿈과 같이 사라지고, 현재 생각하고 있는 모든 것 또한 명멸明滅하는 번갯불과 같으며, 미래에 상상하는 모든 것 역시 돌연히 일어나는 구름과 같다고 관찰하는 것이다.

아울러 이와 같이 관하는 것이다. 모든 사람은 언제 시작된 것인지 모르지만 정신 차리고 보면 지금까지 그래 왔듯이, 근본무지가 작용하는 힘에 따라 마음을 이리저리 헷갈리게 하고 이처럼 몸과 마음에 큰 괴로움을 받게 되어버린다. 현재도 무량한 괴로움에 시달리며 미래에도 한없는 괴로움에 시달리게 될 터임에도 그것을 버릴 수가 없고 그것으로부터 도망할 수도 없을 뿐만 아니라, 그것을 알아차리지도 못하고 있는 형국이 아닌가 할 정도로 사람은 가여운 존재라고 관하는 것이다.

이와 같은 생각을 두루 할 때 용기가 솟아오르고 큰 서원을 세우게 되는 것이다. 원컨대 나의 마음이 잘못된 판단으로부터 해방되어 모든 방면에서 두루 마음을 작용시키고, 모든 선행과 좋은 작용을 살려 최후까지 희망을 버리지 않고 무량한 방편을 써서 모든 괴로움에 빠져 있는 사람들을 구제하고, 마침내는 깨달음의 즐거움을 얻겠다고 원하는 것이다.

　이러한 원願을 일으킴으로써 언제 어느 때나 어떠한 곳에 있더라도 있는 힘을 다하여 모든 선행을 부단히 배우며 결코 게으르지 않게 되는 것이다. 좌선을 할 때는 말할 필요도 없이 지止에 전념하지만, 그 외의 일은 언제나 행해야만 할 것과 행해서는 안 되는 것을 관찰觀해야 할 것이다.

　이리하여 걷거나 멈추거나 눕거나 일어나거나 하는 모든 경우에 지와 관을 함께 행한다. 즉 어떠한 존재도 본래 생하는 것은 없다고 마음에 새긴 위에, 다시 그럴 만한 원인과 조건에 의해 선악의 행위가 고락苦樂 등의 결과를 낳고, 그 과보는 없앨 수도 훼손할 수도 없는 것이다. 동시에 원인과 조건에 의해 선악의 행위가 나타낸 결과를 마음에 새긴 후, 그러나 그것들은 어차피 얻을 수 없는 것이라고 생각하는 것이다.

　지止를 닦을 때는 범부가 세간적인 것에 집착하고 있음을 고칠 수 있으며, 성문이나 연각이 그 위로 더 나아가고자 하지 않는 태도를 버릴 수 있다. 관觀을 닦을 때는 성문이나 연각이 대비심을 일으키지 않는 좁고 열등한 마음의 허물을 고칠 수가 있으며, 범부가 선근을 닦지 않는 것을 고치게 된다.

　이러한 이유로 이 지와 관의 두 가지 방법은 서로 보완하는 관계에 있으며 떨어질 수 없는 것이다. 그러므로 지와 관을 같이 닦지 않으면 보리의 도에 들어갈 수 없다.

　그리고 사람들이 처음으로 이러한 가르침을 배우고 바른 이해를 얻고자 하더라도 그 마음이 약하기 때문에 이 사바세계에 있는 한,

항상 부처님들을 만나 친히 가르침을 받고 공경할 수 없음을 한탄하거나, 바른 이해심을 확립하는 일이 도저히 될 수 없다고 걱정하거나, 모처럼의 의욕을 후퇴시키게 될 때는 부처님이 훌륭한 방편으로 사람들의 바른 이해심을 지도해 주신다는 것을 알지 않으면 안 된다. 즉 마음을 집중시켜 부처님께 생각을 모으면 그 원이 통하여 저편의 불국토에 태어날 수 있고, 부처님을 만날 수 있으며, 영원히 악한 세계(악도)로부터 벗어날 수 있는 것이다. 경전에서 "만약 어떤 사람이 오로지 서방 극락세계의 아미타불을 생각하고 지금까지 닦아온 선한 능력을 회향하여 부처님의 세계에 태어나고 싶다고 원한다면 즉시 거기에 가서 태어날 수가 있다."고 설하였듯이, 언제라도 부처님을 만날 수 있기 때문에 마음이 후퇴하는 일은 결코 없다. 만약 아미타불의 진여법신을 관하고, 끊임없이 배워 닦고자 노력하면 반드시 불국토에 태어날 수 있고, 결코 후퇴하는 일이 없는 경지에 머물 수 있다.

이상으로 주제의 실천에 대한 설명을 마쳤기 때문에 마지막으로 이 논의 효용에 대해 말하고자 한다.

부처님이 의도하신 것은, 이러한 대승을 명확하게 하는 것이라는 점에 대해서는 대강 설명한 대로이다. 만약 사람들이 부처님의 이렇게 깊은 경지에 대해 바른 이해를 가질 수 있고 비난하는 일 없이 대승의 가르침에 들어가길 원한다면, 이 논을 중심으로 배우고 닦고 나아갔을 때 반드시 최고의 깨달음을 실현할 수 있을 것이다. 만약 이 논의 가르침을 읽은 후에 기죽거나 질리거나 하는 일이 없다면 그 사람은 반드시 불가의 주인 자격을 얻고 부처님들로부터 깨달음의 보증(수기)을 받게 될 것이다.

만약 삼천대천세계에 가득 찬 모든 사람들에게 열 가지 선행을 실천하도록 교화한 사람이 있고, 밥 먹는 정도의 아주 짧은 시간이라도 이 논의 가르침을 바르게 생각한 사람이 있다면, 후자 쪽이 훨씬 더 훌륭한 공덕을 실현한 것이 되며, 새삼스럽게 비교할 정도가 되지 않는다.

그리고 이 논을 관찰하여 수행하기를 하루 낮과 밤 동안만이라도 한다면 이 사람의 몸에 지니는 훌륭한 공덕은 한이 없어 다 말할 수 없을 정도일 것이다. 가령 시방세계의 모든 부처님들이 한 분씩 무량무변한 아승지겁 동안 그 훌륭한 공덕을 찬탄하더라도 역시 다 말할 수 없을 것이다. 왜냐하면 법성에 갖춘 훌륭한 공덕은 다함이 없기 때문이며, 그 사람의 훌륭한 공덕도 또한 이와 같아 한이 없기 때문이다.

그럼에도 불구하고 이 논에 나타나 있는 가르침을 비난하고 믿지 않는 사람은 죄악과 과보를 받아 무량겁 동안 큰 괴로움을 받게 될 것이다. 그러므로 사람들은 모두 이 가르침을 소중히 하고 믿으며 결코 비난하는 일이 있어서는 안 된다. 만약 이 논을 비난하게 된다면 스스로에게 깊은 상처를 줄 뿐만 아니라 남에게까지도 상처를 주게 되며, 불·법·승 삼보를 만나게 될 귀한 기회를 잃어버리게 될 것이다. 왜냐하면 모든 부처님은 이 가르침에 따라 열반을 얻었기 때문이며, 모든 보살도 이 가르침에 따라 수행하여 부처님의 깨달음에 들어갈 수 있었기 때문이다.

이와 같이 명심해야 할 것이다. 과거의 보살들도 모두 이 가르침에 따라 청정한 믿음을 완성할 수가 있었고, 현재의 보살들도 지금 이 가르침에 따라 청정한 믿음을 완성할 수 있으며, 미래의 보살들도 바로 이 가르침에 따라 청정한 믿음을 완성하게 될 것이다. 이러한 이유로 우리들은 이 논의 가르침을 배우고 닦기 위해 노력하지 않으면 안 되는 것이다.

유통분

모든 부처님의 매우 깊고도 넓은 큰 가르침의 의의를
나는 이와 같이 절節을 좇아 정리해 보았습니다.
부처님 가르침의 공덕을 진실한 모습 그대로 돌리어
일체중생들의 세계에 널리 이익이 미치게 되기를 바랍니다.

제3부 대승이란 중생심이다

귀의합니다(歸敬偈)

【요지】

앞에서 설명했듯이 전체를 「서분」「정종분」「유통분」으로 구분할 때 「서분」에 해당하는 게송이다. 이 구분은 본문에 있는 것이 아닌, 중국에서 사용하는 불전해석의 방법으로써 그 내용을 과단科段으로 나눌 때 널리 이용하는 것이다.

즉 '귀경게'는 이 논을 지은 이가 불법승 삼보에 대한 귀의를 표명한 발원문이라 할 수 있는데 모두 다섯 자씩, 열두 구절로 되어 있다. 여기서는 우선 불·법·승 삼보에 귀의하는 논자의 기본적인 입장을 표명하고, 이어서 많은 사람들의 불교에 대한 오해를 풀어주어, 사람들이 대승의 가르침을 틀리지 않고 바르게 이해하여, 불교의 등불이 영원히 전해지기를 바라는 마음으로 이 논을 지었음을 게송의 형태로 서약한 것이다.

歸命[1]盡十方[2]의 最勝業[3]으로 徧知[4]하시며

---

1 귀명: '귀의歸依' '귀경歸敬'과 마찬가지로, 나무(南無: namas)의 번역어. 목숨을 걸고서 서원한다는 뜻이다.

2 진시방: 모든 방향. 시방세계를 말한다. 즉 귀의의 대상인 불·법·승 전체에 미친다는

色無礙自在[5]하신 救世大悲者[6]와
及彼身體相[7]이신 法性眞如海[8]의
無量功德藏[9]과 如實修行[10]等하옵나니
爲欲令衆生[11]으로 除疑捨邪執[12]하고

의미이다.

3 최승업: 부처님의 불가사의한 업. 즉 불타의 작용은 가장 수승하여 성문이나 연각, 보살보다 뛰어나기 때문에 '최승업'이라고 한다.

4 변지: 여래십호如來十號의 하나로 정변지正徧知에 해당한다. 부처님은 세상의 일을 알지 못하는 바가 없다는 의미, 즉 불타의 지혜가 완전한 일체지一切智임을 가리킨다.

5 색무애자재: 부처님이 시현示現한 색상色相, 즉 모습. '색'이란 신체를 뜻하며, 불타의 신체가 어떠한 것에도 걸림 없이 자유롭게 활동하며 중생들을 구제할 수 있다는 의미. 앞의 '변지'가 의업意業이라면, '색무애자재'는 신업身業이다.

6 구세대비자: 세간에 살아 있는 모든 생명을 건지려는 여래의 대자비. 즉 어업語業에 해당한다. 이때 '변지'는 대지大智, '색무애'는 대정大定, '구세'는 대비大悲라는 불타의 삼덕三德을 나타낸다고도 해석한다. 여기까지가 불보를 나타낸 것이다.

7 급피신체상: 먼저 '급'은 불보에 귀의할 뿐만 아니라 법보에도 귀의한다는 뜻이다. '피신'은 불과 법이 불리일체不離一體임을 나타낸다. 불신佛身은 법으로써 의지할 몸(身)을 삼기 때문이며, '체상'은 불신 그 자체의 모습이다.

8 법성진여해: '법성'은 일체 존재의 진실상이자 만법의 본성이다. '진여'는 일체의 근본인 자성청정심이고, '해'는 무한의 상징이다. 즉 법성도 진여도 진리에 부합하는 진실한 모습이 바다와 같이 광대하고 깊다는 의미이다.

9 무량공덕장: 아무리 퍼 올려도 다 퍼 올릴 수가 없는(무량) 부처님의 훌륭한 지혜의 작용(공덕)을 갖추고 있는(장) 법보를 말한다. 이상이 법보의 설명이다.

10 여실수행: 불지견佛知見을 얻는 것. '여실수행'이란 진리에 부합한 수행을 하고 있는 사람, 엄밀하게는 초지 이상 십지까지의 보살이라는 뜻이며, '등'은 다른 일체의 특성이나 거기에 준하는 모든 사람에 대해서는 생략한다는 의미이다. 바로 승보를 말한다. 여기까지가 바로 귀경의 의미이다.

11 위욕령중생: 여기 이하는 논을 지은 논자의 의도를 나타낸다. '중생'은 많은(衆) 생을 받는(生) 사람이란 뜻. 범어 Sattva의 의역. 구마라집삼장은 '중생'이라 번역을

起大乘正信[13]하야 佛種不斷[14]故니다.

온 시방세계에서 최상의 수승한 업으로 완전한 지혜를 갖추시고, 모습이 무애자재하셔서 세상을 구제할 수 있는 대비자와, 그 몸의 체상이 바다와 같은 법성진여의 무량한 공덕장과, 여실히 수행하는 이들에게 귀의합니다. 중생들로 하여금 의심을 제거하고 잘못된 집착을 버리게 하여 대승의 올바른 믿음을 일으켜 부처가 될 종자가 끊어지지 않도록 하기 위함에서입니다.

【해설】

무한하고 훌륭한 지혜와 무애자재한 모습을 나타내어 구세의 대비자로 살아가는 부처님께 제일 먼저 귀의한다고 설명하고 있다. '구세의 대비자'란 바로 부처님을 가리킨다. 더구나 불신佛身의 본체나 그 모습은 너무나 훌륭하고 너무나 위대하며, 그 본체는 진리 그 자체이고 진실로 가득 찬 바다와 같다. 더욱이 그것은 무한한 공덕을 지니고 있으므로, 우리의 어떠한 소원도 들어주시는 것이다. 그리하여 완전한 능력을 갖춘 부처님과 끝까지 깨달음을 추구하는 보살에게 귀의하는

했고, 현장삼장은 '유정有情'이라고 번역했다. 유정은 '마음을 가진 자'라는 의미이다.

12 제의사사집: 「입의분」과 「해석분」 중의 '현시정의'에서 중생의 의심을 없애고, '대치사집'에서 잘못된 집착을 버리는 부분이 이에 해당한다.

13 기대승정신: '분별발취도상'과 「수행신심분」에서 대승에 대한 올바른 믿음을 일으키는 교설에 해당한다.

14 불종부단: '불종'은 범어 Buddhavaṃsa의 음역. 불교의 전통이라는 뜻. 즉 올바른 가르침의 전통을 단절시키지 않도록 하는 것. 이를 단절시키지 않기 위해 영원한 불업佛業이 있다고 한다.

것이야말로 불법을 영원히 존속시키는 힘이 된다. 부처가 될 종자란 부처님의 가르침을 계승하여 그 가르침의 전통이 영구히 존속되도록 노력하는 것을 말한다.

그리고 〈도표 2〉는 불보에 해당하는 게송을 삼업三業과 이리二利와 삼덕三德에 배대한 것이고, 〈도표 3〉은 불보를 삼대三大에 배대한 것이다.

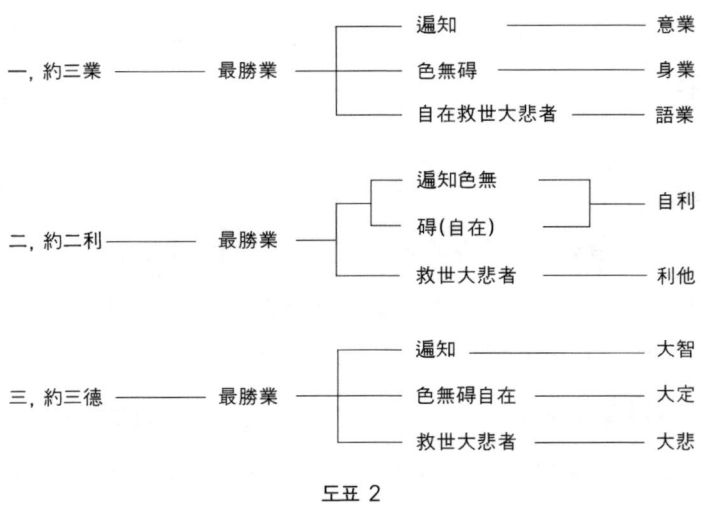

도표 2

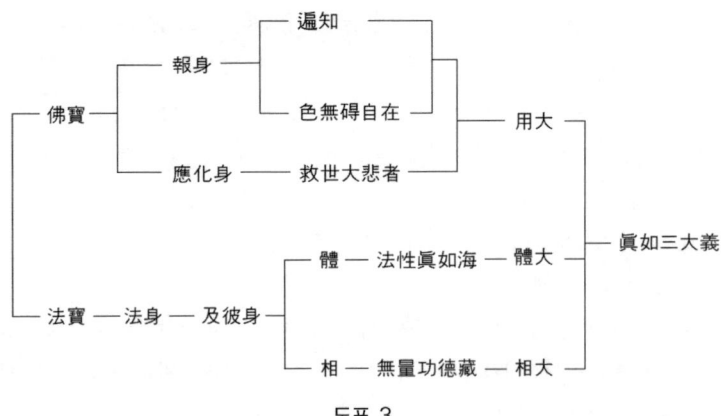

도표 3

제3부 대승이란 중생심이다 123

論曰[15] 有法[16]이 能起 摩訶衍[17] 信根[18]일새 是故로 應說이니라. 說에 有五分하니 云何爲五오. 一者는 因緣分[19]이요, 二者는 立義分[20]이요, 三者는 解釋分[21]이요, 四者는 修行信心分[22]이요, 五者는 勸修利益分[23]이니라.

---

15 논왈: 여기부터 논의 설명이 시작된다. 논자가 처음 시작하는 말. '논하여 말하다'는 뜻이지, '논에서 말하다'라는 의미가 아니다.

16 법: 범어 Dharma의 의역. 달마達磨는 음역. 구체적인 사물이든 추상적인 것이든 대개 존재하는 것을 나타내는 뜻도 있고, 사람들의 이해를 바르게 인도하는 근거. 또한 '법'은 '임지자성 궤생물해任持自性 軌生物解', 즉 항상 같은 성질을 유지하고 그것에 의하여 사람에게 그 자체의 이해를 일으키게 하는 것이다. 가르침, 습관, 도덕, 법률, 진리, 속성 등이 모두 법이라고 일컬어진다. 그러나 여기서의 법은 대승의 믿음을 일으키는 근거로써 중생심을 말한다.

17 마하연: 범어 Mahāyāna의 음역. 의역으로 대승大乘. 일반적으로 큰 탈것이라는 뜻. 불교이해의 열린 입장이라는 의미이지만, 여기에서의 대승은 바로 '중생심'을 말한다.

18 신근: '신'은 심징정心澄淨의 뜻. 마음을 맑게 하고 정화하는 힘이 있음을 말하며, 이것은 올바른 이해에 근거한다. '근'이란 어떤 것을 성장시키는 힘이다. '신근'에 의하여 노력하는 힘(精進根), 기억하여 잊어버리지 않는 능력(念根), 집중력을 높이는 힘(定根), 이해능력을 높이는 힘(慧根) 등이 형성된다. 이상은 이 논을 짓는 이익을 나타낸 것이다.

19 인연분: 이 논을 짓는 목적과 전체를 어떻게 구성할 것인가를 밝히고 있다.

20 입의분: 이 논의 주제가 무엇인가를 설한다. 즉 대승이란 무엇인가, 어떠한 점에서 그것은 '대'이며 '승'인가를 설명한다.

21 해석분: 이 논의 주장과 명제를 세 단락으로 증명한다. 먼저 대승에 대한 올바른 의미를 밝히고, 다음에 대승에 대한 잘못된 견해를 수정하며, 마지막으로 깨달음에 나아가는 모습을 분별하여 밝히고 있다.

22 수행신심분: 위 「해석분」의 '신성취발심'이 전제가 된 수행을 밝힌다. 즉 거기에서 어떻게 믿음을 얻는가 하는 점이 상세하게 서술되지 않았기 때문에 여기서는 믿음이란 무엇인가, 신심을 수행한다는 것은 무엇인가를 설명하고 있다.

23 권수이익분: 지금까지 설명해 온 논의 효용을 확인하고 사람들에게 이 논의 가르침

논하자면, 법은 능히 마하연의 신근을 일으킬 수 있기 때문에 응당히 설해야만 한다. 설함에 다섯 가지 구분이 있으니 무엇이 다섯 가지인가. 첫째는 인연분이고, 둘째는 입의분이며, 셋째는 해석분이며, 넷째는 수행신심분이며, 다섯째는 권수이익분이다.

【해설】
이 부분은 논자가 논을 짓는 목적과 전체를 어떻게 구성할 것인가를 밝혀놓은 대목이다.

여기에서 논자는 그의 주장을 "논하자면"이라는 시작으로 말문을 연다. 논을 짓는 목적은 대승(마하연)을 바르게 이해하는 데 상응하는 근거(법)를 밝히고자 하는 데 있으며, 이 과제를 효율적으로 알리기 위해 다섯 장으로 논을 구성한다는 것이다. 그 다섯 장은 ①「인연분」(이 논을 짓는 이유), ②「입의분」(이 논의 주제), ③「해석분」(주제에 대한 증명), ④「수행신심분」(주제의 실천), ⑤「권수이익분」(이 논의 효용) 이라는 내용으로 이루어져 있다.

을 실천해 가도록 권하는 내용이다.

Ⅰ. 논을 지은 이유(因緣分)

【요지】

여기서는 논을 짓게 된 동기와 그 이유를 구체적으로 열거한다. 여기에 열거된 여덟 가지의 이유는 앞으로 논의될 교설 내용에 당위성을 부여하는 단초로서, 이 논을 저술하기 위한 포문을 열고 있다.

初說因緣分하리라. 問日 有何因緣하야 而造此論이닛고. 答日 是因緣이 有八種하니, 云何爲八고. 一者는 因緣總相[24]이니 所謂爲令衆生으로 離一切苦하고 得究竟樂[25]이언정 非求世間 名利恭敬故요. 二者는 爲欲解釋 如來根本之義[26]하야 令諸衆生으로 正解不謬故요. 三者는 爲令善根成熟[27]衆生으로 於摩訶衍法에 堪任[28]不退信故요. 四者는 爲令善根微

---

24 인연총상: 불교인 이상 당연히 대전제가 되는 총체적인 이유. 이하에서 논의 독자적인 찬술 이유를 밝힌다.
25 구경락: 인간계나 천상계나 삼승三乘의 즐거움과는 다른, 부처님의 깨달음에 수반되는 궁극적인 안락. 감각적인 즐거움은 궁극적이지 않으며 계속된다면 괴로움으로 변한다. 잃게 되면 괴로움을 느낀다. 반면에 성불·해탈의 즐거움은 궁극적인 즐거움이다.
26 여래근본의: '여래'는 범어 Tathāgata의 의역. 부처님 가르침의 근본이란 의미. 진리를 구현한 사람. 진여에서 출현한 사람이란 뜻이다.

少²⁹衆生으로 修習信心故요. 五者는 爲示方便³⁰하야 消惡業障³¹하고 善護其心하야 遠離癡慢³²하고 出邪網³³故요. 六者는 爲示修習止觀³⁴하야 對治³⁵凡夫二乘의 心過故요. 七者는 爲示專念方便³⁶하야 生於佛前하야 必定不退信心故요. 八者는 爲示利益하야 勸修行故니 有如是等因緣일새 所以造論이니라.

---

27 선근성숙: '선근'은 범어 Kuśalamūla의 의역으로 선善을 일으키는 힘. 즉 십신의 지위가 만족해서 초주의 지위에 도달하면 선근이 성숙해서 선을 이루는 힘이 결코 파괴되는 일이 없게 되기 때문이다.

28 감임: 적응하는 것. 감당하는 의미. 또한 감인堪忍과 같은 뜻으로 해석할 때는 참아 내는 것, 타인으로부터 괴로움을 인수忍受 하는 것, 이해하여 견디는 것으로 해석하기도 한다.

29 선근미소: 선을 이루는 힘이 약하고 적다는 뜻. 즉 선을 행하는 힘이 확립되어 있지 않은 중생, 십신 중에 팔신八信까지의 중생을 말한다.

30 방편: 범어 Upāya의 의역. 중생이익을 위한 수단과 방법. 반야가 진실의 지혜임에 대해서, 방편을 권지權智라고 한다.

31 악업장: 과거에 행한 나쁜 행위가 현재 하고자 하는 수행을 여러 가지로 방해하는 것. 즉 악업이 방해하기 때문에 선도善道로 향한다고 생각해서도 안 된다는 것이다.

32 치만: '치'는 범어 Mūdha 의역. '만'은 범어 Mānad의 의역. 어리석음과 교만을 말한다. 오둔사五鈍使의 번뇌(貪, 瞋, 癡, 慢, 疑)의 하나이다.

33 사망: 인과의 도리를 부정하는 잘못된 생각(邪見)이 사람들을 결박하여 자유를 빼앗고 진리에 가까이 하지 못하는 것을 그물에 비유한 것. 또한 '사견'은 오리사五利使의 번뇌(身見, 邊見, 邪見, 見取見, 戒禁取見) 가운데 하나이다.

34 지관: '지'는 범어 Śamatha의 의역으로 마음을 멈추고 정신을 대상에 집중하는 것. 즉 선정. '관'은 범어 Vipaśyanā의 의역으로 집중한 마음에서 진리를 관찰하는 것이다.

35 대치: 범어 Pratipaṣa의 의역. 마치 병의 증상에 따라(對) 적절한 방법으로 치료(治)하듯이, 같은 수단으로 번뇌의 장애를 끊는 것을 말한다.

36 전념방편: 아미타불을 오로지 염불해서 서방극락 정토에 왕생하는 수행방법이다.

처음은 인연분을 설한다. 묻기를, 어떤 인연이 있어 이 논을 짓는가. 답하기를, 이 인연에는 여덟 가지가 있으니 무엇이 여덟 가지인가. 첫째는, 인연의 총상이니 이른바 중생으로 하여금 일체의 고통을 여의고 구경락을 얻게 하기 위함일 뿐, 세간의 명리나 공경을 구하려는 것이 아니기 때문이다. 둘째는, 여래의 근본뜻을 해석해서 모든 중생으로 하여금 올바로 이해하여 오류가 없게 하고 싶기 때문이다. 셋째는, 선근이 성숙된 중생으로 하여금 마하연(대승; Mahāyāna)의 법을 감인하여 믿음에서 퇴전하지 않도록 하고 싶기 때문이다. 넷째는, 선근이 아주 적은 중생으로 하여금 신심을 닦아 익히게 하고 싶기 때문이다. 다섯째는, 방편을 나타내어 악업의 장애를 없애고 그 마음을 잘 지켜 어리석고 교만한 마음을 멀리 여의어 사악한 그물로부터 벗어나도록 하고 싶기 때문이다. 여섯째는, 지관을 닦아 익히는 방법을 나타내 보여줌으로써 범부와 이승의 마음의 잘못을 대치해주고 싶기 때문이다. 일곱째는, 오로지 염불만 하는 방편을 나타내 보여 불전에 태어나 반드시 결정코 물러섬이 없는 신심을 갖게 하고 싶기 때문이다. 여덟째는, 이익을 나타내 보여 수행을 하도록 권유하고 싶기 때문이다. 이와 같은 등의 인연이 있는 이유로 이 논을 짓는 것이다.

【해설】

여기서 "묻기를"과 "답하기를" 등의 문답은 『대승기신론』에서 자주 사용하는 형식이다. 질문자의 질문을 예상하여 해답을 주는 형식으로 논자가 주장하고 싶은 내용을 서술해 나가고 있다. 경우에 따라서는 기본적인 해설을 한 뒤에 질의응답이 있기도 하고, 그 내용을 한 번 더 명확하게 짚어 나가기도 한다. 이것이 경전이라면, 불제자인 사리불이나 수보리

등이나 혹은 보살들이 등장하여 부처님께 질문하고, 부처님이 이에 대하여 "사리불아!" 하고 부르시며 가르침을 설하는 형식을 취할 것이다. 바로 그런 형식에 해당한다. 이 논이 대상으로 삼는 범위는 대체로 '부정취不定聚', 즉 신근信根이 확립되지 않은 중생, 십신위十信位의 중생이 주된 대상이지만 아울러 정정취正定聚, 즉 십주十住 이상의 중생이나 사정취邪定聚, 즉 무신자無信者의 중생까지도 포함시킨다.

먼저 「인연분」에서는 여덟 가지 이유로 이 논을 짓는다고 밝히고 있다.

첫째는, 불교의 존재 의의에 관한 총론적인 이유를 나타낸 것이다. 이 대의 목적을 '총상總相'이라 하는데, 불전이라면 어느 것이나 모두 이러한 목적을 가지고 있으며, 소위 불전의 공통된 목적이다.

둘째는, 「입의분」과 「해석분」 가운데 '현시정의'와 '대치사집'을 설명하게 된 이유를 밝힌 것이다. 이 항목도 불전에서의 일반적인 목적으로 볼 수 있다. 왜냐하면 여래의 가르침을 해석하는 것이 대체로 논서의 존재 이유이기 때문이다. 그러나 그 '근본의根本義'란 무엇인가에 대해서는 논서의 주제에 따라 조금씩 다르다. 『대승기신론』에는 어떤 '근본의'가 설해져 있으며 또는 어떻게 설해져 있나 하는 것은 「입의분」의 내용과 연관될 뿐만 아니라, 「해석분」에서도 설명되고 있는 내용이라는 것이다.

셋째는, 「분별발취도상」을 설명한 이유를 나타낸 것이다. 불퇴의 믿음에 들어가기 전에는 믿음이 불안정하여 진퇴할 수 있다. 요컨대 믿는다고 생각했다가도 의심하기를 반복한다는 것이다. 이러한 일은 우리들의 일상 경험에서도 자주 일어나는 일이므로 이해하기가 쉬울 것이다. 불퇴전하겠다는 결심은 좀처럼 관철될 수 있는 것이 아니기 때문이다.

넷째는, 「수행신심분」에서 네 가지 신심과 수행의 오문五門 가운데 처음 사문四門, 즉 보시, 지계, 인욕, 정진 등을 설명하게 된 이유를 나타낸다.

다시 말하면 세 번째와 네 번째의 내용은 『대승기신론』의 제명題名이 나타내는 바를 구체적으로 표현하고 있을 뿐만 아니라 '무엇을' 믿을 것인가 하는 점까지도 알려주고 있다. 즉 대승의 법을 잘 알면, 대승의 법에서 후퇴하지 않는 확실한 신심을 얻게 된다는 의미이다. 요컨대 대승의 믿음이란 대승에 대한 믿음, 대승을 믿는다는 의미이다. 이 불퇴의 믿음, 불퇴전의 믿음을 가질 수 있는 사람은 선근이 성숙한 중생들뿐이며, 아직 선근이 성숙되지 못한 중생들은 거기에 이를 때까지 적극적으로 신심을 수습修習하지 않으면 안 된다는 것을 말하고 있다.

다섯째는, 「수행신심분」 가운데 오행五行의 네 번째 정진문精進門에 이어서 나오는 마지막 문장, 즉 '장애를 제거하는 방편'을 설명하는 이유를 나타낸 것이다.

그러므로 근기가 부족하여 수행신심에서 쉽게 물러나는 이들은 많은 방편에 의지하는 것이 좋고, 방편에 의지하는 것 또한 정진이므로 정진문 끝에서 다루고 있다. 말하자면 다섯째 이유에서 일곱째 이유까지를 순서대로 하품·중품·상품으로 나눈다면 이는 하품중생을 위한 것이라 할 수 있다.

여섯째는, 수행의 오문五門에서 마지막 부분에 지관문을 설정하는 이유를 말한다. 대승불교의 수행에 있어서 지관, 즉 선정과 지혜를 닦는 것이 가장 주안점이며, 그 이전의 닦음은 그를 위한 수단이거나 혹은 예비적인 수행이라는 해석이다.

일곱째는, 「수행신심분」에 부설되어 있는 염불왕생에 대한 설명이다. 즉 「수행신심분」의 '전의염불專意念佛'-생각을 하나로 모아 염불하는 것-을 말한다. 이 논에서는 염불을 함으로써 사후에 아미타부처님 앞에 태어나는 것, 즉 극락에 왕생하게 함을 부처님의 '승방편勝方便'이라 부르고 있다. 극락세계에서는 언제나 아미타불을 만날 수 있으므로 신심이 퇴보하지 않게 되고, 따라서 최종적으로는 정정正定에 주住할 수 있기 때문이라고 한다. 즉 상품중생에 해당하는 내용이라는 것이다.

여덟째는, 바로 「권수이익분」의 교설 내용을 가리키는 것이다. 앞에서 열거한 모든 수행들을 원만히 성취하도록 하下·중中·상上의 삼품三品 중생들에게 권하고 있다.

이와 같이 이 논을 저술하게 된 이유를 밝힘과 동시에, 미리 뒤에 설명할 논의 내용에 대해서도 예시해주고 있는 셈이다.

〈도표 4〉는 이상의 여덟 가지 이유가 논의 어느 내용에 해당하는가를 제시해주고 있다.

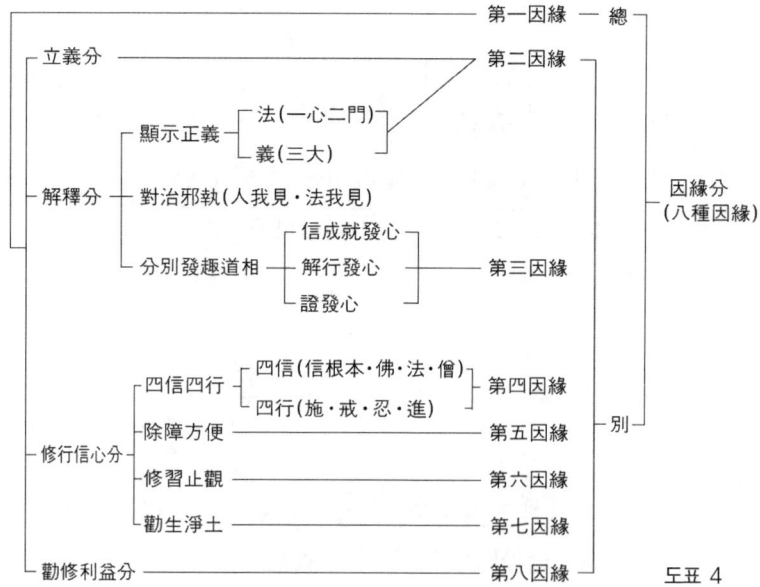

도표 4

問曰 修多羅[37]中에 具有此法이어늘 何須重說고.

答曰 修多羅中에 雖有此法이나 以衆生根行[38]이 不等하고 受解緣[39] 別일세니 所謂 如來在世에는 衆生利根[40]하고 能說之人[41]의 色心業勝하야 圓音[42]一演에 異類도 等解할새 則不須論이어니와 若如來滅後에는 或有衆生은 能以自力으로 廣聞而取解者하며 或有衆生은 亦以自力으로 少聞而多解者하며 或有衆生은 無自心力하야 因於廣論而得解者하며 自有衆生이 復以廣論의 文多로 爲煩하고 心樂總持[43]少文이 而攝多義하야 能取解者하니 如是此論은 爲欲總攝如來廣大深法의 無邊義故로 應說此論이니라.

문기를, 경전 중에는 이 법이 갖추어져 있는데 어찌하여 거듭 설하는가. 답하기를, 경전 중에 비록 이 법이 있으나 중생의 근기와 수행이 같지 않아 받아들여 이해하는 연緣에서도 차이가 난다. 이른바 여래가 세상에 계실 때는 중생의 근기가 총명하고, 능히 설하는 사람도 색色·심心의

---

37 수다라: 범어 Sūtra의 음역. 계경契經은 의역. 원래 종사縱絲의 의미로서 보통 '경經'이라고 번역. 즉 부처님께서 설하신 가르침을 말한다.
38 근행: '근'은 근기, 능력, 소질. '행'은 신구의로 행하는 행위, 수행, 노력을 말한다.
39 수해연: '수해'는 가르침을 받아들여 이해하는 것. '연'은 기회, 기연機緣, 찬스 등을 가리킨다.
40 이근: 뛰어난 소질과 능력이 있는 사람. 둔근鈍根과 대비된다.
41 능설지인: 가르침을 설하는 부처님.
42 원음일연 이류등해: '원'은 완전 원만함. 불타의 설법으로 일음一音이라고도 한다. 즉 부처님께서 충분한 가르침을 한 번 설하시면 어떤 중생(이류)도 똑같이 이해할 수가 있다는 뜻이다.
43 총지: 범어 Dhāraṇī의 의역. 기억에 편리하도록 짧게 압축한 경문. 마지막 '회향게'에서도 나오며, 논의 일관된 입장이 엿보인다.

업이 수승하여 원음圓音으로 한번 연설하면 다른 부류의 중생들이 동등하게 이해할 수 있었으므로, 논을 지을 필요가 없었다.

그러나 여래가 입멸하신 후에는, 혹 어떤 중생은 능히 자력으로 널리 듣고 이해하는 사람도 있고, 혹 어떤 중생은 역시 자력으로 조금 듣고서도 많이 이해하는 이도 있으며, 혹 어떤 중생은 자심력自心力이 없어 광범위한 논에 의하여 이해하는 사람도 있다. 또한 어떤 중생은 광범위한 논은 문장이 많아 번거롭게 여기고 마음으로 총지總持와 같이 적은 문장이면서도 많은 의미를 포함한 것을 좋아하여 능히 그것을 잘 이해하는 사람도 있다. 이와 같이 이 논은 여래의 광대하고 깊은 법의 무변한 뜻을 다 포괄하고자 하기 때문에 응당히 이 논을 설해야 하는 것이다.

【해설】

위의 문답에서는 이 논서가 불교의 정수를 짧은 문장 속에 집약하고 있기 때문에 실로 그 의의가 크다는 점을 분명히 하고 있다. 즉 논자가 이 논서를 짓게 된 의도를 결론적으로 밝힌 것이다.

다시 말해 중생을, 능력이 뛰어나 쉽게 수행을 할 수 있는 이와 능력은 뛰어나지만 아직 수행이 진전되지 않은 이, 혹은 수행에 나아갈 자신이 없는 이 등으로 나누어, 후자의 그룹에 관심을 가지고 주목하고 있다. 이것은 수행을 소홀히 한다는 것이 결코 아니며, 다만 누구나가 수행하는 데 후퇴함이 없는 군건한 신심을 일으키게 하고 싶은 것이 이 『대승기신론』의 목적이기 때문으로 생각된다.

그러므로 앞서 여덟 가지 목적을 서술한 뒤에 문답 형식으로 이 논을 지어야 되는 당위성에 대해 설명한 것이다.

말하자면 불타가 설법하신 경전 중에도 이 논이 설명하고자 하는

'법', 즉 여래장설은 기존에 있던 것이었다. 그런데 왜 다시 이 논서에서 설하고자 하는가를 먼저 묻고, 그에 대한 답을 하고 있다. 여래가 설한 경전에는, 당신 말대로 이미 이 법을 설하고 있다. 그러나 가르침을 듣는 중생들의 근기에는 영리하고 둔한 차이가 있고, 수행방법도 각각 다르다. 여래가 세상에 계실 때의 중생은 부처님의 말씀 그 자체를 각자의 힘에 따라 이해할 수 있었지만, 여래 멸후에는 가르침을 받는 중생들의 근기가 여러 모로 차이가 있고, 수행방법도 각각 다르다. 그래서 네 종류로 사람을 구별한 가운데, 특히 상세한 해설을 번거롭게 생각하여 기억에 편리하고 간단한 설명을 원하는 이도 있기 때문에, 바로 이런 부류의 사람을 위해 이 논을 쓰게 되었다고 서술하고 있다.

Ⅱ. 논의 주제(立義分)

【요지】

「입의분」이란, 논서의 주제가 무엇인가를 설명하는 단락이다. 주제란 앞의 「인연분」에서 '대승에 대한 믿음을 일으키다'라고 한, 소위 신심의 대상이 될 만한 대승이란 무엇인가, 또는 어떠한 점에서 그것이 '대'이고 '승'인가라는 의문에 대한 해답인 셈이다. 그리고 '마하연'의 의미를 법法과 의義, 즉 근거와 의의라는 두 측면에서 밝히고 있다.

已說因緣分하니 次說立義分하리라. 摩訶衍者는 總說有二種하니 云何爲二고. 一者는 法[44]이요, 二者는 義[45]니라.

이미 인연분을 설하였으니 다음은 입의분을 설하겠다. 마하연에는 총설

---

44 법: 대승의 법체法體, 즉 대승을 말한다. 성불의 근거로서의 중생심, 혹은 일심一心. 『현수의기』에서는 삼의三義로 해석하고 있다. 즉 자체고自體故는 중생심이 대승의 근거 자체가 되는 것, 대지고對智故는 중생심이 대승에 대해 믿음을 일으키는 규범이 되는 것, 현의고顯義故는 중생심이 삼대三大의 뜻을 현시하기 때문이라는 것이다.

45 의: 대승의 의리義理, 의의, 이유를 말한다. 즉 중생심, 일심을 왜 대승이라 부르는가를 밝힌다.

하면 두 종류가 있으니 무엇이 두 가지인가. 첫째는 법法이고, 둘째는 의義이다.

【해설】
여기에서 '마하연'은 소승에 대한 상대적인 입장에서 대승의 의미를 말하고자 한 것이 아닌, 대승의 우위를 당연한 것으로 한 전제하에 '대승'이란 무엇인가라고 반문함으로써 새롭게 불교의 존재의의를 묻고자 한 것이다.

다시 말하면 '마하연', 즉 대승에 두 종류가 있다는 것은, 두 종류의 다른 대승이 있는 것이 아니라 '대승'이라는 말로 표현되는 법法과 그것이 지니는 의義의 두 가지를 말한다. 여기서 '법法'이 대승이라 불리는 것이다. 그리고 그것이 대승이라 불리는 것은 그렇게 불릴 만한 내용을 지니고 있다는 의미이다. 즉 그것은 큰[大] 것이며, 그리고 타는[乘] 것이다. 그것이 여기서 말하는 '의義'로서 지니는 내용, 혹은 말이 가지는 의미이다. 모든 사물에는 이름이 있는데, 그 이름은 그 자체가 의미하는 내용에 따라 붙여진다. 여기에서는 '큰 탈것'을 가리켜 '대승'이라 부른다는 것이다.

1. 대승의 근거(法)

【요지】
여기에서 주어진 주제인 '대승'이란, 이 『대승기신론』이 '대승에 대해' 설명한 논이라는 뜻이다. 제목 중에 포함되어 있는 '대승'의 무게가 더욱 더 커지게 되는 셈이다. 그 이유는 '대승'이란 무엇인가라는 물음에 대한 해답이 이미 제목 안에 포함되어 있기 때문이다. 그 답이란, 한마디로 말하면 '대승이란 중생심'이라는 것이다.

所言法者는 謂衆生心[46]이니 是心이 則攝一切世間法出世間法[47]이라. 依於此心하야 顯示摩訶衍義[48]하나니 何以故오. 是心眞如相[49]이 卽示摩訶衍體故며 是心生滅因緣相[50]이 能示摩訶衍의 自體相用故니라.

말하는 바의 법이란 중생심을 말한다. 이 마음이 곧 일체의 세간법과 출세간법을 포섭하며, 이 마음에 의지하여 마하연의 뜻을 나타낸다. 무슨 이유인가. 이 마음의 진여상이 곧 마하연의 체體를 나타내 보이기

---

46 중생심: 대승이라고 하는 근거(법)는 중생심에 있다고 선언한 것이 논의 주장이며 교설의 근거가 되고 있다. 일반적인 범부의 마음, 이 마음에 무량무변의 뛰어난 성질을 갖추고 있기 때문에 이 마음을 대승이라고 한다.

47 세간법·출세간법: '세간'은 윤회전생의 세계, 현상의 세계이며, '출세간'은 이러한 것을 초월한 세계이다. '세간법'은 미혹의 생사가 있는 세계의 가르침이며, '출세간법'은 생사를 뛰어넘은 깨달음의 세계의 가르침을 말한다. 세간의 인과를 출세간의 인(修) 과(證)로 바꾸도록 가르치는 것이 불교의 원형이다. 세간의 인과는 사제四諦에서 고제·집제이고, 출세간의 인과는 멸제·도제이다.

48 의: 중생심이 대승이라고 불리는 이유가 '의'이다. 때문에 '의'란 중생심의 뛰어난 점을 나타내게 된다. 즉 법으로써 대승이란 무엇인가를 나타내고, 의로써 대승의 뛰어난 점을 나타낸다.

49 심진여상: 중생심에 진여(체)의 출세간법과, 생멸(체·상·용)의 세간법의 양면적 의미가 있는 것을 나타낸다. '진여'는 있는 그대로라는 의미, '상'은 성질이나 능력, 특질이란 뜻이다.

50 심생멸인연상: '생멸'은 찰나 찰나에 생하거나 멸하거나 하여 현상세계를 산출하는 마음의 모습. '인연'은 그 원인을 말하며, 연기와 같다.

때문이며, 이 마음의 생멸인연상이 능히 마하연 자체의 상相과 용用을 나타내 보이기 때문이다.

【해설】

우리들은 통상적으로 '대승'이라 하면 대승불교, 즉 대승의 가르침을 떠올리게 되고, 나아가서는 이를 믿을 것을 요구하게 되는데, 이 논서의 경우는 그렇지 않다. 『대승기신론』은 상식을 초월한 세계, 믿는 사람과 믿음을 받는 대상이 하나가 된 세계를 열심히 설명하고자 한다. 또한 그러한 가르침과 가르침을 믿는 사람이 하나가 되는 세계를 설하는 것이 대승의 본래 목적이라는 점도 대승불교의 전통 속에 들어 있다고 생각된다.

어쨌든 '(마하연의) 법法이란 중생심이다'고 시작한 논의 명제는 독자적인 표현의 스타일이며, 획기적인 주장이다. 대승의 근거는 바로 한 사람 한 사람의 마음에서 요구되는 것이다. 왜냐하면 이 마음은 모든 세간의 존재와 출세간의 존재를 그 안에 포함하고 있기 때문이다.

그런데 '법'이란 말은 불전에서 여러 가지 의미로 사용된다. 이 논에서도 마찬가지로 각각의 장소에서 그 의미를 확인해 둘 필요가 있지만, 어떤 경우이든 그 원어는 '다르마dharma'이다.

'법'은 '지키는 것'이라는 의미로서, 흔히 알고 있는 뜻은 '법法'이라는 한자가 알려주듯이 규정, 규칙, 도리 등이다. 그러므로 부처님의 가르침은 불교신자에게 있어서는 지키지 않으면 안 되는 도리이다.

지금 여기서 사용되는 '법'의 뜻은 그러한 의미인 것이다. 대승이라는 법, 대승이라는 것, 대승이라는 관념, 혹은 개념이라는 의미이다. 그리고 그 개념이 지니는 의미가 '의義'가 되는 것이다.

중생심이란, 아직 수행도 하지 않고 신심을 가지지 못한 범부에게도 갖춰져 있는 일상의 마음이므로 미혹하거나 고민하거나 괴로워하기도 하지만, 동시에 선善을 추구하고 실현하고자 하는 수승한 마음도 가지고 있다. 똑같은 선이라도 사회적으로 보았을 때 선한 것과 불교적으로 선한 것이 있다. 사회적으로 선한 것이 불교적으로 볼 때 반드시 선이라고 할 수 없는 경우도 있다.

불교적으로 말하면, 깨달음을 구하고 열반을 향하는 마음이 진실하고 선한 마음이며, 거기에 출세간적인 가치가 있으며, 그 외의 선은 세간적인 가치가 있는 것이다. 그래서 '세간법과 출세간법'이라는 것은 뒤에 설명할 '의義'의 부분에서 '세간・출세간의 선善'과 같은 의미이다.

그리고 '심진여心眞如'와 '심생멸心生滅', 마하연의 '체體' '상相' '용用'이라는 새로운 술어가 등장하는데, 이것은 말하자면 『대승기신론』의 키워드로서 앞으로도 자주 나오게 되는 단어이다.

먼저 '체'란 대승 그 자체이고, 그 대승이 지니는 특색・특성이 '상'이며, 그 작용이 '용'이다. 오늘날의 철학용어로 말하자면, 실체와 속성과 작용에 해당한다. 어떠한 것(실체)에도 그것을 형식화하는 내용(속성)과 기능(작용)이 있다. 또는 내용과 기능을 떠나서 사물은 없다고도 할 수 있다. 우리들은 그 내용과 기능을 통하여 사물을 본다. 보는 방법에 따라서는 실체(대승이라는 것)는 없고, 있는 것은 단지 그 내용이 되는 특성과 기능뿐이라고도 할 수 있다. 특성이라는 것은 여기에서는 현상의 모습으로, 그런 의미에서 '상'이라고 한다. 사물 자체라는 것은 소위 개념에 지나지 않을 뿐이라고도 할 수 있다.

이 체・상・용의 구분에 적용시켜 앞서 말한 중생심이 대승이라는 것을 설명하기 위해, 중생심도 두 개로 나누게 된다. 하나는 중생심 그 자체로서, 이것은 대승 그 자체〔體〕에 있는 도리인데, 이를 '심진여'라고 부른다. 또 하나는 특성과 기능을 포함한 중생심으로 이를 '심생멸'이라 부른다. 심생멸이란 생멸하는 마음이라는 것이며, 우리들 마음의 현실적 모습이다. 그 현실적 모습이란 울기도 하고 웃기도 하며, 슬퍼하거나 기뻐하기도 하는 마음이다. 여기서는 그렇게 미혹한 중생심이 동시에 깨달음을 향해 나아가는 마음이기도 한 것으로, 특히 이 측면을 중시하고 있다.

그리하여 이 사람들의 마음에 의해 대승의 의의(마하연의 뜻)가 보다 더욱 분명하게 된다. 왜냐하면 사람들의 마음은 진실한 모습의 양상〔心眞如相〕을 나타내기 때문에 거기에서 대승의 실체를 제시하게 되고, 또한 사람들의 마음은 원인과 조건에 따라 생멸하는 양상〔心生滅相〕을 나타내므로 대승 그 자체의 그것〔體〕과 그 모습〔相〕과 그 작용〔用〕을 제시하게 된다는 것이다.

심진여상은 마음의 영원한 모습이다. 마음의 진실성은 영원히 변하지 않기 때문이다. 이것은 비교를 초월한 것이기 때문에 대승의 체體만을 말한다. 그래서 체에 대한 상이나 용을 예로 들지 않는다. 물론 마음 그 자체는 염정染淨의 양면성을 가지지만 마음의 진여상은 오직 정淨이다. 왜냐하면 염染은 영원성을 가지고 있지 않으므로 미혹은 결국 멸하는 것이기 때문이다.

대승에 국한하지 않더라도 불교에서는 우리들의 마음이 미혹한 것임을 끊임없이 말한다. 다만 대승은 그것을 지적하는 데에 그치지 않고 미혹한 상태는 잘못된 상태이므로 이를 바로잡아 미혹하지 않은 상태, 즉 깨달음을 향하여 마음을 움직이게 하고자 하는 것이다. 이처럼 중생을 미혹에서 깨달음으로 운반해 가기 때문에 가르침을 수레에 비유한다. 그러나 한번 더 생각해 보면 미혹으로부터 깨달음을 향해 나가는 것은 중생심이며, 별도로 운반해 주는 수레가 있는 것은 아니다. 그런 의미에서 중생심의 움직임이 바로 대승이 되지 않으면 안 된다. 그것이 대승의 '용'이며, 그것을 포함한 우리 중생들의 동요하는 마음을 여기에서는 심생멸이라 부르는 것이다.

2. 대승의 의의(義)

【요지】

여기에서는 앞서 설명한 '대승'이라는 말이 지니는 의미와 동시에 대승의 내용을 나타내고 있는데, 그 내용은 중생심의 입장이기도 하다. 즉 중생심은 이 대승의 내용을 현시하고 있는 당체當體, 바로 대승임을 설명하고 있기 때문이다.

所言義者는 則有三種하니 云何爲三고. 一者는 體大니 謂一切法이 眞如平等하야 不增減故요, 二者는 相大니 謂如來藏[51]이 具足無量性功

---

51 여래장: Tathāgata-garbha의 의역. '장'(garbha)은 '태胎'이다. 또한 태아도 가리킨다. '여래장'은 여래에게 갖춰지는 무량한 공덕의 의미. 진여의 이명異名 가운데 하나이다. 즉 여래장에는 일체중생이 여래에게 감추어져 있다고 하는 의미(所攝藏), 그 다음은 중생이 여래를 감추고 있는 의미(隱覆藏), 마지막으로 중생이 여래의 과덕果德을 모두 감추고 있는 의미(能攝藏), 세 가지 뜻이 포함되어 있다. 그리고 『승만경』에서는 공여래장空如來藏, 불공여래장不空如來藏의 두 뜻을 설하고, 공여래장은 여래장에는 번뇌가 공무空無라는 뜻이고, 불공여래장은 여래장에는 무량한 성공덕이 갖추어져 있다는 뜻이라 설한다. 여기서의 용례는 능섭장과 불공여래장

德⁵²故요, 三者는 用大니 能生一切世間出世間善因果故라. 一切諸佛이 本所乘⁵³故며 一切菩薩이 皆乘此法하야 到如來地⁵⁴故니라.

말하는 바 의義란 곧 세 종류가 있으니 무엇이 세 가지인가. 첫째는 체대體大로서 일체법의 진여를 말하니 평등하여 증감이 없기 때문이다. 둘째는 상대相大로서 여래장을 말하니 무량한 성공덕을 구족하고 있기 때문이다. 셋째는 용대用大이니 능히 일체 세간과 출세간의 선한 인과를 만들기 때문에, 일체 제불이 본래 의거한 바이며 일체의 보살도 모두 이 법에 의거하여 여래지에 도달했기 때문이다.

【해설】

대승이라 불리는 이유〔義〕에는 세 가지가 있다. 바로 체대體大·상대相大·용대用大인데, 이 삼대三大에 의해서 중생심이 갖추고 있는 대승의 의미가 더욱 분명하게 드러난다.

　먼저 체대體大란, 즉 중생심의 체인 진여로써 범부일 때에도 줄지 않고 불타가 된다 하여 늘어나는 것이 아니다. 그래서 중생심의 체는 생멸문에 있더라도 변하지 않는다. 세간과 출세간의 일체법이 진실한 모습(진여)이며, 진실한 모습은 미오迷悟와 관계가 없다. 그렇기 때문

　의 의미에 해당한다.

52 성공덕: 본래부터 갖춰진 능력, 여래의 본능本能. 여래의 지혜와 자비 등 법신의 덕성. 이 덕성은 체대와 다른 것이 아니기 때문에 성덕·성공덕을 말한다.

53 본소승: 부처님께서 수행하실 때, 사람들과 똑같은 마음(중생심)을 근거로 했다는 의미. 즉 부처님도 사람들과 똑같은 마음에 근거하여 수행을 쌓아 깨달았다는 뜻이다.

54 여래지: 여래의 경지. '지地'는 범어 bhūmi의 의역으로, 입장, 단계, 지위의 뜻이다.

에 대大라고 하는 것이다.

　다음으로 상대相大란, 여래장을 말하는데 바로 부처의 법신이다. 즉 부처님과 똑같은 훌륭한 작용을 헤아릴 수 없을 만큼 갖추고 있다는 의미이며, 세간과 출세간을 모두 포함한 입장에서 일체의 공덕을 중생심이 간직하고 있다는 점을 말한다. 중생심은 불타의 모든 덕德을 갖추고 있고, 이 모든 덕을 '상相'이라 한다. 그 상相이 위대하기 때문에 상대相大라고 한다.

　그런데 여래가 진여와 하나가 된 사람이라 한다면, 아직 깨닫지 못한 중생들은 아직 진여와 따로 따로라고 해석하는 것이 상식이다. 진여가 저 멀리 있고 우리들은 그곳을 향하여 터벅터벅 걸어가고 있다. 때로는 진여로부터 완전히 다른 쪽을 향해 가기도 한다. 그러나 진여 그 자체에 있어서는 중생도 여래도 아무런 차이가 없다.

　그래서 깨달은 후의 상태, 여래라는 것을 앞질러 미리 중생의 모습을 생각하면 중생 속에 여래가 잠재해 있는 것이다. 또한 중생은 장래 여래가 될 가능성(잠재적인 힘)을 가지고 있다고도 할 수 있다. 이를 비유적으로 표현한 것이 여래장이라는 말이다. '여래장'의 원어는 tathagata-garbha인데 가르바는 태胎, 즉 어머니 뱃속이기도 하고, 뱃속에 있는 태아이기도 하다. 문자 그대로 설명하자면 중생은 여래를 태에 품고 있다는 것이 되는데, 이것을 여래가 되어야만 할 태아를 간직하고 있다고 해석하면 '여래의 태아'를 의미하게 된다. 좀 더 단적으로 말하면 '미래의 여래'라는 의미에서 중생은 각각 여래의 태아라도 해도 좋을 것이다. 그래서 중생심(심진여)의 특질(相)이 위대함을 나타내고 있는 것이다.

　세 번째 용대用大란, 여래가 지니는 여러 덕德의 작용이 위대한 것임을 뜻한다. 체대體大와 상대相大에서는 이지불이理智不二인 여래의 법신을 가리키기 때문에 용대用大는 이 불타가 세간에 나타나서 중생을 구제하는 '보신報身과 화신化身'을 가리킨다. 더구나 용대는 부처님의 업용業用이기 때문에 세간과 출세간의 선한 인과만을 일으킨다. 불타의 작용은 불선不善을 초래하는 일이 없기 때문이다. 이처럼 그 작용이 크기 때문에 이를 대승(큰 수레)이라고 한다.

그러나 이 수레는 사물을 운반하기 위한 것이니까 움직이지 않으면 도움이 되지 않는다. 움직이는 데는 동력動力이 필요하다. 자동차라면 가솔린, 전차라면 전기가 운동에너지로 전환하여 움직이게 된다. 그러면 대승에게는 도대체 어떤 에너지가 있는가. 이것에 대한 대답이 처음의 두 항목, 체대와 상대의 설명이다.

이상과 같이, 중생심에는 '대大'의 의미가 있음을 설명하였다. 그러나 중생심은 대大의 의미를 가지는 것만이 아니고, 그것이 청정한 삼대三大로서 드러나는 것이기 때문에, 미혹에서 깨달음으로 나아가는 힘도 동시에 지니고 있다고 생각해야 할 것이다. 이것이 바로 중생심에 갖춰진 '승乘'의 의미이다.

Ⅲ. 주제에 대한 증명(解釋分)

【요지】

「해석분」에서는 앞서 살펴본 이 논의 주장과 명제命題를 세 단락으로 나누어 증명하고 있다. 먼저 대승에 대한 올바른 의미를 밝히고, 다음으로 대승에 대한 잘못된 견해를 수정하며, 마지막으로 깨달음에 나아가는 모습을 분별하여 밝힌다.

已說立義分하니 次說解釋分하리라. 解釋分有三種하니 云何爲三고. 一者는 顯示正義요, 二者는 對治邪執이요, 三者는 分別發趣道相이니라.

이미 입의분을 설하였으니 다음에는 해석분을 설하겠다. 해석분에는 세 종류가 있으니, 무엇이 세 가지인가. 하나는 바른 뜻을 나타내는 것이고, 둘은 잘못된 견해를 바로 잡는 것이며, 셋은 불도에 나아가는 모습을 분별하는 것이다.

【해설】

'현시정의' 부분에서의 중생심, 즉 일심을 심진여문과 심생멸문으로 나누고, 그것으로 마음의 실재를 파악해 보려고 한다. 따라서 진실은 말로써 표현할 수 없다는 입장에서 진여를 설명하는 이언진여離言眞如와, 마음의 진여가 번뇌를 포함하지 않는 것과 불변不變이란 뛰어난 성질을 갖추고 있는 점에 의해 진여를 나타내는 의언진여依言眞如로 설명하고 있다.

여기에서는 마음이 자성청정이며 불변임에도 불구하고, 왜 선악에 반응하여 변화하는 것일까 하는 점이 가장 문제가 된다. 그래서 심생멸문을 법법과 의의로 나누고, 법법의 해석은 심성설心性說의 입장에서 염정이법染淨二法의 작용을 논하여 성불의 가능성을 나타내고 있다.

그리고 의의의 해석에서는 불신佛身에 대한 고찰로써 삼대三大를 설명한다.

다음으로 '대치사집'에서는 대승의 정의正義에 대한 사견邪見을 예로 들어 그에 대한 올바른 견해를 나타낸다. 구체적으로 말하면 진여법성에 대한 사견邪見으로서 인아견人我見과 법아견法我見을 해설한다.

마지막의 '분별발취도상'에서는 불도에 진취하는 과정을 신성취발심信成就發心·해행발심解行發心·증발심證發心의 세 가지 발심으로 설명한다. 앞의 두 단락이 이론적인 내용임에 비해 이것은 실천적인 내용이다.

1. 대승에 대한 올바른 의미를 밝히다(顯示正義)

【요지】
여기서는 「입의분」에서 보이는 '현시마하연의顯示摩訶衍義'의 뜻을 이어 설명하고 있기 때문에, 이 단락의 내용도 「입의분」에서 명시된 "이 마음(중생심)에 의해 마하연의 뜻을 현시하는"에 해당하는 내용이다. 즉 하나의 마음을 두 측면에서 파악하고 있다.

顯示正義者는 依一心法[55]하야 有二種門하니 云何爲二오. 一者는 心眞如門이요, 二者는 心生滅門이니라. 是二種門이 皆各總攝一切法[56]하니 此義云何오. 以是二門이 不相離故니라.

정의를 현시한다는 것은 일심법에 의하여 두 종류의 문이 있으니, 무엇이 두 가지인가. 첫째는 심진여문이고, 둘째는 심생멸문이다. 이 두 종류의 문이 모두 각각 일체법을 총섭하고 있다. 이 뜻이 무엇인가. 이 두 문이 서로 여의지 않기 때문이다.

【해설】
불교에서 '사물의 진실, 있는 그대로의 모습'이라고 하면, 일체는 무상無常이라든가, 이 세상은 모두 괴로움〔苦〕이라든가, 일체는 무아無我라고 하여, 결론적으로는 모든 것들이 연기하고 있다고 설명한다. 따라서 '심진여'라고 하면, 마음이 연기하여 지금 보이는 상태에 있다는 것이다. 문제는 그와 같은 진실한 모습을 사람들은 알아차리지 못하는

---

55 일심법: 법(근거)으로서의 중생심은 본래 나눌 수가 없는 것이지만, 중생심의 의의를 해명하기 위해 진여와 생멸의 양면으로 설명한다는 뜻. '일심'이란 숫자적인 개념이 아닌 전체라는 의미. 그래서 '유심'이라 해도 괜찮고, 우리들의 경험 전체라고 해도 좋다. 경험은 마음 이외의 것이 아니다.
56 총섭일체법: 진여·생멸의 차이는 있더라도, 최종적으로는 세간법과 출세간법을 밝혀서 사람들을 출세간으로 향하게 한다는 의미이다.

데에 있다. 알아차리지 못하기 때문에, 즉 무지(무명) 때문에 미혹하여 번민하고 괴로워한다. 그것이 현실적 마음의 상태로서, 이를 가리켜 '심생멸'의 모습이라 한다. 미혹하지만 마음의 진실한 모습은 있을 것이고, 만약 그 상태가 되면 이미 미혹도 괴로움도 없다. 그런 의미에서 추구하는 마음의 모습을 '심진여'라고 부른다.

그래서 '심진여'는 생멸하고 있는 마음, 즉 '심생멸'의 토대 위에 있는 모습이라는 설명이다. 그것은 이문二門의 관계에 대한 "이 두 종류의 문은 모두 각각 일체법을 총섭한다"고 하여, 그 이유로써 이 이문二門이 "서로 여읠 수 없다[不相離]"고 말한 것이다.

1) 마음의 진실한 모습(心眞如門)

(1) 진실은 말로써 표현할 수 없다(離言眞如)

【요지】

그렇다면 도대체 '심진여'란 무엇인가. 지금까지의 설명에서 보면, 심생멸을 없애고 별도로 심진여가 있다고는 할 수 없다. 왜냐하면 이 말에는 중생심의 미오迷悟에 관하여 가치적인 의미가 포함되어 있기 때문이다. 진실한 모습, 즉 실재實在에서 파악되는 마음으로서의 진여를 밝히고 있다.

心眞如者는 卽是一法界[57]大總相[58]法門體[59]니 所謂心性[60]不生不滅이니

---

57 일법계: '일'이란 비교할 수 있는 것이 아닌 것. '법계'는 범어 Dharma-dhātu의 의역으로 법의 세계, 즉 변하지 않는 불법의 세계, 일체법을 포섭하는 진여의

라. 一切諸法이 唯依妄念⁶¹하야 而有差別이니 若離心念하면 則無一切境界之相⁶²이니라. 是故로 一切法이 從本已來로 離言說相⁶³하며 離名字相⁶⁴하며 離心緣相⁶⁵하야 畢竟平等⁶⁶하야 無有變異하며 不可破壞라 唯是

세계, 세계 전체가 마음에 담겨 있기 때문에 마음에 대립하는 것이 아님을 뜻한다. 『부증불감경』에 "일체의 어리석은 범부는 여실하게 일법계를 알지 못하기 때문에"라는 말이 있고, 『대승기신론』은 이 '일법계'의 사상을 이어 받은 것이다. 『해동소』에서는 '일법계'란 법의 유일한 근거, 기초, 원인이라고 해석하고, 『현수의기』에는 '일법계'란 무이無二의 진심이라 설명한다.

58 **대총상**: '대'는 상대相待를 초월하는 의미. 소小에 대한 상대적인 대大의 의미가 아니다. 세간법·출세간법 모두를 빠짐없이 포함하는 절대적인 모습으로 생멸문의 개별적, 상대적인 모습에 대비된다. 생멸문에서 마음은 생멸변화하고 별상을 나타내지만, 진여문에는 생멸을 초월한 총상을 나타낸다. 즉 생멸문의 별상에 대해서 총상이라고 한다. 『해동소』는 "삼무성(三無性: 분별성, 의타기성, 원성실성)이 나타낸 바의 진여이기 때문에 대총상이라 한다"고 해석하고 있다.

59 **법문체**: '법문'은 교법. 모든 교법이 나타내고 있는 진실. 여기서 '체'란 진여를 가리킨다고 해석되고, 그것이 일체 제법이 생기는 문이 되는 점을 법문이라 표현했다고 해석된다. 『해동소』에서는 "올바른 이해를 법法이라 하고, 열반에 들어갈 수 있는 문門과 일심을 진여문으로 삼기 때문에 체體라고 설명한다.

60 **심성**: 범어 Cittaprakṛti의 의역. 마음의 본성, 즉 심진여, 자성청정심을 말한다.

61 **망념**: 망상하여 분별하는 마음 작용. 미망한 마음의 움직임. 즉 심진여가 주관과 객관으로 나누어져 미망한 마음인 망념을 움직여 여러 가지 미망한 세계가 나타난다는 뜻. 이 망념을 소멸해야만 비로소 깨달음을 얻을 수 있다.

62 **경계상**: '경계'란 심념의 대상. 즉 망념에 의하여 여러 가지로 형성되는 인식의 대상이 되는 세계의 양상. 망념이 대상을 차별이 있는 형태로 나타내는 것이다.

63 **언설상**: 말로 표현된 모습. 일체법은 그 무엇 하나도 말로써 표현할 수 없다. 말로 표현할 수 있다고 생각하는 것은 자신이 그렇게 생각하고 있을 뿐인 것이다.

64 **명자상**: 문자로 표현되는 형상을 말한다.

65 **심연상**: 이리저리 마음속으로 상상하는 것. '연'이란 소연所緣이며 인식의 대상이다.

66 **필경평등**: 아무리 미망의 마음에 의해 더럽혀지더라도 아무런 변화도 일어나지

一心일새, 故名眞如니라. 以一切言說이 假名[67]無實이니 但隨妄念이언정 不可得故니라. 言眞如者도 亦無有相이니 謂言說之極으로 因言遣言이어니와 此眞如體는 無有可遣[68]이니 以一切法이 悉皆眞故며 亦無可立[69]이니 以一切法이 皆同如故니라. 當知一切法이 不可說不可念일새 故名爲眞如니라.

問曰 若如是義者댄 諸衆生等이 云何隨順[70]하야사 而能得入[71]이리오, 答曰 若知一切法이 雖說이나 無有能說可說[72]이며 雖念이나 亦無能念可念이면 是名隨順이며, 若離於念하면 名爲得入이니라.

심진여란, 곧 이것은 일법계의 대총상 법문의 체이다. 이른바 심성은

않고, 변하지 않는다는 뜻. '평등'은 이어지는 불가파괴不可破壞와 같다.
67 가명: 임시적이고 방편적인 표현. 표상적인 이름. 실제로는 공무空無인 존재에 대하여 좌우左右라든가 장단長短이라든가 선악善惡 등의 언어표현이나 개념을 붙이는 것을 말한다. 그것은 어디까지나 상대적인 것이며, 진실로 명명된 고정적인 것이 아니라는 뜻이다.
68 무유가견: 진여의 체는 아무것도 버릴 만한 것이 없다. 『현수의기』에서는 "허망의 명상名相은 남아도 진여의 체는 남을 만한 것이 없다."고 한다.
69 실개진고 역무가립: 여기에서 진여를 나누어 설명한다. 이러한 표현법은 중국어 표현법에서는 흔하지만, 번역이라는 측면에서는 문제가 된다고 지적되는 대목이다. 따라서 역경자가 첨가한 것이라 보고 있다. 일체법이 다 진여이기 때문에 특별히 진여를 내세울 필요가 없다는 뜻이다.
70 수순: 진여에 따르는 것. 진여에 일치하는 수행방법을 말한다.
71 득입: 진여를 깨달아 얻는 것. 위의 '수순'은 방편관方便觀이고 '득입'은 정관正觀이다.
72 능설가설·능념가념: '능설'과 '능념'은 능동能動적 의미로 표현하고 그에 대한 생각을 품는 행위. '가설'과 '가념'은 수동受動적 의미로 어떠한 행위를 한 결과로 그것을 언설로 표현할 수 있고, 생각할 수 있게 되는 것이다.

불생불멸이다. 일체의 제법은 오직 망념에 의하여 차별이 있을 뿐이나, 만약 마음에 망념을 여의면 바로 일체 경계의 상이 없어진다. 그러므로 일체법은 본래부터 언설의 상을 여의었고 명자의 상을 여의었으며, 마음의 망상에 의한 반연의 상을 여의어 필경에 평등하고, 변이가 없으며 파괴할 수도 없다. 오직 이 일심뿐이므로 진여라고 이름한다. 일체의 언설은 임시적 이름으로서 실재가 없으며 단지 망념에 따를 뿐으로는 얻을 수 없기 때문이다. 진여라 말하는 것 역시 모습이 없으니 언설의 극치는 말에 의하여 말을 버리는 것을 이른다. (그러나) 이 진여의 체는 버릴 것이 없으니 일체법이 모두 다 진여이기 때문이다. 또한 (주장을) 내세울 만한 것도 없으니, 일체법이 모두 그대로 (진여와) 같기 때문이다. 마땅히 알라. 일체법은 설할 수 없고 생각할 수도 없기 때문에, 이름하여 진여라 한 것이다.

묻기를, 만약 이와 같은 뜻이라면 모든 중생들은 어떻게 수순하여 능히 (진여에) 들어가는가. 답하기를, 만약 일체법을 설하더라도 능설과 가설이 없으며, 비록 생각하더라도 능념과 가념이 없음을 알면 이를 이름하여 수순이라 하고, 만약 망념을 여의면 이를 이름하여 득입이라 한다.

【해설】

마음의 본성인 불생불멸이 진여인 것이다. 이 세상에 존재하고 있는 것은 모두 무상하고 변화하는 존재들이다. 그러나 진여는 불생불멸하고 영원한 것이다. 일체의 모든 것은 망념에 의하여 생겨나는 것이므로 망념을 버릴 수만 있다면 일체의 대상은 무無가 된다. 망념을 떠난 무념의 입장에서 모든 사물을 보면, 모든 사물은 그 상태 그대로의 모습이 진여가 된다. 일체의 사물이 무심 속에 비추어질 때 그것은 본래 말이나 이름으로 표현될 수 없고, 파괴할 수 없으며, 항상하는 존재가 된다. 진여란 망념을 떠난 존재, 집착을 떠난 존재, 언어나 개념을 벗어난 존재이다.

그런 의미에서 심진여心眞如란 일법계―法界라는 것이다. 그것은 일체제법을 포함하여 그 총체적인 모습이 되기 때문에 대총상大總相이고, 일체제법이 생기는 문이 되기 때문에 법문의 체體이다. 그러나 '대총상'이라든가 '법문의 체'는 이 '법계'의 설명을 위해 덧붙인 말이다. 또한 '일법계'는 어떤 하나의 법계라는 의미가 아니라 전일全―한 법계, 법계 그 자체라는 것이다. 법계는 하나밖에 없다. 심진여의 세계는 차별이 없는 세계, 전부 일색―色이다. 그것이 이 '일법계'의 '일―'로서 모든 사람의 심진여도 모두 같은 것이다. 그것을 '일법계'라고 한다.

이상으로 일체법과 진여와 법계의 관계를 끝내고, 다음으로 문제가 되고 있는 왜 그것이 '마음'의 진여인가, 법과 마음은 어떤 관계에 있는가를 살펴본다.

'소위심성所謂心性' 이하가 그것을 설명하고 있는 부분인데, 일체가 바로 마음이라는 것은 유심의 가르침으로, 『대승기신론』은 유심에 교리의 기본을 두고 있다고 해도 과언이 아니다. 그 이유는 "일체제법은 오직 망념에 의해서만 차별한다"고 운운한 것이다. 일체법은 우리들이 일상에서 보고 듣는 것, 혹은 부처님 가르침의 여러 모습이므로 개별적이거나 천차만별의 세계이다. 그러나 그것은 오직 우리들의 망념에 근거한 것에 지나지 않는다는 주장이다.

여기에서 '망념'이라는 새로운 개념이 나오는데, 우리들이 보통 사용하고 있는 말[言說]이나 문자[名字]로 표현되고 있는 세계는 모두 망념의 세계라는 것이다. 일체의 상相, 천차만별의 개별적인 모습은 망념의 작용이며, 마음의 대상(心緣)으로서 나타나는 것에 지나지 않는다는 것이다. 따라서 망념(=心念)을 여의면 거기에 일체 대상의 차별상은 없어지는 것이다. 아니 망념에 의해 만들어진 것이므로 본래 존재하지 않는다. 있는 것은 단지 마음뿐, 그것도 가치적으로는 망념뿐이다. 그것이 사물의 참된 모습이기에 이를 '진여'라 이름한 것이다. 진여라는 것도 역시 명자名字이므로 이 심념心念, 망념妄念이 하는 행위의 하나가 되기 때문이다. 그러나 진실을 설명하는 데 있어 아무래도 말을 빌리지 않으면 안 되는 것이 우리들의 습관이다. 그래서 할 수 없이 방편으로 이름을 붙인다는 의미이다.

여기에서 말하고자 하는 진여라는 말도 '일체의 언설'의 하나이기 때문에 당연히 실체가 불가득인 것이지만, 그러한 진실한 모습을 나타내기 위해서는 역시 말을 사용하지 않을 수 없다는 것이다. 따라서 '말로서 말을 없앤다'는 의미는, 말을 없애기 위해 말에 의지하지 않을 수 없다는 뜻이다.

이처럼 진여란 임시로 붙인 이름이며, 진실은 말로는 표현할 수 없는 것이지만, 그렇다고 하더라도 그것은 깨달아야만 하는 것이므로 전혀 없다고는 말할 수 없다. 그것이 없다면 깨달음도 없을 것이다.

이처럼 언설은 가명이고 실체가 없는 것이다. 언설은 망념에서 일어나는 것이며, 말에 의하여 진실한 것이 얻어지는 것은 아니다. 아울러 진여라는 말도 실체를 나타내는 것은 아니다. 오히려 진여라는 말에 한정됨으로써 진여라는 전체적인 진리로부터 멀어져 버리는 모순을 포함하고 있다. 그러나 말을 사용하지 않고서는 상대에게 진리를 전할 수 없다. 때문에 진여라는 명칭을 쓰는 것은 언어의 극치, 말로써 말을 없애는 의미를 가지고 있는 것이다.

그리고 불가설이란 일체법은 진실에 있어 언설을 여의고 있다는 것이고, 불가념不可念이란 진실에 있어 결국 깨달음에 들어가면 망념이 작용하지 않는다는 의미이다. 즉 망념을 여의기 위해서는 수행이 필요하다는 것이다.

요컨대 진여라고 하는 존재가 따로 존재하는 것이 아니다. 망념을 떠난 무심의 눈으로 볼 때만, 모든 존재는 진여가 된다는 것이다. 즉 깨달음의 지혜에서 보면, 이 세상에 존재하는 것은 모두 참된 것이라고 말하고 있다. 이 세상에 존재하는 것을 떠나 따로 진여라고 하는 실체가 있을 리 없다. 산천초목이 모두 다 진여라고 하는 것이 바로 이 논의 일관된 주장이다.

(2) 말을 빌려서 진실을 표현하다(依言眞如)

【요지】

앞에서 진실한 모습은 말로써 표현할 수 없다고 하였다. 그리하여 '진여'라 부르는 이상은 아무 설명도 할 수 없었지만, 그것을 굳이 말로 설명하면 어떻게 될까. 그것이 사물의 본래 모습이라는 의미에서 중생심의 진실한 모습, 있어야 할 모습이라는 것이기도 하다. 여기에서는 그것을 여실如實, 즉 진여에는 번뇌가 공空이라는 것(如實空)과, 진여는 실재이고 번뇌를 벗어난 청정불변한 공덕을 갖추고 있는 것(如實不空)으로 나누어 설명하고 있다.

復次眞如者는 依言說分別[73]컨댄 有二種義하니 云何爲二오. 一者는 如實空[74]이니 以能究竟顯實故요, 二者는 如實不空[75]이니 以有自體 具足

無漏[76]性功德故니라.

所言空者는 從本已來로 一切染法[77]이 不相應[78]故니 謂離一切法差別之相이니 以無虛妄心念[79]故니라. 當知하라. 眞如自性은 非有相이며 非無相[80]이며 非非有相이며 非非無相이며 非有無俱相이며 非一相이며 非異相[81]이며 非非一相이며 非非異相이며 非一異俱相이니라 乃至總說컨대

---

73 분별: 일반적으로 '분별'은 범어로 망분별을 의미하는 vikalpa이며, 망념과 같은 뜻이다. 그러나 이 경우는 좋은 의미의 분별이며 내용을 구분하여 설명하는 것을 말한다. 신역에서는 '건립建立'이라 한역한다.

74 여실공: '여실'은 여실하게, 있는 그대로, 즉 진여. 그래서 '공진여'라고도 함. 진여에는 번뇌가 공이라는 뜻이다.

75 여실불공: '여실공'에 대비하여 말한 것. 즉 '여실공'은 진여에 번뇌가 공무空無임에 비해, '여실불공'은 진여는 무루의 성공덕을 갖추고 있기 때문에 '불공不空'이라 말한 것이다.

76 무루: '루'는 범어 Āsrava의 의역. 번뇌의 이명(異名: 다른 이름). 즉 번뇌가 없어진 깨달음. 여래의 지혜, 열반, 보리 등도 다 무루에 해당함. 또한 유루에 대비한 말이기도 하다.

77 염법: 망념의 활동에 의해 나타나는 존재. 현상계에서 지각되는 대상. 망상의 산물. 정법의 반대, 미혹, 번뇌. 깨끗한 마음을 오염시키므로 염법이라 한다.

78 불상응: 모든 염법, 번뇌가 진여와 상응하지 않는 것. 즉 무관계라는 의미. 상응과 대비되는 말로서, 상응은 어울리는 것, 일치하는 것, 계합하는 것을 말한다.

79 허망심념: '허망'은 비진실非眞實, 비실재非實在라는 의미. '심념'은 실재하지 않는 것을 망상하고 분별하는 마음작용. 즉 망념이다.

80 비유상·비무상: 있고(有) 없으며(無) 있기도 하고 없기도 하며(有無俱相) 있지도 않고 없지도 않는다(非有非無)라는 사구四句에 대하여, 어느 주장도 일면적一面的이며 충분한 것이 아니므로, 어느 한쪽으로 단정하는 것은 오해라는 의미이다.

81 비일상·비이상: 같고(一) 다르며(異) 같은 것이자 다른 것이며(一異俱相) 같은 것도 아니며 다른 것도 아니다(非一非異)라는 사구四句에 대하여, 어느 쪽의 이해도 바른 것이 아님을 나타낸 것. 일一은 동일성, 이異는 차이성을 말함. 또한 무無가

依一切衆生이 以有妄心[82]으로 念念分別하야 皆不相應일새, 故說爲空이어니와 若離妄心하면 實無可空故니라.
所言不空者는 已顯法體[83] 空無妄故로 卽是眞心이 常恒不變하야 淨法滿足일새 故名不空이어니와 亦無有相可取니 以離念境界[84]는 唯證相應故니라.

또한 이 진여는 언설에 의하여 분별하면 두 종류의 뜻이 있으니 무엇이 두 가지인가. 첫째는 여실공이니 능히 구경에는 실체를 나타내기 때문이요, 둘째는 여실불공이니 그 자체가 무루의 성공덕을 구족하고 있기 때문이다.

말하는 바 공空이란 본래부터 일체의 염법과 상응하지 않으므로 일체법의 차별적인 모습을 떠난 것을 말한다. (그것은) 허망한 심념이 없기 때문이다. 마땅히 알라. 진여의 자성은 모습이 있는 것도 아니고, 모습이 없는 것도 아니다. 유상이 아닌 것도 아니고, 무상이 아닌 것도 아니다. 유무를 갖춘 모습도 아니며, 같은 모습〔一相〕도 아니고, 다른 모습〔異相〕도 아니다. 같은 모습이 아닌 것도 아니며, 다른 모습이 아닌 것도 아니다. 일이一異를 갖춘 모습도 아니다. 내지 총설하면, 일체의 중생은 망심이 있음으로써 생각마다 분별하여 모두 상응하지 못하므로 설하여 공이라 하지만, 만약 망심을 여읜다면 실로 공이라 할 것도 없기 때문이다.

일一, 유有가 이異라는 해석도 있다.
82 망심: 허망한 심념. 망념, 망분별과 같다. '망'이란 미망으로 진여에 도달하지 못하는 것이다.
83 법체: 중생심의 실체. 진여의 본체. 진여가 실재인 것을 말한다.
84 이념경계: 앞서 '허망심념' '염념분별'의 망심, 망념을 떠난 경지를 말한다.

말하는 바 불공不空이란 이미 법체가 공하여 망념이 없음을 나타내기 때문에 곧 이것이 진심眞心이며, 항상하고 변하지 않아 정법淨法을 만족하므로 불공이라 이름하지만, 역시 상을 취할 만한 것도 없다. 망념을 떠난 경계는 오직 깨달음으로만 상응하기 때문이다.

【해설】

여실공(如實空＝空眞如)와 여실불공(如實不空＝不空眞如)의 본질은 공空이기도 하고, 공이 아니기도 하다. 왜냐하면 진여의 미묘한 본체는 형태나 모습이 없고 붙잡을 수도 없기 때문이다. 이것을 "진여는 공이다"고 한 것이다. 그러나 진여의 본체는 공이고 형태나 모습이 없다고 하더라도 그 본체에는 무한한 작용이 있어 모든 것에 대응할 수가 있다. 이것을 "진여는 공이 아니다"고 하는 것이다. 즉 진여에는 형태도 모습도 없고, 붙잡을 수도 없는 측면이 있으므로 그것을 공이라 부르며, 무한한 작용을 갖추고 있다고 하는 측면을 불공이라고 부르고 있을 뿐이다.

다시 말하면 공空과 불공不空은 문자 그대로 읽으면 서로 반대어로써 읽게 된다. 그러나 여기에서 말하는 의미는 그것이 아니라, 인간의 생각이 들어갈 여지가 전혀 없는 것(공)이 진실한 모습(불공)이라는 뜻이기 때문에, 단순히 한 쌍의 개념으로서 사용되고 있는 것이 아님을 주지할 필요가 있다.

그러므로 진여를 방편적인 입장에서 설명하면, 공과 불공의 두 가지 뜻이 된다는 것이다.

즉 진여의 두 가지 성격의 첫 번째는 '여실공如實空'으로 이것은 여실如實, 즉 진여에서는 번뇌가 공空이라는 의미이고, 공空이란 번뇌의 공이고, 반대로 진여 자체가 궁극적으로는 실재임을 나타내는 것이다. 두 번째는 '여실불공如實不空'으로 이것은 여실如實, 즉 진여가 실재이고 번뇌를 벗어난 청정불변한 공덕을 갖추고 있는 것을 말한다.

다시 말하면 '여실불공如實不空'은 망심이 공空이 된 인식계, 즉 불지佛智로서의 심진여에는 갠지스강에 있는 모래 수만큼의 수많은 성공덕性功德이 본래 갖추어져 있음을 말하는 것이다. 법체, 즉 심진여는 번뇌가 공이고 망심이 없는 것이 분명하기 때문에, 이 진심眞心, 즉 심진여는 그 본성이 항상 불변不變이고 거기에는 깨달음의 지혜와 청정한 성질(법)이 가득 채워져 있다. 이 점을 불공不空이라고 하는 것이다. 그러나 마음의 본성에는 무량한 성공덕이 갖추어져 있다고 해도, 그것을 '일체법의 차별상'이라는 형태에서 인식할 수 있는 것은 아니다. 그리고 '상相'으로서 인식할 수 있는 것도 아니다. 그것은 망념의 인식이다. 이념離念, 즉 망념이 해소된 인식계에서는 집착되는 자기도 없고, 그런 자기를 인식하는 대상도 없고, 다만 깨달음과 상응한 세계만이 있을 뿐이다.

그리고 "상常과 항恒과 불변不變과 정법淨法이 만족하기 때문에"는 문자 그대로 '불공不空'의 설명인데, '만족'은 앞에 있었던 '구족'과 같이 '불공'으로 부족하지 않음을 적극적으로 나타낸 것이다. 만족하고 있으므로 그 이상 취할 만한 것, 더할 만한 것이 없다. '정법'은 '염법'의 대립개념이므로 일반적으로 말하면 깨달음을 초래하는 모든 덕성이 된다.

요컨대 공진여는 망상이나 더러움을 부정하는 측면에서의 소극적인 설명인 데 반해, 불공진여는 진여에는 무한한 공덕이 있다고 하는 적극적인 설명이다. 그러나 실은 동일한 진여를 다른 말로 설명하고 있는 것에 불과하다.

　이상으로 대승의 실천자라 할 만한 중생심의 진실한 모습에 대한 해설을 마친다.

2) 마음의 현상적 모습(心生滅門)

【요지】

대승의 법체는 우리들 중생의 흔들리는 어리석은 마음, 즉 현실의 마음인 것이다. 이 중생심을 더욱 더 세부적으로 설명한 것이 바로 심생멸문이다.

　'심생멸'은 불생불멸인 '심진여'와 대비되고, 이 양자가 합쳐져 『대승기신론』의 주제를 구성하고 있다. 이 마음의 생멸변화에 근거해서 심진여의 본래 모습을 탐구하는 것이 심생멸문이다. 생멸문에서 마음은 끝없이 변화하여 멈추는 곳이 없기 때문에 마음의 '체體'를 문제로 할 수 없다. 따라서 생멸문은 번뇌와의 관계에서 자성청정심을 해명하기 때문에 완전히 상대적 입장에 선다고 할 수 있다.

　그래서 심생멸문을 두 부분으로 나눈다. 두 부분이란 '염정생멸染淨生滅'과 '염정상자染淨相資'이다. 이 심생멸문은 염染과 정淨의 이원론적二元論的 세계이다. 즉 번뇌와 지혜의 관계에서 마음이 생멸하는 상태를 나타내는 것이 첫 번째의 '염정생멸'이고, 이 부분은 나아가 세 부분으로 세분된다. 즉 심생멸心生滅·생멸인연生滅因緣·생멸상生滅相이 그것이다. 다음으로 번뇌와 지혜는 서로 모순되고 상반되는 것이지만, 동시에 양자는 서로 협력하는 면이 있다. 번뇌도 보다 강한 번뇌에서 보자면 어느 정도 지혜의 성격이 있고, 번뇌와 지혜는 하나가 되는 면이 있기 때문이다. 그 점을 나타낸 것이 '염정상자' 부분이며, 그것을 훈습으로 나타낸다. 무명이 진여에 훈습하고, 반대로 진여가 무명에 훈습한다. 이 양자의 훈습을 5종류로 나누어 설명하고 있다.

(1) 대승이라 불리는 중생심(法)
① 번뇌와 지혜의 마음이 생멸하는 상태(染淨生滅)
(가) 마음의 생멸(心生滅)

心生滅[85]者는 依如來藏故로 有生滅心[86]하니, 所謂不生不滅이 與生滅로 和合하야 非一非異[87] 名爲阿黎耶識[88]이니라.

---

85 심생멸: 중생심의 생멸인연을 줄인 말. 마음의 생멸변화. 진여문에 대비한 것. 헛되이 생성生成을 기뻐하고 소멸을 슬퍼하는 사람들 마음의 미망성迷妄性을 가리킨다.
86 의여래장고 유생멸심: 생멸심도 앞에서의 공空과 불공不空으로 설명한 진여(여래장)의 의미와 관련이 없는 것이 아님을 나타낸다. 여래장은 심진여에 빗대고, 심생멸은 아리야식에 빗대어 설명한 것이다.
87 화합 비일비이: 불생불멸(진여)과 생멸의 동일성과 차이성의 관계를 총체적으로 설명하고자 하면 아리야식의 개념이 편리해서 좋다는 것이다. 왜냐하면 마음에 무명으로 인해 생멸이 일어나기 때문에 체體에서는 불생불멸과 생멸은 비이非異이지만, 상相에서는 양자가 별이別異이며 비일非一이기 때문이다. 이 점에서 '진망화합眞妄和合'이라 한다.
88 아려야식: 범어 ālaya-vijñāna(알라야식)의 음역. 아리야식阿梨耶識, 아뢰야식阿賴耶識이라고도 음역. 또한 '장식藏識·택식宅識' 등으로 의역한다. 진제는 아려야식으로, 현장은 아뢰야식으로 번역했으나, 원어는 똑같다. 다만 유식설의 아라야식을 나타내는 경우에는 '아뢰야식阿賴耶識'의 번역어를 사용하고, 『대승기신론』의 경우에는 '아리야식(阿梨耶識·阿黎耶識)'의 번역어를 사용하는 것이 일반적이다. 그러나 유식교학에서는 아리야식을 망식妄識이라 규정하기 때문에 교학적으로는 다르다. 다만 이 책에서는 원문에 있는 아려야식 대신에 같은 구역舊譯으로 좀더

此識이 有二種義하야 能攝一切法하며 生一切法[89]하나니 云何爲二오.
一者는 覺義요, 二者는 不覺義니라.

심생멸이란 여래장에 의지하기 때문에 생멸심이 있다. 이른바 불생불멸과 생멸이 화합하여 하나도 아니고, 다르지도 않으니, 이름하여 아리야식(아려야식)이라 한다.
이 식에는 두 가지 의미가 있는데, 능히 일체법을 포섭하고, 일체법을 만들기도 한다. 무엇이 두 가지인가. 첫째는 각覺의 뜻이고, 둘째는 불각不覺의 뜻이다.

【해설】
심생멸문을 설명함에 있어 먼저 생멸의 마음을 밝힌 것이다. 생멸의 마음이란 무엇인가 하는 것에 대해 우선 아리야식이라는 말을 제시하였다. 이어서 이 아리야식에는 각과 불각의 두 가지 의미가 있다고 한다.
  진여의 불생불멸과 현실의 생멸심은 별개의 것이 아니다. 불생불멸과 생멸이라는 두 개가 있고, 그것이 하나로 화합한다는 것이 아니다. 불생불멸이 그대로 생멸이다. 양자는 체가 같지만 모습이 다른 것으로, 불생불멸이 생멸과 화합하여 하나로 있지도 않고 다르게 있지도 않다고 한다.
  다시 말하면 아리야식에는 각覺과 불각不覺의 두 가지 성격이 있는데, 불생불멸의 진심眞心·여래장의 성질이 아리야식에 나타나면 '각'이

알려져 있는 '아리야식'의 발음을 채택해서 사용하기로 한다.
89 섭일체법 생일체법: 아리야식이 세간법과 출세간법의 모든 법을 융섭하여 생성한다는 뜻. 그 의미를 각(출세간법)과 불각(세간법)으로 나누어 설명하고 있다.

된다. 그러나 생멸심은 망심妄心이다. 그것은 무명에 의하여 마음이 동요하는 상태이기 때문이다. 이 작용이 나타난 경우는 마음이 불각으로서 활동한다. 마음이 각覺으로서 활동할 때는 불각不覺은 숨어 있고, 마음이 불각으로서 작용할 때는 각이 숨는다. 각은 깨달음의 지혜가 나타남이고, 정법淨法이자 불생불멸不生不滅이다. 불각은 무명無明의 나타남이고, 염법染法이자 생멸生滅이다. 각이 나타날 때는 불각이 없고, 불각이 나타날 때는 각이 없기 때문에, 이를 가리켜 '심생멸'이라 하고 또한 '염정생멸'이라고도 한다.

심진여와 심생멸 이 이문二門은 바로 동일체인 중생심의 양면이므로, 어느 쪽에서 보더라도 그 가운데 일체법이 포함되어 있다. 심생멸에서 일체법은 차별상으로서 개별적 존재인 것처럼 보이지만, 마음의 진실한 모습에 있어서는 일체법도 그 진실한 모습으로 보인다. 이 경우 보는 것과 보이는 것은 무차별로 하나가 된다. 그런 의미에서 양면은 '불상리不相離'이며 불가분의 관계에 있다. 하나이면서 아울러 다른 상태에 있다는 것이다.

따라서 심진여가 깨달은 마음의 모습을 의미한다면, 심생멸은 그렇지 않은 상태, 즉 미혹한 상태를 나타내고 있다. 그러나 심생멸을 단지 미혹한 모습이라고만 규정해서는 안 된다. 그것은 「입의분」의 설명 가운데에서 심생멸인연상은 "대승 자체와 상과 용을 나타낸다"고 해석한 것과 연관시켜 생각해야 한다. 실제로 심생멸 외에 심진여는 없으며, 심생멸도 심진여도 똑같은 하나의 마음이므로, 체는 하나라고 밖에 할 수 없다. 그런 의미에서 심생멸은 심진여와 같은 체體에서 파생되어 상相과 용用을 갖춘 것이 된다.

따라서 범부의 중생심에는 실제로 번뇌가 있지만, 그것은 보살행을 닦아 멈추게 하거나 결국에는 멸하게 해야 하는 대상인 것이다. 그 때문에 '심생멸문'은 일심의 '상相'을 문제로 삼고 있다. '생멸'이란 시간의 세계이다. 마음은 본래 시간적인 존재인 것이다.

이러한 견해를 전제로 하여 본문을 보면, 심생멸의 문제는 우리들 마음의 미망한 현실에 조명을 맞춘 것이다. 심생멸은 "여래장에 의하기 때문에 생멸심이 있다"고 하며, "불생불멸과 생멸이 화합하여 같지도 않고 다르지도 않음을 이름하여 아리야식"이라 정의하고 있다. 이 문장에서 보듯이 논에서는 '여래장'과 '아리야식'은 동의어同義語로서 사용되고 있다. 그것도 심진여의 모습에 대한 심생멸의 모습을 설명하는 주요 개념으로서 사용된다. 우리들의 현재 움직이고 있는 마음을 중생심이라 불러도 좋지만, 중생심이라는 명칭은 너무 광범위하고 일반적이어서 파악하기가 힘들다. 그러므로 생멸문에서는 아리야식이라 부르는 것이다.

그리고 이것은 앞서 「입의분」에서 심진여와 심생멸의 이문二門이 "서로 여의지 않는다"고 말한 것과도 호응한다. '불생불멸'과 '생멸'이 화합한다는 것은 불생불멸이 여래장을 가리키므로 불생불멸한 체體에서 생멸의 상相과 용用이라는 형태로 중생심을 받아들이는 것이며, 여기에서는 그러한 중생심을 아리야식이라 이름붙인 것임을 알 수 있다.

요컨대 아리야식이란, 중생 개개인의 차별상을 지닌 마음을 가리키고 있다. 그것은 미혹한 상태를 나타내는 점에서 깨달음을 나타내는 심진여와 같지 않지만[非一], 동시에 체가 같다는 점에서 다르지도 않다[非異]는 것이다.

아리야식이라고 하는 어떠한 실체가 있어 그 속에 일체의 모든 법이 포섭되고, 그 속에서부터 일체의 모든 법이 생겨난다고 하는 것과 같은, 그런 형이상학이나 관념론으로 설명하고 있는 것이 결코 아니다. 어디까지나 살아가고 있는 것, 살아가고 있는 모습을 아리야식이라고 말한 것이다. 이 살아가고 있다고 하는 중요한 사실이야말로 일체의 법인 것이다. 이것을 떠나서는 어디에도 일체의 법은 없다. 살아있을 때는 부처와 같이 청정한 마음을 지닐 수도 있고, 지옥의 마귀와 같은 기분을 지닐 수도 있다. 이것을 각과 불각이라고 말한 것이다.

여기에서 여래장이라는 말의 의미는 우리들의 망심 속에 있는 진여를 말한다. 부처님의 마음속에 있는 것이 아니라, 중생들의 마음속에 있는 진여를 여래장이라고 부르는 것이다. 심진여문에서는 여래장이라는 말이 필요 없지만, 심생멸문에서는 이 여래장이라는 말이 큰 의미를 지닌다. 그래서 진여를 심진여문에서는 그냥 '진여'라 부르지만, 심생멸문에서는 '여래장'이라 부르는 것이다. 심생멸문에서의 진여는 중생의 마음속에 있기 때문이다. 우리들의 흔들리는 미혹한 마음속에도 진여는 존재하고 있는 것이다.

그리고 "일체법을 포섭하여 일체법을 생生한다"는 것은 아리야식의 기능으로써 앞 찰나의 의식 내용(법)을 포섭하는 것[攝]과 종자로서 다음 찰나의 의식 내용을 생하는 것[生]을 가리킨다.

요컨대 아리야식의 불생불멸과 생멸의 두 뜻을 좀더 친근한 현실에 빗대어, 각覺과 불각不覺이라는 두 가지 뜻으로 설명한다는 것이다.

Ⓐ 깨달음(覺)

【요지】

각覺과 불각不覺은 자각적이며 주체적이다. 자신의 인식 문제, 자신의 미혹 문제, 그 미혹에서 벗어나는 관점에서 자성청정심이 어떠한 역할을 하는가를 문제로 삼을 때 각과 불각이 된다. 현실에서 자신의 미혹은 불각의 모습이다. 그러나 그 불각 중에는 불각 자신을 부정하는 각의 활동이 자각된다. 여기에 발보리심이나 수행 문제를 설명하고자 시각始覺이란 개념을 등장시키고 다시 그 시각의 근원으로써 본각本覺이란 개념을 설명하고 있는 단락이다.

所言覺義者는 謂心體離念[90]이니 離念相者는 等虛空界하야 無所不偏하야 法界一相[91]이라. 卽是如來의 平等法身[92]이니 依此法身하야 說名本覺[93]이니라. 何以故오. 本覺義者는 對始覺[94]義說이니 以始覺者 卽同本覺이니라.

말하는 바 각覺의 의미는, 마음의 본체가 망념을 여읜 것을 말한다.

---

90 심체이념: '심체'는 여래장·자성청정심. '이념'은 망념을 벗어나는 것이다.
91 법계일상: 진리의 세계는 오직 하나의 모습으로 이루어져 있다는 뜻이다. '일상一相'은 무상無相과 같다.
92 법신: 진여. 즉 법신은 이법신理法身이 아니라 '이지불이理智不二'의 법신이다.
93 본각: 중생심에 본래부터 갖추고 있는 깨달음의 지혜. 법신이 마음의 본성이기 때문에 각도 본각이 된다. 시각에 대비하여 본각이다.
94 시각: 수행이 진전하는 과정에서 그때 그때의 기연機緣을 만나 나타나는 깨달음을 말한다.

망념을 여읜 모습은 허공계와 같아 두루하지 않은 곳이 없으므로 법계일상이다. 즉 이것이 여래의 평등법신이다. 이 법신에 의지하여 말하면 본각本覺이라 이름한다. 무슨 이유인가. 본각의 의미란 시각始覺의 의미에 대비하여 설한 것이니, 시각이란 바로 본각과 같은 것이다.

【해설】

각覺의 뜻은 불각不覺의 뜻에 대비한 것이다. 깨달음에는 본각과 시각이 있다. 사람들의 마음은 본래 미망한 마음의 움직임과는 관계가 없으며, 그것은 부처님의 진실한 모습이기 때문에 이 깨달음을 근본적 깨달음(본각)이라 부르는 것이다. 이 근본적 깨달음은 사람들이 미혹으로부터 깨닫는(시각) 의미와 상대적으로 설해지는 것인데, 미혹에서 점차 근본적 깨달음으로 동화되어 가는 모습이 분명해진다는 것이다.

위 본문에서 본각은 "마음의 본체가 망념을 여읜 것을 말한다"고 하듯이, 마음의 본체가 망념을 완전히 떠났을 때 있는 것은 오로지 본각뿐이다. 망념을 떠난 모습이란 허공계와 같다. 허공은 넓고 무한한 공간을 점유하고 있다. 허공은 어느 곳의 허공이라 하더라도 모두 다 똑같아 이곳의 허공과 저곳의 허공은 차이가 없다. 그와 마찬가지로 본각에도 일체의 차별이 없다. 어리석음이 없다면 깨달음도 없고, 혼탁함이 없다면 청정함도 없다. 그것은 일체의 차별을 떠난 평등한 각, 그 자체이기 때문이다.

그리고 여기에서 처음 나온 말로 '법신法身'이 있다. 이것은 '각'의 의미에 대한 설명에서 심체心體, 즉 심진여, 법계 그리고 본각의 동의어同義語로 사용되고 있다. "이 법신에 의지하여 본각이라 한다"에서, '의지하여'는 법신과 관련된다는 의미이다. '법신'은 깨달음(각)과 관계가 있지만, 이 점에서 여래의 동의어이기도 하다. 법계와 하나가 되었다는 뜻으로 '법을 신체로 하는 자'라고 할 때 '법신'이란 말이 나오게 된다.

그렇다면 왜 법신을 본각이라고 하는가. 이는 시각始覺이라는 사실이 있기 때문이다. 범부가 불교의 수행을 실천해서 멈추지 않는다면 어느 날 갑자기 깨달음의 지혜가 나타날 것이다. 이때부터 범부의 지위를 벗어나 성자의 지위로 들어간다. 이 깨달음의 지혜는 그때까지 나타나지 않기 때문에 '시각始覺'이라고 부를 수밖에 없다. 그 때문에 이 시각이란 용어와 구분하여 법신을 본각이라 부르게 된 것이다. 그러나 이 시각도 결국에는 본각으로 돌아가는 것이다. 때문에 성자가 수행하는 처음부터 끝까지의 각을 시각이라 부르게 된다. 이처럼 각覺은 범부에게는 불각이고, 성자의 단계에 이르러 시각이 되더라도 그것은 아직 번뇌와 공존한다. 그리고 순차적으로 번뇌를 끊어 깨달음만 남게 되었을 때, 시각은 비로소 본각과 같아진다.

요컨대 각覺, 그 자체는 본래의 각이기 때문에 본각이라 부르고, 수행하여 깨달음을 여는 작용을 시각이라 부른다. 시각이란 본각의 작용이므로 시각은 본각과 같은 것이다. 수행하여 깨달음을 열면 시각은 본각이 된다는 뜻이다.

ⓐ 수행에 의한 깨달음(始覺)

【요지】
앞에서 아리야식에는 각과 불각의 두 가지 뜻이 있었고, 각은 다시 본각과 시각의 두 가지 성격으로 구별되었다. 우선 시각이란 깨닫는 작용에 이름붙인 것이며, 보살이 수행으로써 깨달음의 지혜가 진전됨을 가리키는 것이다. 범부에게 시각의 지혜는 없지만, 그 망심 속에서도 꾸준히 수행을 계속해 나가면 시각의 지혜가 발견된다는 것이다. 이 시각의 단계를 불각, 상사각, 수분각, 구경각으로 나누어 설명하고 있다.

始覺義者는 依本覺故로 而有不覺이요, 依不覺故로 說有始覺이니라. 又以覺心源[95]故로 名究竟覺[96]이요, 不覺心源故로 非究竟覺이니라. 此義云何[97]오. 如凡夫人은 覺知前念起惡[98]故로 能止後念하야 令其不起하나니 雖復名覺이나 卽是不覺故니라.
如二乘觀智[99]와 初發意菩薩[100]等은 覺於念異[101]하야 念無異相이니 以捨

---

95 심원: 심성, 심체, 자성청정심과 같다.
96 구경각: 심원을 깨닫는 것. 반면에 심원을 깨닫지 못하면 비구경각이다. '심원'이란 망심의 본원인 진여를 말한다. 즉 진여를 깨달으면 구경각이다.
97 차의운하: 불각이 각으로 전환하는 시각의 과정을 상사각·수분각·구경각으로 나누어 설명하였지만, 이와 같은 시각의 차이는 일종의 설명일 뿐, 처음부터 끝까지 동일각이며, 깨달음에 우열이 있는 것은 아니라고 결론짓고 있다. 즉 구경각과 비구경각을 구별한 이유를 설명한 것이다.
98 전념기악: 앞에서 한 일이 나쁜 행동임을 알고서 그 후에 두 번 다시 같은 일을 하지 않는다는 뜻. 전 찰나의 마음이 일으킨 악惡. 이것이 멸상滅相의 각(범부)이라는 뜻이다.
99 이승관지: '이승'은 성문성과 연각(독각)승. 부처님의 가르침을 듣는 사람(불제자)과, 혼자 힘으로 연기의 이법理法을 깨닫는 사람. 어느 쪽도 자신의 문제를 처리할 뿐, 이타행이 결여된 입장이기 때문에 협소한 불교이해의 입장이라는 의미에서 소승이라 한다. '관지'는 사물을 관찰하는 지력智力이다.
100 초발의보살: 처음으로 보리심을 일으킨 사람. 보살은 범어 bodhi-sattva의 음역. 깨달음의 지혜를 닦고자 하는 마음이 있는 사람. 십주위十住位의 초위初位를

麤分別執着相故로 名相似覺이니라.

如法身菩薩[102]等은 覺於念住하야 念無住相하니, 以離分別麤念相故로 名隨分覺이니라.

如菩薩地盡[103]한 이는 滿足方便하야 一念相應[104]하나니 覺心初起하야 心無初相[105]이니 以遠離微細念故로 得見心性하야 心卽常住하니 名究竟覺이니라. 是故로 修多羅에 說하사대 若有衆生이 能觀無念[106]者는 則爲向佛智故라 하니라.

又心起者는 無有初相可知어늘 而言知初相者는 卽謂無念이라. 是故로 一切衆生을 不名爲覺이니 以從本來로 念念相續하야 未曾離念일새 故說無始無明[107]이니라. 若得無念者는 則知心相의 生住異滅하나니 以無

초발심주初發心住라고 한다.

101 각어념이·각어념주·각심초기: '염이'는 망념의 이상異相. 즉 이상異相의 각(이승·초발의보살)이다. 그리고 '각어념주'는 주상住相의 각(법신보살)이며 '각심초기'는 생상生相의 각(보살지진)의 뜻이다. 즉 멸하는 번뇌의 단계에 따라 생·주·이·멸의 사상설四相說로써 독특한 해석이 제시되고 있다. 여기서는 탐욕·진에나 인아견을 이상異相에 견준 것이다.

102 법신보살: 수행을 거듭한 결과 진여의 진상眞相을 깨달은 보살. 『현수의기』는 초지(환희지) 이상 9지(선혜지)까지의 보살이라고 한다. 『해동소』는 십지(법운지)까지 포함한다.

103 보살지진: 보살지의 최종단계에 도달하여 부처가 되기 직전의 보살. 즉 십지의 만심滿心을 말한다.

104 일념상응: '일념'은 일찰나의 마음의 작용. 그 마음이 작용하는 한 순간. '상응'은 시각이 본각에 합일하기 때문이다.

105 초상: 처음으로 생기生起하는 상相. 즉 생상生相을 말한다.

106 관무념: 현실적으로 자기에게는 망분별·망념이 멈추지 않지만, 그러나 그것이 무념인 것은 바른 상이라고 관찰하는 것이다.

107 무시무명: '무시'는 그 시원을 알 수 없다는 뜻. '무명'은 생존에 깃들어 있는

念과 等故어니와 而實無有始覺之異[108]하니 以四相이 俱時而有라 皆無自立이니 本來平等하야 同一覺[109]故니라.

시각의 뜻이란 본각에 의지하므로 불각이 있고, 불각에 의지하므로 시각이 있다고 말한다. 또한 마음의 근원을 깨달았으므로 구경각이라 이름하고, 마음의 근원을 깨닫지 못했으므로 구경각이 아니라고 한다. 이 뜻은 무엇인가. 범부는 앞의 생각에 악이 일어난 것을 알기 때문에 능히 뒤의 생각을 그치게 하여 그것을 일어나지 못하게 하니, 또한 각覺이라 이름하더라도 곧 이것은 불각이기 때문이다.

수행의 지혜[觀智]를 얻은 이승二乘과 초발의보살 등과 같은 이들은 망념의 이상異相을 깨달아 망념으로 인한 이상異相이 없어져 거친 분별의 집착상을 버릴 수 있기 때문에 상사각이라 이름한다.
법신보살과 같은 이는, 망념의 주상住相을 깨달아 망념의 주상住相이 없어져 미세한 분별과 거친 망념의 모습을 여의었기 때문에 수분각이라 이름한다.
보살지가 다한(십지에 오른 보살) 이는 방편을 만족하고 일념이 상응하여 마음이 처음 일어나는 모습을 깨달아 마음에 초상初相을 없애서 미세한 망념을 멀리 여읠 수 있기 때문에, 심성을 볼 수 있게 되어 마음이 그대로 상주하면 구경각이라 이름한다. 그러므로 경전에서 "만약 어떤

근본적인 무지, 어리석음. 즉 무명의 발생 시점은 도저히 알 수 없는 것이다.
108 시각지이: 불각·상사각·수분각·구경각의 네 가지 구별을 말한다.
109 동일각: 깨달음의 지혜의 본질은 어디에 있더라도 같다는 의미. 즉 앞서 설명한 범부의 각, 이승二乘과 초발의보살의 각, 법신보살의 각, 보살지진의 각 등 모두 깨달음이라는 의미에서 차이가 없다는 뜻이다.

중생이 능히 무념을 관하는 자는, 곧 불지佛智로 향함이 된다"고 설하신 연고이다.

또한 마음이 일어난다는 것이란 초상初相은 알 수 없다는 것으로, 초상을 안다고 말한 것은 곧 무념을 말하는 것이다. 그러므로 일체중생을 깨달았다고 하지 못하는 것이니, 본래부터 생각 생각이 상속하여 아직 망념에서 떠난 적이 없기 때문에 시작 시점을 모르는 무명[無始無明]이라 한 것이다. 만약 무념을 얻으면, 곧 마음의 모습인 생주이멸을 알게 되어 무념과 같아질 것이기 때문이다. 실은 시각에 차이가 없어져 사상四相이 동시에 있으므로 모두 자립함이 없으니, 이는 본래 평등하여 동일한 깨달음이기 때문이다.

【해설】

각, 그 자체인 본각만 있으면 좋을 것인데 왜 시각은 내세우는 것인가. 그것은 우리들 마음이 줄곧 망념에 사로잡혀 있기 때문이다. 이러한 망념, 즉 어리석은 마음을 불각이라 부른다. 불각이 망념이라는 것을 알 수 있는 것은 본각이 있기 때문이다. 그것은 마치 물이 있기 때문에 얼음이 있는 것과 같은 관계이다. 우리 범부는 미혹한 망념 속에 살아간다. 하지만 이 망념을 없애려고 하는 작용을 일으킨다. 이것이 시각이다. 시각은 불각이라고 하는 미망의 세계가 있기 때문에 비로소 활발한 작용도 일어난다. 불각이 없다면 시각의 작용은 일어나지 않는다.

그리고 구경각究竟覺과 비구경각非究竟覺의 구분은 '심원을 깨닫는 것'이 구경각이고, '심원을 깨닫지 못하는 것'이 비구경각이다. 심원이란 망심의 본원인 진여를 말하는 것이다. 즉 진여를 깨달으면 구경각이고, 그렇지 못한 것은 비구경각이다.

다시 말하면 시각의 지혜는 여래장의 본성인 본각에 근거하는 것이지만, 현실에서는 망심, 즉 불각에서 생긴 것이다. 때문에 논에서 "본각에 의지하여 불각이 있다"라고 말하는 것이다. 이것은 "여래장에 의지하여 생멸심이 있다"고 설하는 것과도 같은 뜻이다. 그런데도 현실에서는 이 불각에서 시각이 생긴다. 그리하여 "불각에 의지하기 때문에 시각이 있다"고 설명한 것이다.

이와 같이 시각은 불각(미혹)에 의해 성립하지만 그것은 또한 구경각 究竟覺에 이르지 않는 한, 완전한 깨달음이라 할 수 없다는 의미이기도 하다. 그 모습은 일단 불각-시각의 순서대로 진화해 간다고 설명한다. 범부가 앞에서 한 일을 반성하여 두 번 다시 악을 범하지 않는〔滅相〕것도 깨달음이라고 할 수 있으나, 그것은 아직까지는 깨달음이 아니라 불각이다. 이승二乘의 사람이나 초발의보살初發意菩薩의 조잡한 판단에 의해 집착하지 않는(異相이 없는) 것은 진정한 깨달음과 너무 닮아 착각하게 한다. 부처님의 진실한 모습을 본 보살이 집착하지 않는(住相이 없는) 것은 부처님의 깨달음 중에서 일부분을 공유하는 깨달음에 해당한다. 보살이 수행을 마치고 원초적이고 미세한 미혹의 움직임을 멀리 여의고(生相이 없는), 진실한 모습을 깨닫는 것이 궁극적 깨달음이라고 말한 것이다.

망념에서 일어나는 최초의 움직임을 알기 위해서는 무념無念이 되어야 한다. 거울이 깨끗하기 때문에 아무리 작은 먼지도 비출 수 있는 것과 같다. 이에 반해 우리들은 유념有念이다. 아침부터 밤까지 유념이다. 잠잘 때 악몽을 꿀 정도로 유념이다. 우리들 범부는 미혹의 한가운데 살고 있다.

우리는 언제나 유념有念이며, 유상有相이다. 이것을 무시무명無始無

明이라고도 한다. 무시란 끝이 없다는 의미로서, 항상 존재하고 있기 때문에 무시무명이라고 하는 것이다. 부처님은 언제까지나 무념인데 반해 중생은 언제까지나 유념이다.

무념의 경지에 도달하면 시각의 네 가지 모습은 사라진다. 무념의 깨달은 경지에서 보면 시각의 네 가지 모습도 역시 체가 없으며, 본래 절대 평등한 깨달음의 경지만이 있을 뿐이다. 그러나 범부의 유념의 세계에서만은 미혹도 깨달음도 모두 존재한다.

이 네 단계설의 기준은 보살의 십지설十地說로서, 뒤에 나오는 여러 단계설과도 대부분 대응되고 있다. 그것에 의하면 '법신보살'은 성인聖人으로서 최초의 위치인 보살의 초지(환희지)에 해당하며, 따라서 그 이전(초발의보살)은 범부의 보살이 된다. 그리고 '보살지진菩薩地盡'은 뒤의 '보살진지菩薩盡地' 혹은 '보살구경지菩薩究竟地'와 같으며 부처님 지위의 바로 직전이고, 이어서 '구경각究竟覺'은 부처님의 깨달음과 마찬가지라 해도 무방하다.

이 구경지에서 망념은 완전히 없어져 버리지만, 그 이전까지는 어느 정도 망념이 작용한다. 수행이 낮은 단계일수록 망념이 강하기 마련이지만, 여러 가지 망념의 질적인 면에서 생각하면 표층에 있는 거친 것일수록 제거하기 쉽고, 심층의 미세한 것일수록 없애기 어렵다. 그러나 가장 중요한 것은 구경지에서 마음의 초기初起·마음의 초상初相을 아는 것이므로 거기에서 생각해 낸 단계설이라 봐도 좋을 것이다. 최초에 일어나는[生起] 망념을 없애면 뒤에 이어지는 주住·이異·멸滅은 일어날 리가 없지만, 다만 망념을 없애는[滅] 것만으로는 망념의 생生·주住·이異는 변하지 않고 지속된다는 것이다. 즉 마음의 네 가지 모습[四相]을 아는 것으로써 무념을 실현하는 것이다.

그런데 무념은 부처님만의 세계이다. 일체중생은 망념의 세계를 나타내고 있어 시각始覺의 완성과는 거리가 멀다. 그 때문에 일체중생에게는 '깨달음'이라 이름 붙일 수 없었던 것이다. 일체중생은 영원한 과거에서부터 망념이 상속되어 왔고, 일찍이 망념이 단절된 적이 없다. 무념을 실현한 적도 없다. 그 때문에 일체중생에게는 무시無始의 무명無明이 있다고 설명하는 것이다. '무시無始'란 시작을 모른다는 의미이다. 우리들이 이 세상에 생을 받은 때는 물론이거니와 설사 전생을 몇 번 거슬러 올라가도 시작은 알 수가 없다.

예를 들자면 뒤 문장에서 "홀연히 염念이 일어난다"는 유명한 말이 나오는데, 이때의 '홀연忽然'이란 어느 날 돌발적으로 일어나는 것이 아니라, '이유는 모르지만'이라는 의미 혹은 무시無始와 같은 뜻으로 생각해도 된다. 그것이 바로 마음의 초기初起이다.

'무명'이란 말은 여기서 처음 나오지만, 이것은 명明, 즉 지혜가 결여된 상태, '불각'과도 거의 같은 뜻으로 사용되고 있다. 망념이 있는 것과 무명은 같은 의미이다. 그래서 '불각'과 '무명'과 '염', 즉 망념 그리고 '심생멸'이 같은 상황을 나타내고 있다. 이 점은 구경각究竟覺에 이르지 않는 한, 정도의 차이는 있겠지만 모두 같다고 할 수 있다.

이와 같이 '시각'이라 할지라도 처음과 중간 그리고 끝의 의미는 상당히 다르다. 그러나 근본 깨달음 쪽에서 보면 어느 것이든 모두 같은 깨달음[同一覺]이라고 볼 수 있다는 것이다.

ⓑ 본래부터 있던 깨달음(本覺)

【요지】

이상으로 불각不覺에서 각覺으로의 작용에 대한 설명이 끝나고, 이제 본각의 작용에 대한 설명이다. 본각의 작용이란 불각에서 각으로 들어가는 작용을 일으키는 원동력이며, 마치 무명의 힘으로 미혹한 세계가 일어나는 것과 마찬가지의 사고방식이다. 깨달음 혹은 명明, 즉 지혜의 작용이 중생심에 본래 갖춰져 있는 것이라는 해석이다.

復次本覺이 隨染分別[110]하야 生二種相하야 與彼本覺不相捨離하니 云何爲二오. 一者는 智淨相[111]이요, 二者는 不思議業相[112]이니라. 智淨相者는 謂依法力熏習[113]하야 如實修行하야 滿足方便故로 破和合識[114]相하고 滅相續心[115]相하야 顯現法身[116]智淳淨故니라. 此義云何오.

---

110 수염분별: 본각을 단독으로 설명하면 뛰어난 작용을 나타내기 어렵기 때문에 미망한 현실의 번뇌와 대비해서 지혜(지정상)와 그 작용(부사의업상)의 양면으로 설명한 것이다. 여기서 '분별'은 나누다, 구별하다는 뜻일 뿐, 차별한다는 뜻이 아니다.

111 지정상: 본각이 번뇌의 더러움을 벗어나서 본래의 본각으로 돌아가는 상相. 즉 본각의 지혜가 청정하게 되는 모습을 말한다.

112 부사의업상: 불가사의한 작용. 여래의 법신이 응신·화신을 나타내서 중생에게 작용하는데, 구제하는 활동이 범부의 지혜를 초월하기 때문에 '부사의'라고 한다. 또한 부처님의 교화 작용은 자연스럽게 발휘되기 때문에 '부사의'라고도 해석된다.

113 훈습: '훈'은 범어 vāsanā의 의역. 습기라고도 번역. '훈'은 향초香草의 이름. 즉 향기를 옮기는 것. '습'은 습관붙이는 것. 즉 작용하게 하는 것. 예를 들면 꽃이나 향香의 향기가 옷에 스며드는 것과 같이 강한 힘을 가진 것이 다른 것에 작용을 미쳐서 그것을 동화하는 것을 말한다.

以一切心識之相이 皆是無明이나 無明之相이 不離覺性[117]하야 非可壞며 非不可壞니라. 如大海水가 因風波動[118]하야 水相風相이 不相捨離하나 而水非動性이니, 若風止滅하면 動相卽滅이나 濕性不壞故니라. 如是 衆生 自性淸淨心이 因無明風動하야 心與無明이 俱無形相하야 不相捨離나 而心非動性이니 若無明滅하면 相續則滅하나 智性[119] 不壞故니라. 不思議業相者는 以依智淨相하야 能作一切勝妙境界[120]하나니 所謂無量功德之相이 常無斷絶하야 隨衆生根하야 自然相應하야 種種而現하야 得利益故니라.

다시 본각을 염법에 따라 분별하면 두 가지 모습이 있지만 그 본각과 서로를 여의지 않으니, 무엇이 두 가지인가. 첫째는 지정상이고, 둘째는 부사의업상이다.
지정상이란 법력의 훈습에 의하여 여실히 수행하여 방편이 만족하므로

---

114 화합식: 아리야식. 불생불멸과 생멸이 화합하고 있기 때문이다.
115 상속심: 망념이 상속하고 있는 마음. 염념상속하고 있는 심식心識을 말한다.
116 현현법신: 중생의 번뇌장에 감춰져 있던 여래가 나타나는 것이다.
117 각성: 깨달음을 자체自體로 하는 성질. 즉 본각. 무명은 본각과 별개이면서 각성을 벗어난 것이 아니다.
118 여대해수 인풍파동: 바람·파도·물의 비유로써 유명함. 중생심의 본성인 청정심은 물에, 무명은 바람에, 그리고 심식은 파도에 비유하여 무명이 그쳐 심식이 사라지더라도 청정심은 그대로 남아 있다는 뜻. 뒤에 나오는 '생멸상'을 설명하는 곳에서도 나온다. 특히 『능가경』에서 자주 사용되는 비유이다.
119 지성: 지력智力을 가지는 성질. 마음의 청정한 본성은 지혜이기 때문이다.
120 승묘경계: 부처님의 자태, 음성 등의 현묘한 대상. 즉 32상 80종호의 뛰어난 모습을 나타내서 사람들로부터 예배와 공경의 대상이 되는 것. '경'은 인식의 대상(색·성·향·미·촉·법)을 말한다.

화합식의 상을 깨뜨리고 상속심의 상을 멸하여, 법신을 나타내어 지혜가 순수하고 청정하게 됨을 말하기 때문이다. 이 뜻은 무엇인가. 일체 심식心識의 상은 모두 이 무명이니, 무명의 상은 각의 본성〔覺性〕을 여의지 않아 부서지는 것도 아니고 부서지지 않는 것도 아니다. 마치 큰 바다의 물이 바람으로 인하여 파도가 움직이면 물의 모습과 바람의 모습이 서로 여의지 않지만, 물은 움직이는 성질이 아니므로, 만약 바람이 멈춰 사라지면 (물의) 움직이는 상은 바로 멸하지만 습한 물의 본성〔濕性〕은 없어지지 않는 것과 같다.

이와 같이 중생의 자성청정심도 무명의 바람으로 인하여 움직이면, 마음과 무명이 다 함께 형상이 없어 서로 여의지 않지만 마음은 동요하는 성질이 아니다. 그러므로 만약 무명이 멸하면 상속은 바로 멸하나 지혜의 본성〔智性〕은 없어지지 않을 것이다.

부사의업상이란 지정상에 의지하여 능히 일체의 수승하고 오묘한〔勝妙〕 경계를 만들 수 있는 것이다. 이른바 무량한 공덕의 상이 항상 단절됨이 없이 중생의 근기에 따라 자연히 상응하여, 여러 가지로 나타나서 이익을 얻게 하기 때문이다.

【해설】

수염본각隨染本覺이란 본각을 작용이라는 측면에서 설명한 것이다. 시각의 지혜가 수행에 의하여 망상이나 더러움을 타파해 가는 작용이 수염본각인 것이다. 진여본각은 절대 청정하다. 그것은 말로 표현할 수 없다. 그것을 억지로 표현하려 한다면 망상이나 더러움에 비교하여 설명하는 편이 이해하기 쉬울 것이다.

다시 말하면 수염본각이란 말은 '번뇌에 따르는 본각'이라는 의미이고, 무명번뇌와의 관계에서 힘을 발휘하는 본각이다. 이 경우 본각이 무명에서 이탈하는 모습과, 이탈한 본각이 반대로 무명에 작용하는 모습의 두 가지가 있는데, 전자는 성불을 실현하는 모습으로 지정상智淨相이라 한다. 본각이 번뇌의 더러움에서 벗어나 본래 청정한 본각으로 환귀하는 것이다.

여기서 '분별'은 단순히 '나누다', '구별하다'의 뜻으로 '망념분별'이라 할 경우의 '분별'과는 어원이 다르다. '불상사리不相捨離'는 '불상리不相離'와 같다. 그것이 불각의 상태에서 기능한다는 점에서 '수염隨染'이라 부르는 것이다.

본각의 두 종류 가운데 첫째는 지혜가 청정한 모습〔智淨相〕인데, 이것은 본각의 고유한 지혜가 지니는 정화작용이다. 인간의 본성에는 언제나 '향상하고 싶다'고 하는 바람이 있다. 이것은 내재된 본각의 작용이고, 이것을 진여의 내훈력內熏力이라 한다. 게다가 밖으로는 불보살이 선지식이 되어 중생을 가르치며 인도하여 외부에서 각覺의 작용을 유발한다. 이것이 진여의 외훈력外熏力이다. 이 내훈력과 외훈력을 법력훈습法力熏習이라고 말한다.

여기에서 초지初地 이상의 본각을 '여실수행如實修行'이라 하는데, 이것은 진리에 꼭 들어맞게 수행을 하는 것으로 십지十地의 만위滿位까지를 말한다. 십지의 만심滿心에서 모든 방편은 한꺼번에 충족되어진다. 이것을 '방편만족方便滿足'이라 한다. 아리야식이라는 화합식의 상을 깨뜨리고, 불생불멸이 생멸과 화합하고 있는 모습이 아니라 불생불멸의 성性을 나타낸다. 이것에 의해 근본무명은 끊어지게 된다.

다시 말하면 지정상은 망상이나 더러움으로 쌓여 있던 본각이 시각의 작용(지혜)에 따라 본래 청정한 모습으로 되돌아가는 것이다. 마치 구름이 걷혀 달의 모습이 뚜렷하게 나타나는 것과 같다. 망상이나 더러움이 전혀 없이, 구름 한 점 없는 하늘의 달이 본래의 영롱한 면목을 드러내는 것을 말한다.

다음 부사의업상不思議業相은 상상할 수 없을 정도의 작용이 있는 모습이다. 번뇌를 이탈한 불지佛智가 번뇌에 작용하는 것이며 바로 불타의 중생구제행이다. 이는 불가사의한 작용이라는 의미로, 여래법신이 응신·화신을 나타내어 중생에게 작용하는데, 구제하는 활동이 범부의 지혜를 초월하기 때문에 '부사의不思議'라고 말한 것이다. 또한 불타의 교화 작용은 자연스럽게 발휘되기 때문에 부사의라고도 해석된다. 즉 지정상을 체로 삼아 거기에서 만들어내는 무한한 이익을 가리키며, 부처님이 중생의 깨달음에 도움을 주는 것이 부사의업상이다. 또한 불타의 작용에서 부처님이 갖춘 무량한 공덕은 단절되는 일이 없기 때문에, 부처님의 교화 작용은 중생의 근기와 능력에 맞춰 자연스럽게 들어맞는 방법으로 베풀어진다. 그리고 갖가지 변화신을 나타내어 중생에게 이익을 얻게 한다.

요컨대 지정상이 자력수행의 결과로 얻어진 자리自利라고 한다면, 부사의업상은 어리석은 중생을 구제하기 위해 중생이 신앙할 대상을 만들어내는 일이다. 이것은 이타利他가 목적이다.

復次 覺體相者는 有四種大義하니 與虛空等하야 猶如淨鏡[121]이니라. 云何爲四오. 一者는 如實空鏡이니 遠離一切心境界相[122]하야 無法可現이

---

[121] 유여정경: 마치 한 점의 더러움(번뇌나 무명)도 없는 맑은 거울과 같다는 뜻. 이하 네 가지 거울은, 근본의 깨달음(본각)이 어디에서도 그 청정함은 더럽혀지지 않는다는 의미이다.

니 非覺照義¹²³故니라. 二者는 因熏習鏡이니 謂如實不空이라. 一切世間
境界가 悉於中現호대 不出不入¹²⁴하며 不失不壞¹²⁵하야 常住一心이니 以
一切法이 卽眞實性故라. 又一切染法이 所不能染이니 智體不動하야 具
足無漏하야 熏衆生故니라. 三者는 法出離鏡이니, 謂不空法이 出煩惱碍
智碍¹²⁶하고 離和合相하야 淳淨明¹²⁷故라. 四者는 緣熏習鏡이니 謂依法
出離故로 遍照衆生之心하야 令修善根하야 隨念示現故니라.

다시 본각의 체體와 상相에는 네 가지의 큰 뜻이 있으니 허공과 같으며
마치 맑은 거울과 같다. 무엇이 넷인가. 첫째는 여실공경으로, 일체의
마음과 경계상을 멀리 여의어 망법이 나타날 수 없으니, 각조覺照의
뜻이 아니기 때문이다. 둘째는 인훈습경으로 여실불공을 말한다. 일체
세간의 경계는 모두 그 안에서 나타나지만, 나오지도 않고 들어가지도

---

122 심경계상: 주관의 마음과 객관인 대상계의 상. 즉 망심과 그 대상이 되는 차별의
만상. 소취所取·능취能取의 모습은 본각에는 없다는 뜻이다.
123 비각조의: 각覺의 체體는 그 자체로는 거울에 어떤 것도 비치지 않는 것과 마찬가지
로, 아무것도 비추고 있지 않다는 의미이다.
124 불출불입: '불출'은 진여로부터 직접 생긴 것이 아닌 점에서 말함. 그러나 무명은
마음 밖에 있는 것이 아니기 때문에, 또한 만법도 외부로부터 온 것이 아니기
때문에 '불입'이라고 한 것이다.
125 불실불괴: '불실'은 제법은 연기에서 성립하는 범위 안에서는 실재하기 때문이고,
그러나 제법은 진여가 변해서 나타난 것으로, 그 점에서는 진여와 다르지 않기
때문에 '불괴'라고 한 것이다.
126 번뇌애·지애: '번뇌애'는 범어 Kleśāvaraṇa의 의역. 진여의 근본지를 뒤덮는
염심의 작용. '지애'는 범어 Jñeyāvaraṇa의 의역. 자연업지를 뒤덮는 무명의
작용. 즉 번뇌장煩惱障과 지장(智障: 所知障)을 말한다.
127 순정명: '순'은 화합상을 벗어난 것. '정'은 번뇌가 없는 것. '명'은 무명을 벗어난 것.

않으며 잃지도 않고 부서지지도 않는 상주일심이니, 일체의 법이 바로 진실성이기 때문이다. 또 일체염법이 능히 더럽힐 수 없으니, 지체智體는 움직이지 않고도 무루無漏를 구족하여 중생을 훈습하기 때문이다. 셋째는 법출리경이니, 불공不空의 법을 말하는데, 번뇌의 장애와 지혜의 장애에서 벗어나 화합상을 여의어 깨끗하고 맑으며 밝기 때문이다. 넷째는 연훈습경이니, 법출리에 의지하므로 중생의 마음을 두루 비추어 선근을 닦게 하고 염에 따라 시현하기 때문이다.

【해설】
여기서는 성정본각의 작용을 네 가지 측면으로 나누어 설명하고 있는데, 이것에 대한 이해를 돕기 위해 허공과 깨끗한 거울을 예로 들어 비유하고 있다. 네 가지 거울 가운데, 첫째 여실공경과 둘째 인훈습경은 불각의 중생에게 있어 깨달음의 모습, 즉 본각의 특색이고, 셋째 법출리경과 넷째 연훈습경은 시각의 특색을 말한 것이다.

앞 문장의 단락을 '시각'의 두 가지 작용이라 한다면, 성정본각은 본각 자체의 특성을 나타내는 것이다.

성정본각性淨本覺이란 본각의 본성이 청정한 것을 말하며, 이 본각의 본성을 거울에 비유하여 나타내고 있다. 거울은 외부 세계의 사물을 어떠한 것이라도 있는 그대로 비추며 좋고 나쁨을 표시하지 않는다. 거울이 외부 세계의 사물을 있는 그대로 바르게 비추는 점이 본각의 지혜의 진리성을 비유하기에 가장 적절하다고 할 수 있다. 게다가 거울은 스스로는 무엇도 소유하지 않으며, 그 어떤 것도 비추지 못하는 것이 없다. 무한하고 풍부하게 사물을 비추어 낼 수가 있다. 이 점이 진여가 무념無念이면서 무한하고 풍부한 성공덕을 가지는 점과 비유하기에 잘 어울린다. 그 때문에 본각의 지혜를 거울에 비유하고 있다.

구체적으로 말하자면 여실공경如實空鏡이란, 허공 속에는 어떠한 사물도 없고, 또한 깨끗한 거울 속에도 그림자나 형상이 없듯이, 진여본각에는 한 점의 더러움도 없는 것을 말한다. 여실이라고 하는 것은 진여를 말하는 것이다. 여기에는 주체도 객체도 없다. 기쁨도 슬픔도 애착도 노여움도 없다. 그러한 마음을 모두 제거하지 않으면 여실공경이 되지 않는다. 보이는 삼라만상도 없다. 자기도 없고 타인도 없다. 아무것도 투영되지 않는 거울의 실상에는 마음도 없고 대상도 없다. 범부에게는 진여를 볼 수 있는 눈이 없다. 망념이 조금이라도 있는 한 진여는 보이지 않는다. 그 때문에 이것들의 허망성은 본각 위에 나타나야만 할 그 무엇도 없으므로 본각에 비춰질 자격이 없다. 진여에 비춰지면 소멸되는 성격의 것이기 때문에 "각조覺照의 뜻이 아니다"고 말한 것이다.

인훈습경因熏習鏡이란, 허공에는 어떠한 사물도 없기 때문에 모든 삼라만상을 나타낼 수가 있으며, 깨끗한 거울에는 그림자도 형상도 한 점의 먹구름도 없기 때문에 일체의 사물을 투영할 수 있듯이, 진여본각에는 한 점의 먹구름도 그늘도 더러움도 없기 때문에 무명의 그림자를 투영할 수 있다는 것이다. 본각에는 인의 의미와 훈습의 의미가 있기 때문에 인훈습경이라 부른다. 본각은 삼라만상의 인因이 되는 동시에 안으로는 중생을 훈습시키는 작용을 한다. 즉 본각의 깨달음이란 사람들의 내부로부터 작용하는 맑고 밝은 힘을 가지고 있는 모습을 말하며, 사물을 있는 그대로 비추고 그렇게 함으로써 사람들에게 작용하는 지혜의 힘과 그 소재를 나타낸다.

그리고 법출리경法出離鏡이란, 법은 본각의 법체를 말하고, 출리는 번뇌를 떠난 것을 말한다. 먼지나 더러움으로 가려져 있던 거울이 깨끗이 닦여져 빛을 내는 것과 같은 것이다. 이와 같이 진여본각의 특성을 보다 더 선명하게 나타내기 위해서는 더러움이나 불결함을 제거하고 본래의 대지혜와 대광명이 빛나도록 해야만 한다. 바로 그것이 법출리경이다. 즉 번뇌와 미혹과 깨달음이 화합하고 있는 아리야식의 모습을 여읜 맑고 밝은 모습을 말한다.

연훈습경緣熏習鏡이란, 본각이 대지혜와 대광명의 덕德을 발휘하여 일체중생을 비추는 이타利他의 작용을 가진다고 하는 것이다. 번뇌와 무명을 떠난 진여본각은 영롱하고 투명하며, 빛나는 깨끗한 거울이 만상을 투영하듯이 중생의 마음을 투영한다. 연훈습경의 연緣이란, 중생이 발심하여 수행하는 시각의 외연外緣이 되는 것이다. 본각이 외연훈습의 작용을 하는 것이다. 즉 앞의 법출리경에 의해 사람들의 마음에 널리 마음대로 작용하는 모습을 말한다.

〈도표 5〉는 이상 각覺의 뜻을 시각과 본각으로 구분하여 설명한 것을 도식화한 것이다.

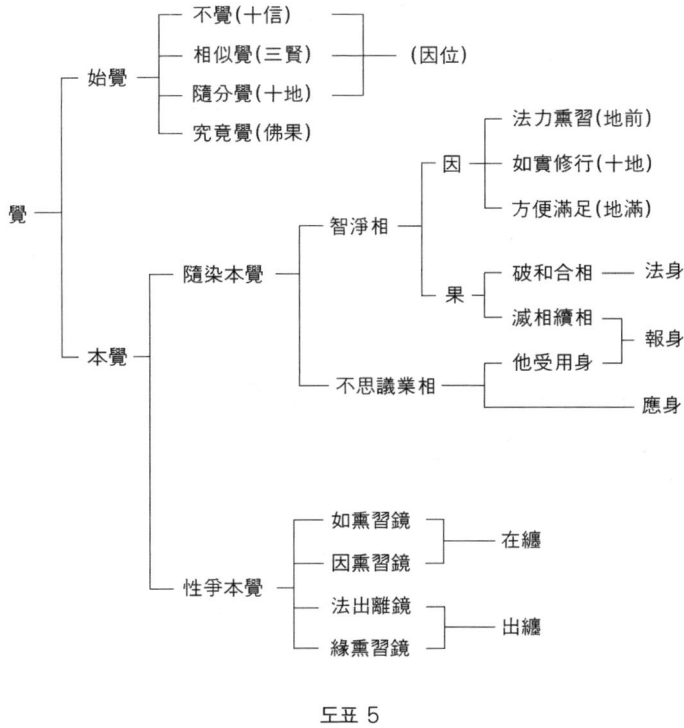

도표 5

Ⓑ 불각不覺

【요지】

불각不覺은 마음의 작용이기 때문에 망념이 생긴 때부터 불각이라 할 수 있다. 또한 거기서 각覺의 시작도 있는 것이다. 이처럼 망념은 불각이지만, 망념을 만드는 힘은 불각적이기는 해도 불각이라고는 할 수 없다. 이 불각적인 힘을 여기서는 무명이라고 부른다. 불각의 시원을 여기에 둘 때, 넓은 의미에서는 무명도 불각이다.

또한 여기서 불각은 '근본불각'과 '지말불각'으로 나누어 설명하고 있다.

근본불각根本不覺이란 불각 그 자체의 성격을 나타낸 것이고, 지말불각枝末不覺이란 불각이 어떠한 순서로 전개되어 우리들의 인식세계가 성립하는가를 보여준 것이다. 즉 진여에 미혹한 무명을 근본불각, 망념에 집착하는 무명을 지말불각이라 한다.

ⓐ근본적 무지(根本不覺)

所言不覺義者는 謂不如實知眞如法一故로 不覺心이 起하야 而有其念이나 念無自相하야 不離本覺이니라. 猶如迷人이 依方故로 迷나 若離於方이면 則無有迷인달하니라. 衆生도 亦爾하야 依覺故로 迷어니와 若離覺性하면 則無不覺이니라. 以有不覺妄想心故로 能知名義하야 爲說眞覺[128]이어니와 若離不覺之心하면 則無眞覺自相可說이니라.

말하는 바 불각의 뜻이란 여실하게 진여의 법이 하나임을 알지 못하기 때문에, 불각의 마음이 일어나서 그 망념이 있게 되지만 망념에는 자상이 없어서 본각을 여의지 않음을 이른다. 마치 길 잃은 사람이 방향에 의지하므로 헤매게 되지만, 만약 방향을 여의면 곧 헤맬 일이 없는 것과 같다. 중생도 역시 그와 같아 본각에 의지하므로 미혹이 있게 되지만, 만약 각성覺性을 여의면 바로 불각도 없어질 것이다. 불각의 망상심이 있음으로써 능히 이름과 의미를 알게 되고, 그래서 진각眞覺이라 말하지만, 만약 불각의 마음을 여의면 곧 진각의 자상이라 말할 만한 것도 없을 것이다.

---

128 진각: 불각에 대비하여 각을 진각이라고 한다.

【해설】

불각不覺이란, 진여의 법이 하나임을 여실히 알지 못하기 때문에 불각의 마음이 일어난다는 것이다. 즉 불각의 마음이 일어나 아무리 미혹시킬지라도 불각은 결코 본각을 여읠 수 없다고 한다. 이것을 길을 헤매는 것에 비유하고 있는데, 나아갈 방향(본각)이 있으므로 헤맬 수도(불각) 있다는 것이다. 현실에서 헤매고 있는 미망의 마음(불각)이 있기 때문에 부처님이 깨달음의 입장에서 어떤 것이 미혹이고 무엇이 깨달음인가를 나타내고 있지만, 깨달음의 입장에서 보면 특별히 말해야만 하는 진여라든가 본각은 없다는 것이다.

 그러나 현실적으로 중생심은 오히려 그 반대 방향으로 작용하고 있다. 만약 중생심이 대승이라면, 내버려두어도 깨달음을 향해 작용할 것이다. 그렇다면 수행은 필요없게 된다. 그러나 실제는 그렇지 않다. 그것은 이 대승의 작용을 방해하는 무언가가 거기에 있기 때문이다. 그 무언가가 바로 무명임은 이미 앞서 설명한 그대로이다.

 다시 말하면 자신의 미혹하고 허망한 마음[迷妄心]은 아리야식이지만, 이 아리야식을 미망의 측면에서 보면 그 모든 것이 미망이다. 마음의 작용을 이 측면에서 보면 '불각'이다. 자신이 미혹한 상태, 미혹한 생활을 하는 것이 불각이다. 아리야식은 불각의 측면에서 보면 전체가 불각이지만, 아리야식 속에는 불각을 타파할 수 있는 각覺의 힘이 들어 있다. 그래서 환멸문의 측면에서 볼 때 아리야식은 깨달음을 위해 노력하는 주체로서 파악된다. 이러한 측면에서 본다면 아리야식 전체가 각覺의 진전이 된다. 반면에 불각은 '불각무명不覺無明'이라고 말하는 것처럼 무명도 마찬가지이다. 마음의 미혹한 활동이 불각이다.

 따라서 심진여는 일상一相이고, 보는 것(주관)과 보이는 것(객관)의

분열이 없다. 그러나 무명의 작용으로 인하여 일법계의 진리에 도달하지 못하기 때문에 불각의 마음이 일어난다. '여실히 알지 못한다'는 것은 무명의 작용, 즉 근본불각인데, '알지 못한다'고 하면 이미 그때는 식識이 작용하고 있기 때문에 불각이 되는 것이다. 그 마음에는 이미 무명이 내포되어 있다. 무명은 실체가 없는 것이기 때문에, "염念에 자상自相이 없다면 본각을 벗어나지 않는다"고 설명하여 망념이 존재하기는 하지만 본각과 동떨어진 것이 아님을 나타내고 있다.

그것과 마찬가지로 망념에는 자상自相, 즉 독립된 체가 있는 것이 아니기 때문에 불각의 작용은 본각을 벗어나지 않는다. 만약 불각의 마음이 아니라면 진여본각의 의미를 나타낼 수 없다. 진여본각은 절대적인 것이어서 그 자신으로는 모습을 설명할 수 없기 때문이다. 불각과 비교하여 비로소 각의 모습을 나타낼 수 있는 것이다. 이와 같이 불각에 의해서 각을 드러낼 수 있는 것은 불각이 진여에 의해 일어나고, 불각에 별도의 체가 없기 때문이며, 이렇듯 불각을 고찰하는 것은 오히려 진여를 선명하게 밝히는 결과를 가져오게 된다.

요컨대 근본불각은 불각의 체體를 밝히는 부분이다. 그렇다고 해서 각과 같은 의미의 체를 말하는 것은 아니다. 각이 되돌아가는 곳은 자성청정심이다. 때문에 각은 되돌아갈 체가 있지만, 불각은 무명으로부터 생기므로 되돌아갈 체가 없다. 따라서 불각의 체는 따로 있는 것이 아니라 각과 마찬가지로 진여에 의해서 일어나게 된다. 근본불각에서는 그 점을 설명하고 있다.

ⓑ 지말적 무지(枝末不覺)

【요지】

우리들의 미망한 인식계를 전개하는 과정을 지말불각이라고 한다. 이것은 근본무명의 활동 결과에 따라 나타나기 때문에, 이 결과도 무명에 속하는 것이어서 지말무명이라고 한다. 이 불각에 의해 마음속에 형성된 상의 구조, 즉 '불각不覺의 상相'이 성립하는데, 이를 삼세·육추로 설명하고 있다.

먼저 삼세三細의 ①무명업상無明業相은 불각에 의해 무명(근본의 무지)의 마음이 움직이는(업) 것을 말한다. 깨달으면 그 움직임은 그치며, 그것은 능견상 이하에서도 모두 같다. ②능견상能見相은 본다는 작용이다. ③경계상境界相은 보이는 대상세계이다. ②와 ③은 능(能: 주체)과 소(所: 객체)의 관계이다. 이러한 마음속에서 생기는 미세한 불각의 움직임이 마음의 현상으로서 밖으로 표출되는 과정을 설명한 것이 바로 육추이다.

육추六麤의 ①지상智相은 대상세계를 판단하는 것이다. ②상속상相續相은 일정한 지각과 판단을 지속시키는 것이다. ③집취상執取相은 집착과 애착에 묶이는 것이다. ④계명자상計名字相은 말과 개념을 사용하여 특정한 대상에게 일정한 표현을 주는 것이다. ⑤기업상起業相은 말에 휘둘려 여러 가지로 행동하는 것이다. ⑥업계고상業繫苦相은 자신의 언동에 제약되어 자유로이 움직일 수 없는 것이다. 이와 같이 세 가지 미세한 불각의 성격[三細]과 여섯 가지 거친 불각의 현상[六麤]을 자세히 규정하고 있다.

復次依不覺故로 生三種相¹²⁹하야 與彼不覺으로 相應不離하나니 云何爲三고. 一者는 無明業相이니 以依不覺故로 心動을 說名爲業이라. 覺則不動이어니와 動則有苦니 果不離因故요, 二者는 能見相이니 以依動故로 能見이라 不動則無見이요, 三者는 境界相이니 以依能見故로 境界妄現이라 離見이면 則無境界니라.

以有境界緣故로 復生六種相하나니 云何爲六고. 一者는 智相¹³⁰이니 依於境界하야 心起分別 愛與不愛故요, 二者는 相續相이니 依於智故로 生其苦樂覺心¹³¹하야 起念相應不斷故요, 三者는 執取相이니 依於相續하야 緣念境界하야 住持苦樂하야 心起著故요, 四者는 計名字相이니 依於妄執하야 分別假名言相故요, 五者는 起業相이니 依於名字하야 尋名取著하야 造種種業故요, 六者는 業繫苦相이니 以依業受果하야 不自在故니라. 當知하라. 無明이 能生一切染法하나니 以一切染法이 皆是不覺相故니라.

---

129 삼종상: 무명업상·능견상·경계상. 불각의 의미구조를 밝히고자 한 것. 불각이 전개되는 시간의 전후관계를 나타내려는 것이 아님. 왜냐하면 무명이 움직이는 처음을 알 수 없기 때문이다. 그래서 형태를 변화해서 나타난 것, 즉 불각을 무명업상으로 나타내고, 능견상과 경계상으로 구체화한 것이다.

130 지상: 대상의 좋고 나쁨을 판단하는 지각知覺. 분별지分別智. 일반적인 의미로서 지혜의 상相이 아닌 점에 주의해야 한다.

131 각심: 고래로 이 해석에는 이견異見이 많다. 대별하면 세 가지로 정리할 수 있는데, 첫째는 '각관심覺觀心'으로 보는 경우이고, 둘째는 '감정感情' '감각'으로 해석하며, 셋째는 '수受'로 해석하는 경우이다. 세 번째 경우는 자연히 각과 심을 끊어 읽게 된다. 이렇게 볼 때, 위의 해석 모두 궁극적인 입장에서는 일맥상통한 면이 있다고 할 수 있다. '각관'의 거칠고(麤) 미세한(細) 마음이나 '감정'과 '감각'은 고락을 좌우하는 것이며, '수' 역시 받아들이는 것 자체가 고락의 연장선상이기 때문이다.

제3부 대승이란 중생심이다 **189**

또다시 불각不覺에 의지하기 때문에 세 가지 상이 생겨 그 불각과 더불어 서로 상응하여 여의지 않으니, 무엇이 세 가지인가. 첫째는 무명업상이니, 불각에 의지하므로 마음이 움직임을 설하여 업이라 이름한다. 깨달으면 곧 움직이지 않으며 움직이면 곧 고통이 되니, 결과는 원인을 여의지 않기 때문이다. 둘째는 능견상이니, 움직임에 의지해서 능견能見이 있으므로 움직이지 않으면 능견이 없을 것이다. 셋째는 경계상이니, 능견에 의지해서 경계가 허망하게 나타나므로 능견을 여의면 (곧) 경계가 없어질 것이다.

경계의 연緣이 있기 때문에, 다시 여섯 가지 모습이 생긴다. 무엇이 여섯 가지인가. 첫째는 지상이니, 경계에 의지하여 마음이 일어나 좋아하고 좋아하지 않음을 분별하기 때문이다. 둘째는 상속상이니, 지상에 의지하므로 그 고락의 감정이 생겨 망념을 일으키고 서로 상응하여 단절하지 못하기 때문이다. 셋째는 집취상이니, 상속심에 의지하여 경계를 반연하여 생각하고 고락에 주지하여 마음에 집착을 일으키기 때문이다. 넷째는 계명자상이니, 허망한 집착에 의지하여 거짓된 이름과 언설의 상을 분별하기 때문이다. 다섯째는 기업상이니, 계명자상에 의지하여 이름을 좇아 집착하여 가지가지 업을 짓기 때문이다. 여섯째는 업계고상이니, 업에 의하여 과보를 받아 자재하지 못하기 때문이다. 마땅히 알라. 무명은 능히 일체의 염법을 생하니 일체염법은 모두 이 불각의 모습이기 때문이다.

【해설】
어두운 길에서 어두운 길로 가고 있는 근본무명이 우리에게 어떠한 작용을 가하여, 미혹한 세계의 조짐이나 꿈틀거리고 싶은 충동을 갖게 한다. 이 충동이 어렴풋하게 무엇인가를 움직여간다. 희미한 눈으로는 보이지 않던 미혹한 충동이 이윽고 뚜렷해진 모습을 나타내기 시작한다. 이러한 현상을 지말불각枝末不覺이라 하고 구체적으로는 삼세육추三細六麤라고 한다. 삼세육추는 우리의 미혹한 현실을 설명한 것이다. 인간의 미혹한 실상을 삼세육추라고 하는 독자적인 교리로 설명하고 있다.

즉 '삼세三細·육추六麤'는 불각의 여러 모습이고, 뒤에 나오는 '오의五意와 의식意識'은 그것에 대응하는 마음이며, '육염六染'도 같은 과정을 마음의 염오染汚라는 면에서 파악한 분류이다.

여기에서 깨달음으로 향한다는 것은 범부의 상태로부터 보살이 되어 차제로 완성해 가는 것이다. 한편 미혹한 상태는 반대로 보살이 범부가 되는 것이 아니며, 실제는 현실의 범부의 모습으로서 업계고상業繫苦相에서부터 그 미혹의 근원인 무명업상無明業相까지 원인을 거슬러 올라가는 것이다. 더구나 무명업상에 근거하여 능견상能見相이 있듯이 이 아홉 단계는 차제하는 것인데, 능견상이 있을 때 무명업상은 없어지는 것이 아니라 차례대로 거듭 쌓여 그 층이 두꺼워질 뿐이다. 말하자면 구름이 나와 처음에는 조금 가린 정도였던 것이 차츰 두꺼워지면서 결국엔 비가 내리듯이, 범부의 경우는 이것이 가장 두꺼운 상태라고 생각하면 된다. 다른 말로 표현하면 무명업상無明業相은 무시無始이래 일관되게 그곳에 있다는 의미이다.

이상을 전제하고, 삼세·육추의 설명으로 들어간다. 이 세 가지가 '삼세'라 불리는 것은 이들이 심생멸에서 기본적인 구조를 이루는 미세한 모습이라는 의미이다.

첫 번째 무명업상無明業相은 줄여서 업상이라고도 하는데, 이는 미혹의 시작이다. 이때 주관이나 객관은 전혀 의식되지 않는다. 어리석은 마음이 처음으로 일어나는 혼돈스러운 상태, 즉 무명의 망념이 움직이는 것, 그것이 업상이다. 마음이 움직인다는 것은 아직 대상이 확실하지 않지만 무엇인가에 집착해 가는 과정이다. 인간은 사물을 분명히 의식하고 행동하는 것이 아니다. 지성의 배후에 있는 충동적인 움직임이나 판단력이 없는 의지, 지성이 아닌 감정적인 사고와 같은 가장 근원적이며 구체적인 것들을 무명업상이라 한다. 마음이 움직인다는 것은 마음이 주관과 객관으로 나누어지는 것이다. 이 주관을 두 번째 능견상能見相이라고 한다. 능견이란 사물을 '보는 작용'이다. 그래서 "움직임에 의지하기 때문에 능견이다"고 하였다. 마음이 움직인다는 것은 분별하는 마음이 생긴다는 것으로, 보는 것과 보이는 것으로 나누어져 분별의 활동을 하는 것을 말한다. 따라서 마음의 움직임이 없다면 능견도 없는 것이다.

이에 대응하는 것이 세 번째 경계상境界相인데, 보이는 대상세계이다. 객관의 대상이 뚜렷하게 보이기 시작하는 시점이다. 즉 범부가 '외계外界'라고 생각하는 것이 실제의 외부 세계는 아니지만, 마음이 외부 세계의 형태로 나타나는 것이다. 마음이 직접적으로 외부 세계를 볼 수 있는 것이 아니라, 마음이라는 거울에 비춰진 외부 세계를 보는 것이다. 때문에 "경계는 허망함을 나타낸다"고 말한 것인데, 이하의 지상智相 등이 외부 세계(外界)라고 생각하는 것은 바로 이 경계상이다.

그리고 무명업상, 능견상, 경계상의 삼세를 거울에 비유하면, 거울의 면은 무명업상, 거울 면에 모든 대상을 투영하는 작용은 능견상, 거울에 투영된 여러 가지 모습은 경계상인 것이다. 그런데 이 경계상이라고 하는 삼라만상에 대해 여섯 가지 마음작용이 움직이기 시작하는데,

육추六麤가 바로 그것이다.

첫 번째, 지상智相은 대상에 대해 이것은 좋다든가, 이것은 즐겁다든가 하는 시비·선악·애정의 생각을 일으키는 것이다. 여기서 지智란 좋은 의미로 쓰이는 것이 아니라 '분별한다'고 하는 의미이다. 거울에 비쳐진 만상을 진짜 있는 것이라고 착각하여 이것저것 집착하는 것이 지상이다. 그 점을 "애愛와 불애不愛를 분별한다"고 한 것이다.『해동소』는 이 지상을 제7식에 빗대고,『의기』는 지상智相 이하를 분별사식分別事識이라고 보아 본론에서 말나식이 설명되지 않은 것으로 본다.

두 번째, 우리 중생은 대상에 대해 한번 좋다, 싫다는 생각이 일어나면 좀처럼 멈춰지지 않으며 그 생각이 지속하게 되는데, 이를 상속상相續相이라 한다. 사랑하는 대상에는 낙수樂受를 만들고, 사랑하지 않는 대상에게는 고수苦受를 일으킨다. 우리들이 위험물을 피하는 경우, 대상을 명확하게 인식한 후에 피한다고는 할 수 없다. 우리들에게는 본능적으로 대상에 대한 경계심이 있다. 이 경계심이 먼저 일어나고, 대상에 대한 선택과 판단은 그 후에 이루어져 대처하게 된다. 그것이 세 번째 집취상執取相이다.

이렇게 호감이 가는 것이나 좋아하는 대상이 생기게 되면 이것에 집착해간다. 부처님이나 보살이 아니면 이러한 미혹에서 떠날 수가 없다. 그리하여 집착과 애착에 묶인 집취상執取相은, 낙수樂受의 대상에 대해서는 유지하려 하고, 고수苦受의 대상에 대해서는 피하려고 하는 집착을 일으킨다. 때문에 "경계를 연념緣念하고 고락苦樂을 주지住持하여 마음은 집착을 일으킨다"고 설명한다. 이 '마음이 집착을 일으킨다'는 것이 집취상이다. '연념緣念'이란 대상을 떠올리는 것이다. 그리하여 집착이 점점 더 강하게 되면 그 대상에 평판을 붙이게 된다. 싫은 것에는 나쁜 평판을, 좋은 것에는 좋은 평판을 붙이기 마련이다. 평판이라고 하는 것은 임시적인 것이지만 이 임시로 붙인 이름에 점점 빠져들게 된다. 이것이 네 번째 계명자상이다. 즉 선인이다, 악인이다 등의 계명자상을 일으키면 또다시 악인에 대해서는 악한 사람의 이미지를 떠올리고, 선인에 대해서는 선한 사람의 이미지를 떠올리게 된다. 그래서 결국에는 입으로 악인을 욕하며 스스로를 정당화시키고, 공허한 대의명분을 들고 나와 악인을 공격하게 되고, 나아가서는 몸으로 악인을 비난하는 행동까지 하게 된다. 이것을 다섯 번째 기업상이라 한다.

아무 실체도 없는 헛된 말을 진실이라고 굳게 믿고 입이나 몸으로 행동을 일으키는 것이다. 원래 지상智相 이하는 유심소현唯心所現인 경계상을 실제의 외부 세계라고 망상하고 이해한 인식내용이기 때문에 그것에 입각하여 일으킨 행위가 올바른 것은 기대할 수 없다. 그렇다면 이 기업상을 일으킨 결과는 어떤 것인가. 스스로 자신을 속박해 가고, 거짓말을 진짜라고 굳게 믿게 된다. 그리하여 입이나 몸으로 행한 행동에 속박되어 자신을 괴롭히는 결과를 만드는 것이 눈에 띄게 된다. 그러나 일체 그 책임을 지려고 하지 않는다. 이를 여섯 번째 업계고상이라 한다. 업의 인과에 속박되어 마음은 자유롭지 못하다. 자유를 얻지 못하는 점을 '고苦'라고 표현한 것이다.

이상으로 삼세·육추를 살펴보았다. 결론적으로는 모두가 근본무명에서 일어나는 것임을 알 수 있다. 이 점을 "무명은 일체의 염법을 만들 수 있다. 일체의 염법은 모두 불각의 상이기 때문에"라고 말한 것이다. 즉 삼세·육추의 설명으로 범부가 일상생활에서 겪는 괴로움의 모습을 단계적으로 상세히 나타내었고, 그것들은 근본무명에 근거한 것임이 분명해졌다.

요컨대 삼세는 무의식의 충동에 기인하며, 육추는 미혹한 세계, 집착의 세계를 설명한 것이다. 그래서 무명업상이 가장 미세한 것이며, 이것이 점차로 커지게 되는 것이다. 인간의 마음 깊은 곳의 작용이 어떻게 해서 노골적인 모습으로 나타나는가를 잘 설명하고 있다.

〈도표 6〉은 『현수의기』에서 근본무명과 지말무명과의 관계를 비유로써 설명한 내용을 정리한 것이다.

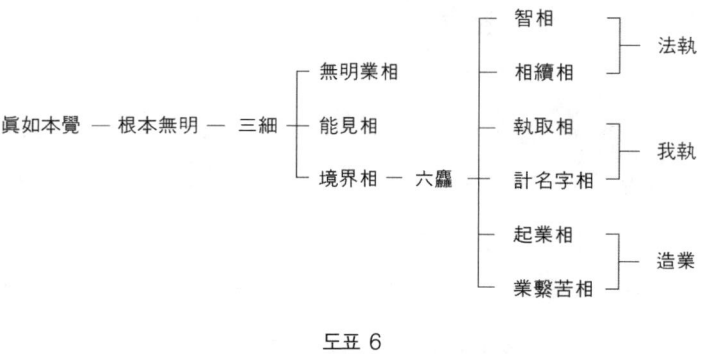

도표 6

ⓒ깨달음과 무지의 같고 다름(覺不覺同異)

【요지】
여기에서는 각과 불각의 밀접한 관계를 동일성의 면과 차이성의 면에서 정리하고 있다. 그것을 질그릇과 흙의 관계에 비유하여 나타내고 있다. 동일성의 면에서는 잘된 것과 잘못된 것에 관계없이, 질그릇의 종류는 많지만 그것들의 재료가 모두 흙인 면에서는 같다는 비유를 들면서, 무루(깨달음)도 무명(근본무지)도 그것에 의해 일어나는 갖가지 업환(삼세육추의 상)도 모두 진여를 본질로 하고 있음을 설명하고 있다.

차이성의 면에서는 같은 흙(각)으로 만들어졌다 하더라도 질그릇마다 모양새가 다르듯이(불각), 무루나 무명이나 수염업환(육추의 상)이나 성염업환(삼세의 상)의 차이가 되어 나타남을 알 수 있다.

復次覺與不覺이 有二種相하니 云何爲二오. 一者는 同相이요, 二者는 異相이라.[132]

言同相者는 譬如種種瓦器가 皆同微塵의 性과 相인달하야 如是無漏無明의 種種業幻[133]이 皆同眞如의 性과 相이니라. 是故로 修多羅中에 依於此眞如義하야 故로 說一切衆生이 本來常住하야 入於涅槃이며 菩提之法은 非可修相이며 非可作相이며 畢竟無得이며 亦無色相可見이라하시거늘 而有見色相者는 唯是隨染業幻[134]의 所作이요, 非是智에 色不空之性이니 以智相은 無可見故라.

言異相者는 如種種瓦器 各各不同인달하야 如是無漏無明이 隨染하는 幻이 差別이며 性이 染하야 幻이[135] 差別故니라.

또다시 각과 불각은 두 가지 상이 있으니 무엇이 두 가지인가. 첫째는

---

132 동상·이상: '동상同相'은 평등문, '이상異相'은 차별문. 전자는 진여문, 후자는 생멸문. 진여의 입장에서 본다면 일체는 평등이고, 동상이다. 생멸문의 입장에서 보면 제법은 각각 개개의 인연에 따라서 성립하기 때문에 이상이다.

133 종종업환: 수염업환(육추의 상)이나 성염업환(삼세의 상)을 가리킨다.

134 수염업환: '업환'은 무루의 법력이나 무명의 망심의 작용에 의해 나타나는 존재. 실제로는 공무空無이니까 '환'이라고도 한다. '수염'은 번뇌에 의해 차별이 있는 것처럼 나타난다는 뜻이다.

135 성염환: 무명에 의한 환영. 그러나 무명은 실체가 있는 것이 아니기 때문에 무명염법의 차별도 환과 같은 것이다.

동상이고, 둘째는 이상이다.

동상同相이라 말하는 것은, 비유하자면 여러 종류의 와기瓦器들이 모두 똑같은 미진을 본성으로 하는 모습이듯이, 이와 같이 무루와 무명의 가지가지 업환業幻도 모두 똑같이 진여를 본성으로 하는 모습인 것이다. 그러므로 경전에서 이 진여의 뜻에 의지하기 때문에 "일체중생은 본래 상주하여 열반에 들고, 보리의 법은 닦을 수 있는 상이 아니고 지을 수 있는 상이 아니어서, 필경에 얻을 수 없는 것이다. 또한 색상으로도 볼 수 없으며 색상을 볼 수 있는 것은 오직 염법의 업환에 따라 지어낸 것일 뿐이며, 이 지색智色에 있는 불공의 성질이 아니다. 지상은 볼 수 있는 것이 아니기 때문이다"고 하신 것이다.

이상異相이라 말하는 것은 여러 가지 와기가 각각 똑같지 않듯이, 이와 같이 무루와 무명은 염을 따라 나타나는 환[隨染幻]의 차별과 고정된 자성이 없음으로 염법의 환과 같은[性染幻] 차별이기 때문이다.

【해설】

동상同相의 경우, 질그릇에는 다구茶具라든가 사발이라든가 가지각색의 물건이 있지만 그것들은 모두 미진微塵, 즉 진흙[性]으로 만든 것이다. 이상異相의 경우, 진흙으로 만들어졌지만 진흙의 성질인 접착력이나 구우면 단단하게 되는 등의 성질[相]을 이용하여 만들어낸 것은 천차만별이어서 가지각색의 모양을 지닌다. 이것과 마찬가지로 무루의 시각·본각과 무명의 불각은 함께 갖가지의 작용을 나타내지만, 그것은 실체가 없는 작용[業幻]인 것이다.

각도 무명도 함께 진여를 성性으로 하고, 진여를 체로 한다. 그것이 각과 무명이라는 두 가지 모습[二相]으로 나타나는 것이다. 즉 염정은 진여를 체體로 하고 진여는 염정을 상相으로 한다. 여러 종류의 질그릇은 각覺과 무명無明에 해당하고, 미진微塵은 진여眞如를 비유한 것이다.

그렇기 때문에 경전 속에서도 다음과 같이 설하고 있다. 일체중생은 진여를 성性으로 하고 있으므로 그 점에서 본다면 중생은 본래 상주常住로서 열반에 안주하는 것이기 때문에 완전히 제불과 같다는 것이다. 그렇다면 중생에게는 부처님의 상호相好, 즉 보신報身의 상호나 응신應身의 32상相·80종호種好 등이 왜 없는 것인가라는 의문이 생길 것이다. 그러나 법성은 본래 그와 같이 볼 수 있는 것이 아니다. 불신佛身의 본질은 '색상色相은 볼 수 있는 것이 없다'는 진리이다. 그렇다면 보신도 뛰어난 불신佛身을 나타내고, 응화신應化身도 중생 등에게 32상相 등을 나타낸다는 것은 무슨 뜻인가? 이는 제불이 중생에게 '색상을 나타내는 일이 있다'는 진리를 뜻하는 것으로 바로 수염업환隨染業幻이 만든 것이다. 열반과 보리도 역시 결국에는 얻을 것이 없는 것이다. 이 경우의 '염染'은 중생의 번뇌를 말한다. 중생을 구제하기 위하여 제불이 중생의 번뇌에 따라 임시로 나타낸 모습이다.

다음에 이상異相이라는 것의 예를 들면, 각양각색의 질그릇이 각각 다른 형태를 가지고 있는 것에 비유된다. 이와 마찬가지로 생멸문의 세계에서는 모두가 연기의 도리에 의하여 천차만별로 성립하며 다르다는 것이 바로 진실인 것이다. 그러나 다른 것이 절대의 사실인 것도 아니다. 무루의 시각은 보신·응신 등의 여러 가지의 불신佛身이 되어 나타나는데, 그것이 '수염환隨染幻'이다. 중생의 번뇌에 따라 나타나는 차별이다. 근본은 하나이지만 중생구제를 위하여 임시방편으로 다불多佛로서 나타난 것이다. 이에 대해 무명은 본래부터 차별이 있는 것이다. 진여가 하나인 것을 알지 못하는 것이 무명이기 때문에 무명의 다양성은 그 본성에 근거한다. 그래서 이것을 무명염법의 차별도 환幻과 같은 것〔性染幻〕이라고 한다. 그 이유로 무명은 원래 독자적인 실체성을 가진 것이 아니라, 진여가 모습을 변화한 것이라 말한다. 때문에 무명을 실체가 아닌 환幻이라고 하는 것이다.

요컨대 각과 불각, 진실과 거짓, 선과 악, 깨달음과 미혹은 완전히 상반되는 성질의 개념들이다. 이 상반되는 성질의 개념들을 두 가지 관계에서 본다면, 즉 동상과 이상이다. 동상이란 진여삼매의 입장에서 보는 견해로서 각과 불각, 선과 악을 완전히 동일한 것으로 보는 것이며, 이상이란 현실의 입장에서 보는 견해로서 각과 불각을 전혀 다른 것으로 보는 것이다.

〈도표 7〉은 불각의 모습이 전개되는 과정을 도식화한 것이다.

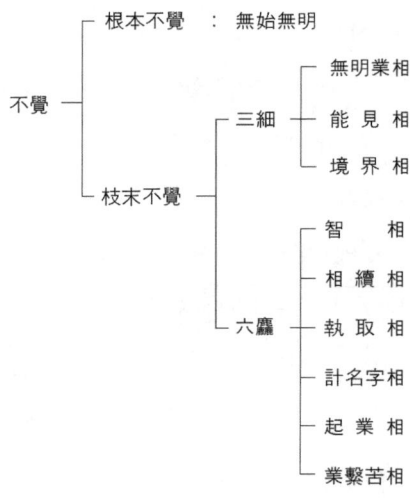

도표 7

(나) 생멸심이 일어나는 인연(生滅因緣)

【요지】

여기서는 '생멸인연'을 밝히는데, 이것은 「입의분」 중에서 "이 마음의 생멸인연의 상相"이라고 한 부분의 해석이다. 이 경우의 인연은 「인연분」에서 말하는 인연과는 다르며 연기라는 의미이다. 아리야식이 지니는 경험세계의 연기적 구조를 나타내는 것이다. 범부의 경험세계, 마음이 왜 번뇌에 더럽혀져 활동하는가를 묻고, 그것에 근거한 심식心識의 전개를 의의와 의식意識에 의하여 설명한다.

의意는 오식五識으로 구별되고 그것들의 작용을 나타내는 것으로, 우리들의 경험세계가 '유심소현唯心所現'인 것을 분명하게 하고, 삼계유심三界唯心을 설명한다.

그 후에 무명의 근거를 묻는데, 범부는 물론 보살이라고 해도 무명의 근거를 알 수 없고, 부처님만이 안다고 하여 무명의 홀연염기忽然念起를 밝힌다. 그리고 의意와 의식意識의 세계를 염심으로 파악하여 육염심六染心으로서 설명한다. 즉 번뇌를 여섯 종류로 나누고 어떠한 단계에서 어떠한 번뇌를 끊는가를 나타낸 것이다. 따라서 앞서의 삼세·육추가 유전문流轉門인 것에 비해 이 육염설六染說은 환멸문還滅門인 것이다.

Ⓐ 오의五意

復次生滅因緣者는 所謂衆生이 依心하야 意와 意識[136]이 轉[137]故니라. 此

---

136 심·의·의식: '심'은 중생심. 이 중생심에 의해서 의와 의식으로 전개된다. '의'는 다섯 가지로 설명된다. 즉 미혹과 깨달음을 합친 아리야식에 의거하여 근본무명이

義云何오. 以依阿黎耶識하야 說有無明이니 不覺而起[138]하야 能見能現[139]하며 能取境界하야 起念相續할새 故說爲意니라.
此意에 復有五種名하니 云何爲五오. 一者는 名爲業識이니 謂無明力으로 不覺心動故요, 二者는 名爲轉識이니 依於動心하야 能見相故요, 三者는 名爲現識이니 所謂能現一切境界라. 猶如明鏡이 現於色像인달하야 現識도 亦爾하야 隨其五塵[140]하야 對至卽現하되 無有前後니 以一切時에 任運而起하야 常住前故[141]요, 四者는 名爲智識이니 謂分別染淨法故요, 五者는 名爲相續識이니 以念과 相應不斷故라. 住持過去無量世等의 善惡之業하야 令不失故며 復能成熟 現在未來 苦樂等報하되 無差違故며 能令現在已經之事로 忽然而念하며 未來之事로 不覺妄慮[142]케 하나니라.

또다시 생멸인연이란 이른바 중생이 마음에 의지하여 의와 의식이 일어

미혹해지고(업식), 보는 것(전식)과 보이는 것(현식)을 일으키며, 대상세계에 집착하여 판단하고(지식) 집착된 마음의 작용을 지속시키는(상속식) 마음작용이다. '의식'은 바로 상속식을 말한다.

137 전: '전'은 전변轉變이라는 의미가 아니라, 단순히 일어난다, 전개·작용한다는 의미이다.
138 불각이기: 생멸심이 일어나는 것. 무명업상. 식의 작용으로서는 업식을 가리킨다.
139 능견·능현: '능견'은 능견상, 전식으로 주관작용이고, '능현'은 경계상, 현식으로 대상세계가 나타나는 것이다.
140 오진: 색·성·향·미·촉의 오경五境. '진'은 경境의 구역舊譯. 오근五根의 대상이 되고, 오식五識을 일으킨다.
141 상재전고: 인식의 대상은 언제나 오관 앞에 나타날 수 있기 때문이다.
142 불각망려: '불각'은 미래의 일을 느닷없이 떠올린다는 의미. '망려'는 망념을 말한다.

나기 때문이다. 이 뜻은 무엇인가. 아리야식에 의지하여 무명이 있다고 설하니, 불각으로써 일어나면 능견과 능현과 경계를 능히 취하고, 망념을 일으켜 상속하기 때문에 설하여 의意라고 한다.

이 의意에는 다시 다섯 가지의 이름이 있으니 무엇이 다섯 가지인가. 첫째는 이름하여 업식이라 하니, 무명의 힘으로 불각의 마음이 동요하기 때문이다. 둘째는 이름하여 전식이라 하니, 동요하는 마음에 의지하여 능견상이 있기 때문이다. 셋째는 이름하여 현식이라 하니, 이른바 능히 일체의 경계를 나타내는 것이다. 마치 밝은 거울이 물질의 형상을 나타내는 것과 같이, 현식도 또한 그러하여 오진五塵을 따라 대상이 이르면 곧 나타내어 전후가 없다. 어느 때나 자연스레 일어나 항상 앞서 있기 때문이다. 넷째는 이름하여 지식이라 하니, 염법과 정법을 분별함을 말하기 때문이다. 다섯째는 이름하여 상속식이라 하니, 망념과 상응하여 단절하지 않기 때문이며, 과거의 무량세 동안 선악의 업을 지녀서 잃지 않게 하기 때문이다. 또한 능히 현재와 미래의 고락 등의 과보가 성숙하여 어긋남이 없기 때문에, 능히 현재 이미 지난 일을 홀연히 망상하고 미래의 일을 자기도 모르게 쓸데없이 걱정하게 하는 것이다.

【해설】

먼저 '마음에 의지해서 의意와 의식意識이 일어난다'는 것은 바로 아리야식에 의지해서 무명이 있다고 하는 의미이다. 무명은 아리야식을 의지처로 삼아서 작용하기 때문이다. 아리야식이 아니면 무명은 움직일 장소가 없고, 아리야식에서 범부의 경험세계가 성립하는 원인이 바로 무명인 것이다. 그렇기는 하지만 무명이 아리야식에서 생긴다는 뜻은 아니다. 무명의 시원은 알 수 없으나, 그 무명이 활동하는 것은 아리야식이기 때문에 "아리야식에 의지해서 무명이 있다"고 설명한 것이다.

아리야식에서 무명이 활동하면 일심에 주객의 분열이 일어난다. 그리고 일심이 주객으로 분열하여 주관적인 능견能見과 객관적인 능현能現이 성립된다. 능현이란 마음이 객관의 형태로 나타나는 것을 뜻하는데, 이것이 불각으로서 일어나면 능견과 능현에서 아리야식이 성립한다. 아리야식은 미세한 식작용識作用이지만, 어쨌든 식이기 때문에 보는 것과 보이는 것으로 나누어진다. 이와 같이 아리야식에서 능현, 즉 경계상이 나타나는데, 이어서 그것을 외계外界라고 망상하는 식작용을 일으킨다. 여기에서 '능히 경계를 취한다'는 것은 지식智識을 일으키고, 이 지식의 심작용心作用을 상속해 가는 식識이 '염念을 일으켜서 상속한다'는 상속식을 뜻한다. 그러나 의意는 각기 다른 측면에서 다섯 가지(業識·轉識·現識·智識·相續識)로 불린다는 의미일 뿐, 의意가 오식五識으로 분화한다는 의미는 아니다. 그리고 의식意識은 의意의 마지막 상속식을 가리킨다.

첫째, 업식은 무명의 힘에 의하여 불각의 마음이 동요하는 생멸심을 말한다. 일심은 불생불멸이고 법法이며, '업業'이 아니다. 업은 인과관계를 가진 것이고, 무명에 의하여 생멸심이 일어나는 순간이 업의 시작이다. 그러므로 불각이 일어나는 것을 업식이라 부른 것이다. 이는 삼세육추의 업상과 같다.

둘째, 전식은 주관의 인식작용이다. 마음이 움직인다는 것은 즉 분별하는 것이고, 주관의 작용이 거기에 나타나는 것이다. 그 작용을 여기서는 전식이라고 부른다. 이 전식에는 두 가지 의미가 있다. 먼저 무명에 이끌려 전식이 된다는 의미로, 이 전식은 아리야식에 있다. 다음은 대상에 이끌려 전식이 된다는 의미로, 이 전식은 마음의 표면에 있는 인식주관, 즉 지식을 말한다. 지금 말하는 식識은 전자의 경우이다. 이는 삼세육추의 능견상과 같은 것이다.

셋째는 현식이라 불린다. '현現'이란 나타난다고 하는 의미로, 앞의 전식에 대응하여 아리야식에 객관으로서의 세계가 나타나는 것을 말한다. 객관은 있지만 이것도 식識의 작용이다. 식이 아닌 것은 식으로 알 도리가 없다. 주관이 대상을 분별하게 되면 당연히 대상으로서의 일체의 모든 경계가 나타나게 된다. 그것은 주관이라고 하는 명료한 거울에 투영된 색상과 같은 것이다. 이는 삼세육추의 경계상과 같다.

이상의 업業·전전轉·현현現의 삼식三識은 아리야식의 작용이지만, 이 현식이 출현하는 것을 마음 밖의 실재라 생각하고 여기에 개개의 사물을 망분별妄分別하는 것이 네 번째, 지식이다. 즉 지식은 주관과 객관이 동시에 일어나며 현식이 활동하는 한 일체의 모든 시간에 걸쳐서 단절되는 일이 없다. 또한 대상으로서 나타난 일체의 경계가 청정하다든가, 잡되고 더럽다고 판단한다. 이는 삼세육추의 지상智相과 같은 것이다. 그래서 지상은 '애愛와 불애不愛를 분별한다'고 설명되지만, 지식智識은 '염정染淨의 법을 분별한다'고 설명된다. 외부 세계에 사물이 실재한다고 판단하여, 그것에 대한 좋고 싫음을 느끼거나, 혹은 선과 악을 판단하는 것을 말한다. 이것은 '사식事識 속의 세분별'이라 말해지며, 개개의 사물을 인식하는 데 있어서의 미세한 분별이다. 그리하여 좋은 것이 있으면 이것에 집착하고 망상을 품는다. 더욱이 그 망상을 계속해서 품기 때문에 단절되는 일이 없다. 이것이 다섯 번째, 상속식이다. 이는 삼세육추의 상속상과 같은 것이다. 지식에 근거해서 고락을 자각하고, 망념을 일으켜서 상응하여 끊지 못한다고 설명된다. 여기서 상속의 의미가 더욱 더 상세하게 설명된다.

우선 '망념이 상응하여 끊지 못한다'는 것을 상속식이라 부른다. 염念이란 망념이고, 끊지 못하는 망분별을 일으켜 식識이 지속해 가는 점을 말한다. 고락이나 행복·불행 등은 심리적인 것이기 때문에 선악업의 과보가 마음에 나타나는 것이다. 또한 과거의 경험을 기억하고 상기시키는 것도 상속식의 작용이라 한다. 아울러 미래에 어떤 것을 하고자 하는 것이 갑자기 마음에 떠오르는 것도 이 식의 작용이다. 이 경우의 상속식을 특히 의식이라고 부른다.

요컨대 중생은 의와 의식을 지닌 존재이기 때문에 먼저 오의에 대해 설명한 것이다. 대상을 스스로 만들어 그것에 집착하고 그것이 환영이며 허영이라는 것을 알지 못하고 집착을 계속해 가는 것이 중생이라는 해석이다.

Ⓑ 현상세계는 마음이 만든 것

【요지】

세계는 사람들의 근본무명인 미망의 마음이 그려내는 환영에 지나지 않으며, 그것은 마치 거울에 비춰진 사물이 실체가 없는 것과 비슷하다. 그 환영에 집착하는 것은 거울에 비춰진 사물을 만지고자 하는 것과 같은 행동이라는 것이다.

是故로 三界虛僞하야 唯心所作[143]이니 離心하면 則無六塵境界니라. 此

---

143 삼계허위 유심소작: 욕망의 세계(욕계)와 물질의 세계(색계)와 정신의 세계(무색계)의 삼계는 사실은 생각한 것과 같은 것이 아니라, 모두 마음이 만들어낸 것이라는 의미. 『십지경론十地經論』(대정장 25, 276b)에는 "삼계는 허망하여 다만 이 일심이

義云何오. 以一切法이 皆從心起하야 妄念而生이라 一切分別이 卽分別自心이니 心不見心이면 無相可得[144]이니라. 當知하라. 世間一切境界는 皆依衆生 無明妄心 而得住持하나니라 是故로 一切法이 如鏡中像하야 無體可得이며 唯心虛妄이니 以心生則種種法生하고 心滅則種種法滅故니라.

그러므로 삼계는 허위로서 오직 마음이 만드는 것일 뿐이다. 마음을 여의면 곧 육진의 경계가 없어지니 이 뜻이 무엇인가. 일체법이 모두 마음으로부터 일어나고 망념으로부터 생긴 것이며 일체의 분별은 곧 스스로의 마음을 분별하는 것이니, 마음이 마음을 보지 못하면 상을 얻을 수 없다. 마땅히 알라. 세간의 일체경계는 모두 중생이 무명망심에 의하여 주지하여 얻어진 것이다. 그러므로 일체법은 거울 속의 상이 체를 얻을 수 없는 것과 같으며, 오직 마음일 뿐으로 허망한 것이다. 마음이 생기면 곧 여러 가지 법이 생기고, 마음이 멸하면 곧 여러 가지 법도 멸하는 것이기 때문이다.

【해설】

이러한 이유로 삼계는 허위이며, 단지 마음이 지은 것임을 알 수 있다. 소위 '삼계는 유심'이라는 것이다. 즉 "모든 경계는 중생의 무명 망심에

만든 것. 십이인연분十二因緣分은 모두 마음에 의지한다"라고 설하고 있다.

144 심불견심 무상가득: 일체현상은 자신의 마음이 망념을 일으켜서 발생한 것이므로 그것을 대상으로서 인식하는 것은 바로 자기 마음을 인식하는 것이다. 그러나 자기 마음은 자신의 마음을 볼 수가 없다. 그러므로 인식은 성립될 수 없다. 그럼에도 불구하고 무언가가 있다고 생각하는 것은 망상 이외 그 무엇도 아니라는 의미이다.

의해 주지住持하는 것"이라 할 수 있다. 자신이 인식하고 판단하는 것은 모두 마음 안의 일이다. 그렇기 때문에 중생이 윤회 유전하는 삼계는 모두 가장된 것뿐이며, 일심이 변화하여 만든 것이다. 때문에 『십지경十地経』에서도 "삼계는 허망하여 단지 일심의 조작이다. 십이인연분은 모두 마음에 의지한다"고 설명한 것이다. 그러므로 이 마음에서 벗어나면 육진(六塵·六境)으로서 나타나는 세계는 존재하지 않는다. 즉 자기의 망심에 나타난 세계가 그대로 외부 세계의 실재는 아닌 것이다. 범부는 자기의 망심에 인식된 외부 세계를 그대로 진짜 외부 세계라고 망상하지만 그것은 착각이다. 객관의 허영虛影이며 실재實在의 그림자에 불과하다. 이것이 '삼계허망三界虛妄 유심소작唯心所作'의 의미이다.

그러나 삼계가 허위라고 하지만, 우리들의 외부 세계에 대한 인식에는 객관성이 있다고 생각된다. 외부 세계의 인식에는 연속성이 있으므로, 과거의 기억이나 경험을 새로운 사물에 적용하는 것이 타당하다고 볼 수 있다. 이성적인 판단에도 확실성이 있고, 다른 사람과의 교섭이나 상호 이해에도 연대성이 있다. 그런데 이들 일상의 경험이 어찌하여 '유심소작'이라 말해지는 것일까. 설사 그것이 유심이라 하더라도 외부 세계에 아무것도 없다는 것이 아니기 때문이다. 이는 자기가 경험한 내용이 마음에 나타난 것에 불과하다는 의미이다.

말하자면 대상을 분별한다고 생각하고 있었는데, 사실은 자신의 마음을 분별하고 있었던 것이다. 마음 이외에 일체의 만상이 존재한다고 생각하는 것은 망념, 망상이 그렇게 생각하는 것에 불과한 것이다. 현식 위에 나타난 허영이나 환영을 마음 밖에 실제로 있는 것이라고 오인했던 것이다. 즉 만상萬象이란 자기 마음이 자기의 마음을 분별한 것에 불과하다. 이 도리를 알게 되면 마음 밖에 존재하는 실재는 마음의 환영이라는 것을 알 수 있게 되고, 삼계가 다만 일심이라는 것이 명확해 진다.

다시 말하면 망념에 의해 분별하고 집착하기 때문에 자기 자신에게 하나의 객관적 대상이 성립한다는 것을 말하고 있는 것이다. 이는 진정한 객관세계인 산천초목이나 일월성신을 마음이 만들어낸 것이라 고 하는 점을 말하고 있는 것이 아니다. 산천초목이나 일월성신 중의 어느 것 하나라도 집착할 때, 그 대상은 환영으로서 자신의 마음속에 만들어지게 된다는 뜻이다.

復次言意識者는 卽此相續識이니 依諸凡夫가 取著轉深하야 計我我所[145]하야 種種妄執하야 隨事攀緣[146]하야 分別六塵일새 名爲意識이니라. 亦名分離識이며 又復說名分別事識이니 此識이 依見愛煩惱[147]하야 增長義故니라.
依無明熏習하야 所起識[148]者는 非凡夫 能知며 亦非二乘智慧所覺이니 謂依菩薩이 從初正信하야 發心觀察하야 若證法身이라도 得少分知하며 乃至菩薩究竟地라도 不能盡知요, 有佛窮了니라. 何以故오. 是心[149]이

---

145 아아소: '아'는 나라는 자아의식. '아소'는 내 것이라는 소유물로 삼는 의식을 말한다.
146 반연: 눈앞의 것에 집착하는 것. 망념이 대상에 집착해서 갖가지로 작용하는 것이다.
147 견애번뇌: '견'은 견혹, '애'는 수혹의 번뇌. 즉 도리에 미혹한 지적知的인 번뇌와, 애착이나 탐욕과 같은 습관화된 정적情的인 번뇌를 가리킨다.
148 식: 업식·전식·현식 등을 말한다.
149 심: 일심, 진심, 진여를 가리킨다.

從本已來로 自性淸淨이로대 而有無明이라 爲無明所染하야 有其染心이니라 雖有染心이나 而常恒不變하니 是故로 此義는 唯佛能知니라.
所謂心性이 常無念故로 名爲不變이요, 以不達一法界[150]故로 心不相應하야 忽然[151]念起를 名謂無明이니라.

또다시 의식이라 말하는 것은 곧 상속식이다. 모든 범부의 집착함이 더욱 깊어져서 아我와 아소我所를 계탁하고, 여러 가지 망집으로 일에 따라 반연하여 육진을 분별하므로 의식이라 이름한다. 또한 분리식이라 이름하기도 하고 또다시 분별사식이라 이름하기도 하니, 이 식은 견혹〔見〕과 수혹〔愛〕에 의하여 번뇌가 증장된다는 뜻이기 때문이다.
무명훈습에 의하여 일어나는 식識은 범부가 능히 알 수 있는 것이 아니고, 또한 이승二乘의 지혜로 깨달을 수 있는 것도 아니다. 보살에 의해서도 처음의 바른 믿음으로부터 발심하여 관찰해서 만약 법신을 증득한다면 조금 알 수 있고, 내지 보살의 구경지에서도 능히 다 알지 못하며, 오직 부처님만이 완전히 다 알 수 있음을 말한다. 무엇 때문인가. 이 마음은 본래부터 자성이 청정하지만 무명이 있어 무명 때문에 물드는 바 그 염심이 있는 것이다. 비록 염심이 있으나 항상 불변不變이므로 이 뜻은 오직 부처님만이 능히 알 수 있는 것이다.
이른바 심성은 항상 무념이기 때문에 이름하여 불변이라 하며, 일법계를

---

150 일법계: 진여. 일심. 마음은 하나의 진리에 일관되어 있기 때문에 일법계라고 한다.
151 홀연염기: '홀연'은 처음을 모른다는 뜻. 우연이라는 의미가 아니다. 불교에서는 우연론을 설하지 않는다. 또는 정신차려보니까 그것이 무명이었다는 것. '이유를 모르지만' 무명이 일어났다는 것. 즉 무명이 일어나는 시간을 말하는 것이 아니라 무명이 일어나는 상相을 표현한 것이다.

요달하지 못함으로써 마음과 상응하지 못하여 홀연히 염심이 일어나는 것을 이름하여 무명이라 한다.

【해설】
의식意識은 상속식의 하나가 나타난 것이다. 즉 오의五意 중 다섯 번째 상속식은 다시 미혹의 세계로 빠져 들어 고뇌하는 중생의 적나라한 모습을 나타내기 위하여 일부러 상속식을 의식이라는 이름으로 고친 것이다. 의식이라 하더라도 법상종에서 말하는 제6의식과는 다른 것임에 주의해야 한다. 범부의 집착은 끝을 모를 정도로 깊다. 나의 몸, 나의 소유물에 깊이를 모를 정도로 집착해간다. 이 헛된 집착을 의식이라 부르고 있다. 앞의 오의五意에 의해 깊게 집착하고 망집하는 식이기 때문에 의식이라 부른다.

상속식에는 미세한 모습과 거친 모습이 있고, 그 중 거친 모습을 의식이라 부른다. 범부는 나와 내 것을 분별하고, 갖가지에 맹목적으로 집착하며, 인식하는 대상을 좇아 끝까지 추구하며, 색·성·향·미·촉·법 등의 육경六境을 분별한다. 이런 점에서 의식이라 부르는 것이다. 또한 육진을 분별할 때는 육근으로 나누어 인식하기 때문에 분리식分離識이라고도 한다. 게다가 하나의 사물로서 대상을 인식하기 때문에 분별사식分別事識이라고도 한다.

이 의식은 견혹見惑과 수혹修惑, 즉 탐애번뇌貪愛煩惱에 의하여 그 세력이 강해진다. 의식은 자아의식에 근거를 둔 일상경험의 마음작용과 자아에 근거를 둔 주객대립의 세계인 것을 안다. 이것은 거친 마음작용이므로 범부에게도 그 작용이 명료하게 인식된다.

그러나 불생불멸의 심성이 근본무명의 훈습에 의하여 아리야식이 되는 것을 범부로서는 전혀 이해할 수 없다. 또한 성문·연각 이승二乘의 지혜에 의해서도 깨달을 수 없다. 보살의 수행에 의하여 내범內凡에서 정신正信을 일으켜 십주十住의 지위에 들어가 보리심을 일으키고 초지初地에 이르러 법신을 깨달으면, 불생불멸의 마음이 무명에 의해 일어나고 움직이는 것을 일부분 알게 된다. 그러나 완전히 아는 것은 보살의 구경지에서도 불가능하다. 다만 불타만이 이 이치를 철저히 규명할 수 있다. 따라서 부처님만이 아는 무명의 상태란, 사람들 마음의 본질은 미망한 마음의 움직임과 관계가 없으며, 그 면에서 변하지 않는다는 것이다. 다만 사람들이 이와 같이 변하지 않는 불법의 세계〔一法界〕를 깨닫지 못하기 때문에, 그 마음이 진여와 어긋나 언제인지도 모르게 미망한 마음을 일으키게 되는 것을 말하며, 이를 근본무명이라고 한다.

여기에서의 '심성心性'은 자성청정심에 해당하는데, 이는 심진여이다. 청정이란 '무념'이다. 심생멸은 항상 염念이 작용하고 있는, 말하자면 유념有念이게 된다. 그리고 "일법계를 요달하지 못한다"는 것은 '진여법이 하나임을 모르기 때문'이란 뜻과 같으며, 이것이 '불각不覺'의 내용이다. 그러므로 '요달하다'는 통달하다, 증득하다, 이해하다는 뜻이다.

다시 말하면 심성은 결국 무념이고 불변이지만 심성이 상대성을 초월한 법의 세계인 것을 마음 자체가 모르기 때문에, 즉 진여의 법이 하나임을 여실히 모르기 때문에 마음에 불상응의 동요가 일어난다는 것이다. 그 마음의 동요는 심성의 유일성과도 상응하지 않고, 또 분별심이 되어버린 후의 '심心과 심소心所의 상응相應'이지만, '주관과 객관의 상응'이라고 인식할 수 없는 매우 미세한 '불상응인 마음의 동요'가 일어나게 되어, 그것이 어느 순간에 망념으로 되어버린다. 이것이 바로 무명이다. 이것은 무명연기의 이유를 나타낸 것이다. 그러나 무명의 시간적 시원은 나타낼 수 없는 것이고, 논리적으로도 무명의 시원을 규명하는 것은 불가능하다. 이 점을 '홀연염기忽然念起'라고 표현한 것이라 생각된다.

요컨대 의의意와 의식意識을 가진 자, 그것이 중생이라는 것이다. 미혹되어 있는 모습이 범부이며, 이 세상에 살고 있는 우리의 모습인 것이다. 의와 의식을 가지는 한 중생인 것이다.

ⓒ 여섯 가지 번뇌(六染)

【요지】

그러면 근본무명은 어떻게 해서 일어나는가. 진여를 진여라고 알 수 없을 때, 근본무명이 일어난다. 그것은 직접적으로 진여에 미혹한 어리석음이고 가장 미세한 어리석음이기 때문에, 심왕(마음의 본체)이나 심소(마음의 작용)와 같은 구체적이고 확실한 마음의 작용을 지니지 못한다. 그래서 '홀연히 망념이 일어난다'고 표현할 수밖에 없는 것이다. 시간적으로 별안간 일어났다는 의미가 아니다. '홀연히'란 망법妄法은 본체가 없음을 말하는 것으로, 무명은 진여에 의하여 존재하고 있을 뿐임을 의미한다.

이 단락에서는 무명에 의해 미혹된 마음에는 여섯 가지 염심染心이 작용한다는 것을 설명하고 있다.

染心[152]者는 有六種하니 云何爲六고. 一者는 執相應染이니 依二乘解脫과 及信相應地[153]하야 遠離故요, 二者는 不斷相應染이니 依信相應地하

야 修學方便하야 漸漸能捨라가 得淨心地[154]하야 究竟離故요, 三者는 分別智相應染이니 依具戒地[155]하야 漸離라가 乃至 無相方便地[156]하야 究竟離故요, 四者는 現色不相應染이니 依色自在地[157]하야 能離故요, 五者는 能見心不相應染이니 依心自在地[158]하야 能離故요, 六者는 根本業不相應染이니 依菩薩盡地[159]하야 得入如來地하야 能離故니라.

염심이란 여섯 종류가 있으니 무엇이 여섯 가지인가. 첫째는 집상응염이니, 이승二乘의 해탈과 신상응지에 의지하여 멀리 여의기 때문이다. 둘째는 부단상응염이니, 신상응지에 의지하여 방편을 수학하고 점점 능히 버려 정심지를 얻어 결국에는 여의기 때문이다. 셋째는 분별지상응염이니, 구계지에 의지하여 점차 여의며 내지 무상방편지에서 마침내

---

152 염심: 일심이 무명에 의해서 생멸심이 된 점을 말한다. 염심이란 번뇌심이다.
153 신상응지: 십주·십행·십회향의 삼현위三賢位를 말한다.
154 정심지: 십지의 초환희지. 십주 이상의 지위에서 유식관을 수행하고 초지에 이르러서 법집의 분별이 나타나게 되기 않기 때문에 정심지라고 한다.
155 구계지: 제2 이구지離垢地. 특히 삼취정계를 구족한 지위이다.
156 무상방편지: 제7 원행지遠行地. 제7지 전까지는 미세한 분별이 남아 있어서 유상관有相觀이다. 제7지부터는 무상관無相觀의 수습에 대해 가행加行과 공용功用의 작용이 있기 때문에 무상방편지라고 한다.
157 색자재지: 제8 부동지不動地. 불토佛土를 매우 깨끗하게 하기 때문에 색자재라고 한다. 여기서는 예토가 나타나지 않는다.
158 심자재지: 제9 선혜지善慧地. 9지에 이르면 중생 마음의 움직임을 자유롭게 알기 때문에 심자재지라고 한다. 또는 사무애지를 얻어서 인식주체의 작용이 자유자재하기 때문이다.
159 보살진지: 제10 법운지法雲地. 여기서 미세한 번뇌의 습기를 끊고 보살의 행이 원만해서 여래의 지위(등각·묘각)에 든다.

여의기 때문이다. 넷째는 현색불상응염이니, 색자재지에 의지하여 능히 여의기 때문이다. 다섯째는 능견심불상응염이니, 심자재지에 의지하여 능히 여의기 때문이다. 여섯째는 근본업불상응염이니, 보살진지에 의지하여 여래지에 들어가 능히 여의기 때문이다.

【해설】

가령 티끌을 떼어낼 때도 거친 티끌은 쉽게 떨어지지만 미세한 티끌은 쉽게 떨어지지 않는 것처럼, 번뇌를 끊는 과정도 거친 번뇌에서 미세한 번뇌로 진행된다. 이러한 방향을 환멸문還滅門이라 한다. 앞 단락에서 "이 마음은 본래부터 자성청정인데도 불구하고 무명이 있다. 무명 때문에 물들여져서 염심染心이 있다"고 설명했기 때문에, 여기서는 그 염심을 설명한다. 여섯 종류로 나누기 때문에 '육염六染'이라고 하며, 육염 중에서 처음의 셋은 상응염相應染, 나중의 셋은 불상응염不相應染이라 한다.

첫째, 집상응염執相應染은 거칠고 큰 아집을 말한다. 앞에서 설명한 구상九相 가운데에서 집취상과 계명자상이 이에 해당한다. 수행의 최초 단계에서 끊을 수 있는 염심이며 망상이다. 상속식 중에서도 특히 거친 의식이 일어나는 번뇌가 이것이다. 집취상이란 괴로움을 회피하고 즐거움에 집착하는 것이며, 계명자상이란 대상에 개념을 적용하여 이것저것으로 분별하는 것을 말한다. 그 바탕에는 자아의식이 작용하고 있다. 또한 아집에 근거를 두고 일어나며, 견혹과 수혹의 번뇌가 있고, 그 집착이 현저하기 때문에 집상응염이라 한 것이다.

둘째, 부단상응염不斷相應染은 구상九相 가운데 상속상에 해당한다. 십주 이상의 단계에서 점차로 끊기 시작하여 십지의 처음인 환희지에서

이 염심을 끊을 수 있다. 상속식은 과거의 업을 지니고 있으며 고락苦樂의 과보를 성숙하게 하고, 기억을 새겨 지니는 등의 작용을 하며 망념이 상속해서 일어나고 단절이 없기 때문에 '부단不斷'이라고 한다. 이것은 미세한 분별(주관과 객관의 대응)에 근거하여 일어나기 때문에 '상응相應'이라고도 한다. 이 부단상응염은 앞의 신상응지信相應地에 근거를 두고 수학修學하여 그 사이에 이 번뇌를 순차적으로 벗어나며, 보살의 성위聖位인 십지十地 중의 초위初位, 즉 정심지淨心地에 도달하면 완전하게 이 번뇌를 버리는 것이다. 그리하여 법집을 끊는다. 아집은 앞서 끊었기 때문에 인법이공人法二空에 의해서 드러난 진여를 깨닫는다고 하는 것이다.

셋째, 분별지상응염分別智相應染은 구상九相 가운데 지상에 해당한다. 제2지地에서 제7지地 사이에서 끊을 수 있다. 이것은 지식智識이 일어나는 번뇌이다. 지식은 애애愛와 불애不愛를 분별하고, 염정染淨의 법을 분별하기 때문에 이 번뇌를 분별지라고 한다. 이것은 본능적인 좋고 나쁨의 판단이나 본능적으로 '사물이 있다'고 생각하는 판단인 것이다. 여기에는 대상으로의 집착이 있는데, 이것은 일으키려고 생각해서 일어나는 것이 아니라 자연스럽게 일어나는 것이다. '외부 세계에 사물이 있다'라는 판단은 추론이나 사유의 과정을 거치지 않고 당연한 듯이 습관적으로 일어나는 판단이다. 즉 수행자가 선정에 들어가 있을 때에는 아공·법공의 이지二智가 나타나기 때문에 법집이 일어나지 않지만, 선정에서 나와 세속지世俗智를 일으킬 때에는 무의식적으로 법집이 일어난다. 그 때문에 2지에서 7지에 이르기까지 오랜 동안에 걸쳐서 수행하여야 비로소 염染을 끊을 수 있다. 때문에 '점리漸離'라고 설명한 것이다.

이상으로 '상응염'을 마친다. 지식智識은 앞의 현식을 보고, 그것이 마음에 나타나는 것을 깨닫지 못하고, 그것을 외부 세계 그 자체라고 보고 외부 세계가 있다고 하는 망분별을 일으키는 것이다. 거기에 지식이라는 주관과 현식이라는 대상 사이에 상응이 일어난다. 그 때문에 상응염이 되지만 이것은 상응염 중에서 가장 미세한 번뇌이다.

다음은 현식·전식·업식이 일으키는 번뇌이고, 이것들은 불상응염이다.

넷째, 현색불상응염現色不相應染은 구상九相 중에서 경계상에 해당한다. 제8지에 이른 보살이 유심의 도리를 깨닫게 됨으로써 이 염심을 끊을 수 있다. 객체의 소리가 들리게 되고 일체의 객관세계가 정토가 된다. 여기서 현색現色이란 명경明鏡에 색상이 나타나듯이 근본무명에 의하여 성립된 염심染心으로 외부 세계를 비추는 것이다. 이것은 현식의 작용이며 불상응염이다. 왜냐하면 전식轉識의 작용과 상응하여 현식現識이 나타나는 것이 아니기 때문이다. 이 번뇌는 색자재지에서 끊어진다.

다섯째, 능견심불상응염能見心不相應染은 구상九相 중의 견상에 해당한다. 제9지 보살이 되면 마음이 자재로운 경지에 이르기 때문에 이 염심을 끊을 수 있다. 즉 자신의 마음도 타인의 마음도 모두 꿰뚫어 볼 수가 있게 된다. 여기서 능견이란 근본무명에 의해서 움직인 마음의 상태를 드러나고자 하는 주관적인 작용이다. 망념의 주관적 부분을 말하는 것이며, 이 번뇌는 심자재지에서 끊어진다. 심자재지는 제9지地에 해당한다고 한다. 9지에서는 사무애지四無碍智를 얻으므로 망념의 주관은 현기現起하지 않는다고 한다. 여기서 마음이 자재를 얻는데, 이때 능견의 미세한 장애를 벗어난다.

여섯째, 근본업불상응염根本業不相應染은 구상 중의 업상에 해당한다. 최고 경지인 여래지에 이른 자가 이 염심을 제거할 수 있다. 미혹의 세계에서 깨달음의 세계로 수행이 완성된다. 여기서 근본업이란 무명의 힘에 의해서 불각의 마음이 동요하는 것을 말한다. 현실에서 활동하고 있는 우리들의 분별심의 근본을 말하는 것이다. 분별하고 있는 마음은 분별을 일으키는 근원을 알 수 없다. 마치 눈이 모든 사물을 보면서도 눈 그 자체를 볼 수 없는 것과 같다. 다시 말하면 우리들의 현실에 있는 미혹한 마음의 근원인 동시에 끊임없이 마음을 헤매게 하는 것이다. 더구나 아주 미세한 번뇌이기 때문에 십지十地의 만심滿心에서 마지막 번뇌의 습기가 끊어지고 여래지如來地에 들어감으로써 벗어나게 된다.

이상 여섯 가지 중에서 앞의 세 가지 염심은 거친 것이고, 뒤의 세 가지는 미세한 염심이다. 크고 거칠고 뚜렷한 미혹은 끊기 쉽지만, 미세하여 감지되지 않는 번뇌는 끊기가 대단히 어렵다. 그래서 육염은 번뇌를 끊는 순서대로 서술되어 있으며, 깨달음을 향한 환멸문의 입장에서 설명한 것이다.

不了一法界義者는 從信相應地하야 觀察學斷하야 入淨心地하야 隨分得離하며 乃至如來地하야 能究竟離故니라. 言相應義者는 謂心과 念法이 異[160]하야 依染淨差別하야 而知相緣相이 同故요, 不相應義者는 謂卽心不覺이라, 常無別異하니 不同知相緣相故니라.

---

160 심염법이: 심법과 염법이 다르다는 뜻. 심법은 능연能緣의 주관이고, 염법은 소연所緣의 객관. 능소가 대응관계에 있는 것이 상응의 뜻이다.

又染心義者는 名爲煩惱碍니 能障眞如根本智[161]故요, 無明義者는 名爲智碍니 能障世間自然業智[162]故라. 此義云何오. 以依染心하야 能見하고 能現하며 妄取境界하야 違平等性故며 以一切法이 常靜하야 無有起相이언만 無明不覺하야 妄與法違故로 不能得隨順世間一切境界하야 種種知故니라.

일법계를 알지 못한다는 뜻은 신상응지로부터 관찰하여 배우고 끊어 정심지에 들어가면 부분적으로 여읠 수 있으며, 내지 여래지에서 능히 결국에는 여의기 때문이다. 상응이라 말하는 뜻은 심법과 염법이 달라 염정에 의하여 차별하지만 지상知相과 연상緣相이 같음을 말하기 때문이다. 불상응의 뜻은 마음에 즉한 불각이어서 항상 별도의 차이가 없어 지상과 연상이 같지 않음을 말하기 때문이다.

또한 염심이라는 뜻은 이름하여 번뇌애煩惱碍라 하니, 능히 진여의 근본지를 장애하기 때문이며, 무명이라는 뜻은 이름하여 지애智碍라 하니, 능히 세간의 자연업지를 장애하기 때문이다. 이 뜻은 무엇인가. 염심에 의지하여 능견과 능현이 있고 허망한 경계에 집착하여 평등성을 어기기 때문이다. 일체법은 항상 고요하여 일어나는 상이 없으나 무명불각이 헛되이 법과 어긋나므로 능히 세간의 일체경계에 수순하여 여러 가지 지혜를 얻을 수 없게 되기 때문이다.

---

161 진여근본지: 번뇌는 마음의 적정을 장애하기 때문에 일심의 무념을 어지럽힌다. 이 점을 진여근본지를 장애한다고 한다. 진여근본지는 진여의 이치를 증득하는 근본무분별지를 말한다.

162 세간자연업지: 부처님이 자연히 불가사의한 업용業用을 행하여 세간의 중생이 원하는 대로 사람들을 제도하시는 지혜. 근본지 다음에 일어나기 때문에 후득지라고 한다. 전자가 무분별지인 것에 대해서 이것은 차별지이다.

【해설】

앞서 육염六染이 순서대로 번뇌를 제거해 나가는 것을 나타낸 것이 지말무명의 설명이었다. 그러므로 여기서는 근본무명을 어떻게 벗어나는가를 나타내고자 한다.

그런데 일법계를 알지 못하면 여실하게 진여의 법이 하나임을 알지 못하기 때문에 무명일 수밖에 없다. 이 무명에서 벗어나려면 처음에는 지전地前의 신상응지信相應地에서 수행을 시작하여 마음을 관찰하고 학해學解에 의해서 어느 정도의 무명을 끊는다. 그러나 지전地前의 수행은 깨달음의 참된 지혜〔眞智〕에 의하지 않은 지적인 이해이기 때문에 무명을 끊더라도 그 끊음은 참된 끊음이 아니다. 그러므로 초지初地의 정심지에 이르러서야 부분적으로 무명을 벗어나는 것이 실현된다. 초지에서 십지의 만심滿心까지 차례대로 무명을 끊고 여래지에 이르러야 무명에서 벗어나게 된다.

그리고 앞의 육염에서 처음의 셋은 상응, 나중의 셋은 불상응이라고 했기 때문에, 여기서는 그 차이를 설명하고 있다. 즉 상응이라는 것은 심작용이 대응관계에 있다는 의미이다. 즉 상응이란 심왕과 심소의 관계로서 심왕이 깨끗하면 심소도 깨끗하고, 심왕이 더러워지면 심소도 더럽게 되는 관계를 말한다. 즉 주관이 깨끗하면 객관도 깨끗하게 되는 관계이다.

불상응의 의미는 '마음에 즉卽해서 불각'인 것이다. 마음을 대상으로 하는 불각이라면 불각과 마음 사이에 상응관계가 생길 수 있지만, 마음과 불각이 대응관계에 있으면 상응은 성립하지 않는다. 즉 업식業識과 전식轉識과 현식現識의 세 종류의 활동이 근본무명에 의하여 마음이 동요되어 아리야식이 된 것과 같다. 아리야식〔動心〕을 세 종류의 작용으로 분석하여 나타낸 것에 불과하다. 이것은 불각의 상相이고, 불각은 일심에 의해서 일어난 것이기 때문에 '항상 별도의 차이가 없다'고 하는 것이다.

그리고 염심을 번뇌애煩惱碍, 무명을 지애智碍라고 설명하는데, 여섯 종류의 염심을 번뇌장이라고도 한다. 그 뜻은 번뇌가 곧 장애가 된다는 의미로 진여를 깨닫는 근본지의 작용을 방해하기 때문에 번뇌애라고 하는 것이다.

다음, 무명의 경우를 지애智碍라고 하는 것은 무명이 후득지後得智를 방해하는 장애가 된다는 의미에서 지애라고 한다. 후득지란 깨달음을 얻은 후, 중생을 제도하기 위해 작용하는 지혜를 말한다. 그러나 무명은 절대평등과 모순되는 것이기 때문에 차별세계를 전개한다. 그리고 이 무명의 작용 때문에 망심은 주객으로 나누어져 지식·상속식·의식 등이 되며, 범부가 보는 세간의 일체 경계가 나타난다. 따라서 외부세계가 실재한다고 하는 미망에 수순하고 그로 인한 잘못된 인식에 물든 결과로 세계의 여실한 모습을 제각각 바르게 알 수 없는 것이다.

〈도표 8〉은 삼세·육추(三細·六麤)와 오의·의식(五意·意識), 그리고 육염六染과 보살계위階位의 관계를 나타낸 것이다.

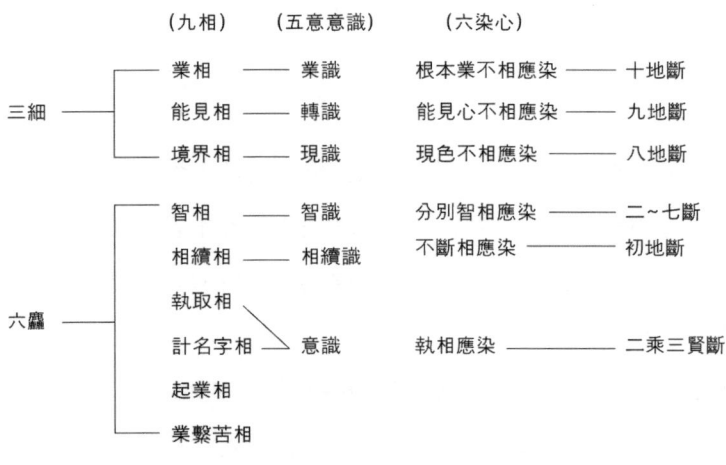

도표 8

(다) 연기의 모습(生滅相)

【요지】

여기에서는 마음이 인식으로 인하여 생멸하는 '모습'을 말한다. 이것은 마음의 거친 모습과 미세한 모습으로 나타낸다. 생멸하는 모습을 분별하면, 하나는 마음과 상응하는 거친 미혹의 마음이고 또 하나는 마음과 상응하지 않는 미세한 미혹의 마음으로 정리할 수 있다.

다시 말하면 상응염은 주관과 객관이 대응하고, 주관이 객관에 작용하는 형태로써, 마음이 생멸하기 때문에 마음의 활동이 명료하고, 활동의 진폭이 큰 것(麤)이다. 이에 비해 불상응의 염심은 주객의 분열이 없는 상태로, 말하자면 순수경험과 같은 상태에서의 마음작용이기 때문에 마음의 활동이 미세(細)하다고 할 수 있다.

復次分別生滅相者는 有二種하니 云何爲二오. 一者는 麤[163]니 與心相應故요, 二者는 細[164]니 與心不相應故라 又麤中之麤는 凡夫境界요, 麤中之細와 及細中之麤는 菩薩境界요, 細中之細는 是佛境界[165]니라. 此二種生滅이 依於無明熏習而有하니 所謂依因依緣이라. 依因者는 不覺義故요, 依緣者는 妄作境界義故니라. 若因滅則緣滅하나니 因滅故로 不相應心이 滅하고 緣滅故로 相應心이 滅하나니라.

問曰若心[166]滅者인댄 云何相續이며 若相續者인댄 云何說究竟滅고. 答曰 所言滅者는 唯心相滅이요, 非心體滅이니, 如風依水而有動相이라. 若水滅者인댄 則風相이 斷絶하야 無所依止어니와 以水不滅일새 風相相續하고 唯風滅故로 動相隨滅이언정 非是水滅이니라. 無明도 亦爾하야 依心體而動하나니 若心體滅者인댄 則衆生이 斷絶하야 無所依止어니와 以體不滅일새 心得相續하고 唯癡滅故로 心相隨滅이언정 非心智滅이니라.

또다시 생멸의 상을 분별하면 두 가지가 있으니, 무엇이 두 가지인가. 첫째 추麤는 마음과 상응하기 때문이고, 둘째 세細는 마음과 상응하지 않기 때문이다. 또 추 중의 추는 범부의 경계이고, 추 중의 세 및 세

---

163 추: 거친 마음의 생멸. 주관과 객관, 또는 심왕과 심소의 상응과 함께 마음이 인식활동을 하는 경우. 여섯 가지 염심에서 앞의 세 가지를 가리킨다.

164 세: 심작용이 미세이고, 상응함이 없이 활동하는 경우. 여섯 가지 염심에서 뒤의 세 가지를 가리킨다.

165 세중지세 시불경계: 극히 미세한 미혹의 마음은 부처님의 경계에서만 알 수 있다는 뜻. 부처님의 경계에서도 미세한 미혹의 마음이 있다는 의미가 아니다. 가장 조잡한 미혹은 범부의 경계에서 알 수 있고, 그 정도는 아닌 미혹부터 비교적 미세한 미혹까지는 보살의 경계에서 알 수가 있다는 뜻이다.

166 심: 염심을 말한다.

중의 추는 보살의 경계이며, 세 중의 세는 이것이 부처님의 경계이다. 이 두 가지 생멸은 무명훈습에 의지하여 있는 것이니, 이른바 인因에 의지하고 연緣에 의지하는 것이다. 인에 의지한다는 것은 불각의 뜻이기 때문이고, 연에 의지한다는 것은 허망한 경계를 만드는 뜻이기 때문이다. 만약 인이 멸하면 곧 연도 멸할 것이니, 인이 멸하기 때문에 불상응의 마음이 멸하고, 연이 멸하기 때문에 상응의 마음이 멸하는 것이다. 묻기를, 만약 마음이 멸하면 어떻게 상속하며, 만약 상속한다면 어떻게 끝내 멸한다고 설할 수 있는가. 답하기를, 멸이라 말하는 것은 오직 심상心相만 멸하는 것이며 심체心體가 멸하는 것이 아니다. 바람이 물에 의지하여 움직이는 모습이 있으나, 만약 물이 없으면 곧 바람의 모습은 단절하여 의지할 바가 없어지지만 물이 없어지지 않으므로 바람의 모습이 이어지는 것이다. 오직 바람이 멸하기 때문에 움직이는 모습이 따라 멸하지만 이는 물이 없어지는 것이 아닌 것과 같이, 무명도 또한 그러하여 심체에 의지하여 움직인다. 만약 마음의 본체가 멸하면, 곧 중생도 단절하여 의지할 바가 없어지지만 체가 멸하지 않으므로 마음은 상속할 수 있는 것이다. 오직 어리석음만이 멸하기 때문에 심상心相이 따라 멸하는 것이지 심지心智가 멸하는 것은 아니다.

【해설】
심작용을 이상과 같이 거침[麤]과 미세함[細]의 두 종류로 나누고, 이것을 또다시 두 개씩으로 나눈다.

먼저 거친 것 중에서도 거친 것(麤中의 麤)은 범부의 경계이며, 육염으로 말하면 여섯 번째의 '집상응염執相應染'이 그것이다. 이 단계에서는 자아의식이 있어 이것에 집착하고 이 자아에 근거를 두고 대상을 인식한다. 그리고 대상 하나하나의 사물이 그대로 외부 세계에 실재한다고 생각하여 애착을 일으킨다거나 혐오嫌惡를 생기게 한다.

그리고 거친 것 중에서도 미세한 것(麤中의 細)과 미세한 것 중에서도 거친 것(細中의 麤)은 보살의 경계이며, 부단상응염不斷相應染과 분별지상응염分別智相應染이 이것에 해당한다. 즉 본능으로서의 인식이나 무의식의 영역까지도 포함되며, 자아에 근거를 둔 표면심보다도 깊은 인식의 세계를 가리킨다.

다음으로 미세한 것 중에서도 거친 것(細中의 麤)은 현색불상응염現色不相應染과 능견심불상응염能見心不相應染이 그것인데, 상응염과 비교하면 미세하지만 근본업불상응염과 비교하면 거칠기 때문에 세細 중의 추麤가 된다.

마지막으로 미세한 것 중의 미세한 것(細中의 細)은 근본업불상응염根本業不相應染인데, 이것은 무명에 의해 마음이 동요하는 것을 가리킨다. 따라서 이것은 동심動心을 깨닫는다고 하기보다는 동심動心이 멸한다고 해야 될 것이다. 이것이 바로 여래지이다. 그러므로 '세細 중의 세細'는 부처님의 경계라고 설해진다.

이상 추세麤細의 심생멸은 무명훈습이 그 원인이다. 그렇다면 염심의 거친 것과 미세한 것은 어째서 일어나는가? 그것은 근본무명이 본체에 훈습했기 때문이다. 다시 말하면 의식적으로는 자각할 수 없는 근본무명이 진여라고 하는 깨끗한 마음의 본체에 그림자를 드리운 것이다. 이 근본무명으로 인하여 삼세가 일어나고, 다시 삼세에서 거친 염심이 생겨난다. 그리하여 근본무명이 훈습하는 것이 거친 염심과 미세한 염심을 일으키는 공통적 원인이라는 것을 알 수 있다. 이것을 "이 두 가지 생멸은 무명의 훈습에 의해서 존재한다"고 하는 것이다. 자신의 내부에서 일어나는 것이 미세한 염심이고 외부에서 일어나는 것이 거친 염심이다. 근본무명인 인因이 없어지면 경계인 연緣도 소멸한다. 인이 되는 무명이 사라지면, 대상과 상응하지 않는 마음의 깊고 깊은 곳에 있는 미세한 염심도 또한 없어지게 된다. 미세한 것도 거친 것도 근본무명의 훈습이 없어지면 모두 다 없어진다.

그러나 일체의 염심이 소멸된다고 해서 인간의 생명까지도 소멸된다는 의미는 아니다. 그런데도 '마음이 멸한다'고 하므로 질문을 하는 것이다. 만약 염심이 멸함으로써 무명이 움직이지 않게 되어 마음이 멸해버리면 중생은 어떻게 존속해 가는가. 즉 망심의 소멸과 함께 우리 중생도 사라지게 되는 것은 아닌가 하는 의문이다. 여기서 문제는 멸滅인데, 도대체 무엇이 멸하는 것인가. 염심이 멸한다는 것은 단지 마음의 모습[心相]이 멸하는 것이지 마음의 본체[心體]가 멸하는 것은 아니다. 심체는 진여이며, 이것은 실재이자 불생불멸이다. 더구나 심체의 진여에는 진실한 지혜가 갖추어져 있다. 이 지혜는 무분별지이다. 따라서 심진여의 본성이 지혜인 점과 그것이 분별 망념을 여의고 있는 것과는 모순되지 않는다. 그것을 예로 들어 설명하면 바람이 물을 움직여 파도를 일으키는 것과 같은 것이다. 만약 물이 없어지면 파도는 그 의지할 곳을 잃어버려 파도도 또한 없어진다. 물 그 자체가 없어지면 파도도 없어지지만, 물 그 자체, 즉 물의 본체가 소멸하지 않으면 파도도 역시 소멸하는 일이 없다. 즉 상속할 수 없는 것이다. 다만 바람이 소멸하면 파도가 소멸할 뿐이고, 파도가 소멸한다고 해서 물 그 자체가 소멸하는 것은 아니다.

이와 같이 생각하여 파도를 중생, 마음의 본체를 물, 무명을 바람이라고 한다면, 무명의 바람이 불어서 마음의 본체인 물을 움직여 여기에 중생, 즉 파도가 일어나는 것이다. 만약 마음의 본체인 물이 소멸하면 중생인 파도는 그 의지할 바를 잃고 소멸해 버린다. 그러나 마음의 본체인 물은 멸하는 일이 없으므로 마음의 모습은 상속할 수 있는 것이다.

무명의 경우도 이와 같다. 무명 그 자체는 인식되지 않으며, 무명이 심체에 훈습하여 생멸심이 된 점에서 무명이 존재함을 알 수 있다. 때문에 무명은 어디까지나 '마음에 근거하여' 존재한다. 그래서 '심체에 의해 움직인다'고 설한 것이다. 무명에 의하여 마음의 모습은 동요한다. 무명이 멸하면 마음의 모습도 멸한다. 그러나 마음의 모습이 멸한다고 해서 마음의 본체가 멸하는 것은 아니다. 따라서 무명이 멸하더라도 심체는 존속한다. 다만 어리석음만 멸할 뿐이다. 이때 심생멸상이 이와 함께 멸한다. 즉 심생멸상의 변화에 의해 범부, 이승, 보살로 변화하지만, 생멸상 그 자체가 멸할 때, 불타가 되는 것이다.

〈도표 9〉는 이상 설명한 추세麤細의 구분을 도식화한 것이다.

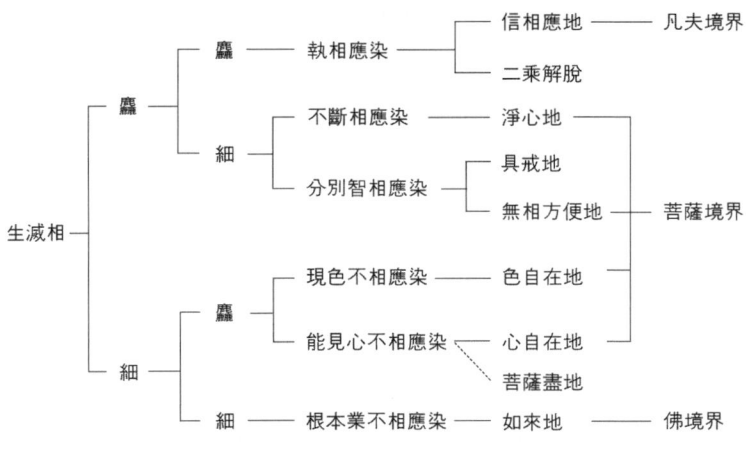

도표 9

② 번뇌와 지혜의 마음이 협력하는 상태(染淨相資)

【요지】

『대승기신론』의 목적은 부처님의 깨달음의 세계를 밝히고 그것에 믿음을 생기게 하려는 데에 있다. 무명이라든가 진여를 설명하는 것이 궁극의 목적이 있는 것이 아니라는 전제하에 문제를 이해해야 할 것이다. 지금까지 '염정생멸'에서 '생멸인연'과 '생멸상'을 설명해 왔다.

그리고 진여와 무명이 범부와 보살과 불타에게 어떠한 모습, 어떠한 연관을 나타내는가도 밝혔다. 진여와 무명은 정淨과 염染으로서 서로 반발하는 것이었다. 즉 선과 악은 상호 모순되는 것이고 구별될 수 있는 것임이 분명하다. 그러나 한편으로 선과 악은 합일해서 선악불이善惡不二의 성질을 가지고 있다.

이상과 같은 염정생멸이나 생멸인연이 가능한 이유를 이 논은 염과 정의 연관성에서 찾고, 그 연관성이란 무엇인가라는 것에 대한 설명을 해 나간다. 이것이 여기에서 거론할 '염정상자'의 문제이다. 즉 진여는 무명의 훈습을 받지만, 반대로 무명도 진여의 훈습을 받기 때문에 무명이면서도 무명에 어긋나는 작용을 나타낸다고 한다. 이것을 염법훈습과 정법훈습으로 설명한다. 진여와 무명의 관계를 나타내고, 아울러 진여와 무명의 성격도 밝히고 있다.

復次有四種法의 熏習義[167]故로 染法[168]淨法[169]이 起不斷絶하나니 云何

---

167 사종법 훈습의: 훈습을 네 가지로 나누어서 설명한 것. ①은 정법훈습이고, ②~④는 염법훈습. 그러나 설명은 반대로 먼저 염법훈습, 그 다음에 정법훈습 순서이다. 그리고 염법훈습에서는 무명·망심·망경계의 순서로 간략히 설한 후

爲四오. 一者는 淨法이니 名爲眞如요, 二者는 一切染因이니 名爲無明이요, 三者는 妄心이니 名爲業識이요, 四者는 妄境界니 所謂六塵이니라. 熏習義者는 如世間衣服이 實無於香이로대 若人이 以香으로 而熏習故로 則有香氣인달하니 此亦如是하야 眞如淨法은 實無於染이로대 但以無明而熏習故로 則有染相[170]하고 無明染法은 實無淨業[171]이로대 但以眞如而熏習故로 則有淨用[172]이니라.

또다시 네 종류의 법에 훈습하는 뜻이 있기 때문에 염법染法과 정법淨法이 일어나 단절하지 않으니 무엇이 네 가지인가. 첫째는 정법이니 이름하여 진여라 하고, 둘째는 일체염인이니 이름하여 무명이라 하며, 셋째는

에, 다시 망경계훈습의, 망심훈습의, 무명훈습의로 자세히 설명한다. 정법훈습에서는 진여훈습과 망심훈습을 먼저 약설하고, 다시 망심훈습의, 진여훈습의의 순서로 설명하고 있다. 이러한 순역順逆의 설명방식으로 염정 상호간의 영향관계의 긴밀함이 강조되고, 표현효과가 증폭됨을 알 수 있다.

168 염법: 일체의 염인染因, 즉 미망의 원인. 이것이 무명이다. 그리고 망심의 경우는 식識을 말하므로 업식·전식·현식에서 의식까지를 포함하지만, 그 근본인 입장에서 업식을 들고 있다. 또한 망경계는 인식의 대상이기 때문에 지식·상속식·의식에 망경계가 다 있지만, 역시 그 근본의 입장에서 경계상을 들고 있다.

169 정법: 미혹한 현실에서 청정한 작용의 원점이 되는 각이다. 진여는 세 가지 뜻에서 청정하다고 한다. 첫째는 본성이 청정하며, 둘째는 청정한 훈습력을 가지고, 셋째는 염染을 거슬러 정淨으로 향하게 하는 힘. 이 셋에 의해서 '정'이라고 한다.

170 염상: 진여는 무상一相이지만, 무명의 훈습을 받아서 차별상, 즉 염상이 나타나는 것. 여기서 '상'이라고 한 것은 무명에서는 체가 없고 진여를 빌려서 모습을 나타낼 뿐인 것을 보여준다.

171 정업: 정화하는 활동력. 청정한 선업이다.

172 정용: 생멸문 중의 진여의 작용. 청정한 작용을 말한다.

망심이니 이름하여 업식이라 하며, 넷째는 망경계이니 이른바 육진이다. 훈습의 뜻이란 세간의 의복에는 실제로는 향이 없으나 만약 사람이 향으로써 훈습하기 때문에 곧 향기가 있는 것과 같이, 이도 또한 그러하다. 진여정법에는 실로 염이 없으나 다만 무명으로 훈습하므로 곧 염상이 있으며, 무명염법에는 실로 정업이 없으나 다만 진여로서 훈습하므로 곧 정용이 있는 것이다.

【해설】

깨달음과 미혹에 대한 설명이 서로 밀접하게 연관되어 있는 상태를 진여훈습과 무명훈습, 망심훈습과 망경계훈습이라는 네 가지 훈습설로 나타내고 있다. 여기서도 사람들이 마음의 미망함을 현실로부터 일으켜 최종적으로 어느 곳에 낙착하는가 하는 실천론적인 과제를 나타내고자 한 것이다.

　훈습의 요소는 염법과 정법이다. 미망의 세계와 깨달음의 세계가 일어나 서로 단절되지 않는 이유를 이 네 가지 종류에 의해 설명한다. 염법이란 미망의 세계를 말하고, 정법이란 깨달음의 세계를 말한다. 우리가 하루 생활 중에서도 부처님 앞에서 합장하고 있을 때는 정법이 일어나지만, 그 외 다른 시간에는 망법이 일어나므로 "염법과 정법이 일어나 단절되지 않는다"고 말한 것이다. 네 가지 요소는 진여와 무명과 망심과 망경계이며, 이 중에서 진여만 정법이고 나머지 셋은 망법이다.

　첫째, 정법이란 진여를 말한다. 진여의 작용을 진여훈습, 정법훈습이라 한다. 이 진여가 훈습함에 의하여 무명의 망법을 타파하고 깨달음의 세계를 열어간다. 다시 말하면 미혹한 현실에서 청정한 작용의 원점이 되는 것은 각覺이지만 그 근거는 생멸문 중의 진여이다.

둘째는 일체 염법의 원인이 되는 무명이다. 육염심이나 삼세·육추는 모두 염인染因이지만, 여기서는 그것들의 근본을 취하여 무명을 나타낸다. 말하자면 무명의 작용에 의해 사람은 악마가 되기도 하는데, 다만 정도의 차이가 있을 뿐이다. 무명의 어두운 길을 걷고 있을 때에는 무명을 알지 못하지만, 문득 깨닫고 나면 비로소 아는 것이다. 그래서 무명의 어두운 길을 계속 살아가고 있으면 자신이 무명으로 훈습되어 있다는 사실을 모르고 아무 거리낌 없이 악행을 저지르게 된다.

셋째는 망심이다. 망심이란 업식을 말한다. 이것은 업식·전식·현식에서 의식까지를 포함하는 것이지만, 여기에서는 그 근본을 취하여 업식을 드는 것이다. 즉 진여의 깨달음 그 자체가 무명의 연緣에 의하여 움직이는 초기의 마음을 말하는 것이다. 진여가 무명에 의해 더럽혀지는 마음이다. 염법의 원인인 무명이 홀연히 이유 없이 마음속에 일어나기 시작할 때 이것이 업식이며 망심인 것이다.

넷째는 육진六塵이다. 망심의 대상인 육진의 경계를 말하는데 색성향미촉법이 그것이다. 이러한 외계에 있는 온갖 것들이 우리의 감각기관을 자극하며, 이것에 의해 망상이 일어나기 시작한다. 그래서 이 경우에는 마음 밖의 육진六塵을 말하는 것이 아니라 마음에 나타나고 인식의 대상이 되는 육진을 말하는 것이다.

이상의 네 가지 법[四法]이 있는 것이 염정의 훈습을 성립시키는 조건이다. 진여의 정법은 본래 평등하고 하나의 의미뿐이기 때문에 구분할 수 없으므로 오직 하나지만, 염법인 불각은 무명과 망심과 망경계 등이 있어 제각기 성질이 다르므로 세 가지로 나눈 것이다.

훈습의 원어는 바사나vāsanā이며 이것은 '습기'라고도 번역된다. 이 습기란 훈습의 결과 남게 된 힘을 말한다. 늘 향기를 풍기는 힘과 남게 된 힘은 다른 것이 아니기 때문에 바사나라고 하는 말이 두 뜻으로 쓰인 것이다. 그래서 훈습은 타인에게 작용하여 자기의 힘으로 상대를 바꿔 타게 한다. 즉 타인을 자신에게 동화시키는 것이다.

다시 말하면 훈습이란, 의복에 향기가 배듯이 자신이 남에게 작용하는 힘이다. 이러한 훈습의 작용이 있으므로 진여가 근본무지로부터 작용을 받아 미혹한 모습으로 바뀌어 버리는 것이며, 마찬가지로 근본무지가 진여로부터 작용을 받아 깨닫게 되는 것이다.

여기에서 염법染法은 원래 무염無染인 진여, 즉 자성청정심에 무명이 훈습하여 망심妄心, 즉 심생멸이 일어난다는 염법훈습과 그 망심·망법에 진여가 훈습하여 정용淨用을 일으키는 정법훈습淨法熏習이라는 두 가지 훈습을 들고 있다. 염법훈습은 그 결과 무명훈습으로 불리고 정법훈습은 진여훈습으로도 불린다. 이 무명과 진여가 서로 영향을 주고받은 점을 상자相資라 한 것이다.

때문에 염상이 나타나는 이상, 진여에도 염의 성질이 있다고 해야만 한다. 예를 들면 나쁜 친구와 사귀어서 나빠지는 것은 나빠지기 전에도 악惡의 소질이 있었기 때문이라고 생각할 수 있다.

그러나 진여와 무명은 같은 가치로 실재하는 것이 아니라, 무명은 체가 없는 것으로서 진여에 의존하여 존재하는 것이다. 그것은 마치 우리들의 마음에 선과 악이 실재한다고 인식하지 않으면 안 되는 것과 마찬가지이다. 그러나 현실에 있어서 마음은 하나뿐이다. 선도 악도 추상화된 것이라 생각한 것이다. 선악을 나누는 것에 의하여 마음을 보다 바르고 깊게 이해할 수 있는 것이다. 그러한 의미에서 진여와 무명은 가설이긴 하지만 진실을 나타내는 효과를 가진다.

(가) 유전현실의 과정(染法熏習)

【요지】

여기에서는 범부의 미혹한 세계가 어떻게 하여 나타나는가를 설명하고 있다. 무명이 원인이 되어 일어나는 훈습을 염법훈습이라 하는데, 이는 세 가지가 있다. 망경계훈습과 망심훈습과 무명훈습이 그것이다. 그리고 다시 각각을 두 가지씩의 훈습으로 세분화한다.

云何熏習하야 起染法不斷고. 所謂以依眞如法故로 有於無明이요, 以有無明染法因故로 卽熏習眞如요, 以熏習故로 則有妄心이요. 以有妄心하야 卽熏習無明하야 不了眞如法故로 不覺念起하야 現妄境界요, 以有妄境界染法緣故로 卽熏習妄心하야 令其念著[173]하야 造種種業하야 受於一切身心等苦니라.
此妄境界熏習義에 則有二種하니 云何爲二오. 一者는 增長念熏習이요, 二者는 增長取熏習이니라. 妄心熏習義에 有二種하니 云何爲二오. 一者는 業識根本熏習이니 能受阿羅漢[174]과 辟支佛[175]과 一切菩薩의 生滅苦故요, 二者는 增長分別事識熏習이니 能受凡夫의 業繫苦故니라. 無明熏習義에 有二種하니 云何爲二오. 一者는 根本熏習이니 以能成就業

---

173 염착: 망념이 아집·법집을 일으키는 것이다.
174 아라한: 범어 arhat의 음역. 사람으로부터 공양을 받을 자격이 있는(應供) 성자의 뜻. 성문승의 수행이 완성된 지위이다.
175 벽지불: 범어 pratyekabuddha의 음역. 독각獨覺의 의미. 자각自覺에 안주하여 이타행을 하지 않는 각자覺者의 뜻. 또는 십이인연을 관찰하여 깨달았기 때문에 연각緣覺이라고도 한다.

識義故요, 二者는 所起見愛熏習이니 以能成就分別事識義故니라.

어떻게 훈습하여 염법을 일으켜 단절하지 않는가. 이른바 진여법에 의지하므로 무명이 있고, 무명염법의 인이 있음으로써 곧 진여를 훈습하며, 훈습하기 때문에 곧 망심이 있다. 망심이 있음으로써 곧 무명을 훈습하여 진여법을 알지 못하기 때문에 불각의 염이 일어나 망경계를 나타낸다. 망경계라는 염법의 연이 있음으로써 곧 망심을 훈습하여 그 망념으로 하여금 집착하게 하여 가지가지 업을 지어 일체의 신심身心 등에 고통을 받게 하는 것이다.
이 망경계훈습의 뜻에 곧 두 가지가 있으니, 무엇이 두 가지인가. 첫째는 증장염훈습이고 둘째는 증장취훈습이다. 망심훈습의 뜻에 두 가지가 있으니, 무엇이 두 가지인가. 첫째는 업식근본훈습이니, 능히 아라한과 벽지불, 일체보살이 생멸의 고통을 받기 때문이며, 둘째는 증장분별사식훈습이니, 능히 범부가 업계業繫의 고통을 받기 때문이다. 무명훈습의 뜻에 두 가지가 있으니, 무엇이 두 가지인가. 첫째는 근본훈습이니, 능히 업식業識을 성취하는 뜻이기 때문이며, 둘째는 소기견애훈습이니, 능히 분별사식을 성취하는 뜻이기 때문이다.

【해설】

진여는 본래 청정하지만 무명에 의해 훈습되면 더러운 모습을 띠기 시작한다. 반대로 무명도 진여에 의해 훈습되면 청정한 모습으로 되어 간다. 염법훈습이란 무명을 기점으로 하여 무명의 힘이 강해지면 진여가 가려지고 더럽혀져 미혹한 세계가 나타나게 되는 것을 말한다. 인간이 살아간다고 하는 것은 무명의 어두운 길을 끊임없이 헤매는 것이다. 이 무명이 있다는 사실이야말로 살아있다는 증거이다. 그런데 무명은 강한 힘을 일으켜 진여에 훈습하고 작용하는 것이다. 염법의 작용을 표면적인 작용에서 보이지 않는 깊은 작용의 순서로 나누어보면, 망경계훈습, 망심훈습, 무명훈습이다.

먼저 무명훈습無明熏習은 '염법染法의 인因'으로서 무명이 일어나는 훈습이며, 무명이 진여를 훈습한 결과 심진여로부터 망심이 작용하는 심생멸이 일어난다는 것이다. 여기서는 무명이 인이고 훈습의 상대는 진여이며 그 결과가 망심으로 작용하는 것이다. 결코 진여법에서 무명이 생기는 것은 아니다.

다음으로 망심훈습妄心熏習은 망심이 무명을 훈습하여 그 결과, "불각의 염이 일어나서 망경계를 나타낸다"는 것이다. 망심은 업식이라 하므로 '불각不覺의 염念'이 전식(轉識 혹은 能見相)이고, '망경계를 나타내는 것'은 현식(現識 혹은 境界相)에 해당한다. 또한 "진여법을 알지 못하기 때문에"라고 말한 것은 '불각의 염'에서의 '불각'과 같다. 다시 말하면 무명과 같은 내용이다.

그리고 망경계훈습妄境界熏習의 경우, 그 상대는 망심인데, 그 결과로 "염착念著하여" "업을 짓고" "고苦를 받는다"고 한다. 이것은 육진六塵에 해당하는 것이며, 따라서 '염착'은 '염'이 지상智相과 상속상相續相의 두 가지, '착'이 집취상執取相과 계명자상計名字相에 해당하며, '업을 짓고'가 기업상起業相, '고를 받는다'가 업계고상業繫苦相에 대응하게 된다. 무명이 '염법染法의 인因'임에 대해 망경계는 '염법의 연緣'이라고 불린다. 이로 보면 망심이 바로 염법이고, 작용의 주체는 망심인 점에 주의해야 한다.

다음에는 세 가지 염법훈습이 각각 두 종류로 나누어져 있다.

먼저 망경계훈습妄境界熏習에서 증장염훈습增長念熏習이란 환경의 힘에 의하여 집착하는 생각이 강해지는 것이며, 증장취훈습增長取熏習이란 환경의 힘에 의하여 자기 자신에게 집착하는 생각을 증대시켜 가는 것이다. 즉 주변의 환경에 따라 사물과 욕심에 집착하는 생각이 한층 더 강해지는 것을 말한다. 가령 돈이나 물건은 마치 살아있는 생물처럼 망상을 강하게 하는 작용을 지닌다.

그 다음 망심훈습妄心熏習에는 업식근본훈습業識根本熏習과 증장분별사식훈습增長分別事識熏習이 있다. 전자는 업식의 망심이 무명에 훈습되어 삼승의 성자에게 생멸의 괴로움을 주는 것이다. 삼승三乘은 자리수행이므로 깨달음은 열었지만 생사의 괴로움을 받지 않을 수 없다. 후자는 범부에게 업의 속박에서 오는 괴로움을 주는 것이다. 망심이 무명에 훈습함으로써 업의 속박으로 인한 괴로움이 생겨난다. 즉 분별사식을 증장시키는 훈습을 말하는 것이다.

그리고 무명훈습에도 두 가지, 근본훈습根本熏習과 소기견애훈습所起見愛熏習이 있다. 전자는 근본무명이 진여에 훈습하여 업식·전식·현식의 삼세를 움직여간다. 그것은 업식이 무명에 의한 진여의 깨달음 그 자체가 처음으로 움직이기 시작했다는 증거를 의미하기 때문이다. 마음이 움직이면 보는 것과 보이는 것으로 나누어지기 시작한다. 무명에 의해 진여는 생명을 가진다. 무명이야말로 원동력이며 진여를 나타내 보이게 하는 에너지인 것이다. 후자는 일어나기 시작하는 무명의 견애見愛가 마음의 본체에 훈습하여 분별사식을 형성하는 것을 말한다. 견애의 견은 견혹, 애는 수혹을 말한다. 견혹은 지성적인 어리석음과 의심이며, 수혹은 감정적인 어리석음과 번민이다.

요컨대 작용하는 힘(훈습)이 미망의 생존을 형성하는 모습인 무명과 망심과 망경계를 축으로 하여 나타난다. 이와 같이 미망한 경계가 미망한 생존의 조건이 되어 망심에 작용하고, 그 잘못된 마음의 움직임에 집착되어 여러 가지 행동을 일으키게 되며, 그 결과 신심身心에 온갖 고뇌를 받게 되는 것이다.

〈도표 10〉은 염법훈습染法熏習과 정법훈습淨法熏習의 구조를 나타낸 것이다.

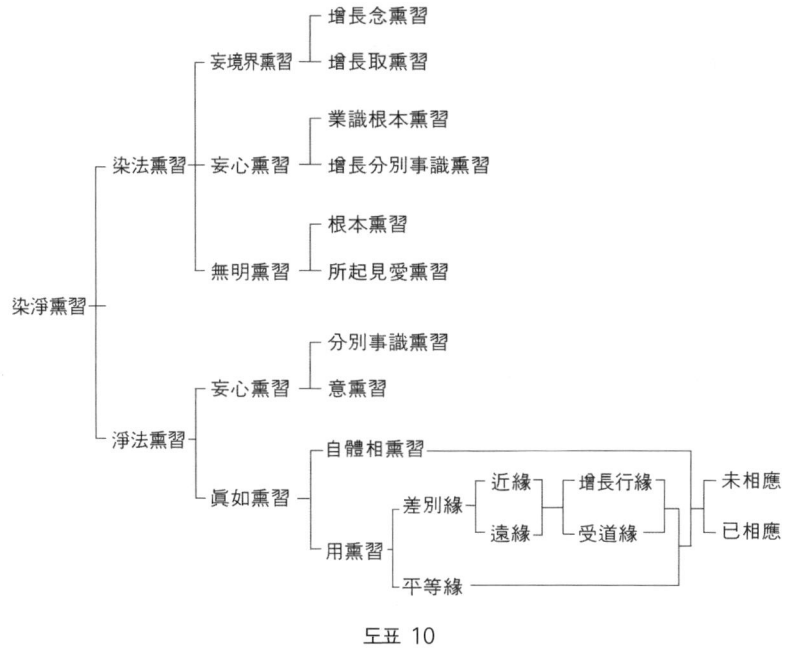

도표 10

(나) 환멸연기의 과정(淨法熏習)

【요지】

정법훈습淨法熏習은 깨달음을 실현하는 순서를 나타낸다. 우리들의 마음에 진여의 훈습이 있고, 그것에 의하여 마음속에 일어나는 청정한 작용이 단절되지 않는 이유를 설명하고 있다.

즉 작용하는 힘으로 인하여 깨달음의 생존을 형성해 가는 모습이 바로 진여훈습이다. 진여훈습에는 인과 연의 힘이 있는데, 나중에 인은 자체상훈습自體相熏習, 연은 용훈습用熏習으로 다시 설명된다. 이 진여의 인과 연의 훈습하는 힘이 망심에 작용하여, 미혹한 고통의 현실을 싫어하고 깨달음으로 향하게 하는 것이다.

云何熏習하야 起淨法不斷고. 所謂以有眞如法故로 能熏習無明이요, 以熏習因緣力[176]故로 則令妄心으로 厭生死故하고 樂求涅槃[177]하나니 以此妄心이 有厭求因緣[178]故로 卽熏習眞如하야 自信己性하고 知心妄動이라, 無前境界하야 修遠離法 하나니라. 以如實知無前境界故로 種種方便으로 起隨順行하야 不取不念[179]하며 乃至久遠熏習力故로 無明則滅이니라. 以無明이 滅故로 心無有起[180]요, 以無起故로 境界隨滅이요, 以因緣[181]俱滅故로 心相皆盡일새 名得涅槃하야 成自然業[182]이니라.

---

176 훈습인연력: 진여가 무명에 훈습해서 정용을 일으키게 하는 작용. 이것을 본훈本熏이라고 한다.
177 염생사고 요구열반: 세간의 인과(集諦·苦諦)를 알고, 출세간의 인과(道諦·滅諦)를 실현하고자 하는 것이다.
178 염구인연: 망심에 생사를 싫어하고 열반을 찾는 정용淨用이 일어나는 것. 이 정용이 반대로 진여에 훈습해서 진여의 힘을 증가시키기 때문에 이것을 신훈新熏이라고 한다.
179 불취불념: 집착이나 망념을 일으키지 않는 것. 또는 소취所取와 능취能取가 일어나지 않는 것을 말한다.
180 심무유기: 망심이 다함을 뜻한다.
181 인연: 무명과 망심이 인, 망경계가 연이다.
182 득열반 성자연업: 번뇌가 멸하면 지혜가 성취되어, 인위적이지 않고도 자연스럽게

어떻게 훈습하여 정법을 일으켜 단절하지 않는가. 이른바 진여법이 있기 때문에 능히 무명을 훈습하며, 훈습하는 인연의 힘 때문에 곧 망심으로 하여금 생사의 고통을 싫어하고, 기꺼이 열반을 구하게 하는 것이다. 이 망심이 (생사의 고통을) 싫어하고 (열반을) 구하는 인연이 있기 때문에 곧 진여를 훈습하여, 스스로 자기의 본성을 믿어 마음이 망령되이 움직이는 것일 뿐 앞의 경계가 없음을 알고 멀리 여의는 법을 닦는다. 이로써 여실하게 앞의 경계가 없음을 앎으로써 여러 가지 방편으로 수순하는 행을 일으켜 집착하지도 않고 망념하지도 않아 내지 오랫동안 훈습한 힘 때문에 무명은 곧 멸한다. 무명이 멸하므로 마음에 일어나는 것이 없고 일어남이 없기 때문에 경계도 따라 멸한다. 인과 연이 함께 멸하므로 심상이 모두 다하니, 열반을 얻어 자연업을 이루었다고 이름한다.

【해설】

진여가 무명을 훈습하면 어떻게 되는가. 미쳐 날뛰고 있던 번뇌와 망념 가운데 한 줄기 광명이 비치기 시작한다. 지금 현재의 이런 모습은 참다운 모습이 아니라고 하는 것을 깨닫게 된다. 『현수의기』에는 어둠 속에서 들려오는 부처님의 소리를 본훈本熏, 생사를 싫어하고 열반을 갈구하는 마음이 거꾸로 진여에 훈습되어 가는 것을 신훈新熏이라 하였다. 본훈은 부처님의 음성, 신훈은 종교적인 새로운 자각이라 할 수 있다.

이 정법훈습의 기본적인 작용은 "망심으로 하여금 생사의 고를 싫어하고 열반을 원하게 하는 것"이다. 이 문장의 출전은 『승만경』의 "만약

이타행이 갖추어진다는 뜻이다.

여래장이 없으면 (사람이 생사의) 괴로움을 싫어하고, 열반을 얻고자 바라거나 구하는 일도 없을 것이다"는 경구에서 유래한다. 여기서는 그것을, 여래장이 아니라 진여라는 이름으로 나타낸 것이다.

이어서 이 정법훈습의 구체적인 과정이 나타나는데, "자기 본성本性을 믿고"라는 것은 여래장, 즉 불성을 믿는 것이고, 혹은 마음이 자성청정성임을 말하는 것이다. 이는 망심이 진여에 훈습하는 것으로, 그렇게 되면 진여가 적극적으로 망심에 작용을 일으키고, 그것이 끊임없이 계속된다는 것이다. 나중은 수행에 의한 소위 환멸還滅의 작용으로 심상心相, 즉 심생멸상이 완전히 사라지고 열반이 실현된다. 그리고 "취取하지 않고 염念하지 않고"의 의미는 염법훈습에 있어 '염착念著'의 부정이다. '인因과 연緣'이란 망심의 인因과 연緣이며, 무명과 망경계를 가리킨다. 마지막으로 '자연업自然業'이란 깨달은 후의 '자연임운自然任運으로', 아무런 노력하는 일 없이 무공력無功力으로 일어나는 부처님의 이타업利他業을 말한다. 이것은 구제 받아야 할 중생이 있는 한 계속되기 때문에, 진여훈습은 끝없이 계속된다고 한 것이다. 이에 반해 염법훈습은 깨달음을 얻은 후에는 끊어진다고 한다.

妄心熏習義에 有二種하니 云何爲二오. 一者는 分別事識熏習이니 依諸凡夫二乘人等이 厭生死苦하야 隨力所能하야 以漸趣向無上道故요, 二者는 意熏習이니 謂諸菩薩이 發心勇猛하야 速趣涅槃故니라.

망심훈습의 뜻은 두 가지가 있으니, 무엇이 두 가지인가. 첫째는 분별사식훈습이니, 여러 범부와 이승인 등이 생사의 고통을 싫어함에 의하여 힘이 미치는 바에 따라 점차 무상도에 나아가기 때문이다. 둘째는 의훈습이니, 여러 보살이 발심하고 용맹하여 속히 열반에 나아가기 때문이다.

【해설】

망심훈습에는 분별사식훈습分別事識熏習과 의훈습意熏習이 있다. 전자는 성문이나 연각처럼 자신의 깨달음만 구하는 사람과 처음 믿는 사람의 생사와는 상관없이 열반이 있으며, 번뇌를 끊으면 깨달음이 있다고 믿어 생사를 버리고 열반을 구하여, 자신의 능력에 따라 차근차근 무상도를 목표로 수행해 가는 것을 말한다. 분별사식도 역시 의식이지만 표면에 나타낸 것은 이 식이 마음에 인식되는 하나하나의 사물을 그대로 외부 세계에 실재한다고 분별하는 점을 지적한 것이다.

후자는 오랫동안 수행을 계속해서 초지 이상의 경지에 들어간 보살에게 가능한 수행심이다. 그들은 만법유심의 도리를 깨달아 발심하고 수행하며 용맹 정진하여 신속히 열반을 향해 가기 때문이다. 다시 말해 의훈습意熏習은 업식의 훈습이며 감정적인 영역에 속하는 훈습이기 때문에 수행을 상당 수준 쌓은 사람이 아니면 단멸시킬 수 없다. 표면적인 의식의 번뇌보다 깊은 무의식의 번뇌 쪽이 어둠 속에 꿈틀대는 망념을 깨기가 더 어렵기 때문이다. 그들은 유식무경을 깨닫기 때문에 마음 밖에 명자名字를 헤아리거나 자아의 집착을 가지는 일이 없다. 그 때문에 발심은 용맹강력하며, 전자의 발심이 '점漸'인데 비하여 후자의 수행이 빠르게 열반에 다다를 수 있는 것이다.

요컨대 망심훈습은 망심에 진여의 정용淨用이 나타나는 것으로, 다른 말로 하면 미혹 속에 있는 중생이 그 미혹한 마음속에서 보리심을 일으키고 수행을 하여 깨달음으로 나아가는 활동을 나타내는 것이다. 따라서 이것은 시각始覺의 활동을 망심의 측면에서 서술한 것이라고 할 수 있다.

眞如熏習義에 有二種하니 云何爲二오. 一者는 自體相熏習이요, 二者는 用熏習이니라.

自體相熏習者는 從無始世來로 具無漏法하야 備有不思議業[183]하며 作境界之性[184]하나니 依此二義하야 恒常熏習하야 以有力故로 能令衆生으로 厭生死苦하고 樂求涅槃하고 自信己身에 有眞如法하야 發心修行케 하나니라.

問曰 若如是義者인댄 一切衆生이 悉有眞如[185]라 等皆熏習이어늘 云何有信無信이며 無量前後差別고. 皆應一時에 自知有眞如法하야 勤修方便하야 等入涅槃이로다. 答曰 眞如는 本一이나 而有無量無邊無明이 從本已來로 自性差別[186]하야 厚薄이 不同故로 過恒河沙等上煩惱[187]가 依無明하야 起差別하며 我見愛染煩惱 依無明하야 起差別하나니 如是一切煩惱는 依於無明所起라 前後無量差別을 唯如來能知故니라.

又諸佛法이 有因有緣하니 因緣이 具足하야사 乃得成辦하나니라. 如木中火性이 是火正因이나 若無人知하야 不假方便하면 能自燒木이 無有是處[188]인달하야 衆生도 亦爾하야 雖有正因熏習之力이나 若不遇諸佛菩

---

[183] 부사의업: 진여가 안에서 중생에게 작용하여 영향을 미치지만, 중생은 그것을 알아채지 못하기 때문에 '부사의'라고 하며, 이 훈습을 '명훈冥熏'이라고도 한다.
[184] 경계지성: 진여가 관찰의 대상이 되는 것을 말한다.
[185] 일체중생 실유진여: 『열반경』의 "일체중생 실유불성"과 아주 유사한 표현형식이다.
[186] 자성차별: 무명이 사람에 의해서 각각 다른 것이다.
[187] 상번뇌: 수번뇌隨煩惱의 뜻이라는 해석과, '지애智碍', 즉 소지장所知障이라는 의견도 있다.
[188] 처: 도리·이유·근거의 의미가 있다.

薩善知識等이 以之爲緣하면 能自斷煩惱하야 入涅槃者 則無是處니라.
若雖有外緣[189]之力이나 而內淨法이 未有熏習力者면 亦不能究竟에 厭
生死苦하야 樂求涅槃이니라. 若因緣이 具足者는 所謂自有熏習之力하
고 又爲諸佛菩薩等의 慈悲願護故로 能起厭苦之心하야 信有涅槃하야
修習善根하며 以修善根成熟故로 則値諸佛菩薩의 示敎利喜하야 乃能
進趣하야 向涅槃道니라.

진여훈습의 뜻에도 두 가지가 있으니, 무엇이 두 가지인가. 하나는 자체상훈습이며, 둘째는 용훈습이다.
자체상훈습이란 무시이래로부터 무루법을 갖추고, 구체적으로는 부사의업을 갖추고 있어 경계의 성품을 만든다. 이 두 가지 뜻에 의해 항상 훈습하여 힘이 있기 때문에, 능히 중생으로 하여금 생사의 고통을 싫어하고 기꺼이 열반을 구하게 하며 스스로 자신에게 진여법이 있음을 믿어 발심 수행하게 하는 것이다.
묻기를, 만약 이와 같은 뜻이라면 일체중생은 모두 진여가 있어 평등하게 다 훈습해야 하거늘 어찌하여 믿음이 있기도 하고 믿음이 없기도 하여 무량한 전후의 차별이 있는 것인가. 모두 응당히 일시에 스스로 진여법이 있음을 알고 부지런히 방편을 닦아 똑같이 열반에 들어가야 할 것이다.
답하기를, 진여는 본래 하나이지만 무량무변의 무명이 본래부터 자성에 차별이 있다. 두껍고 얇음이 같지 않으므로 항하의 모래보다 많은 상번뇌 上煩惱가 무명에 의하여 차별을 일으키며, 아견과 애염의 번뇌가 무명에 의지하여 차별을 일으킨 것이다. 이와 같이 일체 번뇌는 무명에 의지하여 일어난 것이며, 전후의 무량한 차별을 오직 여래만이 능히 알기 때문이다.

---

[189] 외연: 불·보살·선지식 등 외부로부터 가르쳐 인도함을 말한다.

또한 제불의 법은 인이 있고 연이 있어 인연을 구족하여야 이에 (법을) 이룰 수 있다. 나무 속에 있는 불의 성질은, 이것이 불의 정인正因이지만 만약 사람이 알지 못하여 방편을 빌리지 않고 능히 스스로 나무가 탄다고 한다면 이런 도리는 없는 것과 같이 중생도 또한 그러하다. 비록 정인이 훈습하는 힘이 있다고 할지라도 만약 불보살, 선지식 등을 만나, 이로써 연을 삼지 않고 능히 스스로 번뇌를 끊어 열반에 들어간다고 한다면 곧 이런 도리는 없을 것이다. 만약 외연의 힘이 있다고 하더라도 안으로 정법淨法에 아직 훈습력이 없으면, 역시 능히 끝내 생사의 고통을 싫어하고 기꺼이 열반을 구하지 않을 것이다. 만약 인연을 구족한다면, 이른바 스스로 훈습의 힘이 있고 또한 불보살 등의 자비 발원에 의하여 옹호되므로 능히 (생사의) 고통을 싫어하는 마음을 일으키고 열반이 있음을 믿어 선근을 닦아 익힌다. 선근을 닦음이 성숙함으로써 곧 불보살이 보여주고 가르쳐주며 이롭게 하고 기쁘게 해줌을 만나 이내 능히 진취하여 열반의 도로 향하는 것이다.

【해설】
앞의 망심훈습妄心熏習은 진여의 정화淨化 작용이 망심을 훈습하여 이를 정화해 나가는 수행과정이었다면, 앞으로 이 단락에서 설명할 진여훈습은 그 진여의 정화작용이 어떠한 것인가에 대한 내용이다. 즉 정화시키는 힘을 말한다.

　이 진여훈습眞如熏習도 두 가지로 설명하는데, 자체상훈습自體相熏習과 용훈습用熏習이 그것이다. 전자는 진여가 안에서부터 훈습해 나오는 것으로, 다시 말하면 자기의 본성인 진여의 체대, 상대가 안에서부터 훈습하여 발현하는 것이다. 즉 진여의 체상을 합친 작용으로 범부나 보살을 대상으로 설해진다. 이에 비하여 용훈습이란 진여의 용대用大의 작용을 의미하며, 진여의 작용에 보신·화신이 나타나 그것이 외연外緣이 되어 중생을 교화하는 것이다. 즉 진여의 자재로운 작용을 나타낸 것으로, 불타의 활동을 가리킨다. 전자는 안에 있는 진여의 소리를 듣는 것이며, 후자는 밖으로부터 진여의 소리를 듣는 것이다.

좀더 구체적으로 살펴보면, 진여에는 체體·상相·용用의 삼대三大가 있는데, 이 중에서 체대體大와 상대相大를 합한 진여의 작용이 자체상훈습이다. 그리고 심생멸문에서는 자성청정심으로서의 진여의 활동이 있기 때문에 그 활동을 통해서 진여의 체와 속성[相], 작용이 구별되게 된다.

이 진여의 내훈內熏이 무시이래로 존재하기 때문에 그 힘에 의하여 중생은 불교에 눈뜨게 되는 것이다. 즉 중생이 생사의 괴로움을 싫어하는 것은 중생의 망심의 힘이 아니라 진여의 힘에 의하여 괴로움을 싫어하는 마음을 일으키게 되는 것이다. 그렇기 때문에 열반의 즐거움을 바라고 자기에게 진여법이 있는 것을 믿고 발심수행을 하는 것이다. 그러나 "자기가 진여법을 믿는" 것이 이 각覺을 향한 작용의 출발점은 되지만, 그것 역시 여래에 의한 가르침이 없으면 모르는 것이 된다.

다시 말하면, 진여내훈의 작용에서 알 수 있듯이 일체중생은 모두 진여를 지니고 있다. 이렇게 되면 이 진여는 불변 평등하게 똑같이 중생에게 훈습되어야 할 것이다. 따라서 모든 사람이 한 가지 모습으로 발심 수행하여 똑같이 열반에 들어가야 하는 것은 아닐까. 그러나 현실적으로는 신심이 있는 사람도 있고 없는 사람도 있으며, 발심 전후에도 차이가 있고 장차 발심할 사람도 있다. 즉 본래부터 모든 사람이 본각진여를 지니고 있다면 수행에 의해 모두 깨달음에 들어갈 수 있어야 할 것인데, 현실적으로는 발심 수행하여 깨닫는 사람도 있는가 하면 전혀 불가능한 사람도 있다. 이 현상을 설명하기 위하여 두 가지로 답하고 있다.

첫째, 진여는 본래 평등하여 사람에 따라 차별이 없는 것이다. 그러나 무량무변한 무명이 있어, 사람에 따라 두터운 무명에 덮인 사람도 있고 얕은 무명에 덮인 사람도 있다. 이는 근본무명으로부터 일어나는 무수한 번뇌에 여러 가지 차별이 있기 때문이다.

둘째, 불교에서는 인연화합을 설하고 있는데, 어떠한 것이든 내인內因과 외연外緣이 갖추어져 있어 여러 가지 일이 성취된다는 것이다. 예를 들면 나무가 불에 타는 것은 나무 자체에 타는 성질이 있기도 하겠지만 그것만으로는 나무가 타지 않는다. 사람이 나무에 불에 붙이는 외연을 만나야 비로소 불이 붙을 수가 있는 것과 마찬가지이다.

이와 같이 일체의 번뇌는 무명에 기준해서 일어나기 때문에 그 전후나 상위相違 등은 무명의 차이에 따라 천차만별이라 할 수 있다. 그 차별은 오직 부처님만이 알 수 있을 뿐이다. 따라서 인간의 본성은 진여이고, 그 점에서 일체중생은 평등하지만 인간 개개인의 무명은 다르기 때문에 발심수행의 차별이 생겨나는 것이다. 이 생각은 인간의 본성인 지혜는 어느 누구나 한결같이 같은 것이지만, 그 지혜를 장애하는 무명은 인간에 따라 각각 다르다고 하는 견해이다.

그리고 중요한 것은 외부에서 중생에게 작용하는 불보살의 연緣이 같지 않다는 점이다. 즉 인因만으로 모든 것이 성취되지 않는다는 것이다. 인이 있더라도 연에 의해 그것이 개발되지 않으면 인은 힘을 나타내지 않는다. 때문에 제불의 가르침에는 반드시 인因과 연緣이 설명된다.

어떤 경우에든 인과 연을 겸하여 갖춘 것에 의하여 목적을 달성한다. 중생의 경우도 이와 같아 진여의 내훈이라는 인훈습력因熏習力은 어느 누구에게나 있다. 이 훈습력은 어느 누구에게도 있지만, 만약 제불보살·선지식 등에게 지도라는 연緣의 도움을 받을 수 없다면 자력으로 번뇌를 끊고 열반에 드는 것은 있을 수 없게 된다. 즉 인이 있어도 연이 없다면 일은 성취되지 않는다. 이것이 연기緣起의 도리이다.

그러나 모든 제불보살의 연력緣力은 위대하지만, 연력만으로는 일이 성취되지 않는다. 외부로부터 제불보살이 무언가를 강력하게 작용해 주더라도 중생의 내부에서 무명의 힘이 강렬하기 때문에, 중생들이 생사의 괴로움을 싫어하고 열반을 즐겨 구하는 마음을 일으킬 수 없다. 이것은 인因이 결여된 것이다. 그래서 "생사의 고통을 싫어한다"는 말은 '삶에 대한 바른 의미를 깨닫다'는 의미로 바꿔 말할 수 있다. 혹은 '즐거움의 진정한 의미를 이해한다'고 해도 좋을 것이다. "열반을 기꺼이 구한다"는 의미에는 열반이 참된 즐거움이라는 의미가 포함되어 있기 때문이다.

요컨대 깨달음의 세계라는 것은 바로 부처님의 세계이다. 부처님이라는 존재는 지혜를 가지고 자비심을 갖추어 중생을 위해 작용하는 힘이다. 그 지혜와 자비 등이 '상相'이며 그것 없이는 부처님이라 말할 수 없는, 불가결의 덕성德性과 덕상德相이다. 그것을 제외한 부처님 그 자체, 부처님의 '체'라고 하면 그것은 단지 개념에 지나지 않는다. 그와 같은 무루법이 중생심에도 본래 갖추어져 있다고 볼 때, 중생의 심진여도 여래장의 이름으로 불린다. 그 여래장이 중생으로 하여금 고苦를 싫어하고 열반을 구하게 하는 원동력이 된다는 것이 여기에서의 주안점이다.

用熏習者는 卽是衆生의 外緣之力이니 如是外緣이 有無量義어니와 略 說二種하리라. 云何爲二오. 一者는 差別緣이요, 二者는 平等緣이니라. 差別緣者는 此人이 依於諸佛菩薩等하야 從初發意[190]하야 始求道時로 乃至得佛히 於中에 若見若念하면 或爲眷屬父母諸親하며 或爲給使하 며 或爲知友하며 或爲怨家하며 或起四攝[191]하며 乃至一切所作無量行 緣으로 以起大悲熏習之力하야 能令衆生으로 增長善根하야 若見若聞에 得利益故라. 此緣이 有二種하니 云何爲二오. 一者는 近緣이니 速得度 故요, 二者는 遠緣이니 久遠得度故라. 是近遠二緣이 分別컨대 復有二 種하니 云何爲二오. 一者는 增長行緣이요, 二者는 受道緣이니라. 平等緣者는 一切諸佛菩薩이 皆願度脫一切衆生하사 自然熏習하야 常 恒不捨하며 以同體智力[192]故로 隨應見聞하야 而現作業[193]하나니 所謂衆 生이 依於三昧하야사 乃得平等見諸佛故니라.

용훈습用熏習이란 곧 이 중생의 외연의 힘이니, 이와 같이 외연에 무량한 뜻이 있으나 간략히 두 가지로 설한다. 무엇이 두 가지인가. 첫째는 차별연이고, 둘째는 평등연이다.

---

190 초발의: 발보리심. 성불의 바람과 결심을 일으키는 것. 십신이 채워지고 신근이 확립한 때 발심을 하여 십주의 초위인 초발의주初發意住에 나아간다.
191 사섭: 사람들이 마음을 거둬들이기 위해 적합한 네 가지 실천법. 상대가 요구하는 것이나 가르침을 베푸는 보시섭布施攝. 상대의 마음을 편안하게 해주는 말씨의 애어섭愛語攝. 상대를 위해 이롭게 하는 이행섭利行攝. 상대와 함께 일을 성취하는 동사섭同事攝을 말한다.
192 동체지력: 범부도 성자도 본질에 있어서는 다르지 않으며, 진여와 똑같음을 아는 지혜의 힘을 뜻한다.
193 작업: 부처님께서 중생제도하시는 행위를 가리킨다.

차별연이란 이 사람이 제불보살 등에 의지하여 초발의로부터 이 도를 구하기 시작하여 내지 불과를 얻을 동안까지 혹은 보기도 하고 혹은 생각함에 있어, 혹은 권속 부모 여러 친척이 되고 혹은 급사가 되며, 혹은 아는 친구가 되고 혹은 원수 집안이 되며, 혹은 사섭법을 일으키며, 내지 일체 지은 바 무량한 수행의 연으로 대비의 훈습력을 일으켜 능히 중생으로 하여금 선근을 증장하여 혹은 보거나 혹은 들어서 이익을 얻게 하기 때문이다. 이 연에 두 가지가 있으니, 무엇이 두 가지인가. 첫째는 근연近緣이니 속히 득도하기 때문이다. 둘째는 원연遠緣이니 오래 걸려 득도하기 때문이다. 이 근과 원의 두 연을 분별하면, 다시 두 가지가 있으니, 무엇이 두 가지인가. 첫째는 증장행연이고, 둘째는 수도연이다.

평등연이란 일체의 제불보살이 모두 일체의 중생을 도탈시키고자 서원하여 자연히 (이들을) 훈습하여 항상 버리지 않으며, 동체지력이므로 응당히 (중생의) 보고 들음에 따라 지은 업을 나타내는 것이다. 이른바 중생은 삼매에 의지해야 이에 평등하게 제불을 볼 수가 있기 때문이다.

【해설】

용훈습은 외연의 힘을 말하는데, 이를 두 가지로 나누어 설명하고 있다.

  먼저 사람 각각에 다른 차별연이 있고, 다음은 어느 사람에게도 공통되는 평등연이 있다. 차별연에도 깨달음의 기연이 된 아주 가까운 연[近緣]과 돌이켜보면 저것이 연이었나 하는 머나먼 연[遠緣]이 있다. 그리고 이것을 다시 수행을 증장시키는 연[增長行緣]과 깨달음을 받은 연[受道緣]의 두 가지로 정리하고 있다.

다시 말하면 이것은 제불의 용대用大의 작용을 말하는 것이다. 용대란 부처의 보신報身과 응신(應身, 化身)을 말한다. 즉 진여의 용대에서 보신이나 화신이 나타나고 그것이 외연이 되어 중생을 교화하는 것을 말한다. 보신·화신이라 하여 교학적으로 따질 필요는 없으며, 진여의 작용이 어떠한 형상을 가지고 나타나 그것이 외연이 되어 중생을 인도한다는 정도로 이해하면 된다.

따라서 진여의 정용淨用이 부처의 용대用大에서 완전하게 실현되며, 중생에 대해서는 밖으로부터 작용해서 돕는 활동을 한다. 그 활동을 용훈습이라고 한다.

첫 번째 차별연은, 개인마다 각각 다른 연이기 때문에 중생의 능력에 따라 여러 가지 모습으로 나타나는 것이다. 모든 존재나 작용은 모두 차별연이라 할 수 있다. 즉 보살이나 부처가 모든 중생의 지위나 형편에 따라 모습을 나타내는 것이다. 도를 구하고자 하는 사람이 발심을 한 이후부터 깨달음을 얻을 때까지 끊임없이 모습을 나타내기도 하고 중생의 염원을 들어주기도 하는 것이다. 경우에 따라서는 원수의 모습으로 나타나 여러 가지 행위로 중생이 깨달음에 가까이 가도록 힘을 다하기도 한다. 불보살이 이처럼 모든 기연機緣을 내세워서 수행자에게 작용하는 것은 대자비에 의한 훈습력이기 때문이다. 또한 이것은 모든 중생의 능력이나 소질에 맞추어 작용하기 때문에 사람마다 각각 다른 이익을 얻는다. 그 때문에 차별연差別緣이라 한 것이다.

아울러 차별연은 다시 근연과 원연으로 나누어 설명되는데, 근연近緣이란 능력이 있고 수행이 원숙한 사람을 신속하게 구제하는 것이며, 원연遠緣이란 수행이 아직 충분히 진척되지 않고 근기가 원숙하지 못한 사람을 오랜 시간에 걸쳐서 구제하는 것을 말하는 것이다. 수행이

상당히 진행되어 있으면 신속하게 구제할 수 있지만, 발심한 지 얼마 되지 않은 사람을 빨리 구제할 수는 없기 때문에 오랜 시간에 걸쳐 가르치고 인도해 주지 않으면 안 된다.

또한 진여의 작용은 수행이 진척된 사람에게만 작용하는 것이 아니다. 가까스로 발심만 한 사람, 처음으로 도를 구하고자 하는 사람에 대해서도 오랜 기간에 걸쳐 작용하는 것이다. 그것이 진여의 내훈습의 원연인 것이다. 더구나 그것은 영원히 작용하는 것이다. 사람은 이 영원한 훈습의 힘으로부터 도망칠 수가 없다. 그래서 근연近緣이든 원연遠緣이든 두 단계를 통하여 깨달음에 이른다. 두 단계란 증장행연增長行緣과 수도연受道緣을 말한다.

먼저 증장행연은, 수행을 증장하게 하는 연緣으로써 육바라밀과 같은 수행을 증장시켜 주는 연이다. 그러나 이것은 진여를 깨닫기까지의 방편행이며, 깨달음의 앞 단계까지만 작용한다. 그 다음 수도연이란, 증장행연의 수행증진에 의하여 새로운 깨달음의 지혜가 얻어지는 연이다. 즉 불도를 수용하는 연으로써 진여를 깨닫는 것을 말한다.

그러므로 증장행연은 다른 말로 하면 정진노력이고, 수도연이란 구제이고 깨달음이다. 길고 긴 시간 정진행을 계속하지 않으면 결코 깨달음은 얻어지지 않는 것이다. 이것은 어떠한 것에도 통한다. 사업에 있어서도 학문에 있어서도 증장행연의 성숙 없이 그 완성인 수도연은 있을 수 없는 것이다.

두 번째 평등연은, 진여의 작용〔用大〕이 불신佛身이 되어 나타나 중생을 교화하는 것이다. 일체중생을 평등하게 구제하고자 하는 것이 평등연이다. 그것은 부처님의 무한한 대비大悲에서 나오는 것이며, 부처님이나 보살이 위대한 힘으로써 일체중생을 평등하게 구제하는 것을 말한다. 부처님이나 보살의 무한한 자비는 자연히 모든 사람들에게 훈습을 주게 된다. 그러나 부처님의 입장에서 보면, 중생은 부처와 같은 본성을 지니고 있다고 보기 때문에, 평등하게 이들을 구제하기를 원하므로 바로 평등연이라 한다. 이쪽에서 견문見聞하는 힘만 있으면 언제라도 부처님은 그 모습을 나타내는 법이며, 그것이 부처님 자비의 작용인 것이다. 그래서 부처님과 보살은 항상 사람들을 구하고자 작용하며 차별대우가 없는 것이 바로 평등연이다. 어떤 사람도 삼매에 들어 똑같이 부처님을 볼 수 있는 것은 그 때문이다.

다시 말하면 사람에 따라 차별하는 자비가 아니라 일체에 평등하게 미치는 자비이다. 이 부처님의 지력智力은 인간이 분별하는 천박한 지력과는 전혀 다르다. 그것은 동체同體의 지력智力에 의한다. 동체의 지력이란 범부와 성인, 더러움과 깨끗함, 진실과 거짓을 구별하는 것이 아닌 그것을 동일체로 볼 수 있는 지혜의 힘의 작용인 것이다.

요컨대 여기서 말하는 진여훈습의 작용은 우리의 능력의 있고 없음, 수행의 우수함과 저열함, 기간의 길고 짧음 따위를 충분히 이해한 바탕 위에서 설해진 것임을 알 수 있다.

此體用熏習을 分別컨대 復有二種하니 云何爲二오.
一者는 未相應[194]이니 謂凡夫二乘과 初發意菩薩等이 以意와 意識으로 熏習[195]하야 依信力故로 而能修行이나 未得無分別心이 與體[196]相應故

---

[194] 미상응: 상응에 도달하지 않은 '지전地前의 단계'라는 의미이다. 그 때문에 범부·이승·초발의보살의 지혜를 미상응이라고 부르는 것이다.
[195] 의·의식훈습: 진여가 업식에 작용하여 영향을 미치는 미세한 훈습이 '의훈습'이고, 진여가 분별사식에 작용하여 미치는 표층의 거친 훈습이 '의식훈습'이다.

며 未得自在業修行이 與用相應故요, 二者는 已相應이니 謂法身菩薩이 得無分別心하야 與諸佛智用으로 相應¹⁹⁷하나니 唯依法力하야 自然修行하야 熏習眞如하야 滅無明故니라.
復次染法이 從無始已來로 熏習不斷이라가 乃至得佛하면 後則有斷이요, 淨法熏習은 則無有斷하야 盡於未來하나니 此義云何오. 以眞如法이 常熏習故로 妄心則滅이나 法身이 顯現하야 起用熏習일새 故無有斷이니라.

이 체용의 훈습을 분별하면 다시 두 가지가 있으니, 무엇이 두 가지인가. 첫째는 미상응이니, 범부와 이승과 초발의보살 등은 의意와 의식意識이 훈습함으로써 신력에 의지하므로 능히 수행하지만 아직 무분별심이 체와 상응하지 못하기 때문이며, 아직 자재업의 수행이 용用과 상응하지 못함을 말하기 때문이다. 둘째는 이상응已相應이니, 법신보살은 무분별심을 얻어 제불의 지혜와 작용에 상응하여 오직 법력에 의지할 뿐으로 자연스레 수행하여 진여를 훈습하고 무명을 멸하기 때문이다.

또다시 염법은 무시이래로부터 훈습하여 단절되지 않다가 내지 불과를 얻은 후에 곧 단절함이 있다. 정법훈습은 단절함이 없어 미래세에까지 다하니 이 뜻은 무엇인가. 진여법은 항상 훈습하기 때문이다. 망심이 곧 멸하면 법신이 현현하여 용훈습을 일으키므로 단절함이 없는 것이다.

---

196 체: 마음의 체, 즉 진여를 말한다.
197 상응: 두 개의 사물이 있어서 그것이 서로 감응한다고 하는 것이 아니다. 무분별심이란 마음이 주객으로 분열하지 않은 것을 말하기 때문에 여기서는 두 개의 사물이 상응하는 것은 있을 수 없다. 즉 마음과 마음, 지혜와 지혜라고 하듯이 병렬적인 둘의 상응이 아니라 이지理智의 상응이고, 지혜가 자기의 본성에 눈을 뜬다고 하는 형태의 상응이다.

【해설】

진여훈습을 앞 단락에서 자체상훈습과 용훈습으로 나누어 설명했는데, 여기에서는 양자를 합하여 설명하고 있다. 진여의 체용훈습을 수행자의 입장에서 구별하여 나타내면 두 종류가 된다는 것이다.

첫 번째 미상응未相應이란, 진여의 내훈이 안에 있음에도 불구하고 수행자의 마음이 그것을 자각할 수 없는 단계이다. 아직 수행이 충분하지 못하고 미숙한 사람인데, 구체적으로는 범부와 이승二乘과 초발의보살이다. 범부는 번뇌를 끊지 못한 우리들을 말하고, 성문과 연각의 이승은 번뇌를 끊기는 했지만 지적知的인 미혹을 완전히 끊지 못했다. 보살 중에서 처음으로 발심한 초발의보살도 이승과 마찬가지다. 정의적情意的인 번뇌와 지적인 미혹을 끊지 못한 이들은 한마디로 말하면 무명을 끊지 못한 것이다. 그들은 진여평등을 깨닫지 못했으므로 무분별지가 나타나지 않는다. 가능성으로서는 무분별지가 있겠지만 그것은 진여평등의 체와 상응하지 않기 때문에 무분별지가 그 힘을 발휘하지 못하는 것이다.

이들 미숙한 사람들은 "의와 의식이 훈습함으로써 신력信力에 의지하므로 능히 수행한다"고 하는 것처럼 오의五意와 의식意識의 훈습을 받아 진여를 믿는 힘에 의지하여 수행을 할 수 있게 된다. 이 오의와 의식이 일어나고 있는 것, 이것이 우리 중생이며, 미망 속에서 생존을 계속하는 존재인 것이다. 이 미혹한 마음으로부터 갖가지 훈습을 받으면서 또한 미혹에서 빠져나오기 위해 수행하고자 하는 마음을 일으키게 된다.

이와 같이 오의와 의식의 훈습에 의하여 미혹 속에서 부처님의 광명을 구하고자 하는 작용이 일어난다. 이 미혹이 깊어지면 깊어질수록 그곳으로부터 빠져나오고자 하는 욕망도 강해진다. 그리하여 구제를 갈구하기 위하여 청정한 절대의 존재를 동경하기에 이른다. 이것이 바로 진여를 구하려는 의지, 진여를 믿는 힘이 불도를 수행할 수 있도록 이끌어 가는 것이다.

이와 같은 단계를 '미상응未相應'이라고 하는 것은 이 경지의 존재는 무분별심의 본체와 상응하고 있지 않기 때문이다. 바꾸어 말하면 유분별에 머무르고 있기 때문에 그들은 진여와 상응하지 못한다.

두 번째는 '이상응已相應'의 단계이다. 이것은 수행자의 마음이 진여와 상응하는 단계이다. 모든 부처님의 지혜와 작용에 상응하는 것으로써, 수행이 성숙한 것을 의미하는 것이다. 이상응의 사람이란, 교학에서는 초지 이상의 법신보살을 의미한다. 다시 말하면 보살은 초지에 들면 아집과 법집을 벗어나 진여의 이치를 부분적으로 깨닫는다. 그 때문에 초지 이상의 보살을 법신보살法身菩薩이라고 한다. 이것은 마음과 진여가 합쳐진 상태이고 무분별지가 현현한 상태이다. 이 무분별지에서 지혜와 진여의 이치가 합일하기 때문에, 이것을 이지불이理智不二라고 하고 법신이라고도 하는 것이다. 때문에 법신보살은 무분별지에서 평등의 진여와 상응한다. 무분별지를 얻는 것은 용이한 일이 아니다. 그러나 이상응의 보살이 되면 진여 작용의 힘으로써 수행할 수 있게 되는데, 이는 보살에게 진여의 법력이 미치기 때문이다. 즉 이 보살의 자재업은 제불의 보신과 응신의 지혜와 그 작용이 상응한다는 것이다.

마지막으로 염법훈습과 정법훈습 사이에 있는 중대한 차이점을 설명하고 있는데, 부처님의 본연의 모습과 작용을 여기에서는 '진미래盡未來', 즉 영원하게 계속된다는 식으로 설명하고 있다. 부처님의 존재가 영원하다는 것은 진여의 용用이 영원하게 계속되는 것, 즉 정법훈습이 끊어지지 않는다는 것을 뜻한다.

그런데 염법훈습은, 앞에서는 '부단不斷'이라고 하였지만 여기에서는 "불과를 얻은 후에는 끊어진다"고 하고 있다. 염법훈습은 무시無始이다. 언제 시작되었는지 모르는 때부터 계속되고 있지만 마지막은 유종有終인 것이다. 그러므로 염법훈습이 단멸하는 것은 성불했을 때이며, 무시이래라고 하기 때문에 우리는 태어나면서부터 염법에 물들어 살아가고 있다. 무명의 어두운 길은 어디까지나 계속해간다. 그러나 무명의 어두운 길에도 수행을 계속한다면 한 줄기 광명이 비춰질 수가 있다.

즉 염법훈습은 무시유종無始有終으로 깨달으면 반드시 끊을 수 있다. 깨달음에 이르면 염법은 없기 때문이다.

그러나 염법훈습과 정법훈습은 상반되는 방향으로 작용을 일으키는 힘을 지녔다는 점에서 그 작용의 차이가 있다. 그 이유는 염법훈습은 개별적인 차이가 있기 때문이고, 그 단절도 제각기 다르게 나타난다. 따라서 어떤 사람이 깨달았더라도 아직 깨달음을 얻지 못한 사람을 위해 부처님의 작용은 계속된다. 한 사람 한 사람으로는 깨달음을 연 순간에 염법染法이 소멸할지라도 모든 중생의 염법이 남김없이 소멸하지 않는 한, 염법도 그치는 일이 없다. 그래서 최후의 중생이 없어졌을 때, 염법훈습은 비로소 완전하게 그치게 된다. 그리고 그때가 되면 부처님께서 중생을 제도하는 작용도 끝나게 될 것이다.

그것에 반하여 정법훈습은 무시무종이다. 정법훈습은 미래세가 다해도 끊어지지 않는 것은 무슨 까닭인가? 진여는 본래부터 존재하고 항상 훈습하여 끊어지는 일이 없기 때문이다. 예를 들면, 거울의 본체는 본래 청정하고 투명한 것이므로 어떠한 영상도 투영할 수가 있는 것과 같은 것이다. 진여는 항상하는 존재이므로 거기에서 정법은 무한히

훈습하여 영원히 끊어지지 않는다.

  요컨대 중생의 망심이 멸할 때 비로소 진여의 그 본연의 모습이 드러난다. 그래서 "망심이 곧 멸하면 법신이 현현하여 용훈습을 일으키므로 끊어짐이 없다"고 설한 것이다. 즉 망심이 사라지게 되면 진여법신이 그 모습을 나타낸다. 더구나 진여법신이 나타나 용훈습을 일으키는 것은 단멸하는 일이 없으므로 끝도 없다. 그러므로 정법훈습은 무시무종無始無終이다.

  지금까지 설명한 염染·정淨의 훈습론은 앞에서(p.235) 도식화한 것과 같다.

(2) 중생심이 대승이라 불리는 이유(義)

【요지】

「해석분」, 즉 주제에 대한 해석에서는 마하연(大乘)이라는 '법法'에 대한 정의를 마무리하고, 이하는 대승의 '대大'라는 '이유(義)'에 관한 정의를 현시하는 단계이다. 그 대의大義는 말할 필요도 없이, 진여의 체體와 상相과 용用의 위대함을 나타내는 것이다. 그리고 이것은 지금까지 살펴온 진여의 체상훈습과 용훈습 등과도 밀접한 관계로서 떨어질 수 없는 과제이다.

다시 말하면 중생심이 왜 대승이라고 말해지는 것인가, 그 의의를 나타낸다는 의미이다. 즉 중생심이 갖춘 뛰어난 점을 나타낸 것이 '의義'의 한 부분이다. 그런데 중생심의 뛰어난 점은 마음이 불타를 표현한 때에 온전히 나타나기 때문에 의義의 해석은 불타를 설명하는 것이 된다. 불타의 모습을 설명하기 때문에 체상용體相用에 '대大'자를 붙여 체대體大

・상대相大・용대用大라고 일컫는 것이다.

아울러 체대와 상대를 합하여 이지불이理智不二의 법신을 밝히고, 세 번째의 용대를 둘로 나누어 보신과 응신의 이신二身으로 나타낸 것이다. 그 때문에 여기에서도 '진여의 자체상自體相'으로, 체와 상을 합하여 설명하는 것이다. 즉 진여의 자성〔體大〕과 그것이 갖춘 무량한 성공덕〔相大〕은 영원불변하기 때문에 일체의 범부와 성문・연각・보살과 제불에 이르기까지 전혀 차이가 없다. 범부일 때에는 공덕이 적고, 불타일 때는 증대한다는 것이 아니다. 이는 증감이 없다. 과거에 생긴 것도 아니고 미래에 멸하는 것도 아니며, 시공時空을 통하여 영원불변한 것이다. 이것은 진여가 법신으로서 지니고 있는 본래 모습을 밝히는 것이다.

① 진여의 본체(體大)와 현상(相大)의 공덕

復次眞如自體相者는 一切凡夫聲聞緣覺菩薩諸佛이 無有增減하야 非前際[198]生이며 非後際[199]滅이라. 畢竟常恒하야 從本已來로 自性에 滿足 一切功德이니 所謂自體에 有大智慧光明義故며 遍照法界義故며 眞實識知義故며 自性淸淨心義故며 常樂我淨[200]義故며 淸凉不變自在義故니 具足如是過於恒沙하는 不離不斷不異不思議佛法이거나 乃至滿足하야 無有所少義故로 名爲如來藏이며 亦名如來法身이니라.

---

198 전제: 과거.

199 후제: 미래.

200 상락아정: 열반사덕涅槃四德. 『승만경』에서는 여래장의 성질로서 설하고, 『열반경』에서는 불성의 성질로서 설한다.

또다시 진여의 자체상이란 일체 범부와 성문과 연각과 보살과 제불에게 증감이 없으니, 과거에 생한 것도 아니고 미래에 멸할 것도 아니다. 필경에 항상하여 본래부터 자성에 일체 공덕을 가득 채우고 있다. 이른바 자체에 대지혜광명의 뜻이 있기 때문이며, 법계를 두루 비추는 뜻이 있기 때문이며, 진실하게 아는 뜻이 있기 때문이며, 자성청정심의 뜻이 있기 때문이며, 상락아정의 뜻이 있기 때문이며, 청량하고 불변하며 자재한 뜻이 있기 때문이다. 이와 같이 항하의 모래보다 많은 (공덕을) 충분히 갖추어서 불리 부단 불이 부사의한 불법을 구족하고 내지 만족하여 모자라는 바가 없는 뜻이므로 이름하여 여래장이라 하며, 또한 여래법신이라고도 이름한다.

【해설】

위의 정의를 「입의분」 가운데 체대의體大義의 문장과 비교해 보면, 바로 그 해석임이 명료해진다. 즉 거기에서는 "일체법의 진여"가 "평등하여 증감이 없다"고 되어 있다. 그것에 대해 여기에서의 '평등'이란 '범부, 성문, 연각, 보살, 제불을 통하여 평등하게'라는 의미이고, 그리고 "증감이 없다"는 것은 과거〔前際〕에 생긴 것도 아니고, 미래〔後際〕에 멸하는 것도 아닌, 불생불멸로서 항상이라는 의미로 설명하고 있다. 즉 진여의 체는 상주常主로서 일체의 차별이 없다. 그것에는 진여의 평등성이 전제가 되어 있지만, 이 또한 미오迷悟로 인하여 중생계와 법계 간에 증감이 없다는 의미이기도 하다.

이어서 진여의 상相에 대한 해석이다. 이것은 「입의분」의 상대의相大義에서 여래장이 "무량의 성공덕成功德을 구족한다"고 한 것과 완전히 같은 내용이다. '성性'은 선천적인 것이라는 의미이다. 또한 만족滿足은 기뻐하는 것이 아니라 '구족具足'과 같은 의미로, 몸에 지니고 있거나 갖추고 있다는 의미이다. 이후에 무엇을 갖추고 있는가가 설명된다.

그리하여 이 진여는 애초에 그 자체에 모든 공덕을 갖추고 있다고 말하며, 이를 여섯 종류의 공덕으로 나타낸다.

첫째, '대지혜광명大智慧光明'은 지혜의 작용에 의해 무명의 미혹을 없앤 것이다. 원래 깨달음이 갖춘 지혜의 작용을 태양의 빛에 비유한 말이다. 지혜는 지식이 아니다. 다양한 지식이 넘쳐나는 현대사회에서는 정보가 지나치게 많다. 이 정보에 오염되면 참된 지혜는 발현할 수 없게 된다. 일체의 정보를 끊어버린 곳에서 비로소 큰 지혜가 나타난다. 이렇듯 우리들은 무명의 어둠 속에 갇혀 있는 상태이지만, 진여에는 지혜의 빛남이 갖춰져 있다는 것이 바로 대지혜광명의 뜻이다.

둘째, '변조법계遍照法界'는 지혜의 빛이 법계에 골고루 미치고, 제법을 밝게 비춘다는 뜻이다. 우주의 근원적인 작용으로 마치 태양과 같은 것이다. 진여에는 이처럼 상상을 초월할 정도의 엄청난 작용과 공덕이 갖춰져 있다는 것이다. 이 '변조遍照'는 여래의 중생구제에 대한 작용, 즉 앞서 보았던 '진여의 용훈습'과도 관계된다. 또한 부처님의 자비력을 나타낸다고도 해석되는데, 그것에 대해 깨달음의 지혜 그 자체는 사물의 진실을 아는 작용이다. 그것을 나타내는 것이 세 번째 '진실식지眞實識知'이다. 모든 것을 진실로 식지識知하는 능력이다. 우리들은 망심이나 이기심에 의해 사물을 보거나 사람을 평가하거나 하지만, 진여의 작용은 사물의 진실을 분별하는 힘을 갖고 있다. 사물의 진실은 무심無心이 되지 않으면 보이지 않는다. 거울과 같은 마음이지 않으면 비치지 않는다. 그 사물 자체가 되지 않으면 진실로 그 사물을 알 수가 없는 것이다.

다시 말하면 깨달음에 있어 진여와 지혜가 일체—體가 되어, 무분별이 된 상태를 말한다. 상대相大는 부처님의 지혜임과 동시에 순수청정, 선善의 성질인 마음이기 때문에 '자성청정심自性清淨心'이라고 한다. 심진여의 중생에게 있어 그 모습을 나타낸 것이다. 즉 진여가 모든 번뇌의 오탁으로부터 벗어나 있는 것을 말한다. 또한 자성청정이지만 객진客塵인 번뇌에 싸여 있는 모습이 여래장이라고 불리는 이유이다. 그럼에도 불구하고 이 자성청정심은 '상락아정常樂我淨'의 성질을 갖추고 있다.

먼저 상이란 불변이고 상주이며, 낙은 고통이 없는 것이다. 아는 자재한 것으로 자유이며, 구애받지 않는 것이며, 속박되지 않으며, 가는 곳마다 주인공이 되는 것이다. 정은 번뇌가 없는 것이다. 이 네 가지 공덕을 갖춘 것이 진여이다. '상락아정'이라는 말은 불교에서 좋은 의미와 나쁜 의미, 이중으로 사용된다. 나쁜 의미라면 우리들이 사물을 보는 방식, 잘못된 견해를 정리한 것이다. 미혹한 범부가 그들이 처한 현실을 상주常住・쾌락快樂・아我・청정清淨으로 인식하는 오류를 범한다고 주장하는 설을 말한다. 여기에서는 좋은 의미로, 열반에 든 불타가 지닌 상락아정의 성덕性德을 설명한 것이다.

다음으로 여섯 번째 덕德인 '청량불변자재清凉不變自在'라 함은, 먼저 청정은 뜨거운 미혹이 없으므로 시원한 상태를 말하고, 불변은 진여의 과보에는 생멸이 없음을 나타낸다. 자재는 업이나 번뇌의 속박을 받지 않고, 자신이 범한 행위의 결과에 묶이지 않는다는 것이다.

마지막의 '불법구족佛法具足'은 이상과 같은 덕성德性을 지닌 점을 포괄적으로 서술한 말인데, 지금까지도 유사한 말로써 몇 번이나 설명되었다. 불법구족의 '법'은 '공덕'과 같은 의미이며, 성질과 덕성을 가리킨다. 이 덕성에 대한 형용사로서 '과어항사過於恒沙'가 있다. 이는 갠지스강〔恒河〕의 모래 수보다도 많다는 의미이다. '불리不離'와 '부단不斷'은 그것들이 가지는 덕성이 여래 혹은 진여와 불가분으로 밀착하고 있다는 것이며, '불이不異'는 진여의 체와 상이 구별될 수 없는 것을 나타낸다.

요컨대 이상의 육의六義는 상대相大의 내용이기 때문에, 이것에 의하여 이 논이 생각한 '법신'의 내용을 알 수 있게 된다. 즉 법신과 진여는 완전히 같은 것이며, 인격적으로 말하면 법신, 철학적으로 말하면 진여라는 의미이다. 여기에서 체대와 상대를 합하여 설한 것은 진여와 지혜 혹은 자성청정심과 불리不離이며, 진여의 본성은 지혜이고 자성청정이라고 보기 때문이다. 따라서 진여에서 무명이 없어지면 진여의 본성인 지혜가 자연스럽게 드러난다고 보는 것이다.

問曰上說호대 眞如는 其體平等하야 離一切相[201]이어늘 云何復說호대 體有如是種種功德고.
答曰雖實有此諸功德義나 而無差別之相하야 等同一味라 唯一眞如니 此義云何오. 以無分別하며 離分別相일새. 是故로 無二니라. 復以何義로 得說差別고. 以依業識生滅相하야 示니라. 此云何示오. 以一切法이 本來唯心[202]이라 實無於念이나 而有妄心하야 不覺起念하야 見諸境界할새 故說無明이어니와 心性이 不起하면 卽是大智慧光明義故니라. 若心起見[203]하면 則有不見之相이어니와 心性이 離見하면 卽是徧照法界義故

---

201 일체상: 현상계의 차별상을 말한다.
202 유심: 앞에서 나온 '삼계허망 유심소작'을 의미한다.
203 견: 마음의 능견상. 능견상은 대상을 보지만, 보면서 있는 능견상 자신은 '불견'이

니라. 若心有動하면 非眞識知며 無有自性하며 非常非樂非我非淨하며 熱惱衰變하여 則不自在하며 乃至具有過恒沙等妄染之義하니 對此義故로 心性이 無動하면 則有過恒沙等諸淨功德相義가 示現하나니라. 若心有起[204]하야 更見前法[205]可念者는 則有所少어니와 如是淨法의 無量功德은 卽是一心이라. 更無所念일새 是故로 滿足이니 名爲法身如來之藏이니라.

묻기를, 위에서 진여는 그 체가 평등하여 일체의 상을 여의었다고 설하였는데, 어찌하여 다시 체에 이와 같은 여러 가지 공덕이 있다고 설하는가. 답하기를, 실로 이러한 여러 가지 공덕의 뜻이 있다고 하더라도 차별의 상이 없어 평등한 일미一昧이며 오직 진여 하나뿐이다. 이 뜻은 무엇인가. 무분별로써 분별상을 여의니 이 때문에 무이無二이다. 다시 무슨 뜻으로 (공덕의) 차별을 설할 수 있는가. 업식의 생멸상에 의지하여 나타내 보이는 것이다. 이것은 어떻게 나타나는가. 일체의 법이 본래 오직 마음일 뿐으로써 실로 망념은 없으나 망심이 있어 불각이 망념을 일으키고 모든 경계를 보므로 무명이라 설하지만 심성이 (망념을) 일으키지 않으면 곧 이것이 대지혜광명의 뜻이기 때문이다. 만약 마음이 견을 일으키면 곧 불견不見의 상이 있게 되지만, 심성이 견을 여의면 곧 이것이 변조법계의 뜻이기 때문이다. 만약 마음의 움직임이 있으면 참된 앎이 아니며 자성이 없어 상도 아니고 낙도 아니며 아도 아니고 정도 아니어서, 번뇌에 불타고 고뇌로 쇠약하여 곧 자재하지 못하고

된다.
204 심유기: 마음이 망분별을 일으키는 것이다.
205 전법: 인식의 대상. 마음 밖에 사물(대상)이 있다고 생각하는 것을 뜻한다.

내지 항하의 모래보다 많은 망념의 뜻을 갖추고 있다. 이 뜻에 대비하므로 심성이 움직임이 없으면 곧 항하의 모래들보다 많은 모든 청정한 공덕상의 뜻이 있음을 나타내는 것이다. 만약 마음에 일어남이 있어 다시 면전의 법을 망념으로 본다면 곧 (공덕에) 부족한 바가 있을 것이다. 이와 같이 정법의 무량한 공덕은 곧 이 일심에서 (성립)된다. 다시 (어떤) 망념한 바도 없으므로 원만히 구족하니 이름하여 법신여래장이라 한 것이다.

【해설】

진여에게 무량의 공덕이 있음은 알았지만 진여에게 공덕이 있다고 하면, 진여는 일체의 상을 여읜 것이라는 주장과 어긋나게 된다. 즉 이언진여離言眞如에서 진여는 그 체는 절대평등하며 일체의 차별상을 여의었다고 했는데, 여기서는 진여의 체에 여섯 가지의 공덕이 있다고 하는 것은 모순되지 않는가라는 문제점의 제기이다.

　이에 대한 답은, 진여에게는 무량한 공덕이 있더라도 진여 그 자체에는 차별상이 없으며 절대유일의 진여라는 것이다. 진여는 원래 분별의 대상이 아니며 지성知性으로 파악할 수 있는 것도 아니다. 진여는 무분별지의 대상인 것이다. 진여에게 무량의 공덕이 있는 것은 차별이지만 진여 그 자체는 무차별이라고 하고 있다.

　다시 말하면, 진여에 무량한 공덕이 있다고 한 것은, 일체가 진여이고 진여 아닌 것이 없기 때문에 진여에 대비할 만한 것이 없다는 뜻이다. 만약 진여에 대비할 만한 것이 있다면 진여는 상대적인 존재가 되고, 그것과 비교하면 진여에 대하여 갖가지로 인식되어 설명할 수 있을 것이다. 그러나 일체가 진여인 것을 깨닫는다면 진여와의 비교를 끊게 되기 때문에 진여에 대해서는 아무 말도 할 수 없게 된다. 그 점을 '평등의 진여'라고 한 것이다. 그러나 이것이 진여에는 아무런 내용이 없다는 의미가 아니다. 진여는 비교대상이 될 수 없을 뿐만 아니라 무한하게 풍부한 내용을 갖추고 있지만, 그것을 말로 표현할 수 없을 뿐이다. 즉, 상대적인 존재가 아니기 때문에 차별상이 없고 그래서 평등일미이며 오직 하나인 진여라는 말 이외에는 표현할 방법이 없다.

이것이 어떤 뜻인가에 대해, 진여를 다른 것과 비교하여 설명하자면 진여의 무한하게 풍부한 공덕을 나타낼 수도 있다. 그러나 진여 그 자체에 대해 말한다면 법계일상法界一相이라든가, 평등한 진여라든가, 오직 일심뿐이라든가 하는 이외에 표현할 방법이 없다는 의미이다. 마음이 능취와 소취로 분열하지 않기 때문에 무이無二며, 이것을 무념無念이라고 한다.

그렇다면 망심에서 어떻게 진여의 덕을 나타낼 수 있는가. 우리들 인식의 세계에서는 세계와 자기가 인식되고 일체법이 있지만, 모든 것은 마음에 귀착하는 것이고 유심이다. 본래 마음은 무념이다. 그러나 현실의 우리들의 마음은 망심이고, 무명에 의하여 동요되고, 불각으로써 망념을 일으키고 분별의 인식계를 만들어내고 있다. 심성에 망념이 일어나지 않으면 마음은 그 본래의 힘이 발휘되어 '대지혜광명'의 성격을 나타내는 것이다. 그래서 망념이 일어나지 않는 인식계가 대지혜광명인 것이다. 그러나 마음에는 망념이 일어나려고 하는 능견상이 있기 때문에, 보고 있는 능견상이 자신에게는 보이지 않으므로 그것이 '불견不見의 상相'으로서 남고, 이것이 마음의 암흑 부분이 된다. 그러나 능견이라는 얽매임을 벗어나면 모든 것이 바르게 보이고, 보는 힘이 법계에 구석구석 널리 미친다. 이것이 '변조법계'의 의미이다.

여래의 마음은 적정寂靜하지만, 범부의 마음 바탕은 망심의 동상動相이다. 그 때문에 나와 남의 대립이라는 일상의 인식, 선악의 판단 등도 바르게 인식되지 못한다. 즉 '참된 식지識知'가 안 된다. '식지識知'란 판단을 말한다. 더구나 망념의 마음은 욕망이나 노여움, 자만심 등의 번뇌에 작용하여 자주성을 잃는다. 그 때문에 범부의 마음에는 상락아정의 성질이 없고, 무상·고·무아·부정에 의해 더럽혀지며 번뇌로 애태우게 되고, 고뇌로 힘을 잃어 쇠망하게 되어 마침내 마음의 자재력을 잃는다.

또한 범부의 망심에는 항하사의 모래와 같은 무량한 망념이 있다. 그러나 이 무량한 망념이 심성에서 동요되지 않으면 반대로 무량무변의 청정한 공덕으로써 현현한다. 때문에 만약 마음에 망념이 일어나 그저 조금이라도 마음 밖의 사물이 실재한다고 하는 인식을 하게 되면 정공덕淨功德에 균열이 발생하게 된다. 즉 어떠한 미세한 망념이라도 일어나게 되면 정공덕에 결점이 생기는 것이다. 부처님의 청정한 무량공덕은 부동不動인 일심에서 성립하는 것이고, 거기에는 어떠한 망념도 존재하지 않는 것이다. 그 때문에 심성에 무량한 정공덕을 원만히 구족하고 있는 것을 법신이라고도 여래장이라고도 이름 붙이는 것이다.

요컨대 차별즉평등差別卽平等인 점에 진여의 본질이 있다. 청정진여해淸淨眞如海에 잔물결이 일면 무량공덕이 되고, 잔물결이 일지 않으면 담연湛然하고 상주常主인 진여로서, 진여 그 자체가 변하는 것은 아니다. 진여의 체와 공덕이 다른 것일 리가 없다. 무량공덕이란 진여 자체의 작용이라고 보아야 할 것이다.

② 진여의 작용(用大)

【요지】

진여의 용대用大는 작용을 나타낸다. 체상이대體相二大는 부처님의 법신이기 때문에 자타불이自他不二에 통달하지 못한 범부는 이것을 볼 수 없다. 또한 그것은 자성청정심으로서 자기의 본성이지만 불각을 자성으로 하는 범부는 그것을 알 수 없다. 범부가 진여를 아는 것은 용대用大, 즉 제불의 중생교화의 작용을 통해서이다.

진여의 용은 부처님이 수행 중에 세운 대자비에 근거한 대서원에 의해, 중생과 자신 사이의 진여는 변함이 없음을 알기 때문에, 대방편지에 의해 무명을 멸하고 본래의 법신을 보면, 자연스럽게 불가사의한 작용을 갖추게 된다. 따라서 진여의 용은 바로 "법신法身이고 지상智相의 신身"이라고 설한다. 법신法身, 지신智身에 대해서는 나중의 문답에 명시되고 있다. 대자비, 대서원, 대방편지 등은 모두 부처님 그 자체이며 '대大'의 뜻은 절대적이라는 의미를 나타낸다.

復次眞如用者는 所謂諸佛如來가 本在因地하사 發大慈悲하사 修諸波羅密[206]하사 攝化衆生하려하사 立大誓願[207]하사 盡欲度脫等衆生界하사대 亦不限劫數하시고 盡於未來하시며 以取一切衆生을 如己身故로 而亦

---

[206] 수제바라밀: 「수행신심분」에서 설명하는 육바라밀을 말한다. '바라밀'은 범어 pāramitā의 음역. '도피안到彼岸'이라 한역. 현상계의 차안此岸에서 깨달음의 피안彼岸에 도달하기 위한 여섯 종류의 수행이다.

[207] 서원: 본원. 범어 pūrva-praṇidhāna의 의역. 모든 보살이 세우는 공통적인 원이 '총원總願'이며 바로 '사홍서원'이다. 그 밖의 보살은 각각 별원別願을 세운다. 그 중에서도 여래의 '십대원'과 법장보살의 '사십팔대원'은 유명하다.

不取衆生相하시니 此以何義오. 謂如實知 一切衆生과 及與己身이 眞如平等하야 無別異故니라.
以有如是大方便智하야 除滅無明하고 見本法身에 自然而有不思議業種種之用²⁰⁸이 卽與眞如로 等하야 徧一切處하되 又亦無有用相可得이니라. 何以故오. 謂諸佛如來는 唯是法身智相之身²⁰⁹이라, 第一義諦에는 無有世諦境界하야 離於施作²¹⁰이언만은 但隨衆生 見聞得益일새 故說爲用이니라.

또다시 진여의 용용이란, 이른바 제불여래가 본래 인지因地에서 대자비심을 발하여 모든 바라밀을 닦아 중생을 포섭 교화하는 큰 서원을 세워 모두 다 평등하게 중생계를 제도하여 해탈시키고자 한 것이다. 또한 겁의 수에 한정하지 않고 미래가 다할 때까지 일체중생을 사랑함[取]이 자기 몸과 같이 하므로 또한 중생상에 집착하지 않는다. 이것은 무슨 뜻인가. 일체중생과 자기 자신은 진여가 평등하여 특별히 다름이 없음을 여실히 앎을 말하기 때문이다

이와 같은 대방편의 지혜가 있음으로써 무명을 멸해 없애고 본래의 법신을 보아 자연히 부사의업의 여러 가지 작용이 있는 것이니, 곧 진여와 평등하게 일체처에 두루하지만 또한 (진여의) 작용하는 모습을 얻을 만한 것도 없다. 무엇 때문인가. 제불여래는 오직 이것이 법신이자 지상智相의 몸일 뿐이며, 제일의제第一義諦에서는 세제世諦의 경계가 없어 방편[施作]도 여의었지만, 다만 중생의 견문에 따라 이익을 얻게

---

208 종종용: 응신을 가리킨다.
209 법신지상지신: 이지불이理智不二의 체상을 말한다.
210 시작: 방편, 중생을 인도하기 위한 수단이다.

할 뿐이기 때문에 설하여 작용[用]이라 한 것이다.

【해설】
여기에서 진여의 용用은 여래가 보살로서 서원을 세운 때부터 성도成道 이후 부단히 지속되는 작용, 즉 인지因地, 과지果地를 통하여 여래의 작용을 나타낸다고 할 수 있다. 이것은 여래의 자비심의 발현으로써의 이타업利他業을 가리키는 도리이다.

그것은 제불이 성불을 완성하지 않은 인위因位, 즉 보살일 적에, 생사의 고해에서 고뇌하는 중생을 보고 대자비심을 일으켜 중생을 구제하겠다는 서원을 세웠던 것에 의한다. 이 서원을 완성하는 때가 바로 불타가 되는 시점이기 때문에 성불하는 그 때에는 자연스럽게 중생구제의 행이 나타나는 것이다. 이것이 용대用大이다.

그러나 육바라밀의 어느 덕목 하나를 들어도 좀처럼 실천할 수 있는 것이 아니다. 공간적으로 무한한 전개를 펼침과 동시에 시간적으로 무한한 기간을 가진다. 그것을 논은 "또한 겁수를 한정하지 않고, 미래를 다한다"고 설한 것이다. 종縱으로는 시간을 제한하지 않고 미래의 미래까지도 이 보살행을 실천한다는 것이다. 횡橫의 공간적으로도 무한하게, 시간적으로도 무한하게 일체중생을 제도하고자 하는 서원이야말로 대서원에 어울린다.

다시 말하면 여래의 작용은 진여가 일체를 통해 평등하기 때문에, 여래는 자타의 구별을 취하지 않고 중생차별의 상을 취하지 않는다는 것이다. 범부는 이 사람, 저 사람을 대할 때마다 차별로써 생각하는 것이 보통이다. 저 사람은 좋지만 이 사람은 싫다든가, 저 사람에게는 다할 수 있으나 이 사람에게는 안 된다는 것과 같이, 중생에 대해서 차별의 눈으로 보거나 대하거나 한다. 그러나 부처님이 중생을 대할 때는 그것이 없다. 바로 중생의 차별상을 취하지 않는 의미이다.

이와 같이 일체가 진여이기 때문에 특정한 불타가 있어서 미혹한 중생에게 작용하는 것이 아니다. 그 때문에 진여의 용用을 부사의업不思議業·자연업自然業이라고 하는 것이다.

이상과 같이 일체가 진여이고 진여의 용用은 일체처에 변만하기 때문에, '이것이 진여의 용用이다'고 말할 수 없는 것이다. 때문에 "용상用相은 얻을 만한 것이 없다"고 말한 것이다. 특정한 불타의 구제행만을 보고 진여의 용이라고 생각한다면 그것은 용대用大에 대한 오해이다. 이처럼 용대가 일체처에 두루 있으면서도 그 용상用相을 파악할 수 없는 것은 바로 제불여래는 법신임과 동시에 지신智身이고, 진여 그 자체이기 때문이다.

그러므로 부처님이 '자타평등의 마음'에 입각할 수 있는 것은 일체가 모두 진여를 체로 하고, 그 때문에 일체중생과 자기는 유일한 진여의 나타남이며, 또한 일체중생과 자신의 진여는 평등하며, 거기에는 어떠한 구별도 없는 것을 여실히 알기 때문이다. 이 '진여평등'을 '여실지'한다고 하는 것이 가장 중요한 것이다.

그런데 불타는 법신·보신·응신의 삼신三身을 갖춘다고 말했는데, 여기에서 무용無用의 법신法身만을 설명한 것은 보신과 응신은 방편신方便身이기 때문이다. 즉 제일의제에서 말하면 평등의 진여만이 실재이고 따라서 법신만이 실재인 것이다. 때문에 여기에 '세속제의 경계'는 없는 것이다. 진여는 자타평등의 세계이고 이것이 진리인 것이다. 그러나 진여를 깨달은 불타가 세간 속으로 들어 올 때는 제일의제第一義諦의 입장에 설 수 없다. 자타의 구별을 고집하는 중생이 상대相大이기 때문에 자타의 구별을 인식한 바탕 위에서 진리를 제시하지 않으면 안 된다. 그것은 세간의 미망에 채색된 진리이기 때문에 세속제라고 부르는 것이다. 아울러 '시작施作', 즉 중생을 진리로 인도하기 위한 갖가지의 방편도 여기에는 없다. 즉 진여에 특정한 용용은 없는 것이다.

요컨대 여기서 업용業用이란 것이 제불諸佛 스스로의 법신法身이자 깨달음의 지신智身이므로 무위無爲·부동不動이지만, 다만 중생의 입장에서 여래를 보고 그 가르침을 들어 이익을 얻는다는 점을 들어 '용用'이라 한다는 것이다.

此用이 有二種하니 云何爲二오. 一者는 依分別事識이니 凡夫二乘의 心所見者를 名爲應身이니라. 以不知轉識現故로 見從外來하야 取色分齊[211]하나니 不能盡知故요.
二者는 依於業識이니 謂諸菩薩이 從初發意하야 乃至菩薩究竟地히 心所見者를 名爲報身이니라. 身有無量色하고 色有無量相하고 相有無量好[212]하며 所住依果[213]도 亦有無量種種莊嚴하야 隨所示現하야 卽無有邊하며 不可窮盡하야 離分齊相하며 隨其所應하야 常能住持하야 不毀不失이니 如是功德이 皆因諸波羅密等無漏行熏과 及不思議熏之所成就라, 具足無量樂相일새 故說爲報身이니라.

---

211 색분제: '색'은 물질. '분제'는 형태를 한정하는 것이다.
212 무량상·무량호: 응신은 32상을 갖추지만 보신의 '상(lakṣaṇa)'은 무량하고, 응신은 80종호를 갖추지만 보신의 '호(anuvtañjana)'는 무량이라는 것이다.
213 소주의과: 의보依報·정보正報라는 경우의 의보. 즉 업의 행으로 말미암아 결정된 과보의 환경을 의과라 한다. 보불이 거주하는 정토를 소주所住의 의과依果라고 한다.

이 용用에 두 가지가 있으니, 무엇이 두 가지인가. 첫째는 분별사식에 의지하여 범부와 이승이 마음으로 보는 바를 이름하여 응신이라 한다. 전식轉識의 나타남이라는 것을 알지 못하므로 (마음) 밖에서 온 것으로 보고, 색신의 부분적인 모습에 집착하여 능히 (용대를) 다 알지 못하기 때문이다.

둘째는 업식에 의지하여 모든 보살이 초발의로부터 내지 보살의 구경지까지 마음으로 보는 바를 이름하여 보신이라 함을 말한다. 보신은 무량한 색신이 있고 색신에는 무량한 신체상이 있고 상에는 무량한 상호가 있으며, 또한 머무는 바 의과依果도 역시 무량하게 여러 가지 장엄이 있어 시현하는 바에 따라 곧 한계가 없고 무궁무진하여 분제상을 여읜다. 그 응하는 바에 따라 항상 능히 주지하여 훼손되지도 않고 소실되지도 않으니, 이와 같은 공덕은 모두 모든 바라밀 등의 무루행의 훈습과 부사의한 훈습의 성취한 바에 의하여 무량한 낙상樂相을 구족하기 때문에 설하여 보신이라 한다.

【해설】

여기에서는 용대를 두 가지로 나누었다. 용대의 하나는 분별사식分別事識이 견문하는 불신, 즉 응신應身이다. 분별사식이란 외부 세계가 보이는 것처럼 존재한다고 하는 상식적인 인식작용이다. 두 번째는 업식業識에 의하여 보이는 불타이다. 업식은 무명에 의하여 동요한 곳의 가장 미세한 식識이다. 이 식이 보는 불신을 '보신報身'이라 한 것이다.

먼저 응신應身은 범부나 이승二乘의 수행자 등, 분별사식의 작용이 아직 활발한 중생들의 힘에 응하여 경우에 따라 나타나는 불신佛身이다. 그것도 실은 전식轉識이 나타난 것이지만 중생은 그것을 알지 못하기 때문에, 여래의 '색신色身', 즉 육체를 갖춘 여래가 현재 중생 앞에 계시는 듯이 생각한다. 말하자면 응신이란 육안으로 보고 의식에서 이것이 부처님이라는 것을 알 수 있는 것이며, 응신이라 하더라도 그것은 의식상에서 나타난 영상映像에 지나지 않음을 알지 못하고, 부처님이라 하면 불상처럼 32상을 갖춘 것이라고 착각하는 것이다. 그것은 다만 의식상에 비춰진 영상임을 모르고 있을 뿐만 아니라 부처님의 형태에 집착한다. 부처님의 형태에 한정하여 집착한 부처님을 응신이라고 한다.

이에 비해 보신報身이란, 보살들이 초발심初發心으로부터 궁극의 단계에 이르는 동안에 견문할 수 있는 모습이며, 그 나타나는 방법에는 제한이 없다. 여래 쪽에서 보면, 보살의 요구에 응하여 무량한 장엄을 나타내며 무량한 상호相好, 32상相과 80종種이라는 세밀한 특징을 나타내는 것이다.

더구나 업식은 잠재적인 의식이다. 보신불이 이처럼 시간적으로나 공간적으로도 '무한한 상相'일 수 있는 것은 불타가 불타의 무루청정한 바라밀과 같은 시각의 힘을 내훈으로 하여 보신불을 보는 보살에게 훈습하고, 그 훈습력으로부터 나타난 불타이기 때문이며, 동시에 이 무루행無漏行의 훈습에 본각의 부사의한 훈습력이 합하여 현현한 것이기 때문이다. 이것은 앞서 불각론不覺論의 〈도표 7〉을 참조하면 쉽게 알 수 있다.

이상은 법신에서 작용하지 않고 중생이 견문見聞하는 바에 따라 보신報身과 응신應身이 나타난다고 설명하고 있다. 이 이신二身은 따로 부처님 쪽에서 구별되는 것이 아니라, 중생이 지닌 식識의 차이에 따라 나타나는 방법의 차이에 지나지 않는다는 것이다.

又爲凡夫所見者는 是其麤色이니 隨於六道의 各見不同하야 種種異類[214] 非受樂相[215]일새 故說爲應身이니라.
復次初發意菩薩等의 所見者는 以深信眞如法故로 少分而見하나니 知彼色相莊嚴等事 無來無去하야 離於分齊라, 唯依心現하야 不離眞如니라. 然此菩薩이 猶自分別이니 以未入法身位故니라. 若得淨心하면 所見이 微妙하야 其用이 轉勝이요, 乃至菩薩地盡하면 見之究竟이요, 若離業識하면 則無見相이니 以諸佛法身은 無有彼此色相으로 迭相見故니라.
問曰 若諸佛法身이 離於色相者인댄 云何能現色相고. 答曰 卽此法身이 是色體故로 能現於色하나니 所謂從本己來로 色心不二라. 以色性[216]이 卽智故로 色體無形하니 說名智身이요, 以智性이 卽色故로 說名法身이 徧一切處라 하나니라. 所現之色도 無有分齊라, 隨心能示十方世界의 無量菩薩과 無量報身과 無量莊嚴의 各各差別호대 皆無分齊로대 而不相妨이어니와 此非心識의 分別로 能知니 以眞如自在用義故니라.

또한 범부가 보는 바는 이것(응신)은 그 추색麤色이니, 육도六道에 따라 각기 보는 것이 같지 않아 여러 가지 이류異類가 즐거움만 받는 모습은 아니기 때문에, 설하여 응신이라 한다.

---

214 종종이류: 육도의 중생이 각각 종류가 다른 것을 말한다. 축생이 보는 응신불과 인간이 보는 응신은 다르다는 의미이다.

215 비수락상: 앞의 '무량락상'과 연관하여 이해하면, 응신불은 즐거운 상相만을 받는 것은 아니라는 뜻. 즉 응신불에게는 괴로움도 있다고 하는 설. 예를 들면 이 세상에 태어난 석가불은 생·노·병·사의 괴로움을 피할 수 없었기 때문에 응신불에는 괴로움이 있다고 본다.

216 색성: '색'이란 물질의 의미로 신체를 말한다. 그러나 화신이기 때문에 색이나 모습은 있더라도 환幻의 몸이다.

또다시 초발의보살 등이 보는 바는 깊이 진여법을 믿기 때문에 조금이나마 (보신을) 보는데, 그 색상과 장엄 등은 오는 것도 없고 가는 것도 없어 분별함을 여의고 오직 마음에 의지하여 나타날 뿐으로 진여를 여의지 않는 것임을 아는 것이다. 그러나 이 보살은 여전히 스스로 분별하여 아직 법신의 지위에 들어가지 못한 때문이다. 만약 정심지를 얻으면, 보는 바가 미묘하고 그 작용도 더욱 수승할 것이고 내지 보살지를 다하면 궁극에는 이 (보신)을 볼 것이며, 만약 업식을 여의면 곧 견상이 없어지므로 제불의 법신은 피차의 색상을 서로 보는 일이 없을 것이기 때문이다.

묻기를, 만약 제불의 법신이 색상을 여읜다면 어찌하여 능히 색상을 나타내는가. 답하기를, 곧 이 법신이 바로 색의 본체여서 능히 색을 나타낸다. 이른바 본래부터 색과 심은 둘이 아니며, 색신의 본성色性은 곧 지智이므로 색의 본체가 형상이 없음을 설하여 지신이라 이름한다. 지의 본성〔智性〕이 곧 색이기 때문에 설하여 법신이 일체처에 두루한다고 이름한다. 나타난 바 색은 제한이 없어 마음 따라 능히 시방세계의 무량한 보살과 무량한 보신과 무량한 장엄을 나타내어 각각 차별은 있으나 모두 한계가 없어 서로 방해하지 않는다. 이것은 심식의 분별로 능히 아는 것이 아니니, 진여의 자재한 작용의 뜻이기 때문이다.

【해설】

먼저 성문·연각의 이승二乘은 인간으로 태어나거나 혹은 천상에 태어나기 때문에 거기에서 보는 응신에는 그렇게 큰 차이가 없다. 그러나 범부들은 육도六道를 윤회하므로 지옥 등의 삼악도에 태어난 중생은 그것에 상응하는 응신불을 본다. 때문에 범부가 보는 응신불을 추색麤色

이라고 한 것이다. 색色이란 여기에서는 신체를 말한다. 일반적으로 응신불은 즐거움만을 받는[受樂] 모습이 아니다. 이와 같이 거친 신체 [麤色]라는 것과 육도에 따라 나타나는 방법이 다른 점과 수락상受樂相이 아닌 점 등으로 인해, 이 부처님을 '응신'이라고 한 것이다.

다음으로 보신은 지전地前의 보살이 보는 보신과 지상地上의 보살이 보는 보신으로 나눈다. 초발의(初發意=初發心)보살이 보는 보신은 믿음에 근거를 둔 것이다. 그들은 자기의 본성이 진여이고 자성청정심인 것을 믿는다. 그렇기 때문에 그들은 진여를 부분적으로 보는 것이다. 그들은 유식의 이치를 이론으로써는 알고 있기 때문에 오랜 수행에 기준을 두고 보신불을 볼 수 있다. 그래서 '온다'든가 '간다'든가 하는 모습이 없어 무상無常의 모습을 갖지 않는다. 게다가 색신의 크기도 한량이 없기 때문에 분제分齊를 벗어나고 있다. 이때의 보신은 수행자의 마음에 의지하여 나타나는 것이다.

그리고 보살이 '정심지淨心地', 즉 초지를 얻으면 부처의 법신을 보기 때문에 믿음의 입장에서 참된 증득의 입장으로 나아가는 것이다. 거기에서 그 진지眞智에 의하여 보게 되는 보신은 한층 더 미묘하다. 그 보신의 작용은 지전地前의 보살이 보는 것보다 뛰어나기 때문에 '전승轉乘'이라고 한 것이다. 그리고 보살진지菩薩盡地에서 심원心源을 궁구하여 업식이 완전히 멸하기 때문에 전식·현식도 없어진다. 보는 것도 보이는 것도 없어지고 견상見相도 없어지는 것이다. 제불의 법신은 평등의 진여이기 때문에 다불多佛이면서 동시에 일불一佛이어서 법신이 서로 다른 색상色相을 보는 일은 없다.

그러나 이와 같이 제불이 색상을 가지고 서로 보는 것이 아니라면 제불의 법신에게 색상은 없게 될 것이다. 따라서 그것이 어떻게 하여 보신과 응신의 색상을 나타낼 수 있는가 하는 의문이 생긴다.

이에 대하여 법신이 색상을 여의면서도 보신과 응신을 나타내는 이유로, "법신은 색신의 체이기 때문에"라고 답하고 있다. 즉 법신은 보신과 응신 등의 색의 본체라는 의미이다. 그래서 능히 색을 나타낼 수 있는 것이다. 『의기』에도 '보신·화신의 색은 법신의 진심眞心과 다르지 않다'고 설명하고 있다. 이와 같이 본래 '색심불이'인 것이다. 진여가 일체에 두루 미치고, 그런데도 그 진여의 본성이 '지智'이기 때문에 이 마음을 다르게 하여 색이 있는 것은 아니다. 때문에 '색의 성性은 바로 지智이다'고 설명하고 있다.

이것을 반대로 말하여 "색의 체가 무형無形인 것을 지신智身이라고 명명한다"고 설명한 것이다. 즉 보응이신報應二身이 나타내는 근거는 지신智身이라는 의미이다. 지智란 본각지이다. 법신은 일체처에 두루 있기 때문에 응보이신應報二身이 나타나는 근거에는 항상 지신智身이 있다. 때문에 "지성智性이 바로 색色이다"고 설명한 것이다.

이와 같이 법신이 일체처에 두루 있기 때문에 이것에 의하여 드러나는 색신은 분제分齊가 없는 것, 즉 한계가 없는 것이다. 그러나 범부는 그것을 유한有限이라고 본다. 그처럼 보는 사람의 마음에 따라 유한·무한 등이 갖가지로 나타나면서 법신은 시방세계에 무량한 보살을 나타내고, 무량한 보신불을 나타내며, 무량한 정토의 장엄을 보이며 각각 차별이 있지만, 고정적인 구별이 있는 것은 아니며 다만 서로 방해함이 없는 것이다. 이 보응이신報應二身의 불가사의한 작용은 범부의 차별적인 망분별로써는 알 수 없다. 이것은 모두 진여의 자재한 작용이기 때문이다.

요컨대 '법신'은 이지불이理智不二, 즉 진여와 그것을 관찰하는 무분별지가 일체가 된 것, 다시 말하면 부처님의 깨달음을 표현하고 있는 지신智身이 응보이신應報二身의 의지처가 되고 있다는 뜻이다. 이신二身은 색신色身이자 또한 이타신利他身이며, 법신을 눈으로 볼 수 없는 제일의제신第一義諦身에 비하면 두 가지 색신色身은 세속제신世俗諦身이라 불러야 할 것이다. 이 법신과 색신의 관계를 '색심불이色心不二'라 설명하고, 법신은 '색色의 체體'이므로 그 자체에 색, 즉 육체는 없지만 도처에 변만하고 있기 때문에 어떤 곳에서도 그 색신을 나타낸다고 설명하고 있다.

〈도표 11〉은 이상 설명한 삼대三大의 조직을 나타낸 것이다.

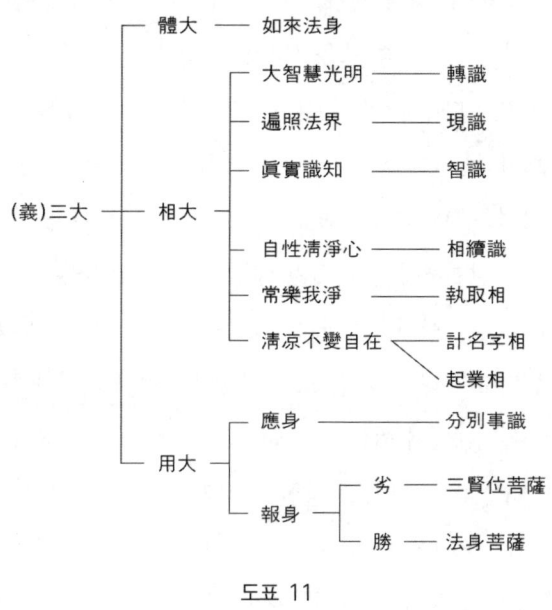

도표 11

復次顯示從生滅門하야 卽入眞如門하리니 所謂推求五陰의 色之與心이라. 六塵境界는 畢竟無念이요, 以心無形相하야 十方求之라도 終不可得

이니라. 如人이 迷故로 謂東爲西나 方實不轉인달하야 衆生도 亦爾하야 無明이 迷故로 謂心爲念이나 心實不動이니 若能觀察하야 知心無念이면 卽得隨順하야 入眞如門故니라.

또다시 생멸문으로부터 곧 진여문에 들어가는 것을 현시한다. 이른바 오음을 추구하면 색과 마음이다. 육진의 경계는 필경 무념이며, 마음에는 형상이 없어 시방으로 이를 찾아도 끝내 얻을 수 없다. 사람이 (방향을) 모르므로 동쪽을 서쪽이라 말해도 방향이 실로 바뀐 것이 아닌 것과 같이 중생도 또한 그러하다. 무명으로 미혹하므로 마음을 망념이라 말하지만 마음은 실로 움직이지 않는 것이며, 만약 능히 관찰하여 마음이 무념인 것을 안다면 곧 수순하여 진여문에 들어갈 수 있기 때문이다.

【해설】

「해석분」의 현시정의를 마치면서 진여문과 생멸문의 관계를 생멸문에서 진여문으로 들어가는 형태로 총괄하고 있다. 생멸문에서 진여문이라는 것은 미혹에서 깨달음으로라는 뜻이다. 이것도 또한 불각에서 각으로의 방향 전환, 즉 대승의 작용을 다른 각도에서 정리한 것이라 할 수 있다.

먼저 '오음五陰'은 처음 나오는 단어이지만 '오음무아五陰無我'의 가르침과 같이 옛날부터 있는 것으로, 『반야심경』에서 말하는 '오온개공五蘊皆空'의 오온, 즉 다섯 종류의 집합, 소위 색수상행식이다. 이 가운데 색은 물질이고, 수상행식은 '마음', 즉 정신현상의 여러 가지 모습으로, 양자를 합쳐 '색심色心'이라 한다.

다음의 '육진六塵', 즉 색성향미촉법의 여섯 대상에서도 그 분류에 일체 현상을 통합하는 것은 가능하지만, 여기서의 '색'은 좁은 의미의 색이며, 눈을 통하여 알 수 있는 대상의 색과 형태를 가리킨 것이다. 오음五陰도 육진六塵도 일체법이다. 이 육진의 세계가 필경에는 무념無念이라는 것이다. 심진여에는 작용은 없고, 마음의 작용이 염念이라는 말로써 대표되고 있었다. "육진이 무념"이란, 육진은 유심의 소산이며, 육진과 오음의 차별은 결국에 심생멸의 염念의 작용에 따라 실재로 있는 것처럼 보이는 것에 지나지 않기 때문에 염이 작용하지 않으면 없어지는 것을 말한다. 방향의 비유는 앞에서도 나왔다. 확실한 것은, 방향 그 자체는 인간의 관념적 소산일 뿐인데 마음대로 방향을 정해 두고 그로 인해 헤매는 것에 불과하다.

때문에 "마음에 형상形相이 없으면 시방十方으로 그것을 구하려 해도 끝내 얻을 수 없다"고 설명하는데, 망념으로서의 마음이 파악할 수 없는 허망한 것임을 깨달아 안다면 바로 그때 망념은 멈출 것이다. 즉 사람이 방향을 몰라 동쪽을 서쪽이라고 생각했다고 하더라도 그것으로 방향이 바뀌는 것은 아니다. 그것과 마찬가지로 심성은 본래 불생불멸인 것인데, 중생은 무명의 미혹 때문에 마음을 염念이라고 잘못 생각하고 있다. 마음은 부동不動인 것이다. 만약 인간이 이 점을 잘 관찰하고 동요가 없는 망념의 깊은 곳에서 부동의 심성을 발견하여 마음이 바로 무념인 것을 깨닫는다면 그 사람은 생멸문을 벗어나 진여의 문으로 들어갈 수 있다. 결론은 앞에서 얘기한 대로 심성무념心性無念임을 깨달아 염念을 여의면 심진여로 돌아간다는 것이다.

요컨대 생멸문에서 진여문에 향하는 도정이 다 나타난 셈이다. 이와 같이 사람의 마음에는 본래 미혹한 마음의 움직임이 없음을 아는 것이 바로 생멸문에 수순하여 진여문에 들어가는 것임을 강조하고 있다.

제3부 대승이란 중생심이다 **279**

〈도표 12〉는 현시정의顯示正義에 대한 전체 내용의 개요를 도식화한 것이다.

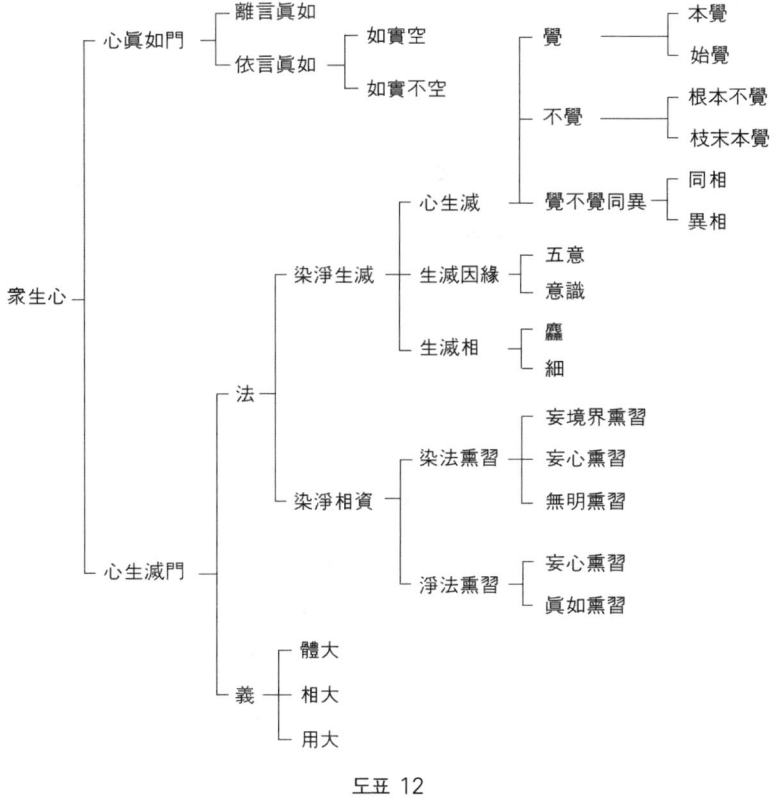

도표 12

2. 잘못된 견해를 수정하다(對治邪執)

【요지】

지금까지 올바른 주장을 서술해 왔기 때문에, 여기에서는 그 오해 또는 잘못된 주장을 지적한다. 바로 사집邪執에 대한 대치對治이다. '대치'란 반대라는 것이 원래의 뜻이다. 반대 의견의 잘못을 지적한다는 의미이다. 즉 「해석분」에서 진여에 대해 거듭 반복하여 설명했지만, 아직 충분히 진여를 이해하지 못하고, 잘못된 생각을 가지는 사람이 있기 때문에 이 잘못을 바로 잡기 위하여 대치사집의 단락을 마련한 것이다.

對治邪執者는 **一切邪執**이 **皆依我見**이니 **若離於我**하면 **則無邪執**이니라. **是我見**이 **有二種**하니 **云何爲二**오. **一者**는 **人我見**[217]이요, **二者**는 **法我見**[218]이니라.

사집을 대치한다는 것은 일체의 사집이 모두 아견에 의지하는 것이니, 만약 아我를 여의면 곧 사집이 없어질 것이다. 이 아견에는 두 가지가 있으니, 무엇이 두 가지인가. 하나는 인아견이고, 둘째는 법아견이다.

【해설】
앞서 말한 가르침〔正義〕이 실은 좀처럼 이해되지 않아 오해를 낳고, 그로 인하여 신심과 수행에 나아가지 못하고 있는 사람들이 많기 때문에 우선 그 오해를 없애기 위한 것인데, 실질적으로 그 오해의 근본은 '아견我見'에 있다고 하여 그것에서 벗어날 것을 가르치고 있다. 그 점이 바로 행行으로 나아가는 전제로써 설해진다.

　사집邪執을 대치對治하는 단락은 아견으로부터 생기는 사집을, 사람

---

217 인아견: 불신이나 여래장의 관념을 실체시하는 범부의 잘못된 견해. 단순히 자아를 고정적으로 본다는 일반적인 인아견의 뜻이 아니다.
218 법아견: 이승二乘이 오음五陰의 가르침에 대하여 일으키는 잘못된 견해이며, 한정되어 사용되고 있다.

에 대한 아견과 법에 대한 아견의 둘로 나누어 설명하고 있다. 여기에서 사람이란 여래이고, 법이란 여래가 설한 가르침이라는 의미이며, 이에 대한 잘못된 생각을 아견이라 한다. 먼저 인아견은 여래에 대한 잘못된 생각을 범부의 다섯 가지 사집으로 정리하고, 법아견은 여래가 설한 가르침(법)에 대한 잘못된 생각을 이승둔근二乘鈍根의 사집으로 정리하여 각각 잘못된 견해를 고치고 있다.

1) 자신의 본성에 대한 잘못된 견해(人我見)

(1) 공空에 대한 집착

【요지】

인아견이라는 것은 자기의 본성인 법신·여래장에 대한 잘못된 견해를 의미하는데, 여래장을 허무라고 보거나 혹은 여래장을 자아自我라고 잘못 생각하는 것 등을 들어서 비판한다. 처음에는 오류설을 들고, 두 번째에는 그 집착의 상相을 나타내고, 세 번째로 대치對治의 상相을 밝히는 세 단계로 되어 있다.

人我見者는 依諸凡夫하야 說有五種하니 云何爲五오. 一者는 聞脩多羅說하되 如來法身이 畢竟寂寬하야 猶如虛空하고 以不知爲破著故로 卽謂虛空이 是如來性이라하나니 云何對治오. 明虛空相은 是其妄法이라 體無不實이언마는 以對色故로 有是可見相하야 令心生滅이어니와 以一切色法이 本來是心이라 實無外色[219]이니 若無外色者인댄 卽無虛空之相이니라. 所謂一切境界唯心妄起故로 有니 若心이 離於妄動하면 則一

切境界 滅이요, 唯一眞心이 無所不徧하나니라. 此謂如來廣大性智究竟
之義니 非如虛空相故니라.
二者는 聞脩多羅에 說하되 世間諸法이 畢竟體空하며 乃至涅槃眞如之
法도 亦畢竟空²²⁰이라 從本已來自空하야 離一切相이라 하고 以不知爲
破著故로 卽謂眞如涅槃之性이 唯是其空이라하나니 云何對治오. 明眞
如法身은 自體不空²²¹하며 具足無量性功德²²² 故니라.

인아견이란 모든 범부에 의하여 설해지는 것으로 다섯 가지가 있으니, 무엇이 다섯 가지인가. 첫째는, 경전에서 "여래 법신은 필경에 적막하여 마치 허공과 같다"고 설하는 것을 듣고, (이 말씀은) 집착을 파하기 위한 것임을 알지 못하기 때문에 곧 허공이 이 여래의 본성이라 말한다. 어떻게 대치하는가. 허공의 상은 그것이 망법으로, 체가 없고 실재가 아니며 색에 대비한 것이므로 이 상을 볼 수가 있으나 마음으로 하여금 생멸하게 한다. 일체의 색법은 본래 이 마음으로써 실로 밖의 색법은 없는 것이니, 만약 밖의 색이 없다면 곧 허공의 상도 없음을 밝힌 것이다. 이른바 일체의 경계는 오직 마음일 뿐 망녕되이 일어나기 때문에 있는 것이며, 만약 마음이 망녕된 움직임을 여의면 곧 일체의 경계가 멸하고,

---

219 실무외색: 마음 이외에 존재하는 외계의 물질이 없다는 뜻이다.
220 필경공: 일체법은 공이라고 하더라도 그 공에 집착하는 위험이 있기 때문에 공도 거듭 공이라고 설해서, 공에도 집착하지 않는 절대의 세계에 들어가는 것을 나타낸다.
221 자체불공: 공은 허무의 의미가 아니기 때문에, 법의 본래의 모습(자체)에서는 무한하게 풍부한 내용을 지니고 있다. 그 점을 '불공'이라고 한다.
222 성공덕: 진여가 가지고 있는 불변의 성질을 말한다. '공덕'이란 뛰어난 특질. 수행의 결과 얻은 공덕을 말하는 것이 아니다.

유일한 진심이 두루하지 않는 바가 없다. 이것을 여래의 광대한 성지性智의 궁극적 의미라 말한 것이니, 허공의 상과 같은 것이 아니기 때문이다. 둘째는, 경전에서 "세간의 제법은 필경에 체가 공이며 내지 열반과 진여법도 역시 필경에 공이다. 본래부터 스스로 공하여 일체의 상을 여의었다"고 설하는 것을 듣고, 집착을 파하기 위한 것임을 모르기 때문에 곧 진여 열반의 본성이 오직 공한 것이라 말한다. 어떻게 대치하는가. 진여 법신은 자체가 공하지 않으며 무량한 성공덕을 구족한 이유를 밝힌다.

【해설】

먼저 사람에 대한 아견의 다섯 가지는 ①여래법신은 허공의 상相을 나타낸다고 이해하는 생각, ②여래법신은 공空한 것이라고 이해하는 생각, ③여래장을 실체화하는 생각, ④여래장은 망법을 포함한다는 생각, ⑤여래장은 미혹과 깨달음의 시원이라고 하는 생각인데, 이 견해들에 대한 잘못을 바로잡고 있다.

앞의 둘은 '여래법신'에 대한 것이고, 뒤의 셋은 '여래장'에 대한 오해를 고친 것이다. 따라서 전자는 공에 대한 집착이다. 뒤의 셋은 다음 단락에서 살펴보기로 한다.

첫 번째의 인아견이란, 경전 속에서 "여래의 법신은 결국 공적空寂하여 마치 허공과 같다"고 설하는 말씀을 그대로 받아들여 '허공이 여래의 본성'이라고 오해하는 것이다. 이 설은 '허공'이라는 범부의 관념이 허망임을 알게 함으로써 파척된다. 즉 범부가 생각하는 '허공'이란 것은 망념의 소산이다. 이 망념으로 '있다'고 설정된 것은 '망법妄法'에 불과하다. 때문에 "허공의 상相은 망법으로써 체體가 없으며 실재가 아니다"고 말한 것이다.

요컨대 눈으로 보는 색에 의하여 마음의 생멸이 있지만 그것이 외부 세계의 존재는 아니다. 마음에 망념으로써 일어나기 때문에 외부 세계가 있는 것이다. 마음이 망동妄動을 벗어나면 일체의 인식대상은 없어지게 된다. 모든 주객의 대립은 해소되고 오직 하나의 진심眞心만이 있게 되어 그 진심은 일체처에 두루 미친다.

두 번째 인아견은, 경전에서 "세간의 모든 존재는 본성이 공이며, 열반도 진여도 필경에 공空이다. 법은 그 본성이 스스로 공한 것이고 일체의 상을 여의어서 무상無相이다"고 설하고 있다. 중생은 이것이 범부의 마음이 '정유情有', 즉 잘못된 유有에 집착하는 것을 파척하기 위해 설한 것임을 모르고, '진여도 열반도 그 본성은 공'이라고 받아들인다. 진여에 무한한 성공덕이 있는 것을 모른다. 이것을 어떻게 대치對治하는가. 진여는 제법의 본성이고, 영원한 실재이다. 따라서 진여법신은 불공不空이고 무량한 성공덕을 구족하고 있음을 밝히고, 이상과 같은 오해를 대치한다.

(2) 유有에 대한 집착

三者는 聞脩多羅에 說하되 如來之藏이 無有增減하야 體備一切功德之法하고 以不解故로 卽謂如來之藏에 有色心法의 自相이 差別이라하나니 云何對治오. 以唯依眞如義하야 說故며 因生滅染義하야 示現하며 說差別故니라.

四者는 聞脩多羅에 說하되 一切世間生死染法이 皆依如來藏하야 而有

라 一切諸法이 不離眞如라하고 以不解故로 謂如來藏이 自體에 具有一切世間生死等法이라하나니 云何對治오. 以如來藏이 從本已來로 唯有過恒沙等諸淨功德이 不離不斷하야 不異[223]眞如義故며 以過恒沙等煩惱染法이 唯是妄有라 性自本無하야 從無始世來로 未曾與如來藏相應故니라. 若如來藏이 體有妄法인댄 而使證會하야 永息妄者는 則無有是處故니라.

五者는 聞脩多羅에 說하되 依如來藏故로 有生死하며 依如來藏故로 得涅槃이라하고 以不解故로 謂衆生이 有始라하며 以見始故로 復謂如來所得涅槃도 有其終盡하야 還作衆生이라하나니 云何對治오. 以如來藏이 無前際故로 無明之相도 亦無有始하니 若說三界外에 更有衆生이 始起者면 卽是外道經說[224]이니라. 又如來藏이 無有後際하니 諸佛所得涅槃도 與之相應하야 則無後際故니라.

셋째는, 경전에서 "여래장은 증감이 없어 체에 일체 공덕의 법을 갖추었다"고 설하는 것을 듣고, 이해하지 못하기 때문에 곧 여래장에는 색법과 심법의 자상차별이 있다고 말하니, 어떻게 대치하는가. 오직 진여의 뜻에 의해서만 설한 것이기 때문이며, 생멸염법의 뜻에 의하여 (무량한 성공덕이) 시현함을 차별이라 설한 것이기 때문이다.

넷째는, 경전에서 "일체 세간의 생사염법이 모두 여래장에 의하여 있는 것이며, 일체 제법이 진여를 여의지 않는다"고 설하는 것을 듣고, 이해하지 못하기 때문에 여래장 자체에 일체세간의 생사 등의 법이 갖춰져

---

[223] 불리부단불이: 여래장 자체인 진여와 그 지혜는 둘이면서 둘이 아닌 점을 말한다.
[224] 외도경설: 생사에 시작이 있고 무명에 시작이 있다고 설하는 것은 외도의 『대유경大有經』의 설이라고 『현수의기』에 소개되어 있다.

있다고 말한다. 어떻게 대치하는가. 여래장은 본래부터 다만 항하의 모래보다 많은 모든 청정한 공덕이 있어 (진여를) 여의지 않고, 끊지도 않고 다르지도 않은 진여의 뜻이 있기 때문이다. 항하의 모래보다 많은 번뇌염법은 오직 이것이 허망하게 있을 뿐 자성 그 자체는 본래 없는 것이니 무시이래로부터 일찍이 여래장과 상응한 적이 없기 때문이다. 만약 여래장의 체에 망법이 있다면 증득하여 영구히 망념을 없앤다는 것은 곧 도리가 맞지 않기 때문이다.

다섯째는, 경전에서 "여래장에 의지하므로 생사가 있고 여래장에 의지하므로 열반을 얻는다"고 설하는 것을 듣고, 이해하지 못하기 때문에 중생에게 시작이 있다고 하며, 시작이 있다고 봄으로써 또한 여래가 얻은 바 열반도 끝이 다함이 있어 다시 되돌아 와서 중생이 된다고 말한다. 어떻게 대치하는가. 여래장에는 전제(과거의 始源)가 없으므로 무명의 상도 또한 시작이 없으며, 만약 삼계 밖에서 다시 중생이 처음 일어남이 있다고 설한다면, 곧 이것은 외도경의 설이다. 또한 여래장은 후제(미래의 終局)가 없으니, 제불이 얻은 바 열반도 이와 상응하여 곧 후제가 없기 때문이다.

【해설】

세 번째는 경전에서 "여래장에는 증감이 없다. 그 체에 일체의 공덕을 갖추고 있다"고 설한 것의 진의를 이해하지 못하고, 여래장에는 생멸법인 색심色心의 제법의 자성과 상相의 차이가 있다고 생각한다. 거기에 차별이 있다고 보는 것은 잘못된 것이다. '증감이 없다'고 하기 때문에 현재 있는 망법도 영원히 멸하지 않는다고 생각하지만, 색심법色心法의 자상自相 차별은 중생 한 사람 한 사람에 대해서는 있으나 여래장에는 없는 것이다.

그렇다면 이것을 어떻게 대치하는가. 여래장을 부증불감이라고 말한 것은 진여문에서의 설명이다. '불변'이라고 하면 많은 공덕이 있다고 말할 수 없기 때문에 경에서 "그 체에 일체 공덕의 법을 갖춘다"고 한 것은 생멸문의 입장이었던 것이다. 생멸문의 염법에는 무량한 변화가 있기 때문에 그것에 비교하고, 그 생멸의 염법 중에 본각이 무량한 성공덕을 시현하기 때문에 그 시현에 따라 여래장의 성공덕에는 무량한 차별이 있다고 한 것이다.

네 번째는 경전에서 "일체세간의 생사염법은 모두 여래장에 의해 있으며, 일체제법은 진여를 여의지 않는다"고 설한 말씀을 보고, 세간이 진여에 의지하고 있는 것을 나타내고자 한 뜻임을 이해하지 못하고, 여래장의 체에 그대로 생사의 염법이 갖추어져 있다고 오해하는 것이다. 이것은 진여에 수연隨緣의 뜻이 있는 것을 알지 못하는 오류이다. 생사에 관한 법, 즉 염법이 실유實有라고 생각하는 것이다.

그렇다면 이것을 어떻게 대치하는가. 이것은 여래장의 무량한 성공덕과 무명이 연을 따라 일어남으로써 생기는 생사의 염법과는 성질이 다른 것을 보여줌으로써 대치한다. 다시 말하면 성덕性德으로 구족하는 것은 정법淨法뿐이고, 염법은 본래 불상응不相應이라는 것이다. 즉 여래장에는 본래부터 이 항하사 모래알보다 더 많은 무량의 청정한 공덕이 갖추어져 있다. 그러나 생사의 염법은 그렇지 않다. 무명이 연을 따라 일어남으로써 망념이 일어나는 것이고, 이로부터 무량한 번뇌가 일어난다. 그러나 이들 번뇌는 망념에 의하여 생긴 것이기 때문에 허망한 존재이므로 자성이 없는 것이다. 따라서 그것에 의해서 일어난 번뇌는 자성청정심인 여래장과는 본래 상응하지 않는 것이다.

또한 여래장은 상주하기 때문에 망법이 여래장의 속성이라고 한다면 여래장은 그대로 두고 망법만을 멸한다는 것은 있을 수 없는 일이다. 왜냐하면 깨달았을 때에 소멸하는 것은 있을 수 없기 때문이다.

다섯 번째는 경전에서 "여래장에 의하기 때문에 생사가 있다. 여래장에 의하기 때문에 열반을 얻는다"고 설한 것을 보고, 이 경의 진의를 이해하지 못하여 '여래장은 앞이고, 중생의 생사 생존은 뒤'라고 여겨 '중생에게 시작이 있다'고 생각하는 것이다. 그리하여 중생에게 생존의 시작이 있다면 여래가 열반을 얻더라도 그 열반에도 끝이 있고, 여래가 다시 중생으로 되돌아간다는 과실이 있을 것이라고 생각한다.

이것을 어떻게 대치하는가. 이 오류는 여래장이나 무명에는 시원始源이 없는 것을 밝혀서 대치한다. 즉 여래장과 진여는 영원한 실재이기 때문에 시간을 초월한 것이다. 그러므로 그 시작은 없다. 마찬가지로 생사의 근거인 무명도 '무시無始의 무명無明'이라 말해지듯이 그 시원을 파악할 수 없다. 무명도 시작이 없는 것이다. 윤회의 세계는 삼계지만, 만약 중생이 삼계 밖에 있고 그것이 삼계 안으로 들어온 것이라면 '생사에 시작이 있고, 무명에 시원이 있다'고 말할 수도 있다. 그러나 이러한 생각은 외도外道의 『대유경大有經』에서 나오는 말이고 불교의 설은 아니다. 올바른 이해는 여래장에는 시작도 끝도 없다고 보는 것이다.

요컨대 생사에 시작이 있다는 오해에 대해 열반에 끝이 있다고 하는 오류를 지적한 것이다. 그러나 생사의 근거인 무명은 '무시무명無始無明'이지만, 여래장은 영원한 실재이기 때문에 그 끝은 존재하지 않는다. 따라서 제불이 열반을 얻고 여래장·진여와 상응한다면 마찬가지로 영원하기 때문에 열반에 끝이 있을 리가 없다.

2) 만법이 그대로 실재라고 집착하는 견해(法我見)

【요지】

법아견이란, 현상을 구성하는 요소를 법이라 부르며 이것을 고정적인 실체라고 보는 견해이다. 그러나 이 논에서 법아견이란 이승둔근二乘鈍根의 사람이 오음五陰의 법에 대하여 일으키는 망집을 말한다. 즉 미혹의 현상을 쓸데없이 두려워하는 생각인데, 이는 잘못된 생각으로 생사의 현실이 본래 열반인 것을 재확인하게 된다.

法我見者는 依二乘鈍根故로 如來但爲說人無我하시니 以說不究竟일새 見有五陰生滅之法하야 怖畏生死하고 妄取涅槃하나니 云何對治오. 以五陰法은 自性不生이라 則無有滅하야 本來涅槃故니라.

법아견이란 이승의 둔한 근기에 의하므로, 여래는 다만 (그들을) 위하여 인무아만을 설하시고 구경을 설하지 않음으로써 (그들은) 오음생멸의 법이 있다고 보고 생사를 두려워하여 망녕되이 열반에 집착한다. 어떻게 대치하는가. 오음법의 자성은 생하지 않는 것이므로 곧 멸함도 없어 본래 열반이기 때문이다.

【해설】

법아견法我見은 이승二乘에서 둔한 근기의 사람이 갖게 되는 오해인데, 법무아를 알지 못하고 오음이 실제로 생멸하는 실체적인 법이라 생각한다. 앞의 다섯 항목에서 볼 수 있었던 인무아人無我에 관한 사해邪解, 오해誤解는 대승의 수행자에게서 볼 수 있는 것이다. 이승二乘의 수행자는 생사윤회를 두려워하고 거기에서 도망하여 열반에 들고 싶다고 생각한다. 여기에서는 열반이라는 훌륭한 무언가를 손에 넣고 싶어하는 생각을 비판한 것이다. 생사의 세계 속에서 열반을 구하는 것이 아니라 생사의 세계 밖에서 열반을 구하기 때문에, 그 열반은 허무한 것이 되고 만다.

그렇다면 이 잘못된 아견을 어떻게 대치하는가. 오음五陰의 법이 실제로 생기고 실제로 멸한다고 보는 것은 잘못임을 지적하여 대치한다. 그들은 마치 유위법有爲法과 같은 선상에서 열반을 생각하므로, 그와 같이 실체시하면 안 된다고 하는 것이다. 왜냐하면 제법은 '본래 열반'이므로 무언가가 멸하여 열반에 들어가는 것이 아니라, 본래 열반에 들어가 있기 때문이다. 생사에 대한 두려움도 대승으로서는 망법妄法을 실법實法으로 생각하기 때문에 생기는 두려움이다. 본래 생사가 없음을 알면 두려움은 없어지고, 바로 그곳이 열반이며 따라서 달리 얻을 만한 열반도 없다고 가르치는 도리이다.

復次 究竟離妄執者는 當知染法淨法이 皆悉相待라 無有自相[225]可說이니 是故로 一切法이 從本已來로 非色非心이며 非智非識이며 非有非無라 畢竟에 不可說相이로대 而有言說者는 當知如來善巧方便으로 假以言說하사 引導衆生이시니 其旨趣者는 皆爲離念하야 歸於眞如니 以念一切法하면 令心生滅하야 不入實智故니라.

---

[225] 무유자상: '자상'은 그 자체의 고유의 성질. 연기에 의해서 성립하는 것은 고정적인 자체를 가지지 않기 때문에 고유의 자상도 성립하지 않는다.

또다시 구경코 망집을 여읜다는 것은 마땅히 알라. 염법과 정법이 모두 다 서로 의존하는 것으로 자상을 설할 수 없는 것이다. 그러므로 일체법은 본래부터 색법도 아니고 심법도 아니며, 지혜도 아니고 식識도 아니며, 유有도 아니고 무無도 아니다. 필경에 말로 할 수 있는 모습이 아님에도 언설이 있는 것은 마땅히 알라. 여래의 선교방편으로 언설을 빌려 중생을 인도하시는 것이다. 그 취지란 모든 망념을 여의고 진여에 돌아가게 하기 위하는 것이니, 일체법을 생각하면 마음으로 하여금 생멸하게 하여 진실한 지혜에 들어가지 못하기 때문이다.

【해설】
여기에서 일체란 상호 의존하여 성립하는 것임을 밝히고 있다. 염법과 정법, 즉 미와 추, 선과 악, 미혹과 깨달음 등은 모두 '상대相待'적 입장에서 성립한다. 악을 제거한 선만의 독존은 있을 수 없기 때문에 악과 비교하여 선인 것이 성립하는 것이다. 그러나 그것보다도 우수한 선이 나타난다면 앞의 선은 참된 선이라고 말할 수 없게 된다. 따라서 '절대선'이라는 것은 이 세계 안에 존재하지 않는다. 그 때문에 '상대相待'하여 성립하는 것은 그 '자상自相'의 설명이 불가능하다. 아름다움 속에도 어느 정도의 추함이 포함되어 있고, 빛 속에도 어느 정도의 어둠은 포함되어 있다. 이 '상대相待'를 연기라고 한다. 그런데 이 연기에 의해 성립된 본성은 '공'이다.

또한 일체법은 본래 육신[色]이 있음으로써 마음[心]이 있고 마음이 있음으로써 육신이 있으며, 마찬가지 입장에서 유有도 아니고 무無도 아니라고 설명하고 있다. 제행은 무상無常이기 때문에 이 세상에서 끝까지 '유有'라고 말할 수 있는 것이 없다는 것이다. 현재에 있는 것도 항상 자기 붕괴를 반복하면서 존재한다. 그래서 유有 안에는 무無가 포함되어 있다. 이와 같이 현실의 실상은 유有도 아니고 무無도 아니므로 결국 불가설의 상相인 것이다. '가설可說'이란 분별하는 것이고, 바로 '망념'이다. 그러나 망념에 의해서는 현실의 실상, 즉 진여는 파악할 수 없으므로 '불가설不可說'에 의하여 나타내는 것이다. 말에 의하지 않으면 가르침을 전할 수 없기 때문에 말이 불완전하더라도 말에 의하지 않으면 안 된다. 그 때문에 임시 선교방편인 설법으로 중생을 이끄는 것이다.

이와 같은 원리로 중생을 무념으로 이끌기 위하여 언설의 분별을 빌리는 것이다. 따라서 그 취지는 염念을 떠나 진여로 돌아가게 하기 위함이라고 말한다. 어떠한 진리든 사념思念하게 되면 그 사념은 망념이다. 거기에는 마음의 생멸이 있고, 마음이 주객으로 분열하며, 마음에 암흑이 일어난다. 때문에 일체법을 염하면 마음이 생멸하게 되어 진실한 지혜에 들어가지 못한다고 설명한 것이다.

요컨대 대치에 급급하여 자기 말에만 집착한다면 그 집착은 깨달음의 장애가 된다는 것이다. 때문에 유有에 집착하는 사람에게는 공空으로써 그 집착을 벗어나게 하지만, 그 공에 집착하는 사람에게는 '공空도 또한 공空이다'고 경고하지 않으면 안 된다. 이런 점을 지적한 것이 본 단락의 취지이다.

〈도표 13〉은 대치사집의 인아견·법아견을 도식화한 것이다.

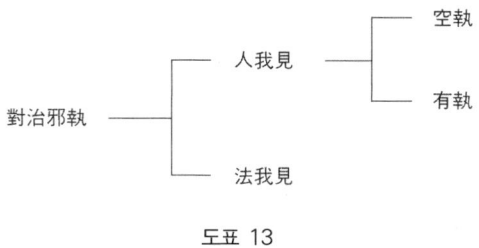

도표 13

3. 불도에 나아가는 실천과정을 분별하여 밝히다(分別發趣道相)

【요지】

일반적으로 발심이란 말은 일을 시작하는 초심初心의 의미로 해석되지만, 발심은 일에 대한 대처방법으로써 신信, 해解, 행行, 증證 등 각각의 새로운 문제를 대할 때마다 점검해야 할 문제로서 다루고 있다. 여기에서는 진여의 이치를 증득하기 위하여 보리심을 얻으려는 결심으로 설명한다. 발심發心은 한번만 있는 것이 아니라 수행이 진행됨에 따라 새로운 단계에서 재차 발심하는 것이다. 예를 들면 낮은 단계에서 높은 단계로 옮아감에 따라 새로운 입장에서 그에 맞는 목표를 다시 설정하고 수행방법을 반성하게 된다. 이것이 발심이다.

여기에서는 부처님이 증득한 깨달음을 향하여 사람들이 의욕을 일으키고, 수행을 진작시켜 가는 의의를 밝히고 있다. 그래서 ①신성취발심信成就發心, ②해행발심解行發心, ③증발심證發心의 세 가지를 세우고 있다. 보살은 초지初地에 들면 법신法身을 증득하고 상사각相似覺의 지위를 초월한다. 이것은 바로 증발심에 해당한다. 참된 발심은 이 '증證'의 단계에서 일으키는 발심이다. 그 때문에 신성취발심, 해행발심의 둘을 '상사발심相似發心'이라 한다. 그리고 발심은 보살을 미혹에서 깨달음으로 나아가게 하기 때문에, 그 의미에서 대승의 '승乘'을 나타낸 것이다.

分別發趣道²²⁶相者는 謂一切諸佛所證之道에 一切菩薩이 發心修行하야 趣向義故니라. 略說發心에 有三種하니 云何爲三고. 一者는 信成就發心이요 二者는 解行發心이요 三者는 證發心²²⁷이니라.

분별발취도상이란, 일체 제불이 증득한 바 도에 일체 보살이 발심하여 수행해 나아가는 뜻이기 때문에 (그렇게) 말한다. 간략히 발심을 말하면 세 종류가 있으니, 무엇이 세 가지인가. 첫째는 신성취발심이고, 둘째는 해행발심이며, 셋째는 증발심이다.

【해설】

이 '발취도發趣道', 즉 '도道에 발취發趣한다'의 '도道'는 '일체제불이 증득한 바의 도〔一切諸佛所證之道〕'라고 하므로, 이것은 깨달음, 보리를 의미하는 것이다. 도가 보리의 의미인 것은 '성도成道'라든가 보리를 얻은 장소를 '도량道場'이라고 한 용례에서도 알 수 있다. 발취發趣는 또한 발심, 수행, 취향趣向의 의미로도 해석된다. 수행의 길에 나아간다는 뜻이 원래의 의미이다.

〈도표 14〉는 세 가지 발심이 어느 계위에 해당하는가를 배대한

---

226 발취도: 부처님의 깨달음(도)에 발심하여 향해 나아간다는 뜻이다.
227 신성취발심 해행발심 증발심: 발심의 과제가 신·해·행·증의 단계로 다루어지고 있음을 알 수 있다.

것이다.

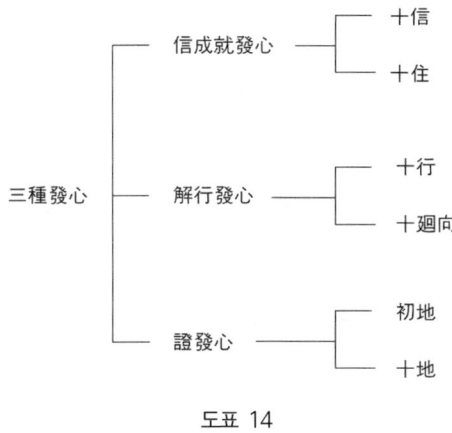

도표 14

1) 본성이 진여임을 믿는 단계의 발심(信成就發心)

【요지】

믿음이란 무엇인가? 믿음은 스라드하śraddhā의 번역어로, 원래의 의미는 마음을 맑게 하는 힘[心澄淨]이라고 설명된다. 그리고 믿음의 대상은 불佛·법法·승僧의 삼보三寶이다. 이것을 믿고, 또한 인과의 이치 등을 믿는 것이다. 즉 부처님을 믿으면 그 부처님의 청정성에 동화되어 자기 마음이 청정하게 되어 가는 것이 불교의 믿음이다.

법法과 승僧에 대해서도 마찬가지이다. 인과의 도리를 믿는 것으로 겸허한 마음가짐, 진리에 대한 외경심이 생긴다. 이러한 마음가짐에 의하여 마음의 맑고 깨끗함이 일어나며, '징澄'이란 탁한 물이 맑게 되는 것이다. 믿음은 마음의 탁함을 맑게 만드는 힘이 있다. 이를 통하여 불교의 믿음이 맹목적인 믿음이 아닌, 진리가 뒷받침된 이성적이고 밝은 성격의 것임을 알 수 있게 된다.

信成就發心者는 依何等人이 修何等行하야사 得信成就하야 堪能發心고. 所謂依不定聚衆生[228]이 有熏習善根力故로 信業果報하야 能起十善하며 厭生死苦하고 欲求無上菩提하야 得値諸佛하야 親承供養[229]하고 修行信心하야 經一萬劫하면 信心成就故로 諸佛菩薩이 敎令發心하되 或以大悲故로 能自發心하며 或因正法[230]欲滅하야 以護法因緣故로 能自發心하나니 如是信心成就하야 得發心者는 入正定聚하야 畢竟不退하나니 名住如來種[231]中하야 正因相應이라 하나니라.
若有衆生이 善根이 微少하야 久遠已來에 煩惱深厚하면 雖値於佛하야 亦得供養이나 然이나 起人天種子하며 或起二乘種子요 設有求大乘者라도 根則不定[232]이라 若進若退하며 或有供養諸佛호대 未經一萬劫하야 於中遇緣하야 亦有發心하나니 所謂見佛色相하고 而發其心하며 或因供

---

228 부정취중생: 정정취(결코 물러남이 없는 보살)에 대비한 중생. 경우에 따라서는 수행을 단념하거나 이승二乘의 깨달음에 만족하거나 하여, 앞날이 어떻게 될지 모르는 사람. 『대승기신론』에서는 항상 이 부정취중생의 마음에 호소하고 있다.

229 친승공양: '공양'은 범어 pūjā의 의역. 육법공양은 등燈, 향香, 미米, 화華, 다茶, 과果이고, 이외 음식, 음료, 의복 등을 부처님께 바치고 예배, 공경하는 것을 말한다.

230 정법: 불교의 올바른 가르침. 출전에 따라 다르지만, 보통은 가르침이 올바르게 행해지는 기간을 오백년이라 한다.

231 여래종: '종성'은 gotra의 의역. 가문의 뜻. 여래의 종성種姓. 여래가 될 것이 약속된 종자種子. 뒤에 나오는 인천종자·이승종자에 대비한 용어이다.

232 근즉부정: 대승에 대한 신심이 확정되지 않았기 때문에 어느 방향으로 향하게 될지 근기가 결정되지 않은 것을 말한다.

養衆僧하야 而發其心하며 或因二乘之人의 敎令發心하며 或學他發心하나니 如是等發心은 悉皆不定이라 遇惡因緣하면 或便退失하야 墮二乘地하나니라.

신성취발심이란, 어떤 사람에 의지하여 어떤 행을 닦아 믿음의 성취를 얻고 능히 발심함을 감당하는가. 이른바 부정취不定聚의 중생에 의지한다. (그들은) 훈습과 선근력이 있으므로 업의 과보를 믿고 능히 십선을 일으키며 생사의 고통을 싫어하고 무상보리를 구하고자 하여 제불을 만나면 직접 받들어 공양하고 신심을 수행한다. (이리하여) 일만 겁을 지나면 신심을 성취하므로 제불과 보살이 가르쳐 발심하거나, 혹은 대비로 인하여 능히 스스로 발심하고, 혹은 정법의 멸함으로 인하여 호법의 인연으로써 능히 스스로 발심하기도 한다. 이와 같이 신심을 성취하여 발심을 얻은 사람은 정정취正定聚에 들어가 필경에 물러서지 않으니 여래종성에 머물러 정인正因과 상응한다고 이름한다.
만약 어떤 중생이 선근이 아주 적어 구원이래로 번뇌가 매우 두터우면 비록 부처님을 만나 역시 공양할 수 있게 되더라도 인간과 천상의 종자를 일으키거나 또는 이승二乘의 종자를 일으킨다. 설사 대승을 구하는 사람이 있더라도 근기가 결정되지 않아 때로는 나아가기도 하고 때로는 물러서기도 하며, 혹은 제불께 공양함이 있어 아직 일만 겁을 지나지 않고도 도중에 연을 만나 또한 발심하는 일이 있다. 이른바 부처님의 색상을 보고 그 마음을 일으키며, 혹은 여러 스님들을 공양함으로 인하여 그 마음을 일으키기도 하며, 혹은 이승인의 가르침으로 인하여 발심하며, 혹은 다른 이에게 배워 발심하기도 한다. 이와 같은 등의 발심은 모두 다 결정되지 않은 것으로 나쁜 인연을 만나면 혹은 곧 물러나 이승지二乘

地에 떨어지기도 하는 것이다.

【해설】

신성취발심에서는 어떤 사람이 발심하며, 어떤 수행을 닦아서 발심하며, 어떻게 해서 발심이 가능한가라는 세 가지 점을 밝히고 있다.

먼저 어떤 사람이 발심하는가의 문제가 설명된다. 본문에서 '부정취不定聚의 중생'이라 시작한 것은 '마하연의 법'을 '중생심'이라고 정한 논의 주제와 호응하는 것이다. '부정취의 중생'이란 침착하지 못하여 언제 넘어질지 모르는 위험한 사람이라는 의미인데, 이러한 사람이 내부로부터 작용하는 좋은 능력을 계발하는 힘에 이끌려 부처님의 가르침을 만나 실천하고 있는 도중에 올바른 이해가 확립하면, '정정취正定聚'에 들어가 두 번 다시 후퇴하는 일이 없는 경지에 이르게 된다.

다음은 어떠한 수행으로 발심할 것인가를 설명한다. 우선 훈습과 선근력에 의하여 수행이 가능하게 된다. 즉 업의 인과를 믿고 십선十善을 행한다. 윤회의 생존을 바라지 않고 무상無上의 정각正覺을 얻기를 희망하며, 제불을 만나 친숙하게 공양하고 신심을 수행한다.

셋째로는 신심을 성취한 보살이 어떻게 발심하는가를 나타낸다. 즉 초신初信에서 십신十信까지, 만겁萬劫의 오랜 기간을 수행한 후에 신심을 성취한다고 한다. 중도에 발심하더라도 그 발심은 실패한다. 일만 겁의 신심수행이 끝날 때, 시기가 성숙된 것을 보고 제불과 보살의 가르침으로 발심하게 한다. 때문에 발심한 때에는 부정취의 지위를 벗어나 정정취의 지위로 들어간다. 즉 발심은 십주의 초심이며, 십주 이상은 정정취의 지위이다. 그 의미는 믿음이 확립되어, 마음이 진여의 믿음 이외의 곳으로 옮겨지는 일이 없다는 것이다. 따라서 이 경우의

'불퇴不退'는 '믿음의 불퇴'란 의미이다. 이들은 성불이라는 바른 결과를 얻기 때문에 이 발심을 '정인상응正因相應'이라 한다.

그러나 선근이 적은 이들이 안이하게 발심할 경우 실패하는 예를 열거하고 있다. 가령 성급하게 생각하여 일만 겁에 이르지 않은 때에 발심하는 경우, 부처님의 뛰어난 상호를 보고 일시적으로 환희한 나머지 발심한 경우, 출가자에게 공양을 하였을 때 신앙의 기쁨에 의해 발심한 경우, 이승二乘의 가르침이나 권유에 따라 발심한 경우, 타인의 방법을 모방하여 발심하는 경우 등, 위와 같은 갖가지 발심은 모두 신근信根이 결정되지 않고 신심信心이 성취되지 않은 상태에서의 발심이다. 때문에 악인연惡因緣, 즉 약간의 곤란이나 나쁜 친구의 유혹 등이 있으면 한순간에 발심을 단념하게 된다거나 수행이 쉬운 이승二乘의 수행으로 타락하게 된다. 이와 같이 실패하는 갖가지 예를 든 것은 '발보리심'이 얼마나 어려운 것인가를 나타내려고 한 것이다.

이처럼 실제로 도중에 좌절하여 인천人天의 세계나 이승二乘의 세계에 만족해 버리고, 대승을 구하여도 일진일퇴一進一退를 반복하다가 최후에는 나쁜 상황을 만나 무너져 버리는 사람도 있으므로 그러한 일이 없도록 사람들을 격려하고 있다.

요컨대 중생심에 진여훈습이 있다고 하면, 마치 누구라도 금방 깨닫는 것같이 보이지만 결코 그렇지 않다는 것이다. 다시 말하면 발심한다는 것은 대용맹심이 필요하다는 것을 의미하고 있다.

復次信成就發心者는 發何等心고. 略說有三種이니 云何爲三고. 一者는 直心이니 正念眞如法故요, 二者는 深心이니 樂集一切諸善行故요,

三者는 大悲心이니 欲拔一切衆生苦故니라.

問曰 上說法界一相이라, 佛體無二어늘 何故로 不唯念眞如하고 復假求學諸善之行[233]고. 答曰 譬如大摩尼[234]寶의 體性이 明淨이나 而有鑛穢之垢하면 若人이 雖念寶性이나 不以方便으로 種種磨治하면 終無得淨인달하야 如是衆生의 眞如之法도 體性空淨이나 而有無量煩惱染垢이어든 若人이 雖念眞如하나 不以方便으로 種種熏修하면 亦無得淨하나니 以垢無量하야 徧一切法故로 修一切善行하야 以爲對治니 若人이 修行一切善法하면 自然歸順眞如法故니라.

또다시 신성취발심이란 어떠한 마음을 발하는 것인가. 간략히 말하면 세 종류가 있으니, 무엇이 세 가지인가. 첫째는 직심이니, 바르게 진여법을 생각하기 때문이다. 둘째는 심심이니, 기꺼이 일체의 여러 선행을 모으기 때문이다. 셋째는 대비심이니, 일체중생의 고통을 없애고자 하기 때문이다.

묻기를, 위에서 법계는 일상一相으로서 불의 본체는 둘이 없다고 설하였는데 무슨 이유로 오직 진여만을 생각하지 않고 다시 모든 선행을 배우고자 하는 것인가. 답하기를, 비유컨대 대마니보의 체성은 밝고 청정하지만 광석에 더러움의 때가 있어 만약 사람이 비록 마니보의 (깨끗한) 본성을 생각하더라도 방편으로써 가지가지로 갈고 다듬지 않으면 끝내 깨끗함을 얻을 수 없는 것과 같다. 이와 같이 중생의 진여법도 체성은 (번뇌가) 공하고 청정하지만 무량한 번뇌의 때가 있으니, 만약 사람이

---

233 구학제선지행: 직심直心 외에 심심深心을 설하는 의의를 밝히고자 하는 의미이다.
234 마니: 범어 maṇi의 음역. 보주寶珠라고 의역. 더러운 물을 정화하는 힘을 가진 광석을 말한다.

비록 진여를 생각하더라도 방편으로써 여러 가지로 훈습하여 닦지 않으면, 역시 청정함을 얻을 수 없다. 더러움은 무량하여 일체법에 두루하므로 일체의 선행을 닦음으로써 대치하는 것이니, 만약 사람이 일체의 선법을 수행한다면 자연히 진여법에 돌아가기 때문이다.

【해설】

그렇다면 발심이란 내용적으로 무엇을 가리키는가. 이는 직심直心·심심深心·대비심大悲心의 세 가지 마음을 내는 것이다. 이 중에 어느 것 하나라도 빠뜨리면 발심이라 말할 수 없다. 때문에 이 삼심三心을 내게 하는 것을 발심상發心相을 밝힌다고 한다.

여기에서는 발심의 구체적 내용인 직심直心과 심심深心과 대비심大悲心의 올바른 이해와 그것을 일상생활에 여러 가지로 활용하여 널리 사회적인 실천으로 살려 가는 과정을 구체적으로 표현하고 있다.

첫째, 직심直心은 바르게 진여를 염念하는 마음이다. 이 마음에는 기로岐路가 없기 때문에 직심이라고 한다. 발심한 보살은 항상 진여를 염念하는 마음을 잃어서는 안 된다. 이 마음은 다음의 심심深心과 대비심大悲心의 근본이 된다.

둘째, 심심深心은 일체의 선행을 소원하여 집중시키는 마음이다. 진여는 무루의 성공덕을 갖추고 있으므로, 그것에 수순하여 크고 작은 선행을 실천하고 심원心源의 공덕에 귀향하려고 하는 것이 심심深心이다. 이것은 항상 일체의 선을 실행하려고 하는 결심이다.

셋째, 대비심大悲心은 일체중생의 괴로움을 덜어주고자 애쓰는 마음을 내는 것이다.

이어서 문답에서는 삼심三心 가운데 직심直心과 심심深心으로 나눈 양자의 관계를 밝힌다. 오직 진여를 염하는 것은 직심直心에 해당하고, 모든 선행을 구하여 배우는 것은 심심深心에 해당한다. 이를 마니보주의 비유로 예를 들고 있는데, 보주의 빛[直心]은 그 빛을 유지하기 위해 광석의 때를 닦아낼[深心] 필요가 있다고 설명한다.

그렇다면 진여를 생각하는 직심直心만 있으면 충분한 것이 아닌가. 그럼에도 심심深心과 대비심大悲心을 설명하고 모든 선행을 수행하거나 중생구제의 행을 하라는 것은 무엇 때문인가라는 의문에 대하여, 훈습과 수행에 의해 번뇌의 때를 정화하는 노력을 해야 한다는 답을 하고 있다. 마니보주의 비유를 들어, 광석을 제련하듯이 진여의 청정성이 있다고 생각하지만 말고 그 티끌을 제거하기 위해서는 일체의 선행을 닦아 이것을 대치하지 않으면 안 된다는 것이다.

따라서 사람들이 직심直心에 근거를 두고 일체의 선행을 한다면, 심심深心과 대비심大悲心에 의하여 밖으로는 모든 염법을 제거하게 되고 안으로는 진여의 청정한 공덕으로 자연스럽게 돌아가게 되는 것이다.

요컨대 삼종심에서 직심直心은 심심深心의 선행을 일으키는 토대, 심심深心은 깨달음을 얻기 위한 자리自利, 대비심大悲心은 중생을 구제하는 이타심利他心이 된다. 대승불교에서는 보살의 대비심이 가장 중요하지만, 그러한 과정 없이 단지 보리를 구하는 것만으로는 보리심이라 할 수 없기 때문이다.

〈도표 15〉는 삼심三心과 아래의 네 가지 방편을 배대한 것이다.

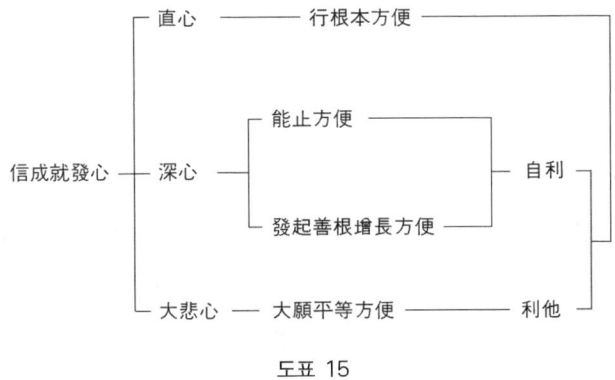

도표 15

略說方便에 有四種하니 云何爲四오.
一者는 行根本方便이니 謂觀一切法이 自性無生하야 離於妄見하야 不住生死하며 觀一切法이 因緣和合하야 業果不失하고 起於大悲하야 修諸福德하야 攝化衆生호대 不住涅槃이니 以隨順法性의 無住故니라.
二者는 能止方便이니 謂慚愧悔過하야 能止一切惡法하야 不令增長이니 以隨順法性의 離諸過故니라.
三者는 發起善根增長方便이니 謂勤供養禮拜三寶하며 讚嘆隨喜하며 勸請[235]諸佛하나니 以愛敬三寶淳厚心故로 信得增長하야 乃能志求無上之道하며 又因佛法僧力의 所護故로 能消業障하야 善根不退니 以隨順法性의 離癡障[236]故니라.
四者는 大願平等方便이니 所謂發願하야 盡於未來히 化度一切衆生하야 使無有餘하야 皆令究竟無餘涅槃이니 以隨順法性의 無斷絶故며 法

---

235 참괴·회과·수희·권청·발원: 천태지의天台智顗의 오회작법(五悔作法: 참회, 권청, 수희, 회향, 발원)과 유사하다.
236 치장: 무명의 장애를 뜻한다.

性이 廣大하야 遍一切衆生하야 平等無二하니 不念彼此하면 究竟寂滅故니라.

간략히 방편을 설하면 네 종류가 있으니, 무엇이 네 가지인가. 첫째는 행근본방편이니, 일체법의 자성은 생함이 없음을 관찰하여 망견을 여의고 생사에 머물지 않으며, 일체법이 인연 화합하여 업과가 없어지지 않음을 관찰하고, 대비를 일으켜 모든 복덕을 닦고 중생을 포섭 교화하여 열반에 머물지 않음을 말한다. 법성의 머물지 않는 것에 수순하기 때문이다.
둘째는 능지방편能止方便이니, 부끄러워하고 허물을 뉘우쳐 능히 일체 악법을 그치어 증장하지 않게 함을 말한다. 법성이 모든 허물을 여의는 것에 수순하기 때문이다.
셋째는 발기선근증장방편이니, 삼보께 열심히 공양하고 예배하며 찬탄하고 따라 기뻐하며 제불께 권청하는 것을 말한다. 삼보를 애경愛敬하는 맑고도 극진한 마음을 갖기 때문에 믿음이 증장될 수 있고 이에 능히 무상의 도를 구하는 뜻을 세우게 된다. 또한 불법승의 힘으로 보호되는 바에 의하므로 능히 업장을 소멸하여 선근에서 물러나지 않으니, 법성의 어리석은 번뇌를 여의는 것에 수순하기 때문이다.
넷째는 대원평등방편이니 이른바 발원하기를, 미래가 다하도록 일체중생을 교화 제도하여 (한 명도) 남음이 없게 하여 모두 무여열반을 구경하게 한다. 법성의 단절함이 없는 것에 수순하기 때문이며, 법성이 광대하여 일체중생에게 두루하고 평등하여 둘이 없으니 피차를 생각지 않아 구경에는 적멸하기 때문이다.

【해설】

네 가지 방편을 나타내는 이 단락은 진여법에 돌아가는 일이 구체적으로 어떠한 것인가를 분명히 하고 있다. 심심深心의 입장에서 직심直心과 대비심大悲心의 내용을 종합하고 있고, 분별발취도상의 실천적인 과제에 대응하는 것을 밝히고 있다.

첫째, 행行의 근본적 방편은 생사에 주하지 않고[自覺] 열반에 주하지 않으며[覺他] 법성의 무주無住한 본성에 수순하는 것이다. 둘째, 능지의 방편은 참회하고 회개하여 악을 짓지 않고 법성이 여러 허물을 여의도록 수순하는 것이다. 셋째, 선근을 발기하여 증장하는 방편은 삼보를 공양하고 예배하며 제불을 찬탄하고 수희하고 권청하여 올바른 이해를 증장시켜 법성이 장애를 떠나도록 수순하는 것이다. 넷째, 대원평등의 방편은 최후의 한 사람까지 구제할 것을 발원하여 법성이 단절되는 일이 없게 수순하는 것이다.

여기에서의 방편은 수단과 방법으로써의 수행을 가리킨다.

첫째는 행근본방편行根本方便인데, 자리와 이타의 모든 행의 근본이 되는 방편이다. 그것은 어떠한 선을 행하더라도 그것에 집착하지 않는 '부주不住'인 것이다. 부주는 정체되지 않는 것으로 생사와 열반에 머물지 않고 자재로이 활약하는 점을 가리킨다. 다시 말하면 법성진여法性眞如의 '무주無住'라는 성격에 수순하는 것이다. 진여는 법계일상法界一相이며 파악할 수 없는 것이기 때문에 무주無住를 본성으로 한다. 이것은 직심直心의 작용이다.

둘째는 능지방편能止方便이다. '능지能止'란 자발적으로 악惡을 멈추는 것이다. 악을 멈추는 힘은 참慚과 괴愧이다. 부끄러워하는 마음이 강할 때 악을 여읠 수 있다. 무참무괴無慚無愧일 때 인간은 하고 싶은 대로 악을 행한다. 또한 참慚과 괴愧의 힘을 강하게 함으로써 악을 멈추려 한다. 그러나 악의 유혹에 넘어가 악행을 행하게 되면 바로 그것을 발로發露하고 참회한다. 이것을 '회과悔過'라고 한다. 인간은 자기의 악을 본능적으로 숨기려고 하는데, 악을 참회하는 데는 용기를 필요로 하지만 결국 참회에 의하여 마음은 평온을 얻는다. 참괴는 악법을 멈추고, 회과는 악법을 증장시키지 않는다. 이것이 방편인 것은 법성진여法性眞如가 모든 허물을 벗어나 있기 때문인데, 이것은 소극적인 자리행이다.

셋째는 발기선근증장방편發起善根增長方便이다. 이것은 선을 이룰 수 있는 능력을 강하게 하는 방편이고, 선을 반복하여 행하는 데서 달성된다. 여기에서 말하는 선행이란, 삼보三寶를 공양하고 예배하는 것, 제불을 찬탄讚嘆·수희隨喜·권청勸請하는 것이다. 애경愛敬은 친밀함과 존경심이고, 순후淳厚는 아름답고 극진한 마음이다. 불법승佛法僧에 대한 애경과 순후심에 의하여 믿음이 증장될 수 있다. 그래서 악을 멈추면 마음이 윤택하게 되고 업장이 소멸되며 선근은 점점 강해지게 된다. 이것을 방편으로 삼는 것은 법성진여가 치장痴障, 즉 무명번뇌를 여의는 것을 본성으로 하기 때문이다. 이것은 적극적인 자리행으로 '능지방편'과 함께 심심深心의 작용에 해당한다.

넷째는 대원평등방편大願平等方便이다. 대서원을 일으켜 두루 평등하게 최후의 한 사람까지 구제하려는 결의가 진여에 수순하는 방편이된다. 이것이 이타행이다. 보살의 발원은 기한을 제한하지 않는다. 미래의 영겁을 기약하여 서원하고, 일체중생을 교화·제도하는 것이다. 이를 통해 일체중생을 평등하게 구제하여 남는 중생이 없게 한다. 아울러 모든 사람을 궁극적으로는 무여열반에 들게 하고자 하는 것이다. 진여는 일상一相이고 자타의 구별이 없다. 때문에 '피차彼此를 염송하지 않는다'고 말한 것이다. 진여는 평등무이平等無二하여 구경적 멸究竟寂滅이므로, 무여열반과 다를 것이 없다. 이것은 보살의 서원 가운데 중생무변서원도衆生無邊誓願度에 해당한다.

요컨대 신심의 수행을 성취하여 삼심三心의 보리심을 낸 보살은 그 원력에 따라 중생의 이익을 위한 작용을 나타낼 수 있다는 것이다.

菩薩이 發是心[237]故로 則得少分見於法身이요, 以見法身故로 隨其願力하야 能現八種[238]하야 利益衆生하나니 所謂從兜率[239]天退하야 入胎住胎 出胎하며 出家 成道하야 轉法輪 入於涅槃하나니라. 然이나 是菩薩을 未名法身은 以其過去無量世來로 有漏之業[240]을 未能決斷이라 隨其所生하야 與微苦로 相應하나 亦非業繫[241]니 以有大願自在力故니라.
如脩多羅中에 或說有退墮惡趣者는 非其實退라 但爲初學菩薩이 未

---

237 시심: 보리심을 말한다.
238 현팔종: 도솔천에서 내려와 열반에 들기까지의 팔상八相을 나타냄. 이것을 '팔상성도八相成道'라고 한다.
239 도솔: 범어 Tuṣita의 음역. 지족知足은 의역. 육욕천(六欲天: 욕계에 있는 여섯 종류의 천상세계)의 네 번째 천天의 이름. 다음 생에 부처가 되는 '일생보처一生補處'의 보살'인 미륵보살도 이 도솔천에 살고 있다. 석존은 여기서 하강하여 마야부인의 모태에 들어갔다고 한다.
240 유루지업: 무루의 반대. '유루'는 번뇌에 물들어진 행위. 선업일지라도 번뇌를 끊지 않은 동안은 유루선이 된다.
241 업계: '계'는 속박. 즉 업의 속박에 의해서 태어나는 것. 이것을 업생신業生身이라고 한다. 이 보살은 유루업을 끊지 않고 팔상성도를 나타내므로 미세한 고(微苦)와 상응하지만, 그러나 업생신은 아니라는 의미. 원력에 의해서 팔상을 나타내기 때문에 원생신願生身이다.

入正位²⁴²而懈怠者가 恐怖하야 令彼勇猛故니라. 又是菩薩이 一發心後에 遠離怯弱하야 畢竟不畏墮二乘地하며 若聞無量無邊阿僧祇劫에 勤苦難行하야사 乃得涅槃이라도 亦不怯弱하나니 以信知一切法이 從本已來로 自涅槃故니라.

보살은 이 마음을 발하기 때문에 곧 조금이나마 법신을 볼 수 있고, 법신을 보기 때문에 그 원력에 따라 능히 여덟 가지 (모습)을 나타내어 중생을 이익되게 한다. 이른바 도솔천에서 나와 모태에 들어가고, 모태에 머물다가 모태에서 나와 출가하여 성도하고, 법륜을 굴리시다가 열반에 드심을 말한다. 그러나 이 보살을 아직 법신이라 이름하지 않는 것은 그가 과거 무량세 이래 유루의 업을 아직 능히 결단코 끊지 못하고 태어나는 바에 따라, 미세한 고통과 상응하는 것이 (그 이유이지만) 또한 업에 얽매인 것이 아니니 대원으로 자재하는 힘이 있기 때문이다. 경전에서 "혹 악취에 떨어지는 자가 있다"고 설함과 같은 것은 실제로 물러나는 것이 아니라, 다만 초학보살이 아직 정위正位에 들어가지 못하고 나태한 이들에게 공포심을 주어 용맹(정진)하게 하기 위함이다. 또한 이 보살은 한번 발심한 후에는 겁냄과 나약함을 멀리 여의어 필경 이승지에 떨어지는 것을 두려워하지 않으며, 만약 무량무변의 아승지겁에 어려운 행을 부지런히 애써야 비로소 이에 열반을 얻는다는 말을 듣더라도 또한 겁내거나 나약해지지 않는다. 일체법은 본래이래로 자성이 열반임을 믿어 알기 때문이다.

---

242 정위: 정정취를 가리킨다.

【해설】

앞의 네 가지 방편을 통해 올바른 이해를 확립하고, 세 가지 마음을 일으켜 믿음을 성취하고 발심한 보살은 진실한 부처님의 모습을 조금은 볼 수 있다. 이는 초발심주初發心住의 지위에 들어간 보살이 갖춘 수승한 덕을 나타낸 것이다. 그리고 법신을 봄으로써 중생을 구제하기 위한 대서원을 일으킨다는 내용이다.

믿음을 성취하고 발심한 보살은 법신을 조금 볼 수 있기 때문에, 그 발심에 의하여 몸에 대원력이 갖춰지게 된다. 그리고 원력으로써 중생을 구제하기 위하여 이 세상에 태어난다. 이렇게 원력으로 태어나기 때문에 이 보살을 '원생신願生身'이라고 한다.

그런데 중생이익으로 제일 먼저 들고 있는 것은 소위 팔상성도八相成道이다. 이것은 불전佛傳, 즉 석존의 생애를 간략히 소개한 것이다. 물론 법신진여를 증득하기 이전의 십주보살이다. 이 보살은 과거무량세로부터 쌓아온 번뇌가 아직 완전하게 단절되지 않아 유루업이 남아 있다. 그 때문에 성불의 팔상八相을 시현하면서도 생사의 미세한 괴로움을 받는 것이다. 이 점에서 지상보살과 다르다. 번뇌를 모두 끊게 되면 무여의열반에 들어가게 되기 때문에 일부러 번뇌를 멈춰 생사의 세계에 태어나는 것이다. 이처럼 유루업은 있지만, 그것 때문에 이 보살을 업에 결박된 업생신業生身으로 생각해서는 안 된다. 초발심일 때 세운 대서원의 힘에 의한 자재력을 가지고 있으며, 그 원력에 의하여 이 세계에 태어난 것이기 때문이다.

경전에서 "이 보살이 삼취(삼악도)에 떨어지는 경우가 있다"고 설명하는데, 이것은 권교權敎, 즉 임시적인 가르침, 진실한 대승교가 아닌 방편의 가르침이다. 이미 성불이 결정되어 있는 보살이기 때문에 지옥·

아귀·축생의 악도에 떨어질 리 없다. 따라서 초학의, 아직 정정취正定聚에 들지 않은 보살을 대상으로 경고하기 위해 설한 말씀이다. 초학보살初學菩薩은 게으른 마음을 일으키기 쉽기 때문에 그들을 공포스럽게 하여 용맹심을 고무하기 위한 방편설이다.

즉 경전에 그와 같이 설한 것은 불타가 임시방편으로 설한 것이며, 실제로 발심에서 물러난 것은 아니다. 이 보살은 이미 발심했기 때문에 대서원에 의하여 마음이 보호된다. 따라서 이 보살에게 두려워하는 마음이 있을 리 없다. 성문·연각의 이승지二乘地에 떨어지는 것을 무서워하지 않으며, 가령 떨어지더라도 보살은 보살심을 잃지 않기 때문이다. 혹은 또 성불까지 무한한 시간이 걸리고, 무량무변 아승지겁의 근고난행勤苦難行을 쌓지 않으면 열반을 얻을 수 없다고 하더라도, 그 때문에 비관도 절망도 하지 않는다. 발심할 때에 이미 영원한 수행을 결의하기 때문이다. 그 이유는 일체법은 자성불생이고 본성은 진여이기 때문에 본래 열반에 들면 알게 되는 것이다.

2) 올바른 이해와 수행이 진전된 단계의 발심(解行發心)

【요지】

신성취발심에 의해 초발심주에 도달한 보살이 그것에 기인하여 수행을 하고, 십주十住에서 십행위十行位에 나아가 육바라밀을 수행하고, 진여에 대한 깊은 이해가 나타난 그 때에 두 번째의 발심을 이룬다. 이것은 깊은 이해와 육바라밀의 수행에 기인한 발심이기 때문에 해행발심이라고 한다.

解行發心者는 當知轉勝이니 以是菩薩이 從初正信已來로 於第一阿僧
祇劫[243]이 將欲滿故로 於眞如法中에 深解가 現前하고 所修는 離相하니
以知法性이 體無慳貪故로 隨順修行檀波羅蜜[244]하며 以知法性이 無染
하야 離五欲[245]過故로 隨順修行尸羅波羅蜜하며 以知法性이 無苦하야
離瞋惱故로 隨順修行屬提波羅蜜하며 以知法性이 無身心相하야 離懈
怠故로 隨順修行毗黎耶波羅蜜하며 以知法性이 常定하야 體無亂故로
隨順修行禪波羅蜜하며 以知法性이 體明하야 離無明故로 隨順修行般
若波羅蜜하나니라.

해행발심이란 마땅히 알라. 한층 더 수승한 것이다. 이 보살은 처음
정신正信 이래로 제일 아승지겁의 (수행이) 장차 성만하려고 하기 때문에

---

[243] 제일아승지겁: '아승지'는 범어 asmakhya의 음역. 무수無數로 번역. 헤아릴 수 없다는 의미. 10의 59승乘 정도의 수數 단위. '겁'은 kalpa의 음역. 극히 긴 시간을 나타내는 단위. 『대지도론』권5에서는, 사방으로 40리里나 되는 거대한 바위산을 백년에 한 번씩 부드러운 옷깃으로 스쳐서 그것이 다 닳아 없어질 지라도 아직 일겁一劫이 다하지 않을 만큼의 무한에 가까운 시간을 가리킨다고 한다. '제일'은, 보살이 성불까지 삼아승지겁 동안 수행을 하는데, 그 첫 번째 아승지겁을 말한다. 즉 초주(초발심주)의 지위에서 십주·십행·십회향을 거쳐 초지의 직전까지의 기간이다.

[244] 단·시라·찬제·비려야·선·반야바라밀: 육바라밀을 말한다. 즉 '단'은 dāna의 음역. 보시의 뜻. '시라'는 범어 śīla의 음역. 계의 뜻이며, 지계로 번역. '찬제'는 kṣānti의 음역. 감인堪忍의 뜻이며, 인욕으로 번역. '비려야'는 vīrya의 음역. 노력의 뜻이며, 정진으로 번역. '선'은 jhāna, dhyāna의 음역. 정려精慮의 뜻이며, 선정으로 번역. '반야'는 prajñā의 음역. 혜慧의 뜻이며, 지혜로 번역. '바라밀'은 pāramitā의 음역. 완성, 성취의 뜻이며, 도피안到彼岸·도도로 번역한다.

[245] 오욕: 색·성·향·미·촉의 5경境에 의해 일어나는 욕망(재욕·색욕·명예욕·식욕·수면욕)의 뜻.

진여법에 대한 깊은 이해가 현전하여 닦는 바 상을 여의었다. 법성 자체에는 간탐이 없음을 앎으로써 수순하여 단(檀: 보시) 바라밀을 수행하며, 법성에는 망념이 없어 오욕의 허물을 여의었음을 앎으로써 수순하여 시라(尸羅: 계율) 바라밀을 수행하며, 법성에는 괴로움이 없어 성내는 고뇌를 여의었음을 앎으로써 수순하여 찬제(羼提: 인욕) 바라밀을 수행하며, 법성에는 신심身心의 상이 없어 게으름을 여의었음을 앎으로써 수순하여 비리야(毘梨耶: 정진) 바라밀을 수행하며, 법성은 항상 선정에 들어 체에 혼란함이 없음을 앎으로써 수순하여 선(禪: 선정) 바라밀을 수행하며, 법성의 체는 밝아 무명을 여의었음을 앎으로써 수순하여 반야般若바라밀을 수행하는 것이다.

【해설】

해행발심解行發心에서 불교에 대한 올바른 이해가 확립되면 거기에 깊은 이해가 나타나 구체적인 실천을 적극적으로 전개하여 진실한 모습에 적합한 육바라밀의 행을 현실화하게 된다. 이 육바라밀의 설은 나중의 「수행신심분」에서는 오행五行으로써 설명되고 있다.

　해행발심이 "한층 더 수승하다"라는 것은 신성취발심과 비교하여 훌륭하다는 의미이다. 이 해행발심의 보살은 정정취의 지위에 들어가 신심이 물러나지 않게 된 이후, 첫 번째 아승지겁阿僧祇劫의 수행을 완성하려고 하는 때에 이르기까지, 십주와 십행의 수행의 단계를 초월하여 십회향위十回向位에 있기 때문에 초지初地에 가깝다. 그러므로 첫 번째 아승지겁阿僧祇劫의 수행이 오래지 않아 완성되는 것을 알기 때문에 '첫 번째 아승지겁阿僧祇劫에서 장차 만족하고자 한다'고 한 것이다. 그때 이 보살에게 진여에 대한 깊은 이해가 나타난다. 이 보살은 십행위十行位에서 법공의 이치를 얻고 육바라밀의 수행을 닦고 이 행行이 완성되면 십회향十廻向에 나아가기 때문에 진여에 대한 깊은 이해를 얻는다. 그리고 자타평등의 경지에 들어 진여의 무상無相을 깨닫는다.

그리하여 첫째, 진여법성은 애착이나 탐심이 없다는 것을 알고 이 법성의 덕德에 수순하여 보시바라밀을 수행한다. 즉 모든 간탐慳貪의 마음을 가지지 않고 이것이 보시라는 것조차 인식하지 못한 채 공空에 머물러 보시를 행하면 그때에 보시바라밀이 완성되는 것이다. 이것이 평등무상平等無相의 법성에 수순하는 보시바라밀의 수행이다.

둘째, 진여법성에는 번뇌가 전혀 없다. 자성청정이고 다섯 가지 감각기관의 쾌락을 벗어난다. 무염무욕無染無欲의 법성에 수순하고 지계바라밀을 수행한다. 계戒란 악惡의 행위를 제어하는 것이다.

셋째, 진여법성은 성냄과 남이 괴롭히는 것에서 벗어나므로 고뇌를 포함하지 않는다. 이 진여의 덕에 수순하여 인욕바라밀을 수행한다. 그리하여 일체법을 공이라 관하고 모든 모욕이나 고뇌를 참고, 조금도 성냄을 일으키지 않는 것이다.

넷째, 진여법성에는 신심身心의 차별상이 없다. 신심의 차별상이 없기 때문에 화내거나 게으름 피우는 일이 없다. 게으름에서 벗어났음을 알고 정진바라밀을 수행한다. 무엇인가의 목표에 대한 노력이 아닌, 공에 머물며 얽매이지 않도록 노력하는 것이 정진바라밀이다.

다섯째, 보살은 법성진여가 항상 정定에 있고 무념이기 때문에 혼란을 벗어난다고 믿으며 선정바라밀을 수행한다. 선禪은 마음을 고요하게 하고 정신을 집중하는 것이지만, 진여의 무상무념無相無念에 수순하고 선정바라밀을 수행한다. 마음의 무념에 수순하는 선을 실습하는 것이다.

　여섯째, 법성진여가 지혜의 밝음을 갖추면 거기에는 무명이 없다. 보살은 진여의 이 덕을 알고 그것에 수순하여 반야바라밀을 수행한다.

3) 무분별지를 얻은 단계의 발심(證發心)

【요지】

증발심의 증證은 진여를 깨닫는 의미이고, 진여의 무분별지에 근거하여 발심한다는 의미이다. 먼저 정심지淨心地에서 구경지究竟地까지, 그리고 보살의 공덕이 성만成滿하는 경지까지 둘로 나누어 발심의 체를 설명하고 있다.

그 다음 진여를 깨달은 보살의 발심 상태를 '보살의 발심상'으로써 나타내어 세 가지로 정리한다. 첫째, 진심眞心은 분별판단을 초월한 마음을 일으키며, 둘째, 방편심方便心은 그것이 자연히 사람들을 감화하여 이익하게 하고 싶은 마음을 일으키며, 셋째, 업식심業識心은 미세한 근본무명의 마음이 조금 잔존하고 있는 마음을 일으킨다는 내용이다.

證發心者는 從淨心地로 乃至菩薩究竟地히 證何境界오 함이니 所謂眞如니라. 以依轉識하야 說爲境界나 而此證者는 無有境界요, 唯眞如智일새 名爲法身이니라.
是菩薩이 於一念頃에 能至十方無餘世界하야 供養諸佛하고 請轉法輪호대 唯爲開導利益衆生이언정 不依文字하나니 或示超地하야 速成正覺은 以爲怯弱衆生故요, 或說我於無量阿僧祇劫에 當成佛道라 함은 以爲懈慢衆生故니라. 能示如是無數方便不可思議나 而實菩薩은 種性

根等하며 發心則等하며 所證도 亦等하야 無有超過之法[246]하니 以一切 菩薩이 皆經三阿僧祇劫故니라. 但隨衆生世界가 不同하며 所見所聞의 根欲性異할새, 故示所行이 亦有差別이니라.

증발심이란 정심지로부터 보살구경지에 이르기까지 어떠한 경계를 증득하는 것인가. 이른바 진여이다. 전식轉識에 의거하여 말하면 경계라 하지만, 이 증득에는 경계가 없고 오직 진여지뿐이니 이름하여 법신이라 한다.

이 보살은 일념 사이에 능히 시방의 남김없는 세계에 이르러 제불께 공양하고 법문을 청하니, 오직 중생을 개도開導하여 이익되게 하기 위할 뿐으로 문자에 의지하는 것이 아니다. 혹은 지地를 초월하여 빠르게 정각을 이룸을 보이는 것은 나약한 중생을 위하기 때문이며, 혹은 내가 무량한 아승지겁 동안 마땅히 불도를 이룬다고 설한 것은 게으른 중생을 위하기 때문이다. 능히 이와 같은 무수한 방편을 나타내는 것은 불가사의한 것이지만, 실제로는 보살종성種性의 근기가 같고 발심이 곧 같으며 증득한 바도 역시 같아 이를 초과하는 법이 없으니, 일체의 보살이 모두 삼아승지겁(의 수행)을 거치기 때문이다. 다만 중생과 세계는 똑같지 않아 보는 바와 듣는 바의 근기와 욕망과 성질의 차이에 따르므로 행하는 바를 나타내 보이는 것에도 역시 차별이 있는 것이다.

---

246 무유초과지법: 모든 보살은 제1아승지겁(십주·십행·십회향)·제2아승지겁(초지에서 칠지)·제3아승지겁(팔지에서 십지)을 경과하는 발심과 수행과 깨달음이 필요하기 때문에, 그 동안의 경지를 초월해서 깨닫거나 남을 앞질러서 깨닫거나 하는 일은 결코 없다는 뜻이다.

【해설】

증발심證發心은 정심지淨心地로부터 구경지에 이르는 동안에 진여를 깨달을 수가 있다는 것이다. 즉 이 동안에 진여를 깨닫듯이 혹은 깨달은 것과 같은 발심을 보인다는 것이다. 이 교설 내용은 후의 「수행신심분」에서 나타난 '진여삼매'의 뜻과도 연관되므로 중요하다.

그러나 깨닫는 것을 나타내지 않으면 다른 사람에게 알게 할 수 없기 때문에 편의적으로 진여라고 한 것이다. 이것을 '전식轉識에 의지해서 설명하여 경계라고 한다'는 것이다. 즉 진여를 아는 경우에는 아는 지혜와 알려진 진여 사이에 분열은 없다. 그것은 전체적 직관이며, '무분별지'이다.

여기에서 진여지眞如智에 대해서는 주객의 다름과 경계를 나타낼 수 없기 때문에, 동시에 존재하는 미망의 인식인 전식轉識을 차용하고 증발심에서 증證의 경계를 나타낸 것이다. 전식의 경계는 현식이다. 이 '진여지'가 동시에 '진여'인 것이다. 진여는 진리이면서도 본성은 지혜이며, 그것이 범부의 본성이고 동시에 부처의 본성인 법신法身이다.

이 증발심보살은 진여를 증득함으로써 심생멸문을 초월하고 심진여문을 실현한다. 그들은 생멸을 초월한 세계에 있고 시간을 초월하기 때문에, '일념一念 사이에 능히 시방무여十方無余의 세계에 이른다'고 설명되는 것이다. 일념一念이란 여기에서는 찰나를 말한다. 찰나에 시방의 모든 세계로 나아가 제불을 공양하고, 제불에게 법륜을 굴릴 것, 즉 설법하실 것을 청하는 것이다. 그것은 부처님의 설법에 의하여 중생을 인도하고 이익되게 하기 위함이지, 부처님 설법의 미묘한 음성을 듣고 싶다는 집착에 의한 것이 아니다.

또한 이 보살은 초지初地에서 삼지三地로, 이지二地에서 사지四地로,

"지地를 초월해서 나아가고, 신속하게 정각을 성취함을 나타낸다"고 한다. 즉 보살은 성불까지 삼아승지겁이라는 길고도 긴 수행을 하지 않으면 안 되지만, 이러한 내용을 들으면 의지가 나약한 중생은 좌절하여 발심을 망설일 것이다. 그 때문에 성불이라는 목표에 빨리 도달할 수 있는 쉬운 수행의 방편을 보여주며 그들을 격려하기 위해 '지地를 초월한다'고 말한 것이다. 혹은 이것과는 반대로 삼아승지겁이 아니라, "나는 무량의 아승지겁 동안 수행을 하고 그 후에 불도를 성취할 것이다"고도 선언한다. 이것은 불도수행을 안이하게 생각하고 자만심에 가득 찬 중생들에게 경고하기 위하여 말한 것이다.

이상과 같이 증발심보살은 중생을 구제하기 위하여 능히 무수한 방편을 나타내는데, 그것들은 모두 불가사의한 것이다. 그러나 그것들은 어디까지나 방편이다. 보살종성으로 결정된 보살은 영리하고 둔한 차이가 없이 모두 똑같은 능력을 갖추고 있으며 발심도 똑같고 그 깨달음도 같다. 일체의 보살이 똑같이 삼아승지겁 동안 수행을 하기 때문이다. 다만 중생교화를 하는 경우에는 중생의 세계가 각각 다르고, 그들과 중생이 보는 것·듣는 것·능력·의욕·성격 등이 다르기 때문에 그것들에 대응하는 방편의 행에 약간의 차이가 있을 뿐이다.

요컨대 여기에서 말하는 진여지眞如智는 '이지합일理智合一'의 근본지根本智, 근본무분별지이고, 증발심보살이 내는 발심의 뛰어난 작용은 후득지라 하는 것이다.

又是菩薩의 發心相者는 有三種心微細之相하니 云何爲三고. 一者는 眞心이니 無分別故요, 二者는 方便心이니 自然徧行하야 利益衆生故요,

三者는 業識心이니 微細起滅故니라.

또한 이 보살의 발심상이란 세 가지 마음의 미세한 상이 있으니 무엇이 세 가지인가. 첫째는 진심이니, 무분별이기 때문이다. 둘째는 방편심이니, 자연히 두루 행하여 중생을 이익되게 하기 때문이다. 셋째는 업식심이니, 미세하게 일어나고 멸하기 때문이다.

【해설】
여기에서는 증발심의 마음은 어떠한 내용을 가지고 있는가를 나타낸다. 즉 진여를 깨달은 보살의 발심 상태를 세 가지로 정리하고 있다. 바로 진심眞心, 방편심方便心, 업식심業識心이 그것이다.

첫째, 진심眞心은 분별판단을 초월한 마음을 일으키는 것으로, 진여를 깨닫는 지혜이며 근본지이다. 이 지혜의 특색은 '분별이 없다'는 것이다. 진심이란 주객의 분열이 없는 직관이기 때문에 무분별이라고 하는 것이다.

둘째, 방편심이란 그것이 자연히 사람들을 감화시켜 이롭게 하는 마음을 일으키는 것으로, 후득지라 한다. 진여의 무분별지가 중생구제를 위하여 활동할 때 방편심이 된다. 일체는 유심이고 거기에는 주객의 구별이 없지만, 마음 밖에 중생계가 있기 때문에 그것에 작용하기 위해서는 임시로 주객의 구별을 인정하는 방편이 필요하다. 이것이 방편심이다.

셋째, 업식은 미세한 근본무명의 마음이 조금 잔존하고 있는 마음을 일으키는 것이다. 십지 이전의 보살은 성불을 실현하고 있지 않기 때문에 미세한 무명망념이 있다. 그것에 기인한 것이 아리야식이다.

보살의 근본지와 후득지가 활동할 때에는 이 아리야식을 소의로 하는 것이다. 이 점에서 보살의 이 두 지혜는 아리야식을 전혀 가지지 않은 부처의 두 가지 지혜의 활동과는 양상이 다른 것이다. 또한 업식은 망념이기 때문에 발심의 뛰어난 덕 중에는 포함되지 않는다. 그러나 여기에 삼심三心의 하나로써 든 것은 보살의 이지二智가 일어날 때에는 마음에 미세한 생멸의 과실이 있고 불지佛地의 순수 청정한 덕과 같지 않은 것을 나타내기 위함이다.

又是菩薩의 功德이 成滿하야 於色究竟處²⁴⁷에 示一切世間最高大身하나니 謂以一念相應慧로 無明頓盡을 名一切種智²⁴⁸니 自然而有不思議業하야 能現十方하야 利益衆生하나니라.

또한 이 보살이 (수행의) 공덕을 원만히 이루면 색구경처에서 일체 세간의 최고로 큰 신체를 나타내니, 일념상응의 지혜로써 무명이 단박에 다하므로 일체종지라 이름하며, 자연히 불가사의한 업이 있어 능히 시방에 나타나 중생을 이익되게 함을 말한다.

【해설】
증발심보살의 수행의 공덕이 완성된 상태를 나타낸다. 공덕성만이란

---

247 색구경처: 색계에서 최고위最高位의 천天. 우정천有頂天이라고도 한다. '구경'이란 최고라는 의미. 즉 Akaniṣṭha(阿迦膩吒天). 이 천인天人의 신체는 가장 광대하고 미묘하다고 한다.
248 일체종지: 자각(一切智)과 각타(道種智)를 원만하게 갖춘 부처님의 지혜. 차별과 평등의 양자를 내포한 지혜이다.

인因의 입장에서 말하는 것이고, 과果의 입장에서 말하면 공덕성만이란 성불인 것이다.

보살의 인행因行에 대한 과보는 보신불이다. 법신은 상주常住이기 때문에 인과의 관계를 말하지 않는다. 즉 보살의 인행因行이 완성되어 불타가 되었을 때, 그 불신은 '일체세간의 최고대신最高大身'을 나타낸다. 색구경천色究竟天은 색계色界의 최고의 천天이기 때문에 천인天人이 이 세계에서 최고최대의 미묘한 색신을 가지고 있다. 그리하여 시각始覺의 마지막 한 찰나에서 심원을 깨닫고 본각진여의 근본지根本智와 상응하는데, 이를 '일념상응의 혜慧'라 한다. 이때 지금까지 계속된 무명의 마지막 일념이 마침내 다하게 되는데, 이 무명이 다한 그 자리에 진지眞智가 나타난 것을 일체종지一切種智라 부른다. 이것은 일체의 차별상을 비추는 지혜이면서 동시에 일체 모든 상相의 진리를 통달한 지혜이다. 일체제법의 본질을 안다는 점에서는 근본지이고 일체의 차별상을 조견照見한다는 점에서는 후득지이다. 즉 일체종지는 이지二智에 통하는 지智이다.

일체종지에는 억지로 노력을 하지 않고 자연스럽게 중생을 구제할 수 있는 불가사의한 작용이 있어, 시방의 일체세간에 나타나 중생을 이익되게 할 수 있는 것이다.

요컨대 아래에 두 문답은 모두 위 문장의 설명을 이은 것이며, 전자의 문답에서는 "일체종지"의 의의를, 후자의 문답에서는 자연히 부사의업을 갖추어 사람들을 이익하게 함이 어떠한 것인가를 밝히고 있다.

問曰虛空이 無邊故로 世界無邊하며 世界無邊故로 衆生이 無邊하고

衆生이 無邊故로 心行差別도 亦復無邊이라 如是境界는 不可分齊하야 難知難解어늘 若無明이 斷하면 無有心想이어니 云何能了완대 名一切種智오.
答曰 一切境界는 本來一心으로 離於想念이언만은 以衆生이 妄見境界故로 心有分齊요, 以妄起想念하야 不稱法性故로 不能決了어니와 諸佛如來는 離於見想하사 無所不徧이시니 心眞實故며 卽是諸法之性이니라. 自體가 顯照一切妄法하야 有大智用하야 無量方便으로 隨諸衆生의 所應得解하야 皆能開示種種法義하나니 是故로 得名一切種智니라.

묻기를, 허공이 무변하기 때문에 세계가 무변하고, 세계가 무변하기 때문에 중생이 무변하며, 중생이 무변하기 때문에 심행心行의 차별도 역시 무변하다. 이와 같이 경계는 구분 지을 수 없어 알기 어렵고 이해하기 어려운 것인데, 만약 무명을 끊으면 심상心想마저 없어지니 어떻게 능히 알아 일체종지라 이름하는가.
답하기를, 일체경계는 본래 일심으로 상념을 여읜 것이나 중생이 망녕되이 경계를 보기 때문에 마음에 구별이 있는 것이다. 망녕되이 상념을 일으키는 것은 법성에 걸맞지 않음으로써 능히 결정코 알지 못하지만, 제불여래는 망견과 망상을 여의어 두루하지 않는 바가 없다. 마음은 진실하기 때문에 곧 이것이 제법의 본성인 것이며 자체가 나타나 일체의 망법을 비춘다. 대지혜의 작용인 무량한 방편이 있어 모든 중생에게 응당히 이해할 수 있는 바에 따라 모두 능히 여러 가지 법의 뜻을 열어 나타내 보이기 때문에 일체종지라는 이름을 얻었다.

【해설】

먼저 첫 번째 의문은 일체종지에 대한 것이다. 무명이 다 끊어지면 차별이 없는 경계인 일심 그 자체가 되는데, 어떻게 차별을 비추는 일체종지를 인지할 수 있는가 하는 의문이다. 즉 허공이 무변이기 때문에 거기에 있는 세계도 무변제無邊際이다. 세계는 한이 없기 때문에 거기에 머무는 중생도 무변이다. 중생은 한이 없기 때문에 중생의 심행心行, 즉 마음의 움직임의 차별 또한 한계가 없다. 이와 같이 인식의 대상은 무변이며 끝이 없기 때문에 어디에서도 구분 지을 수 없다. 그것은 복잡다단하기 때문에 알기 어렵고 궁구하기도 어렵다. 그런데도 만약 일념상응해서 무명을 끊어버리면 망분별의 심상心想이 끊어지기 때문에 당연히 차별세계의 인식도 없어질 것이다. 도대체 무엇을 인식하기 때문에 '일체종지'라고 부르는 것인가.

이 일체세계는 무변제이기 때문에 그것이 심상에 비춘 인식의 경계도 무변이다. 그러나 이 경계는 본래 일심이다. 모든 것이 마음이다. 또한 마음의 본래 모습에서는 망상망념의 차별을 떠난다. 다만 중생은 무명의 망념에 의하여 인식의 대상계를 보기 때문에, 마음에 구분을 짓게 되고 유한의 인식계가 된다. 시간과 공간의 유한성에 따라 마음에 구분이 생기고 망념에 의하여 마음이 제약되기 때문에, 무한하게 상응하는 힘이 소실되고 망상을 일으키게 되어 차별세계를 인식하게 되는 것이다. 그래서 이 인식은 본래 하나인 마음의 본성, 법성에 합치할 수가 없고 마음의 세계가 하나라는 것을 통찰할 수 없다. 그러나 제불여래는 차별적 유한인 망견망상을 벗어나기 때문에 보는 작용이 마음 전체에 두루 미친다.

그런데도 범부에게는 이 본각이 생멸문 중에 있으므로 망법의 체가 된다. 즉 부처님에게는 일심인 것이 중생에게는 일체의 망법이 된다. 이처럼 일체의 망법과 본각은 다른 것이 아니기 때문에, 불지佛智는 자체에서 중생의 모든 망법을 현조顯照하고 망법을 망법으로써 나타나게 하는 것이다. 이와 같이 중생의 망법이 모든 불심佛心 위에서 현조하고 불지佛智에 의해서 알게 되기 때문에, 중생 개개인의 의혹이나 요구에 따라 그들이 이해할 수 있는 것에 응하여 모두 적절하게 갖가지의 법의法義를 열어 보이는 것이다. 때문에 이 불지佛智를 일체종지라고 이름 붙이는 것이다.

又問曰 若諸佛이 **有自然業**하야 **能現一切處**하야 **利益衆生者**인댄 **一切衆生**이 **若見其身**커나 **若觀神變**[249]이나 **若聞其說**에 **無不得利**어늘 **云何世間**에 **多不能見**고. **答曰 諸佛如來**는 **法身**이 **平等**하사 **徧一切處**하사대 **無有作意**할새 **故**로 **而說自然**이라. **但依衆生心現**하나니 **衆生心者**는 **猶如於鏡**하야 **鏡若有垢**하면 **色像**이 **不現**이니 **如是衆生**도 **心若有垢**하면 **法身**이 **不現故**니라.

또 묻기를, 만약 제불에게 자연업이 있어 능히 일체처에 나타나 중생을 이롭게 한다면, 일체중생은 때로는 그 몸을 보거나 때로는 신통 변화를 보거나 때로는 그의 설법을 들어 이익을 얻지 못함이 없을 것인데, 어찌하여 세간에서 대부분 능히 보지 못하는가. 답하기를, 제불 여래의 법신은 평등하여 일체처에 두루하고 작의가 없으므로 자연스럽게 설하지만, 다만 중생의 마음에 의지해서만 나타난다. 중생의 마음이란 마치

---

249 신변: 부처님의 불가사의한 활동. 즉 신통변화를 가리킨다.

거울과 같아 거울에 만약 때가 있으면 색상이 나타나지 않으니, 이와 같이 중생도 마음에 만약 때가 있으면 법신이 나타나지 않기 때문이다.

【해설】

여기에서는 부처님 지혜의 자연업自然業에 대한 의문이다. 즉 제불에게는 자연업이 있어 모든 장소에 나타나 중생들을 이익되게 한다면, 일체중생은 모두 그 불신佛身을 보고 그 불신의 신통변화를 주목하고 그 가르침을 듣고 난 후에 이익을 얻지 못하는 이는 없을 것이다. 그러나 사실 세간에서 부처님을 뵐 수 있는 자가 많지 않은 이유는 무엇인가.

    제불 법신의 영향력은 평등하고 일체처에 두루 미치고, 중생의 마음 속에도 두루 미친다. 그 때문에 중생에게 원하는 기연이 있으면 부처님은 반드시 거기에 응하는 작용을 한다. 그 작용은 부처님께서 억지로 일으키는 것이 아니기 때문에 '자연업'이라 말하는 것이다. 그것은 단지 중생의 마음에 의하여 나타나는 것이다. 비유하자면 중생의 마음은 거울과 같은 것이어서, 만약 거울에 때가 묻어 있으면 사물의 상을 비출 수 없는 것과 같다. 이와 마찬가지로 중생의 마음에 번뇌의 때가 있다면, 그곳에 법신이 보신이나 응신의 형태로 나타나는 것은 불가능하다는 설명이다.

    〈도표 16〉은 분별발취도상의 전체 내용을 도식화한 것이다.

제3부 대승이란 중생심이다 **325**

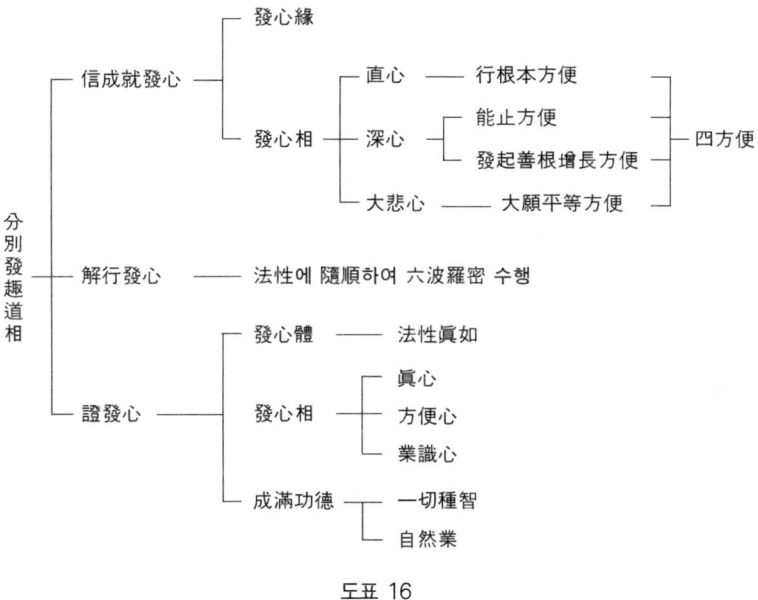

도표 16

IV. 주제의 실천(修行信心分)

【요지】

이상으로 「해석분」이 끝나고, 이어서 「수행신심분」으로 들어간다. 지금까지 '대승'을 설명하였기 때문에 다음으로 '기신起信'을 밝히는 것이 이 수행신심분이다.(〈도표 17〉 참조)

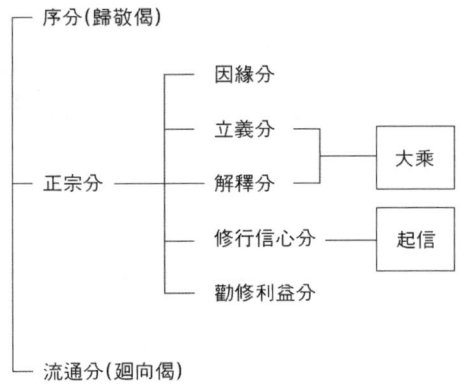

도표 17

이 '수행신심'의 의미는 앞에서 신성취발심의 전제가 된 수행이다. 그러나 신성취발심에서는 어떻게 믿음을 얻는가 하는 점이 상세히 서술되지 않았다. 그래서 믿음이란 무엇인가, 신심을 수행한다는 것은 무엇인가를 설명한 것이 바로 「수행신심분」의 내용이다.

즉 이것은 범부가 보살이 되어 발심하기 위해 필요한 행行, 말하자면 예비적인 행行, 준비하는 행行에 대한 설명이다. 그리고 이를 수행신심이라 이름한다. 따라서 「해석분」은 종전에 설명한 교의와 교설의 해석이고, 보살론도 그 범위 내에서 나타내었지만, 지금부터는 드디어 이 논의 직접적인 과제인, 아직 발심하지 않은 중생을 위한 교화와 지도에 대한 설명이다.

요컨대 위에서 설명한 보살론이 본보기였다면, 지금부터 말하는 부분은 실천의 입문서라 할 수 있다. 즉 여기에서는 처음부터 문제를 삼았던 '기신'이란 무엇인가, '대승에의 믿음'이란 무엇인가에 대해 다루고 있다.

已說解釋分하니 次說修行信心分하리라.
是中에 依未入正定聚衆生[250]할새 故로 說修行信心이니 何等信心이며 云何修行고.

이미 해석분을 설하였으니, 다음에는 수행신심분을 설한다.
이 속에서 아직 정정취에 들어가지 못한 중생을 위한 것이므로 신심을 수행할 것을 설한다. 어떠한 신심을 어떻게 수행하는가.

【해설】
여기에서는 아직 정정취正定聚에 들어가지 못한 부정취不定聚의 중생들을 대상으로 삼아 불교에 대한 올바른 이해의 마음을 어떻게 이끌어

---

250 미입정정취중생: 정정취에 들어가지 않은 중생이므로, 즉 부정취의 중생을 말한다.

내고 그 마음의 실천은 어떻게 전개해 가면 좋은가를 해명한다. 이 논의 시점이 항상 부정취의 일반적 사람들에게 맞춰져 있는 것은 반드시 염두에 두어야 할 점이다. 그래서 '어떠한 신심을 어떻게 수행하는가'에 대하여 '신심信心'과 '수행修行'이라는 두 가지 질문을 던지고 이하에서 이것들을 밝히고 있다.

1. 신심을 다지게 하는 네 가지 믿음

【요지】
불교에 대한 올바른 이해를 얻으려면, 먼저 불교의 근본을 바르게 이해하고 그 후에는 불법승의 삼보에 대한 바른 이해를 확립해야 한다.

略說信心이 有四種하니 云何爲四오. 一者는 信根本[251]이니 所謂樂念眞如法故요, 二者는 信佛有無量功德이니 常念親近하야 供養恭敬하며 發起善根하야 願求一切智故요, 三者는 信法有大利益이니 常念修行諸波羅蜜故요, 四者는 信僧能正修行하야 自利利他이니 常樂親近諸菩薩衆[252]하야 求學如實行故니라.

---

251 신근본: 진여를 믿는 것. 『의기』에서 진여는 제불의 스승이 되는 것, 모든 행의 근원이 되기 때문에 근본이라고 한다고 주석한다.

252 보살중: 자리와 이타를 행하는 보살의 승가僧伽. 성문의 승가와 다르다는 뜻. 『대지도론』 권4에서는, '보살'은 재가(청신사, 청신녀)와 출가(비구, 비구니)의 어느 쪽에도 속하지만, 재가·출가자가 모두 보살이라는 것은 아니다. 왜냐하면 그 가운데는 성문과 벽지불이 있으며, 천상에 태어나기를 원하는 사람, 자활自活을

간략히 설하면 신심에는 네 종류가 있으니, 무엇이 넷이 되는가. 첫째는 근본을 믿는 것이니, 이른바 기꺼이 진여법을 생각하기 때문이다. 둘째는 부처님께는 무량한 공덕이 있다고 믿는 것이니, 항상 친근하게 생각하여 공양하고 공경하며 선근을 일으켜 일체지를 구하기를 원하기 때문이다. 셋째는 법에는 큰 이익이 있다고 믿는 것이니, 항상 생각하여 모든 바라밀을 수행하기 때문이다. 넷째는 승가는 능히 바르게 자리이타를 수행한다고 믿는 것이니, 항상 기꺼이 모든 보살 대중(菩薩衆)과 친근히 하여 여실한 행을 배우려고 하기 때문이다.

【해설】

이것은 믿음의 대상 네 가지를 든 것이다. 우선 진여라는 근본도리와 그 체현자로서의 부처님, 그 부처님이 설하신 가르침, 그리고 그 가르침의 실천자로서의 승가(僧伽)를 믿는다는 것이다. 이 가운데에서 불법승(佛法僧) 삼보(三寶)는 귀의의 대상으로써 확정하고 있다. 그것에 더하여 진여를 귀의, 신심의 대상으로 세운 것은 독자적 발상이다.

첫째, '근본을 믿는다'는 것이다. 근본이란 '진여법'이라 하는데, 진여는 제법이 귀의할 때 모든 행위의 근원이기 때문에 '근본'이라고 설명한다. 자기의 본성은 진여라고 믿는 것이 신심의 우선순위 1번이다. '낙념(樂念)'이란 기쁘게 생각하는 것이다.

다시 말하면 진여의 의미를 단순히 진리에 국한시키지 않고, 동시에 이는 진리의 체현자로서의 여래법신이며, 가르침으로서의 대승 그 자체이며, 대승의 담당자로서의 중생심이라 하여 그 의미를 확대하고

구하는 사람도 있기 때문이라고 해석하고 있다.

있다.

둘째, '부처님에게 무량한 공덕이 있다'고 믿는 것이다. 부처님은 모든 공덕을 몸에 갖추고 있다고 믿는 것이 부처님을 믿는다는 의미이다. 그리고 항상 부처님을 생각하고 마음에 떠올려 친근히 꽃과 향과 음식 등을 공양하고, 받들어 공경한다. 이 공양과 공경에 의하여 외경의 마음이 생기고 마음속의 선근이 강하게 된다. 그리고 이 선근으로부터 부처님의 일체지를 얻으려는 결심을 일으킨다.

셋째, '법에 큰 이익이 있다'고 믿는 것이다. 이 법은 '실천법'을 의미하는데 불타가 깨달음으로 몸에 갖춘 법이다. 이 의미에서 제일의 第一義의 법은 열반이지만, 동시에 불타가 완성한 계戒·정定·혜慧·해탈解脫·해탈지견解脫知見의 오분법신五分法身도 이 경우의 법에 포함된다. 이것들은 불타가 몸에 갖춘 정신력으로써의 법이다. 여기에서는 '모든 바라밀'이라 하고 있다. 보시·지계·인욕·정진·선정·지혜의 육바라밀은 앞의 오분법신과 내용적으로 크게 다르지 않다. 삼보의 하나로서 '법보法寶'의 경우의 법은 이와 같이 선을 실천할 수 있는 힘과 진리를 깨닫는 힘을 의미하는 것이다.

넷째, '승가僧伽는 능히 바르게 자리自利와 이타利他를 수행한다'고 믿는 것이다. 이것은 승가에 대한 귀의인데, 자리이타를 아울러 수행하는 보살 승가에 귀의하는 것이다. 불제자로서 승가의 특색은 '정행正行', 즉 바르게 수행한다는 것이다. 여기에서는 더욱이 '자리와 이타의 수행'을 명확하게 말하고 그것을 실천하는 '보살중菩薩衆'에게 친근함을 나타낸 것이다.

2. 믿음을 이루게 하는 다섯 가지 수행

【요지】

위의 네 가지 믿음은 다섯 가지 실천에 의해 드디어 확고한 것이 된다. 즉 '어떻게 수행하는가'에 답하고, 여기에서 그 수행에 오문五門이 있는 것을 설명하고 있다.

修行이 **有五門**하야 **能成此信**이니 **云何爲五**오. **一者**는 **施門**이요, **二者**는 **戒門**이요, **三者**는 **忍門**이요, **四者**는 **進門**이요, **五者**는 **止觀門**이니라.

수행에 다섯 가지 문이 있어, 능히 이 믿음[四信]을 성취하니 무엇이 다섯 가지인가. 첫째는 시문이며, 둘째는 계문이며, 셋째는 인문이며, 넷째는 진문이며, 다섯째는 지관문이다.

【해설】

이 오행五行의 수행을 통해 앞에서 설명한 사신四信을 더욱더 견고하게 하고 완성하게 한다. 다섯 가지 실천은 시문施門, 계문戒門, 인문忍門, 진문進門, 지관문止觀門으로 나타내고 있다. 이것은 말할 필요도 없이 육바라밀의 교설을 기초로 하여 재조직된 것이다. 문門이란 입구를 의미하고 수행에 의하여 깨달음에 도달하는 것을 말하며, 수행은 문의 역할을 완수한다는 뜻이다.

云何修行施門고.

若見一切來求索者어든 所有財物을 隨力施與하야 以自捨慳貪하야 令
彼歡喜하며 若見厄難恐怖危逼하면 隨己堪任하야 施與無畏[253]하며 若有
衆生이 來求法者어든 隨己能解하야 方便爲說호대 不應貪求名利恭敬
하고 唯念自利利他하야 廻向菩提故니라.

어떻게 보시문〔施門〕을 수행하는가.
만약 일체 (중생이) 와서 구하고 찾는 자를 보면, 소유한 재물을 힘에 따라 베풀어주고 자신이 아끼고 탐하는 마음을 버림으로써, 그로 하여금 환희하게 한다. 만약 액난·공포·핍박을 당하는 경우를 보면, 자기가 감당할 만한 (능력에) 따라 무외를 베풀어주며, 만약 중생이 와서 법을 구하는 자가 있으면, 자기가 능히 이해함에 따라 방편으로 위하여 설하여 주지만 명리와 공경을 탐하거나 구하여서는 안 된다. 오직 자리와 이타만을 생각하여 보리로 회향해야 한다.

【해설】
시문施門은 어떻게 수행하는가. 여기에서는 세 개의 만약이란 가정 속에서 재시財施, 무외시無畏施, 법시法施 등을 차례로 설명하고 있다.
　만약 누군가가 찾아 와서 물건을 구걸한다면 자기가 소유한 재물은 자기의 여력이 되는 한 베풀어준다. 아깝고 탐내는 마음을 버리고 물건을 나누어 남을 기쁘게 한다. 이것이 재시財施이다.
　만약 다른 사람이 재앙이나 곤란, 공포, 위험 등에 빠지게 되면 자신의 능력에 따라 위험이나 공포를 제거해주고 안정되게 해준다.

---
253 시여무외: 공포심을 없애주는 것. 무외시라고 한다. 『관음경』에서, 관음보살은 공포에서 일체중생을 구하기 때문에 '시무외자施無畏者'라고 한다.

이것이 무외시無畏施를 베푸는 것이다.

만약 중생 중에 법을 구하러 찾아오는 사람이 있다면 자신이 이해하고 있는 모든 가르침을 여러 방법으로 설명해주고 법을 아껴서는 안 된다. 법시法施가 이것이다.

그런데 이때 법을 가르치는 일이 명성名聲이나 상대에게 존경받기 위한 설법이 되어서는 안 된다. 이것은 재시財施나 무외시無畏施의 경우도 마찬가지이다. 명리名利나 공경恭敬 등의 보상을 기대하는 보시는 참된 보시가 아니다. 오로지 자리自利와 이타利他를 생각하여 베풀기 때문에 보리로 회향하는 보시이다.

云何修行戒門고.
所謂不殺不盜不婬하며 不兩舌不惡口不妄言不綺語하며 遠離貪嫉欺 詐諂曲瞋恚邪見이니라.
若出家者[254]인댄 爲折伏煩惱故로 亦應遠離憒鬧하고 常處寂靜하야 修習少欲知足頭陀[255]等行하며 乃至 小罪라도 心生怖畏하야 慚愧改悔하고 不得輕於如來所制禁戒하며 當護譏嫌[256]하야 不令衆生으로 妄起過罪

---

254 약출가자: 이 논의 주장이 항상 부정취의 중생심에 관점을 맞추고 있기 때문에, 일관되게 재가의 보살을 중심에 두고 있다고 할 수 있다. '약출가자'라고 한 것이 그것을 증명하고 있다.

255 두타: dhūta의 음역. 불살(拂撒, 뿌리치다)로 번역. 의식주에 대한 집착을 철저하게 방기放棄하는 수행법으로 십이두타행이 있다. 부처님의 십대제자 가운데 마하가섭은 두타제일頭陀第一이다.

256 당호기혐: 세간의 사람들이 비난하고 싫어하는 것을 굳이 해서는 안 된다는 가르침. 그러한 것을 하면 사람들이 불교로부터 멀어지게 되고, 그 결과 사람들에게 큰 과실을 짓게 하기 때문이다.

故니라.

어떻게 지계문(戒門)을 수행하는가.
이른바 죽이지 않고 훔치지 않고 사음하지 않고 이간질하지 않고 나쁜 말을 하지 않고 거짓말하지 않고 꾸미는 말을 하지 않고, 탐욕과 질투, 속임수와 아첨, 성내는 마음과 삿된 생각을 멀리 여의어야 한다.
만약 출가자라면, 번뇌를 꺾어 조복받아야 하기 때문에, 역시 응당히 시끄러운 곳을 멀리 떠나 항상 고요한 곳에 머물며, 욕심을 적게 내고 만족할 줄 알며, 두타頭陀 등의 수행을 닦아야 하며, 내지 작은 죄라도 마음에 두려워하는 마음을 내고 부끄럽게 여겨 뉘우쳐야 하며, 여래께서 제정하신 바 금계禁戒를 가벼이 여기지 않고, 마땅히 비난받을 일을 막아 중생으로 하여금 망령되이 허물을 일으키지 않게 해야 한다.

【해설】
여기에서는 십선업을 나타내고 있는데, 그 가운데서 "만약 출가자라면"이라고 특별히 기록함으로써, 출가자는 이외에도 주의해야 할 것이 있음을 미리 말하고 있다. 이러한 방식은 당초 이 논이 출가자 이외에 일반 사람들까지도 대상으로 삼아 설하고 있음을 말해주는 것이며, 그러한 의미에서 이 논이 일관된 입장에서 승속僧俗을 향해 저술된 논서임을 알 수 있다.

어떻게 해서 계문戒門을 수행하는가. 여기에서 설명하는 계는 십선계이다. 이것이 대승불교가 가지는 계의 통설이다. 즉 일체의 생물을 죽이지 않고 오히려 일체의 생물을 불쌍히 여기며(不殺生), 타인의 물건을 훔치지 않고 오히려 곤란한 사람들에게는 베풀며(不盜), 부정한 남녀의 성관계를 가지지 않음으로써 타인의 처와 친교하지 않으며[不邪婬], 타인 사이를 갈라놓는 말로 비방하지 말며[不兩舌], 타인에 대해 나쁜 말을 하지 말며[不惡口], 거짓말을 하지 않고 진실을 말하며[不妄言], 겉으로만 꾸민 말로써 타인에게 아첨을 떨지 않으며[不綺語], 탐냄이나 질투·속임·아첨·성냄·사견 등을 벗어나는 것(無貪·無瞋·正見)이 바로 십선十善이다.

이상의 십선十善은 출가자·재가자 공통의 계이고, 다음으로 특히 출가자의 마음가짐에 유의하고 있다. 출가자의 입장에서는 번뇌를 멸하기 위하여 특히 엄하게 계율을 지킨다. 즉 사람들이 북적이는 마을을 떠나 항상 한적한 곳에 살 것이며, 최소한의 생활필수품으로 생활하여 옷은 몸을 가릴 정도로, 음식은 생명을 유지하기에 족할 정도에 만족하고 두타행을 엄하게 수행한다. 그래서 약간의 죄에도 커다란 두려움을 품고, 저지른 죄가 있을 때는 곧바로 참회하고 회개하며 여래가 제정한 250계의 계율을 경시해서는 안 된다. 가령 나쁜 일이 아니더라도 세간에서 비난받을 만한 일을 범하지 말고, 더욱이 세간 사람들이 함부로 잘못이나 죄를 일으키지 않도록 배려해야만 한다.

云何修行忍門고.
所謂應忍他人之惱하야 心不懷報하며 亦當忍於利衰毀譽稱譏苦樂[257] 等法故니라.

---

257 이쇠훼예칭기고락등법: 인간의 마음을 선동하는 여덟 가지로 세간팔법世間八法이라 말한다. 『보성론寶性論』에서 세간에 살면서는 이 여덟 가지를 면하기 어렵다고 설하고 있다.

어떻게 인욕문〔忍門〕을 수행하는가.

이른바 응당히 타인의 괴롭힘을 참아 마음에 보복할 것을 품지 않으며, 또한 마땅히 이익과 쇠락, 비방과 찬탄, 칭찬과 헐뜯음, 고통과 즐거움 등의 법도 참아야 한다.

【해설】

어떻게 인욕을 수행하는가. 인忍에는 두 가지의 인忍이 있다. 하나는 타불요익인他不饒益忍으로, 타인이 자신에게 가하는 불이익을 참고 견디는 것이다. '타인의 괴롭힘을 참아 견디고 마음에 보복할 것을 품지 않는다'는 것이 이에 해당한다. 둘째는 안수인安受忍으로, 역경逆境과 순경順境에서도 기쁨과 노여움의 감정에 휩싸여 마음을 함부로 움직이지 않는 것이며, 세간의 '이득〔利〕과 손실〔衰〕, 비방〔毁〕과 찬탄〔譽〕, 칭찬〔称〕과 헐뜯음〔譏〕, 고통〔苦〕과 즐거움〔樂〕 등의 법을 견딘다'는 것이 이에 해당한다. 이 여덟 가지를 팔풍八風이라 하며, 특히 고苦는 자기 멋대로 되지 않는 것을 말하고, 낙樂은 제멋대로 하는 것을 말한다. 즉 자기의 욕망에 의해 고일 수도 낙일 수도 있으므로 참아야 한다는 뜻이다.

云何修行進門고.

所謂於諸善事에 心不懈退하고 立志堅強하야 遠離怯弱하며 當念過去 久遠已來로 虛受一切身心大苦하야 無有利益일새 是故로 應勤修諸功德하야 自利利他하야 速離衆苦니라.

復次若人이 雖修行信心이나 以從先世來로 多有重罪惡業障故로 爲魔邪諸鬼之所惱亂하며 或爲世間事務의 種種牽纏하며 或爲病苦所惱 하

나니 有如是等衆多障碍할새 是故로 應當勇猛精勤호대 晝夜六時에 禮拜諸佛²⁵⁸하야 誠心으로 懺悔하며 勸請隨喜하야 廻向菩提호대 常不休廢하야사 得免諸障하고 善根增長故니라.

어떻게 정진문[進門]을 수행하는가.
이른바 모든 착한 일에 대하여 마음이 게으르거나 물러나지 않으며 뜻을 굳고 강하게 세워 겁내고 나약해지는 것을 멀리 여의고, 마땅히 과거의 오랜 때로부터 헛되이 일체 몸과 마음으로 큰 고통을 받아 이익이 없음을 생각해야 하고, 이렇게 하여 응당히 부지런히 모든 공덕을 닦아 자리이타하여 신속히 모든 고통을 여의어야 한다.
또다시 만약 사람이 비록 신심을 수행한다 하더라도 선세로부터 중죄와 악업의 업장이 많아, 삿된 마구니와 여러 귀신의 괴롭힘을 당하거나 혹은 세간의 사무事務 때문에 여러 가지로 끌리고 얽히거나, 혹은 병고 때문에 괴로움을 받기도 한다. 이와 같은 등의 장애가 많이 있으므로 응당히 용맹 정진하기를 밤낮으로 여섯 차례 제불께 예배하고 성심으로 참회하며, 법문을 청하고 따라 기뻐하여 보리에 회향하여야 한다. 항상 쉬거나 그치지 않으면 모든 장애를 면할 수 있어 선근이 증장하기 때문이다.

【해설】
어떻게 정진을 수행하는가. 정진이란 선한 일을 게을리 하지 않고

---

258 주야육시 예배제불: '육시예불'이라고도 한다. 하루를 신조(晨朝=早朝)·일중日中·일몰日沒·초야初夜·중야中夜·후야後夜의 여섯 번 제불의 명호를 부르며 예배하는 것이다.

실행하는 것이다. 좋은 일이라 생각하더라도 좀처럼 실행하기 어렵고 또한 그것을 계속한다는 것은 더더욱 어렵다. "마음이 해태하지 않다"고 한 것은 조석으로 단련함을 말한다. 뜻을 굳건히 세운다면 정진할 수 있다. 그래야만 무한한 과거로부터 받아온 생사윤회의 괴로움에서 해탈할 수 있게 된다. 윤회의 괴로움으로부터 벗어나는 길은 정진밖에 없다는 것을 명심해야 한다. 정진행은 자리自利만이 아닌 이타행利他行이기도 하다. 왜냐하면 엄격한 정진과 구도에 힘쓰는 수행자의 모습을 보게 되면 이를 보는 사람 또한 발심하여 수행하게 만들기 때문이다. 이는 시대를 초월하여 이타행을 하는 것이 된다.

그러나 과거의 악업이 두터우면 신심을 내고자 하여도, 사마邪魔나 여러 귀신 혹은 세간의 잡다한 업무나 병으로 인하여 고생하게 되는 등 생각처럼 수행을 하지 못하는 경우가 있다. 이러한 장애가 있다면 그것을 단절하기 위하여 더욱 더 정진노력이 필요함을 설명한다.

이러한 정진의 첫 번째 적敵은 사마나 여러 귀신인데, 악마는 여러 형태를 취하며 어떤 때는 여자로, 어떤 때는 술로, 혹은 명예욕이 되어 찾아온다. 구도자는 이러한 것들이 가까이 오지 못하도록 틈새를 주지 않는 것이 중요하다. 두 번째 정진의 적은 세속적인 여러 일[俗務]들이다. 세상에는 귀찮은 일들이 많다. 세간의 잡다한 일들을 모두 버리지 않으면 정진할 수 없다. 거기에 얽매이지 않으며 즐거운 마음으로 수행할 수 있어야 한다. 정진을 방해하는 세 번째 적은 병이다. 병은 기력을 없게 하므로 정진행의 적인 것은 누구나 알고 있다. 병에 걸리지 않는 것이 무엇보다 중요하다. 이와 같은 장애가 있는 경우에는 일단은 용맹 정진하여 이들 장애를 단절하지 않으면 안 된다. 그 때문에 매일 밤낮으로 여섯 번 부처님께 예배하고 성심성의로 참회하고 권청하여, 다른 사람의 좋은 일에 함께 기뻐하고 그들의 공덕을 보리에 회향하고 항상 게으르지 않아야 한다. 그렇게 하면 모든 장애를 면할 수 있고, 선근善根이 증대하게 된다. 즉 예불·참회·권청·수희·회향 등의 행법行法이 그것이다.

云何修行止觀門고.
所言止者는 謂止一切境界相이니 隨順奢摩他觀²⁵⁹義故요, 所言觀者는 謂分別因緣生滅相이니 隨順毗鉢舍那觀²⁶⁰義故니라. 云何隨順고. 以此 二義로 漸漸修習하야 不相捨離하면 雙現前故니라.

어떻게 지관문을 수행하는가.
지止라고 말하는 것은 일체의 경계상을 그치는 것을 말하니 사마타관에 수순하는 뜻이다. 관이라 말하는 것은 인연생멸상을 분별하는 것을 말하니 비발사나관에 수순하는 뜻이기 때문이다. 어떻게 수순하는가. 이 두 가지 뜻은 점차로 수습하여 서로 여의지 않으면 쌍으로 현전하게 된다.

【해설】
지관문止觀門은 앞서 사문四門이 사바라밀四波羅蜜인 것은 물론이고,

---

259 사마타관: 범어 śamatha의 음역. 지止·적지寂止·적멸寂滅로 번역. 선정禪定의 관觀의 의미. 『현수의기』에는 '지止'란 유식의 도리에 의해서 외경의 분별을 멈춘 것이라고 한다. 때문에 무분별을 지止라고 보는 것이다.
260 비발사나관: 범어 vipaśyanā의 음역. 관觀·혜慧·정견正見으로 번역. 지혜智慧의 관觀의 의미. 법상을 관찰하는 것이다.

선정과 지혜의 두 바라밀을 합쳐 지관문의 일문一門으로 나타낸 것이다. 최종적으로 지止와 관觀은 함께 서로 도우며 서로 여의지 않는다. 만약 지(선정)와 관(지혜)을 갖추지 않으면, 능히 보리도에 들어가지 못함을 말하고 있다.

먼저 '지止'란 일체의 경계상을 멈춘 것이라고 한다. 즉 망분별에 의해 육근의 대상을 만들어내기 때문에, 이들의 일체 잘못된 대상의 모습을 멈추고 사마타에 일치시키는 것이다. 사마타란 지止, 적정으로 한역하는 말이다. 외계의 대상으로 향하는 감관感官을 제어하고, 마음의 작용을 조용하게 하는 것이다. 또는 마음을 하나의 대상에 집중하고 산란시키지 않는 것이다.

'관觀'은 일체 제법의 인연 생멸하는 모습을 관찰하는 것이다. 비발사나毘鉢舍那는 비파사나라고도 보통 쓰는데 범어 위빠사나의 음역으로 관이라고 한역한다. 분명하게 관찰하는 것이다.

그리고 상相에서 보면 지止는 정定에 해당하고 관觀은 혜慧에 해당하지만, 실제로 보면 정定도 지관에 통하고 혜慧도 또한 지관에 통한다. 여기에 선禪과 반야般若를 나누지 않고 지관문으로 합하여 설명하는 이유가 있는 것이다. 지가 없으면 마음이 산란하고, 관이 없으면 마음이 침체된다. 이 지와 관은 수레의 두 바퀴와 같은 것으로 한쪽이라도 빠지면 올바른 수행을 할 수 없다.

若修止者는 住於靜處하야 端坐正意²⁶¹하고 不依氣息하며 不依形色²⁶² 하

---

261 단좌정의: 결가부좌, 혹은 반가부좌를 하고 등을 꼿꼿이 세워서 앉는 좌선의 방법으로, 마음을 조절한다는 뜻. 조신調身·조식調息·조심調心을 말한다.
262 불의기식·불의형색: 호흡이 조절되고, 몸과 마음이 조절되는 것을 '불의不依'라고

며 不依於空하며 不依地水火風하며 乃至不依見聞覺知하고 一切諸想을 隨念皆除하되 亦遣除想이니 以一切法이 本來無相이라, 念念不生하며 念念不滅이니라. 亦不得隨心하야 外念境界 後에 以心除心이니 心若馳散커든 卽當攝來하야, 住於正念이니라. 是正念者는 當知唯心이요, 無外境界니 卽復此心이 亦無自相²⁶³하야 念念不可得이니라.

若從坐起하야 去來進止에 有所施作이어든 於一切時에 常念方便하고 隨順觀察하야 久習淳熟하면 其心이 得住하리니, 以心住故로 漸漸猛利하야 隨順得入眞如三昧²⁶⁴하야 深伏煩惱하고 信心增長하야 速成不退어니와 唯除疑惑²⁶⁵不信誹謗重罪業障我慢懈怠니 如是等人의 所不能入이니라.

만약 지止를 닦는다면, 고요한 곳에 머물며 단정히 앉아 뜻을 바르게 해야 하고, 호흡에 의지하지 않고, 형색에 의지하지 않으며, 공에 의지하지 않고, 지수화풍에 의지하지 않아야 하며, 내지 견문각지에도 의지하지 않아야 한다. 일체의 모든 상념을 생각에 따라 모두 없애고, 또한 없앤다는 생각조차 없애야 한다. 일체의 법이 본래 상이 없음으로 생각생각이 나지 않으며 생각 생각이 멸하지 않으니, 또한 마음을 따라

한다. 수식관 등의 호흡법이나 부정관 등을 하지 않는다는 의미가 아니다.
263 자상: 그 자체의 특징. 마음은 끊임없이 변하고 있기 때문에 자상이 없는 것을 말한다.
264 진여삼매: 일체제법은 유일진여라고 보는 삼매. 즉 진여삼매를 얻는 것이 부정취와 정정취를 나누는 표식標識이며, 진여삼매에 근거하여 점차로 무량한 삼매가 나온다고 한다.
265 유제의혹: 의혹을 포함하여 이하에 나오는 불신, 비방, 중죄업장, 아만, 해태 등은 진여삼매에서 처리된다는 의미이다.

바깥 경계를 생각하지 않은 후에 마음으로써 마음을 없애야 하는 것이다. 마음이 만약 산란함을 좇으면 곧 마땅히 가다듬어 정념에 주하게 해야 한다. 이 정념이란 마땅히 알라. 오직 마음뿐이고 바깥 경계가 없는 것이니, 곧 다시 이 마음도 또한 자상이 없어 생각 생각에 얻을 수 없는 것이다.

만약 자리로부터 일어나 오고 가고 나아가고 머무는데 행동을 하는 바가 있으면 모든 때에 항상 방편을 생각하고 수순하고 관찰하여 오랫동안 닦아서 익숙하게 되면 그 마음이 머물게 된다. 마음이 머묾으로써 점점 매우 영리해져 수순하여 진여삼매에 들어갈 수 있어 번뇌를 깊이 조복받고 신심이 증장하여 신속하게 불퇴전을 이룬다. 다만 의혹과 불신과 비방과 중죄업장과 아만과 해태한 자는 제외되니, 이와 같은 사람들은 능히 들어갈 수 없는 곳이다.

【해설】

위에서 지관문을 총설했기 때문에, 다음에 지止와 관觀을 각각 세분해서 설명한다.

여기에서는 먼저 수지修止의 방법으로 좌선의 방법을 구체적으로 설명하면서 이 논의 목적인 진여의 관찰, 즉 진여삼매에 대하여 밝히고 있다.

만약 지(止; 선정)를 닦을 때는 "고요한 곳에 머물며 결가부좌하고 마음을 집중하여 바로잡는다. 숨에 의지하지 않고, 형색에 의지하지 않으며, 공空에 의지하지 않고, 지·수·화·풍에 의지하지 않으며, 또한 견문각지에도 의지하지 않고 일체의 모든 상념想念에 따라 모두 없애고 또한 없앤다는 생각도 없애는" 운운이라고 나타나 있듯이, 우선 앉을 때의 마음자세에 대한 언급을 시작으로 선정을 설명하고 있다. 좌선 중에 오고 가는 생각은 일체 상관하지 않고 버리며, 버린다는 생각에도 상관하지 않는다는 것이다. 때문에 마음 밖에 경계를 인정하고, 그런 후에 마음에 의하여 마음을 제거한다는 식이어서는 안 된다.

다음, 마음이 산란하여 잡념이 일어나면 정념正念에 주하지 않으면 안 된다. 정념이란 일체는 유심이며 외부 경계가 없음을 아는 것이다. 즉 삼계유심을 깨닫는 것이다. 이는 몸과 하나가 되어 있는 마음으로, 이 자재한 경지야말로 삼계유심이다. 마음과 몸이 일여一如가 되고 통일될 수 있도록 조석으로 수련해야 이를 얻을 수 있다. 관념觀念으로는 무엇 하나 얻을 수 없다. 수련에 의해서만 체득할 수 있는 것이다.

지는 선정에 들어간 때만 얻을 수 있는 것이 아니다. 좌선이 끝나도 걷거나 서거나 또는 눕거나, 언어생활과 노동 등의 여러 가지 행동양식에 대해 항상 궁구하여, 좌선 때와 마찬가지 자세로 계속 관찰해 가면, 드디어 마음은 깊이 정리되고 지혜의 작용이 활발해져 진여삼매에 들어갈 수가 있다는 것이다. 이 진여삼매에서 불교에 대한 바른 이해가 깊어지고, 두 번 다시 후퇴하는 일이 없이 정정취正定聚의 경지를 성취한다. 이 경지에 들어가면 이미 불교에 대한 의혹이나 불신不信이나 비방이나 중죄重罪의 업장이나 아만이나 해태심 등 모든 부덕不德으로부터 벗어나게 된다.

그러므로 진여삼매라는 말은 중요하며 나중에 나오는 "일행삼매一行三昧"와 함께 이 논의 선정으로써 유명하다. 다만 이 진여삼매는 부정취로부터 정정취에 들어가는 경계에 위치하고 있기 때문에, 그 후로 진행될 수행의 기초가 되는데, 이 말이 의미하는 범위는 넓다고 하겠다.

復次依是三昧故로 卽知法界一相이니 謂一切諸佛法身이 與衆生身으로 平等無二일새, 卽名一行三昧[266]니라. 當知眞如는 是三昧의 根本[267]이니 若人이 修行하면 漸漸能生無量三昧하리라.

또다시 이 삼매에 의지하므로 곧 법계 일상임을 알게 되니, 일체 제불의 법신과 중생신은 평등하여 둘이 없음을 말하며, 곧 일행삼매라 이름한다. 마땅히 알라. 진여는 이 삼매의 근본이니 만약 사람이 수행하면 점차 능히 무량삼매를 낼 것이다.

【해설】

여기에서 "법계일상"이란 완전히 법계가 되어 가는 것이다. 이 차별세계가 그대로 일상一相이 되고 평등세계가 되어 간다. 그렇게 되면 부처님과 중생의 차별은 없어져 간다. 즉 '모든 부처님의 법신과 중생신은 평등무이平等無二'라는 의미에서 '일행삼매'라고 말한 것이다. 진여는 범부와 성인에게 있어 전혀 차별이 없기 때문이다.

그러나 일행삼매가 일반적으로 해석되고 있듯이, 좌선의 일행一行이나 칭명염불의 일행一行을 행하는 의미는 아니다. 물론 확대해서 해석

---

[266] 일행삼매: 앞서 "일체 제불의 법신과 중생신과는 평등하여 무이無二, 즉 일一"임을 행行하는 삼매라는 뜻. 일반적으로 해석되고 있는 좌선의 일행一行, 칭명稱名의 일행一行과 같은, 하나의 수행을 오로지 행한다는 의미가 아니다. 신역의 '일행삼매一相三昧'라는 표현방식이 그러한 오해는 불러일으키지 않을 것이다. 즉 진여는 불타에게도 중생에게도 평등하며 일상一相임을 아는 삼매. 일행삼매는 『문수반야경』에 자세히 설해져 있다.

[267] 삼매근본: 진여삼매는 매우 무량한 삼매를 일으키기 때문에 삼매의 근본이라고 한다.

하면 그러한 의미일 수도 있겠지만, 그러한 의미에서 논의 일행삼매를 읽으면 잘못이다. 분명히 여기에서는 "부처님과 중생은 별개가 아니라 〔一〕는 도리를 행하는 삼매"라는 의미로 사용되고 있다. 즉 신역의 "일상삼매一相三昧"의 뜻이다.

이 진여삼매가 모든 삼매의 근본이며, 이 진여삼매에 근거하여 무량한 삼매가 이루어진다는 문장의 뜻도 앞서와 같은 의미로 해석해야 할 것이다.

或有衆生이 無善根力하면 卽爲諸魔[268]와 外道鬼神[269]之所惑亂하리니 若於坐中에 現形恐怖나 或現端正男女等相이어든 當念唯心하면 境界則滅하야 終不爲惱하리라. 或現天像과 菩薩像하며 亦作如來像이 相好具足하야 若說陀羅尼[270]하며 若說布施 持戒忍辱精進禪定智慧하며 或說平等空無相無願[271]無怨無親無因無果라 畢竟空寂호미 是眞涅槃이라 하며, 或令人으로 知宿命[272]過去之事하며 亦知未來之事하며 得他

---

[268] 제마: '마'는 māra의 번역. 마라의 줄임말. 파괴破壞·능탈자能奪者·살자殺者의 뜻. 『화엄경』 권41(대정장 9, 663a)에서는 열 가지 마魔를 들고 있다. 또한 『마하지관』(대정장 46, 114c)에서는 '마사경魔事境'을 설명하고 있다.

[269] 외도귀신: 뒤에서 '구십오종외도귀신九十五種外道鬼神'이라고 나온다.

[270] 다라니: 범어 dhāraṇī의 음역. 총지總持로 번역. 기억하기 쉽도록 짧은 문구에 깊은 의미를 응축하여 정리한 말. '회향게'에서는 '총지'라고 나와 있다.

[271] 공·무상·무원: 삼삼매 또는 삼해탈문이라고 한다. 제법은 공이고 무상이며 무원이라고 관하는 삼매. 공이라면 무상이고, 무상이면 원할 만한 것이 없기 때문에 이렇게 말해진다.

[272] 숙명: 과거세에서의 존재. 자기 과거세의 존재를 아는 것을 숙명통이라고 한다. '통'은 신통력을 가리킨다.

心智하며 辯才無礙하며, 能令衆生으로 貪著世間名利之事하며 又令使人으로 數瞋數喜하야 性無常準²⁷³하며 或多慈愛하며 多睡多病하야 其心懈怠하며 或卒起精進이라가 後便休廢하며 生於不信하야 多疑多慮하며 或捨本勝行²⁷⁴하고 更修雜業하며 若著世事하야 種種牽纏하며 亦能使人으로 得諸三昧하야 少分相似하나니, 皆是外道의 所得이라 非眞三昧니라. 或復令人으로 若一日 若二日 若三日 乃至七日히 住於定中하며 得自然香美飮食하고 身心適悅하야 不飢不渴하야 使人愛著케하며 或亦令人으로 食無分齊하야 乍多乍少하야 顔色이 變異하나니 以是義故로 行者는 常應智慧觀察하야 勿令此心으로 墮於邪網²⁷⁵하고 當勤正念하야 不取不著하면 則能遠離是諸業障하리라.

혹 어떤 중생이 선근력이 없으면 곧 여러 마구니와 외도와 귀신들 때문에 혼란을 당할 것이다. 만약 앉아 있는 동안에 형태를 나타내어 공포스럽게 하거나 혹은 단정한 남녀들의 모습을 나타낼 경우, 마땅히 오직 마음뿐임을 생각하면 경계가 곧 멸하여 마침내 괴롭히지 못할 것이다. 혹은 천상天像과 보살상을 나타내거나 또한 여래상을 지어 상호가 구족하며 때로는 다라니를 설하고 때로는 보시·지계·인욕·정진·선정·지혜를 설하며, 혹은 평등·공·무상·무원無願·무원無怨·무친·무인·무과하여 필경에는 공적하니 이것이 참된 열반이라 설하기도 한다. 혹은 사람으로 하여금 숙명통으로 과거의 일을 알게 하고 역시 미래의 일을 알게 하며,

---

273 성무상준: 정해진 표준. 기준을 말한다.
274 승행: 뛰어난 수행. 열반의 정과正果를 얻는 수행이다.
275 타어사망: 삼매에서 마사에 붙잡힌 것을 물고기와 새가 그물에 포획되는 것에 비유한 것이다.

타심지他心智를 얻어 변재가 무애하게 하기도 한다. 능히 중생으로 하여금 세간의 명예와 이익되는 일에 탐착하게 하고, 또 사람으로 하여금 자주 성내고 자주 기뻐하게 하여 성품에 일정한 기준이 없게 하고, 혹은 자애가 많거나 잠이 많고 병을 많게 하여 그 마음을 게으르게 하며, 혹은 갑자기 정진을 일으켰다가 뒤이어 곧 그만 두게 하며 믿지 않는 마음을 내어 의심하고 염려가 많게 하며, 혹은 본래의 수승한 행을 버리고 다시 잡업을 닦게도 한다. 때로는 세상사에 집착하여 여러 가지로 얽매이게 하며, 또한 능히 사람으로 하여금 모든 삼매를 얻게 하여 약간 비슷하기도 하지만 이것은 모두 외도가 얻는 바로써 참된 삼매가 아니다. 혹은 다시 사람으로 하여금 하루, 이틀, 사흘, 내지 이레 동안 선정 중에 머물게 하여 자연히 향기롭고 맛있는 음식을 얻어 몸과 마음이 적당히 기쁘고 배가 고프지도 않고 목이 마르지도 않게 하여 사람들이 그것을 애착하게끔 한다. 혹은 역시 사람으로 하여금, 먹는 것에 한계가 없게 하여 갑자기 많거나 적게 (먹게) 하여 안색이 변하도록 하니, 이러한 뜻이기 때문에 수행자는 항상 응당히 지혜로 관찰하여 이 마음으로 하여금 삿된 그물로 떨어지지 않게 한다. 마땅히 부지런히 정념하여 취하지 않고 집착하지 않으면, 곧 능히 이러한 모든 업장을 멀리 여읠 것이다.

【해설】
여기에서는 좌선 중에 여러 가지 마사魔事가 생겨 수행자를 혼란스럽게 하는 일이 있기 때문에 그 점을 주의시키고 있다. 이를 알지 못하면 지나치게 진지하게 되어 외도의 삼매를 행하더라도 모를 수 있기 때문이다.

즉 마사魔事에 빠지는 경우는 주로 선근력善根力이 없는 사람에게 많은 편이다. 선근력이 없으면 지止를 닦는 중에 악마, 외도外道, 귀신 등으로 인해 혼란을 일으키게 된다. 수행자가 선을 닦고 마음을 집중하고 있을 때에 갑자기 그들이 모습을 나타내어 수행자를 공포스럽게 하기도 하고, 혹은 반대로 아름다운 남녀의 형상을 하고 나타나 유혹하기도 한다. 그러나 그것들은 선정 중의 마음에 나타난 영상에 불과하며, 자기 마음에 나타난 것이기 때문에 일체는 마음뿐임을 생각해야 한다. 유심唯心을 염하면 그들 마경魔境은 소거되고 다시 수행자를 괴롭히는 일이 없다. 마사에는 악마의 형상을 취하는 것만이 아니고 천인天人, 보살, 여래의 형상으로써 나타나는 것도 있다. 그리고 다라니를 설한다거나 보시·지계 등의 육바라밀을 설한다거나 혹은 삼삼매三三昧, 혹은 인과因果의 부정否定, 혹은 적멸寂滅 등이 참된 열반이라 설명하면서 수행자를 미혹하게 만들기도 하고, 혹은 수행자에게 정신력을 얻게 하는 마사魔事도 있다. 이와 같은 문제가 정신을 혼란하게 만들어 해탈로부터 멀어지게 한다.

또다시 마사魔事에는 외도外道의 선정에 빠지게 하는 일도 있다. 즉 진여삼매와 약간 비슷한 삼매를 사람에게 맛보게 해 주는 일이 있는데, 그것은 외도의 삼매이지 참된 삼매는 아니다. 혹은 선열식禪悅食이라 하여 선정에 들면 그것이 하루, 이틀, 삼일 혹은 칠일도 계속되어 마치 자연의 미묘한 향기와 맛있는 음식을 먹고 있는 것 같고, 신심身心을 상쾌하고 자유롭게 하여 배고픔도 갈증도 느끼지 않는 경우가 있다. 이러한 선정의 즐거움에 집착하는 사람이 있다. 그러나 이 또한 올바른 선정은 아니며 악마의 길로 접어드는 것이다. 혹은 마사魔事 중에는 식사를 불규칙하게 해서 갑자기 대식大食이 된다거나 소식小食이 된다거나 하여 건강을 해치게 하고 안색을 변하게 하는 일도 있다. 이것도 수행자의 생활을 파괴하는 것이다.

이러한 마사魔事에 대한 마음가짐으로 "수행자는 항상 지혜로 관찰하고, 이 마음을 삿된 일에 빠지지 않게 해야 한다. 마땅히 정념正念으로 수행하여 집착하지 않으면 능히 이 모든 업장을 멀리 여읠 수 있다"고 하며, 지혜로써 관찰하고 바르게 힘써 집착하지 않도록 그 방법을 제시하고 있다. "정념"이란 앞 단락에서 나왔듯이 "정념이란 마땅히 알라. 오직 마음일 뿐으로 그 외의 경계는 없다. 즉 이 마음도 또한 자상自相이 없이 생각 생각에 얻지 못하는" 것임을 바르게 상기하는 것이다.

應知外道의 所有三昧[276]는 皆不離見愛我慢之心이니 貪著世間名利恭敬故요, 眞如三昧者는 不住見相하고 不住得相[277]하며 乃至出定에도 亦無懈慢하야 所有煩惱 漸漸微薄하니 若諸凡夫가 不習此三昧法하고 得入如來種性이 無有是處니라. 以修世間諸禪三昧호대 多起味著하야 依於我見하야 繫屬三界하면 與外道로 共이니 若離善知識所護하면 則起外道見故니라.

---

[276] 외도 소유삼매: 불교에서 설하는 사선팔정四禪八定의 선정은 외도에서도 행한 선정이라고 한다. 그 차이는 견見·애愛·아我·만심慢心과 명리名聞·이익利益·공경恭敬에 탐착하는 마음을 여의었는가 어떤가라는 점에서 정해진다고 한다.

[277] 불주견상·불주득상: 자기의 견해에 집착하는 견상見相에 머무르는 것도 아니고, 외부 경계에 집착하는 득상得相에도 머무르지 않는다. 또한 진여유심의 이치에 머물기 때문에 세간의 명리에 탐착하지 않는 것이다.

마땅히 알라. 외도들이 소유하는 삼매는 모두 견혹과 수혹과 아만의 마음을 여의지 않은 것이니 세간의 명리와 공경에 탐착하기 때문이다. 진여삼매란 견상에 주하지 않고 득상에도 주하지 않으며 내지 선정에서 나와도 역시 게으름과 아만이 없어 소유한 번뇌가 점점 엷어진다. 만약 모든 범부가 이 삼매법을 닦지 않는다면 여래의 종성에 들어갈 수 있는 도리는 없다. 세간의 모든 선삼매를 닦으면 대부분 탐닉[味著]을 일으키고 아견에 의지하여 삼계에 얽매여 외도와 함께 하게 되니, 만약 선지식이 보호하는 바를 여의면 곧 외도의 견해를 일으킬 것이기 때문이다.

【해설】

여기에서는 외도의 선정과 참된 삼매를 비교하여 거짓된 선정이 참된 선정과 다른 점을 분명하게 한다. 우선 외도의 모든 삼매는 무아에 입장을 두지 않기 때문에 아집이 있다. 그 때문에 정定으로서는 뛰어난 경우더라도 그 바탕에 견혹見惑과 수혹修惑의 번뇌와 아만이 반드시 존재한다. 그 때문에 세간의 명리나 존경 등을 탐착하는 것이다.

그러나 불교의 진여삼매는 자기의 견해에 집착하는 견상見相에 머무르는 것도 아니고 또한 외부 경계에 집착하는 득상得相에도 머무르지 않는다. 또한 진여삼매의 정定을 나오더라도 게으른 마음을 일으키거나 혹은 만심을 일으키거나 하지 않는다. 또한 탐·진·치 등의 번뇌가 점차로 엷어지게 된다. 이것이 올바른 선정의 모습이다.

범부의 수행자가 이 진여삼매를 실습하지 않고, 여래종성을 얻을 수 있는 그런 도리는 없다. 이에 비하여 세간의 선정을 닦으면 외도에게는 자아의 견見이 있기 때문에 반드시 이들 선정의 즐거움에 탐닉[味着]과 아견을 일으키게 되고, 자아에 집착하기 때문에 삼계의 윤회에 얽매이게 된다. 그 때문에 법계일상을 보는 진여삼매를 닦는 것도 중요하지만, 그보다 먼저 훌륭한 도반이나 훌륭한 지도자의 도움을 따르는 것이 선행되지 않으면 안 된다. 그렇지 않으면 지止를 닦더라도 세간의 선禪에 탐닉하고 외도의 견상見相을 일으킬 수 있는 위험이 뒤따르기 때문이다.

復次精勤하야 專心修學此三昧者는 現世에 當得十種利益하나니 云何爲十고.

一者는 常爲十方諸佛菩薩之所護念이요, 二者는 不爲諸魔惡鬼의 所能恐怖요, 三者는 不爲九十五種外道[278]鬼神之所惑亂이요, 四者는 遠離誹謗甚深之法[279]하야 重罪業障이 漸漸微薄이요, 五者는 滅一切疑와 諸惡覺觀[280]이요, 六者는 於如來境界에 信得增長이요, 七者는 遠離憂悔하야 於生死中에 勇猛不怯이요, 八者는 其心이 柔和하고 捨於憍慢하야 不爲他人所惱요, 九者는 雖未得定이나 於一切時 一切境界處에 則能減損煩惱하야 不樂世間이요, 十者는 若得三昧하면 不爲外緣 一切音

---

278 구십오종외도: 석존 당시 인도의 여러 학파의 총칭. 육사외도에게 제각기 15가지 이설異說의 사상이 있고, 스승의 설(여섯 가지)을 합하여 96종외도가 되었다는 설이 유력하다. 다만 『대지도론』이나 『대승열반경』 등에는 95종외도라고 한다. 이것은 96종 가운데 불도佛道도 포함된다고 보아 하나를 제외한 것이라는 지적이다.
279 심심지법: 여래장의 교리를 말한다.
280 악각관: '각관'은 범어 Vitarka의 구역이고, 신역에서는 심사尋伺로 번역. '각'은 사물을 헤아리는 마음의 거친 작용. '관'은 미세하게 고찰하는 작용. 둘 다 선정의 마음을 방해한다. 즉 '악각관'은 사악한 관찰사유. 『대지도론』 권23에서는 "각관覺觀은 삼매를 혼란시킨다. 그러므로 각과 관 이 두 가지가 비록 선善하다고는 하나 삼매의 도적이라 버리기가 쉽지 않다."고 설하고 있다.

聲之所驚動이니라.

또다시 부지런히 정진하여 오로지 마음으로 이 삼매를 수학하는 자는 현세에서 마땅히 열 가지 이익을 얻으니, 무엇이 열 가지인가.
첫째는 항상 시방의 제불과 보살들의 호념하는 바가 되며, 둘째는 모든 마구니와 악귀들로부터 능히 공포를 당하지 않으며, 셋째는 95가지 외도와 귀신들의 혼란을 당하지 않으며, 넷째는 깊고 심오한 법을 비방함을 멀리 여의고 중죄의 업장이 점점 얇아지며, 다섯째는 일체의 의심과 모든 사악한 사유를 멸하며, 여섯째는 여래의 경계에 대한 믿음이 증장되는 것이며, 일곱째는 근심과 후회를 멀리 여의어 생사 중에 용맹하여 겁약하지 않으며, 여덟째는 그 마음이 유화하고 교만을 버려 타인의 괴롭힘을 당하지 않으며, 아홉째는 비록 아직 선정을 얻지 못하였으나 일체시와 일체의 경계처에서 곧 능히 번뇌를 줄이고 세간의 (쾌락을) 원하지 않으며, 열째는 만약 삼매를 얻으면 외연의 일체 소리에 의하여 놀라지 않게 된다.

【해설】
여기에서는 진여삼매를 닦는 이익을 나타내고 수행을 권한다. 이 진여삼매를 행해 나아가면, 다음과 같은 열 가지 현세의 이익을 얻을 수 있다고 한다. 즉 진여삼매란 이러한 좋은 점이 있다는 것이다.

①언제나 부처님과 보살에 의해 보호받고 있음을 알 수 있다. 거기에 용기를 얻어 수행자가 용맹 정진하여 불퇴전이 되는 것이다. 이것은 '선우善友로부터 보호받는 이익'이다.

②마구니나 삿된 귀신에게 괴롭힘을 당하지 않는다. 천마악귀天魔惡

鬼의 모습이 수행자에게 나타나는 일이 없다.

③외도의 귀신에게 미혹되지 않는다. 이는 진여삼매에 의해서 마음이 확립되기 때문이다.

④여래장의 가르침을 바르게 이해하기 때문에 무거운 업장이 엷어진다. 그리고 ②와 ③은 '외부 악연의 장애를 벗어난 이익'이다.

⑤여래장에 대한 믿음을 확립하기 때문에 의혹과 사악한 사유를 소멸할 수 있다. 즉 나쁜 각覺(거친 마음작용)과 관觀(미세한 마음작용)이 없어진다. 또한 ④와 ⑤는 '내부의 미혹한 업장을 벗어나는 이익'이다.

⑥부처님의 경계에 대한 이해가 깊어진다. 이것은 '이치에 대한 믿음을 증장하는 이익'이다.

⑦고뇌할 만한 현실에서 좌절하지 않고 살아간다. 진여삼매에서 이 용맹심이 일어나는 것이다. 이것은 '염染에 처하여 겁내지 않는 이익'이라 한다.

⑧마음이 온화하게 되어 사람에게 시달리지 않는다. 이것은 '악연 때문에 무너지지 않는 이익'이다.

⑨선정을 얻지 않더라도 번뇌가 적어지며 세간적인 욕망이 적어진다. 이것은 '세상이 운치없다고 생각하는 이익'이라고 한다.

⑩진여삼매를 얻으면 세상의 모든 잡음으로 인하여 마음이 산란해지는 일이 없다. 이것은 '깊은 선정을 얻는 이익'이라고 하는 것이다.

이와 같이 삼매를 닦으면 열 가지 이익이 있다고 설하는데, 참으로 삼매를 얻으면 몸과 마음에 이와 같은 이익이 나타나는 것은 분명하다. 그러나 참되고 올바른 삼매를 닦는다는 것이 말은 쉬우나 그것을 행하는 일은 결코 쉽지 않다.

【요지】

여기에서는 먼저 '관觀'의 필요성을 설명하고 지止만으로는 충분하지 않음을 강조하고 있다. 다음에 관을 법상관法相觀·대비관大悲觀·대원관大願觀·정진관精進觀의 네 가지로 나누는데, 이것은 '관觀의 상相'을 말하는 부분이다. 마지막에 결론으로써 '관의 분제分齊'를 설명한다.

復次若人이 唯修於止하면 則心沈沒하야 或起懈怠하며 不樂衆善하야 遠離大悲하나니 是故로 修觀이니라.

또다시 만약 사람이 오직 지止만을 닦으면 곧 마음이 혼침하거나 혹은 게으름을 일으켜 온갖 선행을 원하지 않아 대비심을 멀리 여의게 되니, 그러므로 관觀을 닦는 것이다.

【해설】

먼저 지관止觀의 지만을 닦으면 마음이 혼침하여 생기있게 일하는 활동력이 부족하게 된다. 그렇게 되면 선행을 원하지 않게 되고 또한 중생을 구제하고자 하는 대비심도 부족하게 되어 자리이타를 완수할 수가 없게 된다. 그러므로 활동력의 원천인 관觀을 닦지 않으면 안 된다. 이와 같이 지止만을 닦는다면, 자리와 이타의 입장을 떠나기 때문에 지止와 함께 적극적으로 관觀을 닦아야만 하는 것이다.

修習觀者[281]는 當觀一切世間有爲之法[282]이 無得久停하야 須臾[283]變壞

---

[281] 수습관자: 이하에서 유위법은 무상이라고 관하는 무상관無常觀, 무상한 것은 고통으로 관하는 고관苦觀, 일체 제법은 무아라고 관하는 무아관無我觀, 신체가

하며 一切心行이 念念生滅할새 以是故苦라하며 應觀過去所念諸法이 恍惚如夢이라 하며 應觀現在所念諸法이 猶如電光이라 하며 應觀未來 所念諸法이 猶如於雲하야 忽爾而起라하며 應觀世間一切有身이 悉皆 不淨하야 種種穢汙라, 無一可樂이라 호리라. 如是當念호대 一切衆生이 從無始世來로 皆因無明의 所熏習故로 令心生滅하야 已受一切身心大 苦하고 現在에 卽有無量逼迫하며 未來所苦도 亦無分齊하야 難捨難離 어늘 而不覺知하니 衆生이 如是甚爲可愍이라 하라.
作此思惟하고는 卽應勇猛立大誓願호대 願令我心으로 離分別故로 徧 於十方하야 修行一切諸善功德하고 盡其未來도록 以無量方便으로 救 拔一切苦惱衆生하야 令得涅槃第一義樂[284]케 호리라 하라.
以起如是願故로 於一切時 一切處에 所有衆善을 隨己堪能하야 不捨 修學하야 心無懈怠호대 唯除坐時에 專念於止오. 若餘一切에는 悉當觀 察應作不應作[285]이니라.

관을 닦는 자는, 마땅히 일체세간의 유위법은 오랫동안 머무르게 할 수 없어 순식간에 변하고 무너지며, 일체 마음 작용이 생각 생각마다 생멸하기 때문에 (이것이) 고苦임을 관찰해야 한다. 응당히 과거에 생각

있는 것은 깨끗하지 않다고 관하는 부정관不淨觀을 나타낸다.
282 유위지법: 무위의 반대. 여러 가지 조건이 모여서 형성된 것이라는 뜻. 이것은 윤회하는 우리들의 생존을 구성한다. 즉 만들어진 것에는 멸하는 성질이 있다.
283 수유: 범어 muhūrta의 번역. 시간단위로서 하루 낮밤을 30등분한 것. 즉 한 시간에도 미치지 않는 짧은 시간을 말한다.
284 열반제일의락: 최상최고의 가치. 즉 열반의 희열을 뜻한다.
285 응작불응작: '응작'은 반드시 해야 할 것. 선善을 말한다. '불응작'은 하지 말아야 할 것, 즉 해서는 안 되는 업, 악을 말한다.

한 바 모든 법은 황홀한 꿈과 같다고 관찰해야 하고, 응당히 현재 생각하는 바 모든 법은 마치 번갯불과 같다고 관찰해야 하며, 응당히 미래에 생각할 바 모든 법은 마치 구름이 홀연히 일어남과 같다고 관찰해야 하며, 응당히 세간의 일체 몸이 있는 것은 모두 다 깨끗하지 않아 가지가지 더러워 하나도 즐길 만한 것이 없다고 관찰해야 할 것이다. 이와 같이 마땅히 생각해야 한다. 일체중생은 무시이래로 모두 무명의 훈습한 바에 의하기 때문에 마음으로 하여금 생멸하게 하여 이미 일체 신심의 큰 고통을 받았다. 현재에도 곧 무량한 핍박이 있고, 미래의 받을 바 고통도 역시 한정이 없어 버리기 어렵고, 여의기 어려운 데도 이를 (전혀) 깨닫지 못하니, 중생은 이와 같아서 매우 가여워해야 할 것이다. 이러한 사유를 하고 곧 응당히 용맹스러운 대서원을 세우되 "원컨대 내 마음으로 하여금 분별을 여의게 하기 때문에 시방에 두루하여 일체의 모든 선한 공덕을 수행하고, 그 미래가 다하도록 무량한 방편으로써 일체의 고뇌하는 중생을 구제하여 열반이라는 제일의第一義의 즐거움을 얻게 하리라"고.

이와 같은 원을 일으킴으로써 일체 시와 일체 처에 있는 바 온갖 선을 자기가 감당할 수 있는 능력에 따라 버리지 않고 수학하여 마음에 게을리 함이 없으니, 오직 앉아 있을 때 지止에 전념함을 제외하고는 만약 나머지 일체(시간)에서는 다 마땅히 해야 할 것과 해서는 안 될 것을 관찰〔觀〕해야 한다.

【해설】
먼저 이 세상에서 만들어진 사물은 그대로의 상태를 유지할 수 없다. 일순간에 변하는 것〔無常〕이라고 관하고, 마음이 지각하는 것과 행위는 생각마다 생멸하기 때문에 고품가 생긴다고 관하며, 과거에 생각한 것은 꿈처럼, 현재 생각하고 있는 것은 전광처럼, 미래에 생각해야 할 것은 구름처럼 모두 실체가 없는 것〔無我〕이라고 관하며, 그리고 몸은 모두 부정不淨하다고 관찰한다. 즉 과거 현재 미래의 사물은 하나도 붙잡을 수가 없다는 것이 바로 법상관法相觀이다.

이 관에 의해 밝혀지는 지혜가 사람들로 하여금 고뇌의 현실로 눈을 돌리게 한다. 그래서 이러한 현실의 괴로움으로부터 해탈하는 방법을 모르는 사람들의 상황을 가엾게 생각하고 동정하는 자비심이 일어나게 된다. 이것은 중생이 고통에 빠지는 것을 보고 슬퍼하는 대비관大悲觀이다.

이러한 자비심은 구체적인 형태가 되어 고뇌의 중생을 구제하고, 부처님의 깨달음(지혜와 자비)의 즐거움을 가르쳐 주고자 작용하게 된다. 즉 일체중생의 괴로움을 구제하여 중생에게 열반이라고 하는 최고의 즐거움을 얻게 하겠다고 대서원을 세운다. 이것이 대원관大願觀이다.

이러한 원願에 따라 행동하면 언제 어디서나 선행을 최대한으로 이루고자 부단한 노력을 하게 되어 찰나에도 게으른 마음을 일으키지 않는다. 이것이 정진관精進觀이다.

마지막으로 결론짓는 의미에서 관을 닦을 때 유의사항에 대하여 설명한다면, 좌선을 할 때는 지止에 전념하지만, 그 외는 해야 할 것과 해서는 안 되는 것을 관찰〔觀〕해야 되는 것이다.

若行若住若臥若起[286]에 皆應止觀을 俱行이니 所謂雖念諸法이 自性不

生이나 而復卽念因緣和合하는 善惡之業과 苦樂等報가 不失不壞하며 雖念因緣善惡業報나 而亦卽念性不可得이니라.
若修止者는 對治凡夫의 住著世間하고 能捨二乘의 怯弱之見[287]이요. 若修觀者는 對治二乘이 不起大悲하는 狹劣心過[288]하고 遠離凡夫의 不修善根이니 以此義故로 是止觀二門이 共相助成하야 不相捨離하여야 하나니 若止觀이 不具하면 則無能入菩提之道하리라.

만약 행주와기에서도 모두 응당히 지관을 함께 행해야 한다. 이른바 비록 제법의 자성은 나지 않는다고 생각하더라도 다시 곧 인연으로 화합하는 선악의 업과 고락 등의 과보는 없어지지 않고 무너지지 않음을 생각하며, 또한 비록 인연으로 선악의 업보를 생각하더라도 역시 곧 자성은 얻을 수 없음을 생각한다.
만약 지止를 닦으면 범부가 세간에 대한 탐착을 대치하고 능히 이승二乘의 겁약한 견해를 버릴 것이며, 만약 관觀을 닦으면 이승이 대비심을 일으키지 않는 좁고 열등한 마음의 허물을 대치하고 범부가 선근을 닦지 않음을 멀리 여의게 될 것이다. 이런 뜻이 있음으로써 이 지관의 두 문은 함께 서로 도와 성립하여 서로 여의어서는 안 되니, 만약 지와 관을 갖추지 못하면 곧 보리의 도에 능히 들어가지 못한다.

---

286 약행약주약와약기: 행(걷고)·주(머물고)·와(눕고)·기(말이나 일 등의 언동)의 모든 행동양식을 가리킨다.
287 이승 겁약지견: 성문·연각 이승二乘은 성불하는 데 삼아승지겁의 수행이 필요하다고 들으면 놀라서 수행을 단념해 버린다. 용맹심이 없기 때문이다.
288 협열심과: 이승은 자리自利의 마음뿐이며, 다른 사람을 이롭게 하는 넓은 마음이 없기 때문에 그것을 마음의 과실로 봐서 협열狹劣한 마음의 허물(心過)이라고 한다.

【해설】

앞 단락에서 지止와 관觀을 각각 설명하였기 때문에, 여기에서는 양자를 병행하여 수행할 것을 설명한다.

지止와 관觀을 병행하여 수행해야 한다는 것은 행주좌와의 언제 어디에서든 지관을 함께 수행하지 않으면 안됨을 말한다.

즉 지止를 수행하면 모든 법의 자성自性은 불생不生이라고 염하지만, 관觀에서는 인연화합에 의해 생긴 선악의 업이나 고락의 응보 등은 없어지지 않고 엄연히 존재함을 알아야 한다. 전자는 지止의 입장이고 진여문 중 평등문의 입장이다. 후자는 생멸문의 입장이고 인과응보가 실유實有라고 보는 관의 입장이다.

다음은 그 반대로, 관觀의 입장에서는 인연선악의 업보를 염하는데, 동시에 지止의 입장에서는 제법諸法의 성性을 불가득不可得이라고 염한다. 이것은 관觀에 근거하여 지止를 행하는 것이고, 유有를 인정하면서도 그 심층의 공空을 보는 것이다.

이어서 다시 장애에 대해 지관止觀을 병행하여 수행할 것을 밝히고 있다. 만약 지止를 수행하는 이는 유심唯心, 법의 무자성을 보는 삼매에 들기 때문에 범부가 세간의 명리에 탐착함을 대치하는 동시에 이승二乘이 생사를 싫어하여 세간을 버리는 나약한 견해를 버릴 수 있다. 즉 범부가 세간에 집착함을 대치하는 것은 '지止'이지만, 동시에 보살이 세간을 버리지 않는 대비大悲의 마음을 갖는 것은 '관觀'으로, 여기에서 지관쌍운止觀雙運을 볼 수 있다. 그래서 행주좌와에 지와 관을 함께 닦을 것〔兼修〕을 주장한 것이다.

다음으로 관觀을 닦는 이는 이승二乘이 대비심을 일으키지 않는 좁고 열등한 과실에 대치하면서, 동시에 범부가 세간에 집착하여 해탈을 위해 선근善根을 닦지 않는 과실을 피할 수 있다. 여기에서도 세간을 버리지 않으면서 세간에 집착하지 않는 '관觀에 즉卽한 지止의 입장'이 엿보인다.

이상과 같이, 지와 관은 다른 성격을 보이면서도 서로 도우며 성립하고 있다. 때문에 "이 지와 관의 이문二門은 서로 함께 조성하고 서로 여의지 않는다"고 설명하는 것이다. 그 어느 쪽을 잃더라도 불교의 깨달음은 성립하지 않는다. 때문에 "만약 지관을 함께 갖추지 않으면 능히 보리의 도에 들어갈 수 없다"고 결론짓는 것이다. 즉 지止는 범부의 집착이나 이승二乘의 견해를 버릴 수 있게 하고, 관觀은 대비심을 일으키지 않는 이승의 좁은 견해나 선근을 닦으려 하지 않는 범부들의 삶의 방식을 대치할 수 있게 한다는 설명이다.

요컨대 살아가는 인생에 엄연히 존재하는 선악의 업보만을 생각해도 안 된다. 그 자성은 불가득不可得이고 무자성無自性임을 알아야 한다. 반면에 관觀만으로는 인생이나 세계의 실상實相은 알지 못한다. 반드시 지止가 필요하다. 지와 관을 함께 닦지 않으면 깨달음에 들어갈 수 없다는 것이다.

3. 수승한 선교방편으로써의 염불

【요지】

여기에서는 대승의 가르침을 들어도 충분하게 참뜻이 전달되지 않는 중생을 위하여 불퇴不退의 방편으로 '전의염불專意念佛'의 방법이 설명된다.

復次衆生이 初學是法하야 欲求正信이나 其心이 怯弱하야 以住於此娑婆世界[289]할새 自畏不能常値諸佛하야 親承供養하며 懼謂信心을 難可成就로다 하야 意欲退者는 當知如來有勝方便하사 攝護信心하시나니 謂以專意念佛[290]因緣으로 隨願得生他方佛土하야 常見於佛하야 永離惡道니라.

如修多羅에 說호대 若人이 專念西方極樂世界阿彌陀佛[291]하야 所修善根으로 廻向願求生彼世界하면 卽得往生[292]하리라 하시니 常見佛故로 終無有退니라. 若觀彼佛眞如法身하야 常勤修習하면 畢竟得生하야 住正定[293]故니라.

또다시 중생이 처음 이 법을 배워 올바른 믿음을 구하고자 하나 그 마음이 겁약하여, 이 사바세계에 머묾으로써 스스로 능히 항상 제불을 만나 친히 받들어 공양하지 못할까를 두려워하며, 신심을 성취하기

---

289 사바세계: '사바'는 범어 sabhā의 음역으로 잡념(갖가지가 있는)의 뜻. 또는 범어 Sahā의 음역으로 참는다는 뜻. 그래서 인토忍土·능인토能忍土·감인세계堪忍世界라고도 해석한다. 여러 가지 고뇌를 참고 견디지 않으면 안 되는 세계이기 때문에 이렇게 부른다.

290 전의염불: 마음을 하나로 해서 부처님을 생각하는 것. '염불'은 부처님을 관상觀想하는 것이 아니라 불명을 부르는 것이라 이해해야 한다는 생각도 든다. 왜냐하면 칭명염불도 있기 때문이다.

291 아미타불: 범어 Amitāyus의 음역. 즉 무량한 수명을 가진 부처님. 또한 Amitābha, 무량한 광명을 가진 부처님이라는 뜻. 이 부처님은 이 국토로부터 서방으로 십만억의 불국토를 지난 곳에 있는 극락이라는 정토에 계신다고 한다.

292 즉득왕생: 아미타불의 극락세계에 태어나고 싶다고 간절히 원하면 곧 정토에 가서 태어날 수 있다는 뜻이다.

293 주정정: 부지런히 수습한 결과 왕생하여 정정취에 머물 수 있다는 뜻이다.

어렵다고 두렵게 말하며 뜻이 물러서려고 하는 자는 마땅히 알라. 여래는 수승한 방편이 있어 신심을 포섭하고 보호해 주시니, 뜻을 오로지 하여 염불한 인연으로써 원에 따라 타방불토에 태어날 수 있어 항상 부처님을 친견하고 영원히 악도를 여의는 것을 말한다.

경전에서 설하되 "만약 사람이 오로지 서방극락세계의 아미타불을 생각하고 닦은 바 선근을 회향하여 저 세계에 태어나기를 발원하고 구하면 곧 왕생하게 된다"고 하였다. 항상 부처님을 친견하기 때문에 끝내 물러섬이 없다는 것이다. 만약 저 부처님의 진여법신을 관하여 항상 부지런히 닦아 익히면 필경에는 왕생하여 정정취에 머물기 때문이다.

【해설】

중생이 대승의 가르침을 배워 사신四信과 오행五行을 닦고, 정신正信의 불퇴위不退位를 얻으려 해도 그것은 좀처럼 어렵다. 수승한 능력이 있는 중생이라면 좋지만, 그 중에는 나약한 사람도 있다. 이 사바세계에서 제불을 친견한다거나 부처님께 공양을 올리는 것은 도저히 이루어질 수 없다고 생각하게 된다. 결국 도저히 신심을 성취할 수 없다고 믿어버린다. 그래서 이 단락에서는 이럴 경우 어떻게 하면 좋은가에 대하여 설하고 있다.

이와 같은 중생에 대해, 여래는 훌륭한 방편을 나타내 보여 주신다. 즉 승방편勝方便이란 염불삼매와 십육관행 등인데, 여기에서는 염불을 나타내 보이신 것이다. 그래서 전의염불專意念佛의 인연에 의해 원에 따라 타방불토에 태어나 항상 부처님을 친견하며 영원히 삼악도를 떠나라는 것이다.

말하자면, 뜻을 바르게 하고 오로지 부처님을 생각하는 사람은,

원하는 대로 타방의 불국토에 태어날 수 있게 하신다는 것이다. 그 한 예로 "만약 사람이 오로지 서방극락세계의 아미타불을 염하고, 닦은 선근을 회향하여 저 세계에 태어나고자 원한다면 즉시 왕생할 수 있다는 경설經說을 인용하고 있다. 그리하여 항상 부처님을 뵐 수 있기 때문에 결코 물러나는 일이 없다"는 뜻이다. 즉 아미타불의 정토에 태어난다면 항상 아미타불을 뵐 수 있기 때문에 신심이 퇴보되는 일은 없다는 것이고 반드시 신심을 성취할 수 있다는 의미이다.

아미타불의 진여법신을 관함으로써 마침내는 왕생극락을 할 수 있고, 그리하여 정정취에 안주하게 된다고 설명하고 있다.

요컨대 지관을 행하여 깨달음에 들어갈 수 있는 사람은 그것으로 좋고, 염불로써 안심 입명할 수 있는 사람은 그것으로 좋다. 선도 염불도 함께 현세現世의 가르침이며, 선은 현세에서 즉심성불卽心成佛 함을 바라고, 염불은 극락왕생을 원함으로써 현세에 안심을 얻는다.

〈도표 18〉은 「수행신심분」을 마치면서 그 내용을 도식화한 것이다.

```
                      ┌─ 根本
                      ├─ 佛寶
            ┌─ 四信 ──┤
            │         ├─ 法寶
            │         └─ 僧寶
            │                              ┌─ 修止의 方法
            │                              ├─ 止의 勝能
            │              ┌─ 施門    ┌ 止 ┼─ 魔事
            │              ├─ 戒門    │    ├─ 外道의 三昧
修行信心分 ──┼─ 五行 ──────┼─ 忍門 ──┤    └─ 修止의 利益
            │              ├─ 進門    │         ┌─ 法相觀
            │              └─ 止觀門  │  ┌ 觀 ──┼─ 大悲觀
            │                         ─┤        ├─ 大願觀
            │                          │        └─ 精進觀
            │                          └ 止觀俱行
            └─ 專意念佛(不退方便)
```

도표 18

V. 논의 효용(勸修利益分)

【요지】

「권수이익분」은 이 논의 효용을 확인하여 사람들에게 이 논의 가르침을 실천해 가도록 권하는 대목이다. 부처님의 깊은 경계를 바르게 이해하고자 원하는 이는 이 논에서 설한 것을 잊지 않도록 유의하여 닦아야 한다. 논의 말씀대로 행하는 사람은 부처님께서 수기授記를 주시며, 불가佛家의 후계자로서 인가될 것이다. 그 공덕은 비유할 수 없고, 헤아릴 수 없는 것이라고 강조하고 있다.

1. 올바른 믿음을 권하다

已說修行信心分하니 次說勸修利益分하리라.
如是摩訶衍諸佛秘藏을 我已總說하니 若有衆生이 欲於如來甚深境界에 得生正信하야 遠離誹謗하고 入大乘道인댄 當持此論하야 思量修習[294]

---

294 사량수습: 이하에 문聞·사思·수修의 삼혜三慧에 배대한 설명이 나온다. 즉 가르침을 듣고 '겁약怯弱한 마음'을 일으키지 않는 것이 '문혜聞慧'이며, 진여를 사유하는 공덕이 큰 것이 '사혜思慧'이며, 이 법을 수습하는 공덕에도 변제邊際가 없는

하면 究竟能至無上之道하리라. 若人이 聞是法已하고 不生怯弱하면 當知此人은 定紹佛種하야 必爲諸佛之所授記²⁹⁵하리라.
假使有人이 能化三千大千世界²⁹⁶滿中衆生하야 令行十善이라도 不如有人이 於一食頃²⁹⁷에 正思此法이니 過前功德을 不可爲喩니라.
復次若人이 受持此論하야 觀察修行호대 若一日一夜 하면 所有功德이 無量無邊하야 不可得說이니라. 假令十方一切諸佛이 各於無量無邊阿僧祇劫에 歎其功德이라도 亦不能盡이니 何以故오. 謂法性功德²⁹⁸이 無有盡故로 此人功德도 亦復如是하야 無有邊際니라.

이미 수행신심분을 설하였으니, 다음에는 권수이익분을 설하겠다. 이와 같이 대승은 모든 부처님의 비장祕藏임을 내가 이미 다 설하였다. 만약 어떤 중생이 여래의 매우 깊은 경계에 대하여 올바른 믿음을 내어 비방을 멀리 여의고 대승의 도에 들고자 할 때, 마땅히 이 논을 수지하고

것이 '수혜修慧'이다.

295 수기: 범어 Vyākaraṇa의 의역. 기별記別을 주는 것. 즉 미래에 불타가 된다고 하는 확실한 증명을 불타로부터 받게 되는 것을 말한다.
296 삼천대천세계: 고대 인도인의 세계관에 의한 전우주全宇宙. 또한 불교의 우주관으로 수미산을 중심으로 하는 세계의 전체 구조를 말하고 있다. 즉 아래로는 지옥에서부터 위로는 유정천까지를 하나의 세계로 해서 이것이 상하(縱)로 천 개가 있는 것을 소천세계小天世界라 하고, 이 소천세계가 좌우(橫)로 천 개가 있는 것이 중천세계中千世界, 이것이 다시 천 개가 모여서 삼천대천세계가 된다. 이 삼천대천세계가 한 분의 부처님에 의해 교화되는 범위이다. 동시에 두 부처님이 출세하는 일은 없다고 한다. 이때 삼천의 세계라는 의미가 아니라, 천千의 삼승三乘인 수數의 세계라는 의미이다. 그래서 삼천대천세계를 '천백억세계'라고도 한다.
297 일식경: 한 번 식사하는 정도의 짧은 시간을 말한다.
298 법성공덕: 진여가 갖추고 있는 공덕. 부처님이 갖추고 있는 공덕(相大)과 같다.

사량하여 닦으면 마침내 능히 무상無上의 도에 이를 것이다. 만약 사람이 이 법을 듣고 나서 겁약한 마음을 내지 않으면 마땅히 알라. 이 사람은 결정코 불종佛種을 이어 반드시 제불로부터 수기授記하는 바가 될 것이다. 가령 어떤 사람이 능히 삼천대천세계 속에 가득히 있는 중생을 교화하여 십선을 행하게 한다 하더라도 어떤 사람이 한 번 식사하는 사이에 바르게 이 법을 생각하는 것만 같지 못하니, 앞의 공덕을 능가하여 비유할 수가 없다.

또다시 만약 사람이 이 논을 수지하여 관찰하고 수행하되 만약 하루 낮 하루 밤 동안 한다면 (그가) 소유하는 바 공덕은 무량무변하여 말할 수조차 없다. 가령 시방의 일체 제불이 각각 무량무변한 아승지겁에 그 공덕을 찬탄하더라도 역시 다할 수 없다. 무슨 이유인가. 법성의 공덕은 다함이 없기 때문에 이 사람의 공덕도 역시 이와 같아 한계가 없음을 말하는 것이다.

【해설】

이제 「수행신심분」의 설명이 끝나고, 다음은 「권수이익분」을 설명한다는 것이다. 즉 대승의 정신正信을 수행하는 이익利益과 이것을 비방하는 죄의 과보가 깊고 무거운 것을 나타내어 비방함을 없애고자 하는 것이다.

　이상에서 서술한 '대승', 즉 제불의 법신, 여래장의 가르침은 제불이 비밀스럽게 감춘 가르침인데, 지금 내가 그 전체를 설명하였다. 만약 중생이 여래의 헤아릴 수 없는 깊은 깨달음의 경계에 대하여 올바른 믿음이 생기어 비방을 여의고 대승의 길, 즉 여래장의 실천으로 들어가려고 생각한다면, 실로 이 논을 의지처로 삼아 그 가르침의 내용을 지녀 이해하고 지관을 수행하여 자기 것으로 삼아야 할 것이다. 그렇게 한다면 마침내는 무상도無上道, 즉 부처님의 깨달음에 도달할 수 있을 것이다.

만약 사람들이 이 논의 가르침을 듣더라도 그 힘든 수행에 대해 겁내는 마음을 일으키지 않으면, 이 사람은 반드시 불종佛種, 즉 부처님이 될 만한 자격을 갖출 뿐만 아니라 반드시 제불에 의하여 수기授記를 얻게 될 것이다. 즉 이 가르침을 듣고 겁약怯弱한 마음을 일으키지 않는 것이 문혜聞慧이다.

다음으로 어떤 사람이 삼천대천세계라는 넓은 세계에 가득 차 있는 사람들을 교화하고 십선十善을 행하게 한다면 그 공덕은 매우 큰 것이다. 그러나 설령 그렇다고 하더라도 어떤 사람이 겨우 한 번의 식사시간 동안 이 가르침을 바르게 사유하는 공덕에는 비길 수 없다. 예를 들 필요도 없이 진여를 사유하는 공덕 쪽이 큰 것이다. 이것이 사혜思慧이다.

또한 만약 어떤 사람이 이 논을 수지하고 이 가르침을 믿고 선정에서 이 가르침을 사유하고 수행하는 것이 겨우 하루 낮 하루 밤이라 하더라도 거기서 얻게 되는 공덕은 광대무변이다. 그 공덕에 대해서는 설명할 수도 없다. 예를 들면 시방 일체의 제불이 무한의 장시간에 걸쳐 공덕을 찬탄했다고 하더라도 찬탄함에 끝이 없다. 왜냐하면 이 진여법성의 공덕은 부처님의 상대相大의 설명에서 보았듯이 무량무변이고 다함이 없기 때문에 그 진여를 실천하는 사람에게도 무한한 공덕이 갖춰진다는 것이다. 이것은 수혜修慧를 나타낸 것이다.

요컨대 문聞·사思·수修에 걸쳐 정신삼혜正信三慧의 공덕을 나타내고, 이 논에 나타난 진여의 공덕을 믿도록 권한 것이다.

2. 비방하지 않고 수행할 것을 권하다

【요지】

그런데도 가르침을 비난하는 자가 있으면 그 사람은 스스로를 해하고 남을 해하고 삼보의 전등傳燈을 단절하는 죄많은 사람이라 해야 할 것이다. 시방삼세의 제불과 여러 보살은 모두 이 가르침에 의해 한 점의 의심도 없는 바른 이해를 얻어 깨달음을 얻을 수 있었으므로, 사람들에게도 널리 권하는 이유라고 하면서 끝맺는다.

其有衆生이 **於此論中**에 **毁謗不信**하면 **所獲罪報**는 **經無量劫**도록 **受大苦惱**하리라. **是故**로 **衆生**이 **但應仰信**이요, **不應誹謗**이니 **以深自害**하고 **亦害他人**하야 **斷絶一切三寶之種**일새니라. **以一切如來**가 **皆依此法**하야 **得涅槃故**며 **一切菩薩**이 **因之修行**하야 **入佛智故**니라.
當知하라. **過去菩薩**도 **已依此法**하야 **得成淨信**이며 **現在菩薩**도 **今依此法**하야 **得成淨信**이며 **未來菩薩**도 **當依此法**하야 **得成淨信**이니 **是故**로 **衆生**이 **應勤修學**이니라.

어떤 중생이 이 논서에 대하여 훼방하고 믿지 않는다면 (그가) 받을 죄의 과보는 무량겁을 지나도록 큰 고뇌를 받을 것이다. 그러므로 중생은 단지 응당히 우러러 믿어야 할 따름이며, 마땅히 비방하여서는 안 되는 것이니, 이는 깊이 스스로를 해치고 또한 타인을 해쳐 일체 삼보의 종자를 단절하기 때문이다. 일체의 여래가 모두 이 법에 의지하여 열반을 얻기 때문이며, 일체 보살이 이로 인해 수행하여 불지佛智에 들어갔기 때문이다.

마땅히 알라. 과거의 보살도 이미 이 법에 의지하여 청정한 믿음을 이룰 수 있었고, 현재의 보살도 지금 이 법에 의지하여 청정한 신심을 이룰 수 있으며, 미래의 보살도 마땅히 이 법에 의지하여 청정한 신심을 이룰 수 있을 것이다. 그러므로 중생은 응당히 부지런히 수학修學하여야 할 것이다.

【해설】
여기에서는 자기의 본성이 진여임을 믿는 이 가르침을 비방한다는 것이 얼마나 무거운 죄인가를 밝힌다.

만약 중생이 이 논의 가르침에 대해 욕하거나 비방한다면 정법비방의 중죄를 짓게 된다. 그로 인해 받는 죄의 과보는 헤아려 알 수 없어 무량겁이 지나도록 커다란 고뇌를 받을 것이다. 그 때문에 중생은 자기의 어리석은 지혜로 가늠하여 진여의 가르침을 비방해서는 안 된다. 이 가르침을 훼손하고 비방하는 사람은 자신을 깊이 해칠 뿐만 아니라 그 비방을 받아들이는 다른 사람까지도 해치게 된다. 그래서 불교의 근본인 삼보의 종자를 단절시키는 결과를 초래하게 될 것이다.

지금까지 일체의 여래는 이 진여법에 의하여 열반을 얻었었다. 그리고 과거의 보살도 이미 이 진여법의 수행에 의하여 정신淨信을 성취할 수 있었던 것이고, 현재에 수행 중인 보살도 이 법에 의하여 정신을 성취할 것이며, 미래의 보살도 이 법에 의하여 정신을 성취할 수 있을 것이다. 때문에 중생은 모두 이 가르침을 좇아 마음에 바른 믿음을 일으키도록 힘쓰고 그 신심信心을 닦아야 한다.

요컨대 지금까지의 가르침을 믿고 실행하면 그 이익이 광대무변함을 설하고 있다. 과거 일체의 제불도 이 가르침으로써 무상無上의 깨달음을 얻었고, 현재와 미래의 일체 보살들도 이 가르침으로써 성불할 수 있기 때문에 일체중생도 또한 당연히 이 가르침으로 성불하라는 것이 바로 이 단락의 목적이다.

회향합니다(廻向偈)

【요지】

『대승기신론』은 게송으로 시작하여 게송으로 끝맺고 있다. 이 '회향게'는 지금까지 다섯 절로 나누어 설명한 이 논이 바르게 행해져 중생계가 윤택해지기를 바라는 논자의 기원을 간절하게 밝혀 놓은 시詩이다.

諸佛甚深廣大義를
我今隨分²⁹⁹總持³⁰⁰說하노니.
廻此功德如法性³⁰¹하야

---

299 분: 이에 대한 해석이 다양하다. 마명보살 자신의 '역량'이라는 것과 읽는 이의 '근기'라는 해석이 있고, 그리고 이 논의 내용에 대한 다섯 구분(예를 들어 인연분, 입의분, 해석분, 수행신심분, 권수이익분)이라는 해석과, 논의 주제인 '대승법'의 의미로 보는 해석도 있다.

300 총지: 앞서 나온 dharani의 음역. 「인연분」의 문답에서도 나온 용어이다. 그것은 『대승기신론』이 깊은 대승의 내용을 짧은 '총지'에 담는 것을 목적으로 함을 시종일관 나타내기 위함이다. 다만 신역에는 '총지'라는 말이 보이지 않는다.

301 공덕여법성: 본 논을 지은 공덕은 법성에 평등하다고 하는 의미. 앞의 「권수이익분」의 '수혜修慧'를 나타내는 부분에서 이 논을 수습修習하는 공덕은 끝남이 없음을 서술하고, 법성의 공덕이 무진無盡이기 때문에 진여를 닦는 사람의 공덕도 끝남이 없다고 한 것에 대응한 것이다.

普利一切衆生界하여지이다.

모든 부처님의 매우 심오하고도 광대한 뜻을
내가 이제 나눈 내용(分)에 따라 요약하여 설하였으니
이 공덕의 법성과 같이 다함없음을 회향하여
널리 일체중생계에 이익되게 하여지이다.

【해설】
여기에서는 논자가 이 논의 저술을 마치고, 그것을 통하여 얻게 된 공덕을 중생들에게 회향하는 내용을 게송으로 짓고 있다.

"이 논을 지으며 제불諸佛이 설하신 심심광대한 대승의 법의法義를 그 가르침의 순서에 따라 짧은 말로 정리하여 설명하고 밝혔다.

이것에 의하여 얻게 된 공덕은 진여법성이 불변한 것처럼 영원히 다함이 없을 것이지만, 나는 이 공덕을 살아 있는 모든 것에 회향하오니 일체중생을 이익되게 하소서."

大乘起信論 終

참고자료

앞서 언급했듯이, 『대승기신론』의 오래된 주석서가 아닌 현대의 여러 연구서, 즉 필자가 이 책을 쓰면서 참고한 선학들의 저술 및 관련 책자들을 후학과 연구자들을 위해 실어두고자 한다.

이런 경우에는 일반적으로 간행된 연도순으로 싣는 경우가 대부분이지만 굳이 오래되어 구하기도 힘든 저술을 앞에 두어 어렵게 하기보다는 오히려 최근에 발행된 순서, 많이 이용되는 순서, 쉽게 구할 수 있는 순서, 한국 간행서 순서, 외국 간행서 순서 등을 종합한 입장에서 나름대로 정리하였다. 물론 이 순서가 결코 우열을 가리는 의미가 아님을 덧붙여둔다. 그러나 필자의 과문寡聞으로 인해 혹시 빠진 유익한 책자가 있다면 다음 판에서 보완하도록 하겠다.

그리고 관련논문은 그 양이 너무 방대하여 생략할 수밖에 없었다.

단행본: 국내
각성 『대승기신론』 (현음사, 2000)
이기영 『대승기신론강의』 (한국불교연구원, 2004)
학담 『대승기신론직해』 (큰수레, 2002)
서광 『현대심리학으로 풀어본 대승기신론』 (불광출판부, 2004)
김무득 『대승기신론과 소와 별기』 (경서원, 1991)
오진탁 『감산의 기신론 풀이』 (서광사, 1992)
임진부 『기신론의 세계』 (창우사, 1993)
월운 『대승기신론강화』 (불천, 1993)
고산 『대승기신론강독』 (보련각, 1977)

탄허 『현토역해기신론』 (화엄학연구소, 1981)
오법안 『세계의 대사상-대승기신론』 (휘문출판사, 1973)
송찬우 『대승기신론』 (세계사, 1991)
전종식 『대승기신론정해』 (한국예절문화원, 1996)
임진부 『기신론의 세계』 (창우사, 1993)
이홍우 『대승기신론』 (경서원, 1991)
은정희 『대승기신론소·별기』 (일지사, 1991)
박태원 『대승기신론사상연구』 (민족사, 1994)
이기영 『원효사상-대승기신론소』 (홍법원, 1967)
한정섭 『기신론·삼론』 (법륜사, 1980)
성낙훈 『한국사상대전집-대승기신론소』 (동화출판공사, 1972)

단행본: 국외

古賀英彦 『大乘起信論』 (思文閣, 2002)
井上克人 編 『大乘起信論の研究』 (關西大學出版部, 2000)
池田魯參 『大乘起信論』 (大藏出版社, 1998)
高崎直道 『大乘起信論を讀む』 (岩波書店, 1991)
竹村牧男 『大乘起信論讀釋』 (山喜房佛書林, 1985)
柏木弘雄 『大乘起信論の研究』 (春秋社, 1981)
平川 彰 『大乘起信論』 (佛典講座 22, 大藏出版社, 1973)
鎌田茂雄 『大乘起信論物語』 (大法輪閣, 1987)
鍵主良敬 『要說大乘起信論』 (東本願寺出版部, 1983)
篠田英雄 『大乘起信論講讀』 (文一出版, 1973)
武邑尙邦 『大乘起信論講讀』 (百華苑, 1959)
金倉圓照 『馬鳴の研究』 (平樂寺書店, 1966)
宇井伯壽 『印度哲學研究, 第六-眞諦三藏傳の研究』 (岩波書店, 1965년재판)
田村芳朗 『佛敎哲學大系-大乘起信論』 (理想社, 1965)
望月信亭 『講述大乘起信論』 (富山房, 1938)
久松眞一 『起信の課題』 (弘文堂, 1948)
林 彦明 『起信論の新研究』 (筑摩書房, 1945)
柏原祐義 『大乘起信論講要』 (平樂寺書店, 1937)

宇井伯壽譯註『大乘起信論』(岩波文庫, 1936)
森田龍僊『釋摩訶衍論之硏究』(山城屋文政堂, 1935)
明石惠達『兩譯對照內容分科大乘起信論』(1935, 永田文昌堂)
衛藤卽應『大乘起信論講義』(佛敎聖典講義刊行會, 1935)
名和淵海『大乘起信論大意』(法林館, 1929)
望月信亨『大乘起信論之硏究』(金尾文淵堂, 1922)
大須賀秀道『大乘起信論講義』(法藏館, 1920)
阪野良全『大乘起信論講要』(法林館, 1920)
村上專精『大乘起信論講話』(丙午出版社, 1919)
今津洪獄『佛敎大系-大乘起信論·華嚴金師子章·華嚴法界義鏡-』
　　　　(佛敎大系刊行會, 1918)
隈部慈明編輯『兩譯對照大乘起信論』(法藏館, 1918)
衛藤卽應『新譯對照大乘起信論選註』(東京森江書店, 1915)
北野元峰『起信論講義』(法林館, 1916)
湯次了榮『漢和兩譯大乘起信論新釋』(法林館, 1914)
松本文三郞『佛典の硏究-大乘起信論』(丙午出版社, 1914)
高田道見『大乘起信論講義』(佛敎館, 1913)
北村敎嚴『大乘起信論講義』(共立社, 1911)
加藤咄堂『大乘起信論講話』(法林館, 1910)
蜷川龍夫『起信哲學』(金尾文淵堂, 1905)
細川千巖『大乘起信論講義』(西村護法館, 1898)
織田得能『大乘起信論和解』(丙午出版社, 1891)
村上專精『起信論達意』(金尾文淵堂, 1891)
原　坦山『標註大乘起信論兩譯勝義』(佛仙社, 1885)
韓延傑『新譯大乘起信論』(三民書局, 民國89)
龔鐫『大乘起信論與佛學中國化』(文津出版社, 民國84)
張曼濤『大乘起信論與楞嚴經考辨』(大乘文化出版社, 民國70)
圓　瑛『大乘起信論講義』(新文豊出版公司, 民國64)
Yoshito S. Hakeda (trans), The Awakening of Faith (Columbia Univ. Press, 1967)
D. T. Suzuki (trans), The Lankavatara Sutra (Prajna Press, 1978)

찾아보기

【ㄱ】

가명 152
각 160, 161, 163~166
각성 175
각조 179, 181
감인 126
견 207, 261
견애번뇌 207
견혹 207, 209, 213, 234
경계 148, 205, 282
경계상 148, 187, 189
계명자상 187, 189, 193, 213
계문 331
공 68, 69, 108, 155, 156
공경 99
공덕 88, 89, 367, 372
공여래장 140
공진여 154, 157
과어항사 260
관 106, 111, 112, 126
관지 167
구경각 167, 170~172
구계지 212
구마라집 32, 40

「권수이익분」 123, 130, 364, 366, 371
권청 106, 303, 304
귀명 119
근본 29, 125
근본무명 72, 82, 89, 95, 102, 187, 193, 194, 210, 211, 218, 223
근본무분별지 217, 317
근본불각 183, 184, 186
근본지 317, 320
근본훈습 232, 234
근연 247, 248, 249
금계 334
기신 27~29, 30, 47, 326
기업상 187, 189, 193

【ㄴ】

내훈 243, 245, 252, 271
네 가지 방편 305
『능가경』 36, 37, 52, 175
능견 189, 191, 200, 202, 215
능견심불상응염 213, 215
능연 216
능지방편 304, 305
능취 179, 236, 263

능현 200, 202

【ㄷ】

다라니 108
단(檀: 보시) 바라밀 312
담연 34, 41, 51, 57, 59
대비 120
대비관 354, 357
대비심 98, 300~302
대서원 265
대승 22, 30, 365, 366, 371
대승불교 21
대원관 354, 357
대원평등방편 304, 306
대지혜광명 257, 258, 261, 263
대총상 148, 149
대치 126, 279, 280
대치사집 46, 121, 128, 145
도안 43
독각 231
동상 195, 196, 198
동체 250
동체지력 246
둔근 131
득상 349
득입 149, 150

【ㅁ】

마명 26, 31~38, 42

마사 109, 348
마하연 44, 123, 124, 127, 134, 135, 137, 255
말나식 192
망견 304
망경계 226~228, 232
망경계훈습 232, 233
망념 148, 150, 151, 154, 292
망려 200
망법 290
망분별 154, 155, 203
망식 159
망심 155, 161, 170, 227, 229, 230, 233, 237, 264
망심훈습 232~234, 238, 239, 242
망집 289
멸상 167
명자 150, 152, 239
명자상 148
무념 170, 172, 173, 210, 263, 278
무루법 241, 245
무명 147, 159, 161, 168, 169, 173, 175, 179, 189, 196, 198, 199, 201, 209~211, 217, 225~227, 230, 234, 288
무명업상 187~191
무명훈습 223, 230~234
무분별지 224, 253, 316
무상 108, 164, 284

무상관 212
무상보리 96, 297
무시무명 71, 168, 171, 172, 288
무아 146
무여열반 304
무외시 332, 333
무원 108
무주 305
무착 36, 41
문혜 364, 367
미상응 251, 252, 253
미진 196, 197

【ㅂ】
발기선근증장방편 304, 306
발보리심 164, 246, 299
발심 239, 293
발심상 301, 314, 318
방편 64, 126
방편심 314, 318
번뇌 68, 126, 197
번뇌애 179, 217, 219
범부 64, 70, 78, 82, 112
법 134, 137, 145
법계 98, 147, 151
법계일상 164, 263, 305, 344
법력 175, 253
법력훈습 177
법문체 148

법보 29, 120
법상관 354, 357
법성 99, 100, 120, 304, 305, 312
법성공덕 365
법성진여해 120
법시 332, 333
법신 70, 87, 89, 91, 92, 108, 142, 164,
  165, 174, 253, 260, 264, 269, 273,
  275, 276, 316, 366
법신보살 87, 168, 172, 251, 253
법아견 145, 280, 281, 289, 292
법장 34, 41, 51, 53~55
법장보살 265
법집 212, 214
법체 134, 155, 157, 158
법출리경 180, 181
변조법계 258, 261, 263
변지 120
별원 265
보리 112, 154, 196, 294
보리의 도 358, 360
보불 269
보살구경지 172, 315
보살중 328
보살지진 168, 169, 172
보살진지 172, 212, 213, 274
보성론 36, 37, 335
보신 35, 90, 91, 143, 197, 248, 269,
  270, 271, 274

본각 70, 164~166, 171, 175~177,
    180~182
본각진여 243
부단상응염 212~214
부사의업 240, 241, 268
부사의업상 174~176, 178
부정취 128, 297, 298, 327, 343
부주 305
분별 154, 177, 205
분별발취도상 46, 121, 128, 294, 324
분별사식 192, 208, 209, 232, 270
분별사식훈습 238
분별상 261
분별지 188, 214
분별지상응염 212, 214
불각 70, 73, 160, 161, 163, 164, 170,
    171, 173, 174, 183~187, 198, 200,
    202, 218
불각무명 185
불공 68, 69, 156, 157, 180
불공여래장 140
불공진여 157
불법 79, 88, 147, 210, 257
불상응 154, 210, 217, 218, 287
불상응염 213, 215
불신 120, 121, 145, 197, 249, 270
불애 192, 203, 214
불이 260
불종 121, 366, 367

불퇴 128, 129, 299, 360
불퇴위 362
비방 365, 366, 369

【ㅅ】
사량 366
사마타 106, 340
사망 126
사상 170
사섭 246
사섭법 247
사식 203
사신 47, 331, 362
사정취 128
사집 46, 279~281
사혜 364, 367
사홍서원 265
삼계 77, 95, 110, 204, 206
삼계유심 199, 343
삼계허망 206, 260
삼대 29, 30, 44, 134, 141, 145, 243,
    276
삼매 86
삼세 187, 190, 194, 219, 223
삼신설 35
삼심 307
삼아승지겁 101, 311, 315, 317
삼종상 188
삼취정계 212

찾아보기 **381**

삼현위 212
상 136, 205
상대 141, 142, 243, 259, 260
상락아정 256, 257, 259, 264
상번뇌 240, 241
상사각 167, 169, 293
상사발심 294
상속상 187, 189, 192, 233
상속식 200~203, 208, 209
상속심 175, 176, 189
상응 214, 216~218, 251
상응염 213, 220
색 269, 272, 274, 275, 277
색구경처 319
색무애자재 120
색상 120, 196, 274, 324
색성 272
색신 271, 273, 276
색심불이 275, 276
색자재지 212, 213, 215
생멸문 94, 148, 158, 227, 228, 277, 287
생멸심 159, 160, 161, 171, 200, 202
생멸인연 158, 159, 199, 200, 226
생상 168
「서분」 119
서원 247, 265, 267
선 259
선교방편 291, 292

선근 64, 85, 97, 108, 112, 126, 127, 129, 242, 297, 305
선근력 298, 348
선정 312
선지식 110, 177, 241, 245
성 177, 257
성공덕 66, 94, 140, 141, 154, 157, 282, 284, 301
성덕 141, 259, 287
성문 64, 70, 78, 83, 87, 90, 95, 100, 112, 120, 210, 239, 252, 256, 257, 310
성문승 231
성염환 195
성자 166, 231
성정본각 180
성지 283
세 중의 세 222, 223
세 중의 추 222, 223
세간법 22, 136, 160
세친 36, 41
소기견애훈습 232, 234
소연 148, 216
소지장 240
소취 179, 236, 263
수기 113, 364~367
수도연 247, 249
수분각 167, 169
수순 83, 149, 150, 217, 219, 301

수식관 341
수염본각 176
수염업환 195
수염환 197
수행신심 129
「수행신심분」 124, 129, 312, 316, 326, 327, 366
수혜 367, 371
수혹 208, 209, 234
순후심 306
습기 174, 212, 216, 229
승 143
승가 63
시각 70, 164~166, 169, 170, 180, 239, 320
시간 162
시무외자 332
시문 331, 332
신 27, 28
신근 123, 128, 299
신력 251, 252
신상응지 212, 214, 217, 218
신성취발심 123, 145, 293, 294, 297, 298, 300, 310, 326
신심 129, 297~299
실차난타 31, 39
심 131
심경계상 179
심념 148, 152, 154

심상 222, 224, 238
심생멸 69, 138, 139, 147, 158~162, 173, 210, 230, 278
심생멸문 144~146, 158, 162, 163, 243, 316
심생멸인연상 136, 161
심성 148, 149, 167, 208, 210, 261, 263, 264, 278
심소 210, 211, 218
심식 175, 199, 273
심심 300~302, 305, 306
심연상 148
심왕 211, 218
심원 167, 170, 274, 301
심자재지 212, 213, 215
심진여 67, 138, 139, 142, 146, 147, 149, 151, 157, 259, 278
심진여문 144, 146, 163, 316
심진여상 136, 139
심징정 123
心體 224
深解가 現前 311
심행 321, 322
십선 96, 298, 335, 366, 367
십선계 334
십신 126, 246, 298
십신위 128
십이두타행 333
십이인연분 205, 206

十種利益 351
십주 128, 210, 212, 298, 310, 312, 315
십주보살 309
십지 79, 168, 177, 212, 214, 216, 218
십행 212, 311, 312, 315
십회향 212, 311, 313, 315
십회향위 312

【ㅇ】
아견 280, 281, 283
아뢰야식 159
아리야식 159, 160, 162, 163, 175, 177, 182, 185, 199, 201, 202, 218, 319
아미타불 64, 113, 126, 130
아소 77, 207, 208
아집 213, 253
악취 100, 308
안수인 336
언설상 148
업 187, 189, 193, 201, 202, 234
업계 307
업계고상 187, 189, 190, 233
업식 200~202, 207, 227~229, 232, 233, 270, 271
업식근본훈습 232, 234
업식심 314, 318
업장 337
여래장 66, 88, 89, 93, 94, 140, 142, 159, 162, 163, 171, 245, 257, 259, 283, 285, 286, 366
여래장설 133
여래종 296
여래종성 97, 297, 350
여래지 141, 213, 216~218, 223
여실공 154~156
여실공경 179~181
여실불공 154~157, 179
여실수행 120, 177
여실지 268
연 131, 148, 182, 189, 222, 224, 229, 233, 236, 238, 242, 244, 245, 247, 249, 287
연각 64, 70, 78, 83, 87, 90, 95, 100, 112, 120, 167, 210, 231, 239, 252, 256, 257, 273, 310
연념 192
연상 217
연훈습경 180, 182
열 가지 이익 353
열반 196, 197, 236~239, 241, 242, 245, 259, 283, 284, 288~290, 305, 307, 368
염 158, 173, 180, 186, 204, 226, 278
염법 154, 157, 161, 175, 189, 193, 196, 201, 216, 227~230, 233, 254, 287
염법훈습 226, 230, 232, 238, 253, 254
염상 227, 230
염심 209, 212, 213, 217, 220, 221, 224

염인 227, 229
염정상자 158, 226
염정생멸 158, 161, 226
예배 99, 106, 175, 296, 304
오식 199, 200, 202
오음 277, 289, 290
오의 204, 209, 219, 252
오진 200, 201
오행 30, 47, 331, 362
외훈력 177
용 243, 251, 253, 255, 265~270
용대 141~143, 248, 255, 265, 267, 268, 270
용수 36, 37
용훈습 241~243, 246~248, 251, 252, 255
宇井伯壽 374
원생신 307, 309
원연 247~249
원음 132
원행지 212
원효 34, 41, 51, 53~56, 59
유 284, 292
유식관 212
유식무경 239
유식설 159
유심 146, 151, 205, 206, 215, 260, 263, 278
유심소작 206

유전문 199
「유통분」 115, 119
육경 209
육도 91, 272, 273
육바라밀 310, 312, 313, 330, 331
육염 190, 213, 216, 218, 219
육진 233, 277, 278
육추 187, 190, 192, 194, 229
윤회 273, 288
응신 90, 91, 174, 178, 197, 248, 253, 266, 268~275
의 138, 199, 201, 251, 255
의식 76~78, 80, 83, 87, 190, 199~202, 208, 209, 211, 252, 271
의식훈습 250
의언진여 145
의타기성 148
의훈습 238, 239, 250
이구지 212
이근 131
이념 157, 164
이념경계 155
이문 29, 30, 44, 147, 161, 162
이상응 251, 253
이승 167, 169, 171, 225, 250, 252, 270, 273, 289
이승관지 167
이신 256, 271, 276
이언진여 145, 262

이지불이 143, 164, 253, 256, 266, 275
인 222, 224, 233, 236, 238, 244
인무아 289
인문 331
인아견 145, 280~284, 292
인연 127, 136, 236, 242
「인연분」 123, 124, 128, 134, 199, 371
인욕 101, 104, 108, 129, 312
인욕바라밀 313
인훈습경 179~181
인훈습력 245
일념상응 168
일념상응의 혜 320
일법계 147, 148, 186, 208, 217
일상삼매 345
일심 29, 30, 44, 134, 144, 146, 202, 207, 323
일체종지 102, 319, 320, 322, 323
일체지 120
일행삼매 343, 344
「입의분」 123, 124, 128, 134, 145, 371

【ㅈ】
자상 286, 290, 291, 341
자성청정심 148, 164, 176, 186, 210, 230, 259, 265
자체상 256, 257
재시 332
정용 227, 236, 239, 248

정정 130
정정취 128, 297, 298, 308, 327, 343
「정종분」 63, 119
정진 129, 312, 337
정진관 354, 357
정진바라밀 313
제일의제 89, 266, 268
종밀 51, 56~59
종성 296
종자 97, 121, 122
주상 168, 169
중생 120, 131, 133
중생심 22, 24, 66, 136~138, 140~144, 255
증발심 293
증장분별사식훈습 232, 234
증장염훈습 232, 234
증장취훈습 234
증장행연 247, 249
지개 35, 57
지관문 129, 331, 339, 340
지관쌍운 359
지말무명 187, 194, 218
지말불각 183, 184, 187, 190
지상 191, 192
지성 175, 275
지식 200~203, 214
지신 268, 269, 273, 275
지애 179, 217, 219, 240

지장 179
지정상 174, 175, 177, 178
지체 180
지혜 72, 91, 101~104
직심 300~302, 305
진 229
진각 74, 184
진문 331
진실식지 258
진심 156, 157, 284, 314, 318
진여 88, 107, 136, 149, 151~153, 155,
　　156, 262, 263
진여근본지 217
진여문 94, 148, 277
진여법성 313, 367
진여법신 255, 284
진여본각 186
진여삼매 107, 198, 316, 341~343, 345,
　　350, 352
진여와 무명의 관계 226
진여지 316
진여훈습 84, 227, 228, 236, 241, 242
진제 31~37, 39, 40~42
집상응염 212, 213, 222
집취상 187, 189, 192, 213, 233

【ㅊ】
차별문 195
차별연 246, 247, 248

참괴 303
참회 106, 303, 305
청량불변자재 259
체 262
체대 141, 143, 242, 243, 255, 260
체상 120, 121, 242
초발심 271
초발심주 310
초발의보살 87, 90, 91, 167~169, 250,
　　252
초상 168~170
초지 177, 218, 253, 274, 311, 312
총상 128
총원 265
총지 131, 371
최승업 120
추 221
추 중의 세 221, 223
추 중의 추 221, 222
추색 272, 273
출가 99, 105
출세간법 22, 136

【ㅌ】
타불요익인 336

【ㅍ】
팔상성도 307, 309
팔상을 시현 309

평등 108, 149, 165, 257

평등연 246, 247, 250

평등연 249

【ㅎ】

「해석분」 121, 124, 128, 144, 255, 277, 280, 371

해행발심 293, 294, 310~312

행근본방편 304, 305

허공 72, 165, 180~283

허망 154, 205

허망심념 154, 155

현색불상응염 213, 215, 223

현시정의 121, 128, 144, 277, 279

현식 200, 201, 203, 215, 233

현장 40

혜원 34, 41, 51, 52

홀연염기 199, 208

화신 143, 174, 243, 248, 275

화합 159

화합상 179, 180

화합식 175

훈습 228, 230

● 계환

운문사 비구니불교전문강원 대교과를 졸업하였으며, 일본 하나조노(花園)대학 불교학과를 졸업, 교또(京都) 붓교(佛敎)대학 대학원 석·박사과정을 수료한 후, 문학박사학위를 취득하였다. 현재 동국대학교 불교학과 교수이자, 불교대학장과 불교대학원장을 겸하고 있다.

옮기거나 집필한 책으로는 『현수 법장 연구』, 『중국불교사』, 『화엄사상사』, 『홍명집』, 『일본불교사』, 『고려대장경연구』(공저), 『똑똑똑 불교를 두드려 보자』(공저), 『중국화엄사상사』, 『백팔고개 넘어 부처되기』, 『경전산책』, 『상식으로 만나는 불교』, 『왕초보 경전박사 되다』 등 다수가 있다.

e-mail : hasim@dongguk.edu

대승기신론의 세계

개정판 1쇄 인쇄 2012년 9월 5일 | 개정판 1쇄 발행 2012년 9월 12일
지은이 계환 | 펴낸이 김시열
펴낸곳 도서출판 운주사

      (136-034) 서울 성북구 동소문동 4가 270번지 성심빌딩 3층
      전화 (02) 926-8361 | 팩스 0505-115-8361
ISBN 978-89-5746-320-8 93220   값 17,000원
http://cafe.daum.net/unjubooks 〈다음카페: 도서출판 운주사〉